中華老學

第五辑

三生萬物

——第三届道德经文化及应用博士学术论坛论文集锦

泰禹慈善基金全程资助文化项目

詹石窗
宋崇道　主编
谢清果

九州出版社　全国百佳图书出版单位
JIUZHOUPRESS

图书在版编目（CIP）数据

中华老学. 第五辑 / 詹石窗，宋崇道，谢清果主编
. -- 北京 ：九州出版社，2021.8
ISBN 978-7-5225-0448-3

Ⅰ．①中… Ⅱ．①詹… ②宋… ③谢… Ⅲ．①道家②
《道德经》－研究 Ⅳ．①B223.15

中国版本图书馆CIP数据核字(2021)第174048号

中华老学·第五辑

作　　者	詹石窗　宋崇道　谢清果　主编
责任编辑	郝军启
出版发行	九州出版社
地　　址	北京市西城区阜外大街甲 35 号 (100037)
发行电话	(010)68992190/3/5/6
网　　址	www.jiuzhoupress.com
印　　刷	三河市兴博印务有限公司
开　　本	720 毫米×1020 毫米　16 开
印　　张	22
字　　数	486 千字
版　　次	2021 年 9 月第 1 版
印　　次	2021 年 9 月第 1 次印刷
书　　号	ISBN 978-7-5225-0448-3
定　　价	78.00 元

萬物

三生

TaoTeChing Cultural
and Applied Doctoral
Academic Forum

本辑主题词："三生万物" ——《道德经》

中华老学编委会

三生万物
——第三届道德经文化及应用博士学术论坛开幕式致辞

（代序）

宋崇道

非常庆幸，第三届道德经文化及应用博士学术论坛能如期举行。

2020年，注定是一个非常特别的年份，我们经历了同新冠肺炎病毒的艰难博弈，而我们伟大的党和人民在抗疫中体现我们的决心和智慧"。

在今年这样特殊而又不寻常的年份，我们邀约100位专家学者齐聚宜春，真的很不容易！

2020年，疫情防控形势非常严峻，主办方顶着巨大的压力举办这次学术研讨活动的目的只有一个——坚持"四个自信"。

人常说："做一件事情，放弃有一万个理由，坚持却只有一个理由"，坚持的理由就是习总书记曾说过的"不忘初心，砥砺前行"。因为我坚信《道德经》是伟大的智慧源泉，《道德经》是中国哲学之根茎，传承和弘扬好它，有助于中华复兴，有助于民族自强。

今天，我们在座的每一位学者、领导、大德，在经过2020庚子年大疫，应该都有切身体会，如果没有我们的党英明地指导这场战"疫"，没有中国智慧和中国方案，我们大家都不会如此笃定地坐在这里，有如此美好的心情研讨，怪不得世卫组织总干事谭德塞说："中国为防疫做出的努力，全世界都可以见证，因为数字和事实不会说谎，世卫组织用不着来粉饰和吹嘘"，"有太多人评论我称赞中国，但我对中国的称赞是实至名归的，我还将继续赞扬中国。我会称赞任何从源头上大力抗击疫情，为保护本国人民和世界人民不惜付出巨大代价的国家"。

所以，我骄傲，我的国，生于斯，长于斯。

为贯彻习总书记"提高国家文化软实力，增强中华文化影响力"，"铸就中华文化新辉煌，建设社会主义文化强国"的讲话精神，我们带着前述的这份感恩之情，经华夏老学研究会、四川大学老子研究院、厦门大学老子道学传播与研究中心、《中华老学》编辑部、道德经文化国际交流促进会与袁州区道教协会、宜春市崇道宫联席会议决定，报经袁州区委宣传部、袁州区委统战部批准，我们竭尽全力、谨慎防护，办好第三届《道德经》文化及应用博士学术论坛。

自 2018 年来，《道德经》博士论坛本着办好"一经典、一学会、一学刊、一个论坛"，即诠释好一本中华优秀传统文化原典——《道德经》；开办好一个学术研究会——华夏老学研究会；主编好一本学术集刊——《中华老学》；举办好一个高端论坛——道德经博坛，坚持"完全公益、纯净学术"的初心，一路排除万难走到现在。

非常庆幸，本论坛越来越被各界所知晓，全国各大高校、机构报名参会的专家、学者、教授、博士从 2018 年首届的 30 位，到 2019 年第二届的 70 位，再到今年第三届的 130 位，数量逐年翻翻，且报名学者 90% 为博士研究生学历，并呈现出"学者更多、地域更广、领域更宽、内容更全、题材更新"等特点，并得到包括政界在内的社会各界的大力支持。今年开始，本论坛正式得到湖南省泰禹慈善基金会全程大力资助；由华夏老学研究会、道德经文化、国际交流促进会、《中华老学》集刊主办；四川大学老子研究院、厦门大学老子道学传播与研究中心、宜春学院宗教文化研究中心、教育部人文社科重点研究基地四川大学道教与宗教文化研究所、南昌大学公共管理学院民族宗教事务管理研究所、江西师大宗教文化研究中心等单位联办；宜春市袁州区道教协会承办；宜春市崇道宫等单位协办。

历届《道德经》博士论坛也都已经形成丰硕的学术成果，我们也谨慎地将他们固化下来，由四川大学老子学院、厦门大学老子传播中心、华夏老学研究会、宜春市崇道宫共同主编的《中华老学》辑刊，收录每届论坛学术成果，并交由出版社出版，自 2019 年 6 月第一辑已由全国百佳出版社——九州出版社正式出版以来，得到广大《道德经》研究学者与爱好者的认可和踊跃投稿，今天第二、三辑就即将呈现在大家面前。可喜的是，第四辑也已经在编辑出版中。《中华老学》集刊入驻中国学术权威公开网站——"中国知网"工作目前进展也非常顺利。

本届论坛将会从秋天开到冬天，因为本月 7 日就是立冬。冬天就要来了，春天还会远吗？《道德经》说："天得一以清，地得一以宁，神得一以灵，谷得一以盈，万物得一，以生！"又说："道生一，一生二，二生三，三生万物！"还说："道生之，德畜之，物形之，势成之。是以万物莫不尊道而贵德。""生而不有，为而不恃，长而不宰，是谓玄德。"

诠释好、研究好、应用好《道德经》文化和老子思想，营造全公益、更纯净、更规范、更有活力的《道德经》文化及应用学术研讨氛围，是论坛组委会的宗旨，也是历年参会包括今天在座的各位学者给予我们的责任。

每一次举办道德经文化及应用博士学术论坛，实质上对我个人而言，也是一次学习和提升的好机会，希望在接下来的分论坛里，大家畅所欲言，高谈阔论，百家争鸣，百花齐放。

　　同时，希望我们在座的各位专家学者、领导嘉宾、社会大德，影响有认知能力的人，千万不要将《道德经》宗教标签化，它是中华文化原典，让我们一起努力，在党的领导下，在令人骄傲的五星红旗下，让中华优秀传统文化扎根宜春、辐射全国、胸怀世界，让《道德经》的智慧之光永照天下。

目　录

特　稿

《老子》"小国寡民"本义蠡测

——《老子》"小国寡民"及当代价值研究之二

邓伟龙　邓凡燕*

内容提要： 历代对《老子》"小国寡民"的解释主要有"《老子》的所追求的上古理想社会并以自用或以明其志"、"是中国古代虚幻的乌托邦、理想国或桃源世界""是《老子》的政治思想，是愚民、反动或开历史倒车"、"是《老子》的政治思想，但不是愚民、反动或开历史倒车""虚化其实质将其看成精神境界或精神虚构""是《老子》构建天人和谐、对文明的反思及生态文明的一种理念""是《老子》提出的一种社会改造方案、设想、救世之策或统治术""并不是国家政治思想，而只是假设、条件，意指在国小民少或在小国少民的情况下，或叙述通往理想世界的具体途径"等八种主要代表观点，而这都存在对《老子》"小国寡民"有意或无意"误读"。本文试从《老子》之时代、作者身份与当时主流的国家观、《老子》文本中大小国的关系、相关国家词汇使用、理想的执政者及其效果，传统"小国寡民"理解的方式与失误、《老子》文本"寡"字义等的探析，认为无论是《老子》所处的时代、作者的身份以及当时主流的国家观，还是从《老子》文本中大小国的关系言论，抑或从《老子》文本中相关国家词汇使用的频次及其所涉及的篇幅章数比例，以及从《老子》文本中理想的执政者及其客观必然效果等都无法得出老子是主张小国观或"小国寡民论"的结论，同时老子所向往的国家观念与政治理想是有道圣人治理的大国天下而绝非"小国寡民"。而《老子》文本自身"对句"的特点，以及先秦典籍中用"寡"为"大"的先例等，因此《老子》的"小国寡民"可能是"小国大民"之义，也即"以国家（政府、政权及其权益等）为小，以民众（或民众的权益、民生等）为大"。

---

　　* 邓伟龙（1973—），湖南邵阳人，文学博士，韩山师范学院文学与新闻传播学院教授，主要研究方向：中国古代文论、文学理论、美学和老学。邓凡燕（1964—），硕士，湖南大学外国语学院副教授。

关键词：《老子》小国寡民 本义探析 小国大民

项目基金：教育部人文社会科学研究规划基金项目"中华文化域外影视传播研究"（项目批准号：19YJA752001）阶段性成果。

"小国寡民"是《老子》^①哲学思想在社会观与执政观中的表现，也体现了《老子》的社会思想与所主张的理想社会。而历来对"小国寡民"的解读人言言殊、莫衷一是，这不仅表明作为经典的《老子》其文本本身的多义和可读性，同时也是《老子》思想深邃与风格不同于其同时代思想家的体现。那么《老子》的"小国寡民"其正确的解读或者说真正可能符合《老子》的本义是什么呢？本文不惧谫陋，企图在学界已有的研究基础上以蠡测海试为一探。

一、关于"小国寡民"与问题的提出

老子作为雅斯贝尔斯所说的"轴心时代"的中国代表人物之一，其思想对中国传统文化的影响无疑是深远的，因为毕竟"人类一直靠轴心时期所产生的思考和创造的一切而生存，每一次新的飞跃都回顾这一时期，并被它重燃火焰……轴心期潜力的苏醒和对轴心期潜力的回归，或者说复兴，总是提供了精神的动力"^②。从韩非子《解老》《喻老》以来历代都有对其高度的评价，汉初司马谈就说其"因阴阳之大顺，

---

① 本文及标题之所以用《老子》而非直接用"老子"是基于以下考量：一、虽然有大量的文献材料证实老子即李耳或老聃确实是存在的历史人物且为著《老子》一书的作者，但历史上亦有对老子一人是否存在以及是否为《老子》一书作者的质疑，尤其是自上世纪《古史辨》以来这种质疑不仅强烈且至今未断，如直接使用"老子"则有可能陷入不必要的学术纠缠，因此使用《老子》而不直称老子，可以将此问题虚化；二、按现代学界比较中肯的观点来看，《老子》虽为老子所著，但其文本有一个历史流变的过程，也就是老子李耳可能著有《老子》一书，但其内容可能和现在通行本有很大的不同甚至差异，现在我们所熟悉的通行本《老子》或《道德经》是经过长期的发展演变而来的，在文献有限的情况下，很难说今本也即通行本或传世本的王弼注《道德经》就是历史上老子的原作。从现在能看到的最早反映老子著作的出土文献即湖北郭店楚简本来看，其甲乙丙无论字数与内容较通行本有太大的差异，具体就"小国寡民"而言，楚简本就没有，因此如直接使用老子则可能有忽视《老子》文本流变之嫌；三、从文学理论中"形象大于思想"的观念而言，使用《老子》而非直接称呼"老子"还可以把老子思想与《老子》作品中所反映及可能包蕴的思想区分出来，也就是说本文只是从《老子》文本出发，从文本本身探讨其文本中所蕴含的思想、观念或意识，而至于这些是否就是历史上老子本人的东西则可存疑。

② 轴心时代（the Axial Period）：是德国哲学家卡尔·西奥多·雅斯贝尔斯（Karl Theodor Jaspers，1883—1969）在其1949年出版的名著《历史的起源与目标》一书提出的著名概念，他认为公元前800至前200年之间，尤其是公元前600至前300年间，是人类文明的"轴心时代"。其发生的地区大概是在北纬30度上下，也就是北纬25度至35度区之间。这段时期是人类文明精神的重大突破时期。在轴心时代里，各个文明都出现了伟大的精神导师——古希腊有苏格拉底、柏拉图、亚里士多德，以色列有犹太教的先知们，古印度有释迦牟尼，中国有孔子、老子……人类至今赖以自我意识的世界几大文化模式（中国、印度、西方）大致同时确立起来。参见：[德]卡尔·雅斯贝尔斯：《历史的起源与目标》，魏楚雄、俞新天译，北京：华夏出版社，1989年，第14页。

采儒墨之善，撮名法之要"(《论六家要旨》)。近代学者范文澜更是认为"老子是有极大智慧的古代哲学家"，"在马克思主义的唯物辩证法传入中国以前，古代哲学家中老子确是杰出的无与伦比的伟大的哲学家"①。高亨亦云："《老子》虽只五千言，但辞要而趣远，语精而义深；运思涤而无名，立说超乎有相，凡宇宙之奥理，史乘之轨迹，物类之象征，人事之法仪，率以片言，摄其妙谛。"② 但长期以来人们对其《道德经》的解读历来误解不少。

而造成这一现象的原因，一是由于历代注疏《老子》的版本众多：《汉书·艺文志》就记载了当时存在的四种注本，其中除刘向本外其余三种注者皆以老子学说的传人自居；到了元代，在张与材为杜道坚所作的《道德玄经原旨序》中就称"《道德》八十一章，注者三千余家"③，这可能有点夸张但至少可以窥见历代注家之多。在高明的《帛书老子校注序》中，高明列举20世纪初主要治老者所收录参引的书目，其中说到："一九二七年王重民著《老子考》，收录敦煌写本、道观碑本和历代木刻与排印本，共存目四百五十余种；一九六五年严灵峰辑《无求备斋老子集成》，初编影印一百四十种，续编影印一百九十八种，总计三百五十六种。"④ 2011年宗教文化出版社出版的由熊铁基、陈红星主编的《老子集成》十五卷本共整理了二百六十五种历代《老子》注疏；2014年陕西人民出版社出版的李水海《帛书老子校笺译评》征引存目五百余种……可见历代《老子》注疏版本之多。二或许如潘德荣所谓："经典之所以成为经典，原初的文本固然是一重要因素，但更为重要的，恰恰是在于读者及其时代那里所引起的共鸣。它的重要性取决于人们的理解和接受以及进一步的诠释，并因之而得以流传。"⑤ 但另一方面由于历代注家及研究《老子》者因各自的兴趣、好尚、素养以及著书或注疏的目的不同，再加上《老子》文本自身的多义、可读与可写性，这就导致了"一千个读者有一千个《老子》"的必然现象。唐代赵志坚就针对历代众说纷纭的《老子》注家说："比见诸家注解，多依事物，以文属身，则节解之意也；飞炼上药，《丹经》之祖也；远说虚无，王弼之类也；以事明理，孙登之辈也；存诸法象，阴阳之流也；安存戒亡，韩非之喻也；溺心灭质，严遵之博也；加文取悟，

① 范文澜：《中国通史简编》(修订本，第一编)，北京：人民出版社，1953年，第199页。
② 高亨：《老子正诂·序》，载《高亨著作集林》(第五卷)，北京：清华大学出版社，2004年，第14页。
③ 杜道坚：《道德玄经原旨》，顾志华点校，见熊铁基、陈红星主编：《老子集成》第五卷，北京：宗教文化出版社，2011年，第482页。注：为本文注释的简洁，以下凡是引自该十五卷版《老子集成》者则只注明点校者、作者、书名及集成卷数和页码。
④ 高明：《帛书老子校注序》，载《帛书老子校注》，北京：中华书局，1996年，第1页。
⑤ 潘德荣：《文字·诠释·传统——中国诠释传统的现代转化》，上海：上海译文出版社，2003年，第64页。

儒学之宗也。又俗流系有，非老绝于圣智。僧辈因空，嗤李被于家国。"① 今人张永鑫在为李水海《帛书老子校笺译评》所作之《序》中亦称："《老子》一书流布天下；云行影从，注家蜂起。试检点古今，审察上下，或删繁汰侈，揭旨标微；或疏通训诂，平章旧义；或弥论群议，详慎折中；或浅尝辄止，空疏虚浮；或借面吊丧，狂瞽为说。甚有烦碎污漫，冬烘颟顸者。"② 其影响所及表现在对其"小国寡民"观点的理解上尤为诉争纷纭，肯定与否定者不相上下。

《老子》的"小国寡民"思想集中体现在今通行本《道德经》也即王弼注《道德真经注》的第八十章凡七十五字（标点除外），全文如下：

> 小国寡民，使有什伯之器而不用，使民重死而不远徙。虽有舟舆，无所乘之；虽有甲兵，无所陈之；使人复结绳而用之。甘其食，美其服，安其居，乐其俗。邻国相望，鸡犬之声相闻，民至老死，不相往来。③

对于本章文字内容的考证，近人马叙伦、蒋锡昌④、高明⑤、劳健⑥、李水海⑦等人用力最勤。其中马叙伦不仅依据彭耜、纪昀、毕沅、俞樾、蔡师培、张煦、严可均等人的考证并自己结合河上公注、《文子·符言》、成玄英疏、易州本、《治要》引、《文选·魏都赋》刘注引、《经幢》、寇才质、白玉蟾、张嗣成、范应元、赵秉文、《庄子·胠箧》、陆德明、元嘉本、崔向永和中本、《史记·货殖传》等人的文本考证或文章引用情况，考订了本章历史上文本的字、句差异，如"寡民"与"寡人"、有无第一个"使"字、"使有"还是"使民有"、"什伯"还是"阡陌"亦或"什伯人"、"不远徙"与"远徙"、是"鸡犬"还是"鸡狗"等；并有创见性地提出："伦谓虽有舟舆四句（即虽有舟舆，无所乘之；虽有甲兵，无所陈之）古注文，误入经文者也。下使民字因传写注误入经，读者妄加也。"⑧ 这个观点为严灵峰所称许，其在《老子章句新编》第五十二章中说，"马叙伦曰：'虽有舟舆'四句，古注文误入经文者也。马说

① 顾志华点校、赵志坚：《道德真经疏义》，第一卷，第415页。

② 张永鑫：《序（二）》，载李水海著：《帛书老子校笺译评》（上），西安：陕西人民出版社，2014年，第4页。

③ 刘固盛点校、王弼：《道德真经注》，见熊铁基、陈红星主编：《老子集成》第一卷，北京：宗教文化出版社，2011年，第234—235页。注：为注释的简洁，以下凡是引自王弼《道德真经注》即通行本者只在文后括号中注明章数。

④ 刘固盛点校、蒋锡昌：《老子校诂》，第十四卷，第699—700页。

⑤ 高明：《帛书老子校注》，北京：中华书局，1995年，第152—153页。

⑥ 劳健对八十章的考证路数不仅和马叙伦大致相同，而且还特别注明"右第八十章八十三字"。刘韶军点校、劳健：《老子古本考》，第十五卷，第352—353页。

⑦ 李水海：《帛书老子校笺译评》（上），西安：陕西人民出版社，2014年，第323—331页。

⑧ 梅莉点校、马叙伦：《老子覈诂》，第十二卷，第848—849页。

是也。窃谓，'虽有舟舆，无所乘之'二句，乃上'使民重死而不远徙'句之注文；又'虽有甲兵，无所陈之'二句，乃上'使有什伯之器而不用'句之注文也。因据删定。"① （对于此四句是否为注文误入后文还将论及）不过总的说来，这些不同版本的文句上出入除"寡民"与"寡人"、"不远徙"与"远徙"（这点将在下文论述）外均对文意的理解障碍不大，因此下文还是以王弼通行本的文字为准。但这里有两个比较重要的问题是，一是本章第一句到底是"小国寡民"还是"小国寡人"？进而这也就决定了第二个问题即王本能否作为《老子》的文本来进行研究？

先说第一点。这个问题之所以重要就是因为如果《老子》的文本原为"小国寡人"，虽然学界普遍认为"到了周代中期，'人'与'民'始合义，以至'人民或民人'同义"②，也就是说在《老子》时代"人""民"虽开始合义，但并这不等于它们原本就是含义相同的，而且很大程度上《老子》文本中是在不同内涵意义上使用"人"和"民"的（下文有详论），况且就现代汉语的词汇而言"寡人"与"寡民"也并不能简单等同。因此如若《老子》本章原为"小国寡人"，那么本文的问题将不再成立，从而对所谓"小国寡民"的探讨也将失去意义。而事实上，在历代对《老子》文本的解读中，至少从严可均的《老子唐本考异》中就认为本章第一句当为"小国寡人"，虽然他也承认"各本作寡民"，但他解释说这是因为"是时御注未出，所行皆六朝旧本，故文句简古，卓然可据。如斯间亦有承习旧讹，或写刻时错脱不可为训者"故据景龙本以改之。不过，严氏也并非觉得其必为"小国寡人"，故又特别说明其考异旨在为"善读者之择善而从也"③。其后罗振玉也关注到了本章"景龙本民作人"但仍将其表述为"小国寡民"④最典型的当属朱谦之，其在《老子校释》中就明确地将本章第一句表述为"小国寡人"，并解释说："严可均曰：'小国寡人'，各本作'寡民'……罗振玉曰：'小国寡民，景龙本'民'作'人'。……谦之案：'小国寡人'，遂州本同。"⑤那么如何看待这个问题呢？本文认为这当与治学者对历代《道德经》碑幢刻石的价值认识但同时又忽视碑幢刻石其自身的局限有关。不可否定，这诚如王重民所说的那样："清代朴学大师之治诸子书者，以校勘文字异同为其第一步工夫；而《道德经》诸碑幢，遂为最可依据之古本。"⑥而在现存的历代二十碑中景龙碑是五完者之一，遂州碑虽众

① 刘固盛点校、严灵峰：《老子章句新编》，第十五卷，第 509 页。
② 黄现璠：《中国历史没有奴隶社会：兼论世界古代奴隶及其社会形态》，桂林：广西师范大学出版社，2015 年，第 54 页。
③ 严可均：《老子唐本考异》，郭康松点校，第十卷，第 438 页。
④ 罗振玉：《老子考异》，刘韶军点校，第十四卷，第 26 页。
⑤ 谦之：《老子校释》，北京：中华书局，2000 年，第 307 页。
⑥ 王重民：《道德经碑幢刻石考》，《东方杂志》，1926 卷 23 卷。载上海书画出版社编：《二十世纪书法研究丛书·考识辨异篇》，上海：上海书画出版社，2000 年，第 25 页。

说不一但碑文存今《道藏》"罔"字号①；再加上如朱谦之所言："老子《道德经》旧本，流传最广的是河上公和王弼二种。河上本属民间系统，文句简古，其流派为景龙碑本、遂州碑本与敦煌写本，多古字亦杂俚俗。王本属文人系统，文笔流畅，其流派为苏辙、陆希声、吴澄诸本，多善做文章，而参错自己见解，和古《老子》不同……钱大昕《潜研堂金石文跋尾》认景龙碑本为初唐所刻，字句与它本不同，皆从古字，以为胜过他本。严可均也说世间真旧本，必以景龙碑为最，共异同数百字，文谊简古，胜今本很多。我对《老子》版本的意见是：也认为以景龙碑为最美，其次则有敦煌本和遂州本可供参订。"②因此以上严、罗、朱等依景龙碑而校今本进而修改今本也就可想而知了。不过严、罗相对谨慎地并未因景龙本而废今本，其中罗则更是只指出今本与景龙本的不同而仍用今本，只有朱明确以景龙与遂州本及严、罗之说而废今本。而事实上朱谦之所持之论虽看似凿凿可信，但却失之以下两点：其一是除景龙与遂州本为"小国寡人"外，无论是比景龙与遂州本更早或更晚的版本中都为"小国寡民"：其中如《老子》帛书甲乙本（1973年长沙马王堆汉墓出土，由于历史原因朱氏可能无法看到或因文献出土晚而无法修正以往的研究成果）、严遵本、河上公本、王弼本、葛玄本、王羲之本、虞世南本、傅奕本、御注三本、楼正本、成玄英本、李约本、杜光庭本、敦煌辛本、王安石本、陈景元本、司马光本、王雱本、吕惠卿本、彭耜本、范应元本、陆希声本、陈象古本、苏辙本、宋徽宗本、林希逸本、赵孟頫本、白玉蟾本、吴澄本、张嗣成本、楼古本、明太祖本、释德清本、危大有本、薛蕙本、焦竑本等以后有清一代及近现代学者的版本均是"小国寡民"，在大量版本都是"小国寡民"的情况下朱氏仅依景龙与遂州本而据改则恐有一叶障目之弊；其二也则最关键的是朱氏所据之景龙与遂州本都是依唐玄宗御注并为推行御注的碑幢刻石之作，而玄宗作为太宗即李世民之后，按照唐代严格的"避讳"制度，玄宗在御注《道德经》及其后依此而成的碑幢刻石时就不可能不避太宗之讳的"民"。当然这又有三种情况：第一种是代字，即直接将"民"改为与其意相近的"人"字，本章改"小国寡民"为"小国寡人"、第十章的改"爱民治国"为"爱人治国"、第三十三章的改"民莫之令而自均"为"人莫之令而自均"、第五十三章的改"大道甚夷，而民好径"为"大道甚夷，

①　王重民认为："总上共二十碑，唐刻十五，宋刻二，元刻一，不详年代者二，今存八碑；完者五，景龙碑一，邢易开元御注碑二，易州景福碑一，至元《古文道德经碑》一；残者一，即广明碑，今在焦山；完残不详者一，即罗振玉《考异》引景福碑是；碑不详存佚，而碑文存者一，即遂州龙兴碑是，遂州碑今存《道藏》'罔'字号，《道德真经次解》，景龙广明二碑文，又见魏锡曾《绩语堂碑录》。"见王重民：《道德经碑幢刻石考》，《东方杂志》，1926年23卷。载上海书画出版社编：《二十世纪书法研究丛书·考识辨异篇》，上海：上海书画出版社，2000年，第34页。
②　朱谦之：《中国哲学史史料学》，载《朱谦之文集》第4卷，福州：福建教育出版社，2002年，第226—227页。

而人好径"、第五十七章的改"天下多忌讳，而民弥贫"以及"民自化、民自正、民自富、民自朴"为"而人弥贫"以及"人自化、人自正、人自富、人自朴"、第五十八章改"其民淳淳、其民缺缺"为"其人淳淳、其人缺缺"、第六十五章改"非以明民"为"非以明人"，第六十六章改"是以圣人欲上民、欲先民，处上而民不重，处前而民不害"为"是以圣人欲上人、欲先人、处上而人不重，处前而人不害"、第七十五章改"民之轻死"为"人之轻死"等即是；第二种是缺字也即省阙法，就是故意省略"民"字，如第三章省"不见可欲，使民心不乱"为"不见可欲，使心不乱"；另外一种比较特殊就是改字形，从现在可见的景龙碑文而言就是在"民"字的右上角多加一点而成为"𡰪"或"𢆍"，其字形笔画虽不尽一致，但都在右上角多加一点为避讳却是一致。如第三章的"使民不争、使民不为盗、常使民无知无欲"、第十九章的"民利百倍、民复孝慈"、第六十四章的"民之从事，常于几成而败之"、第六十五章的"民之难治，以其智多"、第七十章的"民不畏死"、第七十五章的"民之饥、民之难治"等，"民"均为以上加点改字形的写法①。因此，历代文本中虽有"小国寡人"的表述，本文对此当做受"民"之避讳而影响的"小国寡民"的变体而不再纠缠。

———————

① 当然古代避讳的方法还有多种如用"某"字代替、用"讳"字代替、称字、拆字法、曲说等，此不多叙。可参见王建：《中国古代避讳史》，贵阳：贵州人民出版社，2003年。就《道德经》"民"字而言，主要为文中所说的三种方法。尤其是第三种改"民"为右上角加一点的"民"多为学者所忽视。其原因可能是由于唐太宗武德九年六月下令曰："依礼，二名不偏讳。近代以来，两字兼避，废阙已多，率意而行，有违经典。其官号、人名、公私文籍，有'世、民'两字不连续者，并不须讳。"（见后晋刘昫：《旧唐书》卷《太宗本纪》，中华书局，1975年，第29页）也即除避庙讳外，对避御讳的范围做了规定，包括官号、人名、各种公文、官方书籍和私人著作，只要两个字不同时出现，可以不避讳。故很多学者认为景龙本中的"民"不是避讳。而事实上，太宗之后无论高宗、武则天、中宗、玄宗等对避讳越来越重视也越来越严格，甚至由习俗上升为法律，对犯讳有了严格的处罚规定。就玄宗而言，唐玄宗时期，对官员的奏章、各种官方文书和私人著作的格式又有进一步规定。《唐六典》卷四曰"凡上表、疏、笺、启及判、策、文章，如平网之式。"李林甫注曰："若写经史群书及撰录旧事，其文有犯国讳者，皆为字不成。"（见唐李林甫：《唐六典》卷4，中华书局，1992年，第113页）景龙碑虽为中宗时期碑刻，但中宗亦是极其严格遵守避讳制度的，神龙元年（705年）甚至下制曰："武氏三代讳，奏事者皆不得犯。"（见宋司马光《资治通鉴》卷208，唐中宗神龙元年条，中华书局，1956年，第6590页）玄宗之后各宗亦大都遵循唐前期的制度，对避御讳更加重视，避嫌名的现象越来越多（参见阴小宝：《唐代避讳研究》，西安：陕西师范大学中国古代史专业硕士学位论文，2008年5月，第7—14页）。因此在这样的背景下无论是景龙二年（708年）的景龙碑及其后的遂州碑等各碑刻都会严格避"国讳"，但历代版本中由于无法呈现右上角多一点的"𡰪"或"𢆍"字而均以"民"字代之，学者们又不能很好地对照原碑文或拓本，乃至误以为并不避讳。如李水海先生在解释《道德经》第十的"爱民治国，能无为乎"时，引罗振玉云："'爱民'景龙碑避讳作'人'……"。水海按：御注本、景福本、刑玄本等唐人本皆作"民"，并未避讳。故罗氏之说不确（见李水海著：《帛书老子校笺译评》下，西安：陕西人民出版社，2014年，第543页）。事实上御注本、景福本、刑玄本等唐人本虽皆作"民"但却是因避讳而改变字形之后的"𡰪"或"𢆍"字，这样就把原本正确的观点改错甚至误导学界了。像这样的例子不胜枚举。要之总归一条：但凡唐代石刻《道德经》中即使用"民"字也是因避讳而改变字形后的"民"字。注：本文图片中的"民"字截图于严灵峰《无求备斋老子集成》之唐景龙二年（708年）正月大唐易州龙兴观为国敬造道德经五千文碑拓片图，具体图片见本文后附录。

　　再简单地说第二点，就是今通行王本其文本可否作为研究的依据？确实，从现有能看到的最早的抄写于战国偏晚期的《老子道德经（郭店楚简本）》即楚简本而言，无论甲乙丙都没有本章内容①；最早为《老子》进行注解的是战国晚期韩非子的《解老》篇，该文有选择地从今本《老子》第三十八章开始断章作解，其中引用和解释了"祸莫大于不知足"（四十六章）、"服文采，带利剑，厌饮食，而财货有余者，是谓盗竽矣"（五十三章）、"治人事天，莫若啬"（五十九章）"治大国如烹小鲜"（六十章）等这些与今本八十章类似的强调知足、节欲、反战、无为思想的章节和文字，却没有"小国寡民"及其他今本八十章内容②。但应该成书于汉初即高祖与文帝之前的长沙马王堆出土的《老子》帛书甲乙本虽其道经与德经篇次与今本顺序不同，除脱字及甲本应是高祖刘邦之前故不避讳为"小邦"之外，均有今本八十章差不多完整的内容③。其后无论是"上经配天，下经配地。阴道八，阳道九，以阴行阳，七十有二"的西汉《道德真经指归》即严遵本④，还是相传为西汉但实"早不一定早过严遵，晚不至于晚到东汉末，时间大约是西汉后期或者东汉前期"，⑤ 或者说"约作于东汉中叶迄末季间"⑥托名为河上公的《老子河上公章句》本⑦，或是三国吴人葛玄的《老子节解》本（注其八十章无"小国寡民"四字，其他大体相同），⑧抑或隋末唐初依项羽妾本及多种传本校勘而得的《道德经古本篇》即傅奕本⑨，以及汉魏六朝至隋唐时期道教徒诵习的《老子道德经（敦煌五千文本）》等⑩，均有与今本八十章几近相同的内容。因此在当前文献有限的前提下，轻易肯定或否定今本八十章完全就是或不是老子原文都是不太妥当的。考虑到以上各版本尤其是帛书甲乙本、严遵本、河上公本等应当说距老子时代不远，且与今本内容差别不大，故将其作为《老子》的文本还是可行的。

　　关于"小国寡民"及八十章在《老子》全书中的地位或意义，宋苏辙首次并明确认为是《老子》一书的卒章显志⑪，也即《老子》一书思想在临末的集中表达或总

---

　　① 廖名春释文：《老子道德经（郭店楚简本）》，第一卷，第1—6页。

　　② 韩非子：《解老》，刘固盛点校，第一卷，第56—62页。

　　③ 许抗生点校：《老子道德经（马王堆帛书本）》之《道德真经注·点校说明》，第一卷，第11—22页。

　　④ 严遵：《道德真经指归》，《老子集成》，刘固盛点校，第一卷，第124页。

　　⑤ 熊铁基等：《中国老学史》，福州：福建人民出版社，2005年，第185页。

　　⑥ 此处取王明的观点："今见河上公章句，约作于东汉中叶迄末季间，系养生家托名于'河上公'者，其书之行世，当在王弼注之先。"刘固盛点校、河上公：《道德真经注·点校说明》，第一卷，第137页。

　　⑦ 河上公：《道德真经注》，刘固盛点校，第一卷，第175—176页。

　　⑧ 葛玄《老子节解》，周国林点校，第一卷，第207页。

　　⑨ 傅奕：《道德经古本篇·点校说明》，顾志华点校，第一卷，第55页。

　　⑩ 《老子道德经（敦煌五千文本）》之《道德真经注·点校说明》，尹志华点校，第一卷，第37页。

　　⑪ 苏辙认为："老子生于衰周，文胜俗弊，将以无为救之。故于其书之终言其所志，愿得小国寡民以试焉，而不可得尔。"苏辙：《道德真经注》，刘固盛点校，第二卷，第30页。

结。其后苏辙的这种观点得到大多学者的认可，如明代的薛蕙①等，而明朱得之②、清邓锜③及近人区大典④等人的表述虽不尽一致，但意思几乎全同。如果从王弼注的八十一章的今本《道德经》而言，这个观点应该是不成问题的（就帛书本而言此说则不能成立）。因此，如何正确理解"小国寡民"就不仅仅是单独文句或章节的简单问题了，因为如若对某单独文句或章节如果理解失误或不太正确并不足以影响大局，而对此理解如若失误则有可能导致对《老子》全书及整体思想理解的错误，进而也就影响对《老子》及整个道家学派思想的认识与评价。

总括起来，我们大致可以把历来对《老子》"小国寡民"的解读或观点归为以下八种即："是《老子》所追求的上古理想社会并以自用或以明其志""是中国古代虚幻的乌托邦、理想国或桃源世界""是愚民、反动或开历史倒车""是看似原始社会而实际属于文明形式更高的社会""是虚化'小国寡民'的实质将其看成是精神境界或精神虚构""是《老子》构建天人和谐、对文明的反思及生态文明的一种理念""是《老子》提出的一种社会改造方案、设想、救世之策或统治术""并不是国家政治思想，而只是假设、条件，意指在国小民少或 在小国少民的情况下"等⑤，那么这些解

---

①　明薛蕙：《老子集解》，刘韶军点校，第六卷，第 321 页。

②　朱得之认为："此老子悯世之漓，战争将不息，故著此书，篇终聊尔自许得善人之道，以为君长也。"朱得之：《老子通义》，尹志华点校，第六卷，第 428—429 页。

③　邓锜认为：老子于篇终述怀若此，实欲后世师其意，以化民成俗，非徒结此虚愿已也。邓锜：《道德经辑注》，郭康松点校，第十卷，第 284 页。

④　区大典说："此承上章与善远怨，而推言安民之道，在无为而治。此章合下章，结全书之旨。此章合下章，总结全书。"区大典：《老子讲义》，刘固盛点校，第十三卷，第 265 页。

⑤　这八种观点与代表人物是：一是将"小国寡民"理解为《老子》所追求的上古理想社会并以自用或以明其志，这也是历代注解《老子》及近代学者最主要的观点。除苏辙等人外，最早明确提出此观点的是南宋林希逸，后为明陈深、陈继儒，清末民初张之纯等人直接或间接继承，唐成玄英虽主要从道教修性角度进行解读，但亦有此观点，近代学者有刘萧和、蒋锡昌、马其昶、冯振等为其代表；二是将"小国寡民"解读为中国古代虚幻的"乌托邦""理想国"或桃源世界。这种及以下的观点主要是近代以来的解读，不过清代学者宋常星有此类似的解读，近代胡适、谭正璧、陈鼓应、白奚等最具代表性；三是认为"小国寡民"是《老子》的"理想国"、政治思想，但却是愚民、反动或开历史倒车。持这种观点的主要有范文澜、白寿彝、任继愈、胡寄窗、高亨、尹振环等；四是与此相对认为"小国寡民"是《老子》的政治思想，但不是愚民、反动或开历史倒车，而是一种看似原始社会而实际属于文明形式更高的社会。持这种观点最有代表性是张松辉、张智彦等；五是与第三种近似但又虚化"小国寡民"的实质将其看成精神境界或精神虚构的。前者以冯友兰为代表，后者以严敏为代表；六是从现代观念出发认为"小国寡民"是《老子》构建天人和谐、对文明的反思及"生态文明"的一种理念。持这种观点的除张松辉外，还以许涛、赵玉玲等为代表；七是认为"小国寡民"是《老子》提出的一种社会改造方案、设想、救世之策或统治术。除上文的赵玉玲外，主要还有白奚、王中江、张鹏飞、李若晖、袁青、张腾宇等；八是认为"小国寡民"并不是国家政治思想，而只是假设、条件，意指"在国小民少"或"在小国少民"的情况下，或者说《老子》第八十章并非对于理想世界的直接描述而是叙述了通往理想世界的具体途径。《老子》八十章所描绘的理想社会与国家大小无关。这以韩国学者吴相武、刘笑敢、李若晖为代表。参见拙文邓伟龙：《〈老子〉"小国寡民"及今本第八十章的历代解读——〈老子〉"小国寡民"及当代价值研究之一》，《中华老学》第三辑，北京：九州出版社，2020 年，第 172—184 页。

读或观点是否正确呢？或者说是否符合或切近《老子》的愿意呢？要知道"小国寡民"是《老子》其哲学思想在社会观与执政观中的表现，也体现了《老子》的社会思想与所主张的理想社会，也是《老子》政治观或执政思想最核心的观念，而对这一思想或观念的理解关乎对《老子》整体的包括其哲学观、世界观、国家社会观以及执政观等。而以往我们之所以多认为《老子》的思想是消极的、落后甚至腐朽的、社会政治观是主张蒙昧、愚民的，大多集中出于对其"小国寡民"的理解。但事实上是不是如此呢？因此下文试图蠡测《老子》"小国寡民"思想的真正内涵。

二、《老子》"小国寡民"本义蠡测

上文说到，历史上和学界对《老子》"小国寡民"的八种最主要的观点或见解都是片面的深刻，或者说是既有正确又有失误之处，不过本文不打算对此一一评述，我们只是企图通过揭示《老子》"小国寡民"可能的本义或真正内涵从而可以发现其各自的失误。孟子曾说："以友天下之善士为未足，又尚论古之人。颂其诗；读其书，不知其人可乎！是以论其世也。"（《孟子·万章下》）这就告诉我们了解是作家的身世、生平经历以及作品的时代背景与社会环境对理解文本的重要意义，而历代对《老子》"小国寡民"的误解一个很重要的原因就是没有做到孟子所说的"知人论世"。同时我们还认为，以上之所以会产生失误大体出于以下原因：首先是对"小国寡民"字面含义理解的失误，其次是对整个八十章理解的偏差，再次是没有顾及《老子》全人全篇；复次是没有把握好《老子》独特的语言表达观念或方式；最后也是最重要的可能是没有从《老子》的哲学观出发或对《老子》的哲学观理解有误。那么是不是如此呢？为了论述的方便，我们先来看看《老子》的国家观念或政治理想，也只有了解了这点才能更好地理解其"小国寡民"。

（一）《老子》之国家观念或政治理想：大国或天下

这里所说的国家观念或政治理想当然不是现代意义上的，在《老子》成书的时代也不可能有和明确提出这些现代意义上的概念，但如若具体考察老子及其时代与其文本，我们还是可以发现老子所持的国家观与政治理想的。当然按照一般的理解，既然《老子》提倡"小国寡民"，那么其国家观就肯定是小国观，或者说在大国和小国之间《老子》至少是倾向认同或肯定小国的。那么是不是如此呢？

1. 从时代、作者身份与当时主流的国家观论《老子》之非小国观[①]

---

① 此节参考了吴相武的研究成果，特此注明并感谢！同时以下凡引用而不注明者均出自该文。见吴相武：《〈老子〉"小国寡民"新解》，载陈鼓应主编：《道家文化研究》第五辑，北京：生活·读书·新知三联书店，1998 年，第 145—168 页。

虽然詹剑峰的认为《老子》成书于春秋末叶 ①，但据学界大部分能接受普遍的观点《老子》成书应不晚于战国中期 ②。然而不管具体为哪个时期，可以肯定的是原来春秋初期的 148 个诸侯国已随着兼并与战争而为战国七雄，诸侯争霸已是那个时代的主旋律，故几乎差不多同时代的所有学者所持的国家观都是大国的观念，其学说所提供的方案都几乎是如何增强国力以期在战争中获得胜利，这无论表现在诸如《墨子》《孟子》《韩非子》《荀子》《左传》以及代表官方权威的《周礼》等表现都是大国或大国优于小国的思想。那么老子作为当时或稍早的思想家就不可能不受那个特定时代的影响，而如果《老子》的国家观念是认为小国优于大国也即"小国寡民论"的话那就意味着自取灭亡。此其一。

当然也并不排除一个时代中可能有持主流观点相左的特立独行者，但是正如吴相武所说，如果某学者提出的是一个与同时代完全不同的思想或方案，那么至少在当时或后来被人所注意，这种注意可以体现在被引用和被评论两个方面。同时这些引用或评价对于同一思想系统的则表现为认同和继承、对于不同或相反思想系统的则表现为批评与反对。但是从现有能找到的早期引用与评价《老子》"小国寡民"的情况而言，除《文子》一书中在为了说明其前文的"天下虽大，好用兵者亡，国虽安，好战者危"观点而接下来引用了"故'小国寡民，虽有什伯之器而勿用'"③ 外，包括最早作《解老》、《喻老》的《韩非子》以及后来引用《老子》57 次成书于汉代的《淮南子》都没有出现"小国寡民"。其中虽然也有《庄子·胠箧》篇中出现"民结绳而用之，甘其食，美其服，乐其俗，安其居，邻国相望，鸡犬之声相闻，民至老死而不相往来"④、司马迁《史记·货殖列传》引用并明确说"《老子》曰：'至治之极，邻国相望，鸡狗之声相闻，民各甘其食，美其服，安其俗，乐其业，至老死不相往来'"⑤ 等与《老子》王弼通行本相近的文字，但也没出现"小国寡民"四字。更难说有对"小国寡民"或认同继承或批评否定的评价了。而这种情况恰恰说明：一是大国观传统的主流与强大，二是《老子》的"小国寡民"并非是与主流完全相反的小国观。此其二。

复次《老子》作者身份的特殊性也决定了《老子》不可能是小国论者。虽然学界对《老子》及其作者的争议很大，但即使按现能看到的有限历史文献也可以肯定

---

① 詹剑峰：《老子其人其书及其道论》，武汉：华中师范大学出版社，2006 年，第 63 页。

② 学界关于《老子》成书主要有春秋末期、战国初期、战国中期、战国末期和秦汉说五种不同观点，本文持第三种。见任继愈主编：《中国哲学发展史》，北京：人民出版社，1994 年，第 237—243 页。

③ 李定生、徐慧君校注：《文子要诠》，上海：复旦大学出版社，1988 年，第 99 页。

④ 陈鼓应注释：《庄子今注今译》，北京：中华书局，1983 年，第 262 页。

⑤ 司马迁：《史记》，北京：中华书局，1982 年，第 3253 页。

的是，其作者作为周守藏室之史的身份是不成问题的[①]，而这一身份决定了《老子》也是给当时君王提供治国方案的[②]。而如果《老子》提供的方案是与时代潮流相违背甚至是导致君王灭亡的，一则其作者的身份决定了他不会这么做，二则也肯定没有被接受的市场和可能。因此即使不顾及"小国寡民"的具体内涵，我们也可以想见《老子》不可能是主张小国优于大国的小国论者。同时，《史记·老子韩非列传》有一句值得特别关注："老子……居周久之，见周之衰，乃遂去。"该句是说老子去周是因为"见周之衰"，即原来强大的周已经四分五裂江河日下且无法挽回，而如若老子是持小国论者，那么当时的情况岂不正符合其理想吗？

总之，无论从《老子》所处的时代、身份特征还是当时的主流观点而言《老子》都不可能是小国观者，而问题则可能是我们对其"小国寡民"的理解有误吧。

---

① 历来对于《老子》之"周守藏室之史"究竟为何身份理解差距很大。有认为是身份和地位显赫的，如按照杨鹏的理解则周守藏室之史是相当于今天的国家图书馆、中央档案馆、国家天文台、档案馆及国家宗教局等部门之综合的五馆（台、局）合一的馆（台、局）长。参见杨鹏：《杨鹏解读〈道德经〉》，上海：上海社会科学院出版社，2017年，第14页。但也有认为老子只是一个身份不明，面目不清的历史人物，而并非图书馆馆长。参见姚行地：《老子并非图书馆馆长》，《图书馆理论与实践》，1989年第4期，第54页。亦有认为老子之"周守藏室之史"非国家图书馆馆长而是档案馆官员。参见韩华：《老子非东周图书馆馆长之议——兼论〈道德经〉思想材料的来源》，《中华文化论坛》，2010年第4期，第96—100页。除此之外，新浪博客上有一篇影响较大的博文，考证比较详尽，甚至认为"守藏室之史"的身份，是在政府机构内部仓库里面打工的庶人，所草拟的文书，乃是库藏的各种器具、货物"辨其名物"与"其出入"的账簿，而老子李耳是给政府机构内部仓库记账的。其中从《老子》一书中找的重要内证就是：在《道德经》中，"货"字重复了五次，由于仓库是蓄货的，乃对"畜"（储备、积蓄）很是重视而与"德"相提并论为"德畜之"，较为注意"橐""籥""辐""毂""埏""埴"这些器物，把"天之道"比喻为"张弓"，第二十七章中有"善数，不用筹策；善闭，无关楗而不可开；善结，无绳约而不可解"之语。认为"开"、"兑"是不好的，会"终身不救"；"塞""闭"则是可以"终身不勤"。仓库保管员要做的事情就是给货物计数、包扎，开、闭安装了关楗的仓库大门。喜欢仓库里塞满货物而闭门，这样，才会使仓库保管员有着职务上的价值。如果，仓库搬空了，仓库保管员就成了纯粹吃闲饭的从而面临失业的可能。参见艄夫：《守藏史之史》考，新浪博客2016-08-06，网址：http://blog.sina.com.cn/s/blog_648bd0190102wn6h.html。不过要说明的是，这种考证确有它新颖独到的一面，给人以一定的启示，但我们认为该文的这个论据是不足为凭的，因为如若能以"善数、善闭、善结"以及所提各种器物为据从而论证老子为仓库保管员之类的庶人，那么依此理路是否也可以从《老子》中的"治大国，若烹小鲜"（六十章）从而得出老子是一个下等的厨师（庖）呢？（因为只有厨师且下等厨师才会擅长烹小鲜，而王公贵族所食所谓大鱼大肉）同样是否亦可以从"夫代司杀者杀，是谓代大匠斫。夫代大匠斫者，希有不伤其手者矣"（七十四章）文句中从而推论老子是木（大）匠呢？（因为只有木匠才会擅长使用斧头斫而不伤手）类似的例子还可举很多。事实上在我们看来，《老子》之用"善数、善闭、善结"以及所提各种器物只是他常用的从简单的、日常的、生活或自然现象中的事例为喻为例来说明或论证其道理而已，这也就是他所说的"吾言甚易知，甚易行。天下莫能知，莫能行。言有宗，事有君"（七十章）。同时在我们看来，该文所依之据非但不能证明老子为仓库保管员之类的庶人，反而从另一侧面反映出老子知识、见闻之广博甚至类似不所不能无所不会的体道得道之"圣人"，因为只有圣人才会"大，似不肖"（六十七章）而又"无不肖"。因此本文所持与传统及杨鹏相似的观点，下文中对此提及将不再加以说明。

② 王博：《老子思想的史官特点》，见陈鼓应主编：《道家文化研究》第五辑，北京：生活·读书·新知三联书店，1994年，第57—69页。

2. 从《老子》文本中大小国的关系论《老子》之非小国观

再者，从《老子》文本中关于小国和大国关系的认识我们也可以管窥《老子》的国家观念和政治理想。在王本《老子》八十一章中"大国"出现六次，除"治大国，若烹小鲜"。在第六十章外其余五处在六十一章中，"小国"出现五次，除八十章的"小国寡民"外其他四处也在六十一章中，因此本章也就成为我们理解《老子》国家观念和政治理想的关键。原文如下：

> 大国者下流，天下之牝，天下之交。牝常以静胜牡，以静为下。故大国以下小国，则取小国；小国以下大国，则取大国。故或下以取，或下而取。大国不过欲兼畜人，小国不过欲入事人。夫两者各得所欲，大者宜为下。（六十一章）

本章文字易懂，含义也很丰富，仅就我们的问题而言，值得注意的有三：

一是《老子》对大国的定位。《老子》以比喻的方式认为大国就好比江海的下游（大国者下流），它处于天下江河交汇的地方（天下之交），也是天下最柔静的地方（天下之牝）。其中尤请注意这个"天下之牝"的"牝"！"牝"本指雌性，又可特指雌性之生殖器①。那么《老子》为何以此为喻呢？《老子》一书"牝"字凡五见，如果我们联系另外两处："谷神不死，是谓玄牝。玄牝之门，是谓天地根。绵绵若存，用之不勤"（六章），那么就豁然开朗了：原来"牝"还喻指产生万物的根源！而所谓的"玄牝"——"言其功也。牝生万物，而谓之玄焉，言见其生之而不见其所以生也""天地根"——"言天地自是生也"②，都是《老子》"以现实世界之物比喻宇宙最后、最高的根源和根据"，也是中国哲学对宇宙起源、万物基础的一种比喻式概括③。那么对于大国和小国而言，《老子》既把大国比喻为如同产生万物也是最根本的"牝"，很明显是更看重大国，或者说大国在《老子》的观念中是更重要的，因而那种言《老子》主张"小国寡民论"可见是不正确的。

二是《老子》关于大国的优势与作用认识。本章中《老子》还以自然界柔静之雌必胜于刚强之雄为喻，认为"牝常以静胜牡，以静为下"。在这里《老子》既已将"大国"喻为"牝"，那么"牝静牡"也就是"大国胜小国"且是"必胜"之意，因为在《老子》的观念中天之道或者自然规律就是"柔弱胜刚强"（三十六章）的。同时还应注意这里的"下"字，不要理解为"低下"或"不重要"，而是和本章上句"大国者下流"以及三十九章"贵以贱为本，高以下为基"之"下"一样，由于"下"

---

① 高明："牝"为母性之生殖器官。见高明：《帛书老子校注》，北京：中华书局，1996年，第249页。
② （宋）苏辙：《道德真经注》，刘固盛点校，第三卷，第3页
③ 刘笑敢：《老子古今：五种对勘与析评引论》，北京：中国社会科学出版社，2006年，第137页。

是"高"与"贵"的根本、基础，故无论为人或治国都应"谦下""卑让""柔弱"、"甘居下位"之意。故《老子》的这种认识有个前提，那就是无论大国还是小国都必须是"有道"的或者说都是顺道而治（关于依道或顺道而治的具体内涵将在第三部分详论）的，简单言之就是要"下"、要"谦下"、"甘居下位"，而不是靠武力战争的方式，而大国更应如此，。而如若自恃强大一味以武力欺强凌弱，那么即使国家再强大也会"兵强则灭，木强则折"（七十六章）。但很明显，《老子》是非常清楚大国在现实中的重要作用与优势的，因此《老子》之国家观也就不可能是小国观了。

三是要注意大小国之"取"的结果。很多人在解读本章时只是关注《老子》以道治国的重要性：如果以道治国，大国可以兼取小国，同样小国也可兼取大国，即"故大国以下小国，则取小国；小国以下大国，则取大国。故或下以取，或下而取。"但问题是兼取以后呢？那不是小国变大，大国更大吗？如若循此而进那又是什么呢？那当然就是天下一统了。当然这种兼取或统一同样不是靠暴力征伐而是以自愿和平的方式实现的，而其前提同样都是无论大小国（尤其是大国）都必须以道治国、也则必须"下"即"谦下""卑让""甘居下位"。由此言之，那种认为《老子》主张小国甚至分裂的观点显然是不符合《老子》实际的。

3. 从《老子》文本中相关国家词汇使用论《老子》之非小国观 [①]

如若我们承认：当一个作者越是在其文本频繁地使用某个词汇或概念并且大篇幅地出现并讨论某个词汇或概念时，那么说明这个词汇或概念在该作者的思想或观念中就越重要或越关键是一条正确的规律，那么我们就能从《老子》文本中与国家相关的词汇使用的情况可以发现《老子》的国家观念与政治理想的秘密。而这些与国家相关的词汇主要是"小国""大国"和"天下"，使用的情况则主要考查其各自的频次与在全书八十一章所占的章数与比例。

先说"小国""大国"。当然，如果仅从这两个词汇使用的次数而言，在王本《老子》文本中没有太大的差异，上文已略有提及：其中"大国"六次，"小国"五次，所出现的章次都为两章。不过如按刚才所说的规律，这多出的一次至少还是说明在《老子》的心目中"大国"更重要。不过，如果从与"大国"相同或相近的词汇使用次数和章次来看，那差异就显而易见了。而这个词就是比"大国"还要大的"天下"。

次说"天下"。在王本《老子》一书中，"天下"一词共使用 60 次是"小国"次数的 5 倍，所涉及的章数 32 章是"小国"涉及章数的 17 倍 [②]。本人的统计分别为：

---

① 此处参考了严敏的研究成果，特此注明并感谢！下文凡引用而不再注明者均引自此。见严敏：《〈老子〉辨析及启示》，成都：巴蜀书社，2003 年，第 366—373 页。

② 严敏统计有误，其数据为："天下"提到的章数 27 多，出现次数 54 次。严敏：《〈老子〉辨析及启示》，成都：巴蜀书社，2003 年，第 373 页。

二（1）（注：前面的汉字数字为王本《老子》章节数，括号中的数字为"天下"一词在该章出现的次数，下同）、十三（4）、二十二（2）、二十五（1）、二十六（1）、二十八（6）、二十九（2）、三十（1）、三十一（1）、三十二（2）、三十五（1）、三十七（1）、四十（1）、四十三（3）、四十五（1）、四十六（2）、四十七（1）、四十八（2）、四十九（2）、五十二（2）、五十四（4）、五十六（1）、五十七（2）、六十（1）、六十一（2）、六十二（1）、六十三（2）、六十六（2）、六十七（3）、七十（1）、七十七（1）、七十八（3）。我们可以大致计算得出"天下"一词在《老子》文本中所占字数（按五千言）比例为2.4%；在八十一章中所涉及的章数比例为39.5%强！另有用"天子"一次，这明显是和天下有关的词汇；与"大国"相关的"社稷主"一次，"侯王"（可大可小，大国君主也可乘侯王）五次。而若加上这些，那么比例就更大。而这个比例只有《老子》的核心概念"道"能相仿佛①。

虽然据严敏考证，《老子》文本中的"天下"一词主要有三种含义：一是类似现代所说的"国家"或"全国"，也就是包括当时所能理解的所有诸侯国在内的天下，如"故贵以身为天下，若可寄天下，爱以身为天下，若可托天下"（十三章）；二是指世界或宇宙，如"天下皆知美之为美，斯恶已"（二章）；三是指天下人，如"执大象，天下往"（三十五章）、"是以天下乐推而不厌"（六十六章）等。但事实上，在我看来除了第二种也即"指世界或宇宙"有部分超出"天下"所包含的"大国"之义外（如四十三章"天下万物生于有，有生于无。"），其他仍然与表示"大国"概念的"天下"多少有关系；而第三种"天下人"则明显是和表示"大国"的意义相关的。因此这一表示"大国"意义的"天下"一词的频繁使用，其频次和所涉及的章数比例明确地告诉我们：只有"大国"才是《老子》的国家观或政治理想。可以设想，如果《老子》所持的是小国观，那就不是"大国"或"天下"如此频繁使用，其关键词必将是"小国"（小邦）了。

顺带说一句的是：这种频繁使用、多章数涉及、大篇幅展开的言说方式，不就是后来为庄子所发展而成为其著名的、特别的言语或表达方式的"三言"之一的"重

---

① 据本人统计"道"（注：不统计与"道"类似的概念词汇如"大""无""常""孔德"等）共见78次，占字数比约为1.56%；涉及章数37章，占章数比例约为45.7%。分别为：一（3）、四（1）、八（1）、九（1）、十四（2）、十五（2）、十六（2）、十八（1）、二十一（2）、二十三（6）、二十四（2）、二十五（4）、三十（3）、三十一（1）、三十二（2）、三十四（1）、三十五（1）、三十七（1）、三十八（2）、四十（2）、四十一（9）、四十二（1）、四十六（2）、四十七（1）、四十八（1）、五十一（4）、五十三（3）、五十五（2）、五十九（1）、六十（1）、六十二（3）、六十五（1）、六十七（1）、七十三（1）、七十七（4）、七十九（1）、八十一（2），占章数比例约为45.7%

言"①？我们常说"老庄道家"，而之所以能这样称呼，在我看来，不仅是其学术思想上的承传，同时也包括言说思想的方式也即话语方式的承传。庄子之所以能已"三言"闻名于世，其"重言"的源头恐怕就在《老子》这里（寓言与卮言下文将会提及），只可惜没人注意到而已。

4. 从《老子》文本中理想的执政者及其效果论《老子》之非小国观

最后，我们还能从《老子》文本中所描绘的理想的执政者及其执政的效果发现《老子》之国家观念与政治理想绝非小国观。为什么能这样说呢？我们先来看《老子》文中的理想执政者。

和儒家所向往的称呼一样，《老子》的理想执政者也是圣人，圣人一词在《老子》文版中凡 32 见，可见其在《老子》理想心目中的地位。不过这个"圣人"并不是儒家宗法、伦理即道德观念中的"长者""尊者"或"贤者"（当然"贤"和"圣"在儒家及其他各家中都有区别的，此不论）等，而是只要是"体道"、"悟道"、"得道"与"行道"也就是《老子》所说的"有道者"、"执一为天下式"者、以天下观天下的"德普"者：

孰能有余以奉天下，唯有道者（七十七章）。

是以圣人执一为天下式（二十二章）。

修之于天下，其德乃普。故以身观身，以家观家，以乡观乡，以邦观邦，以天下观天下。（五十五章）

也就说只要是"以道奉天下"者无论长幼、尊卑、阶级阶层甚至男女（是否不分男女，《老子》没有相关言论，但从《老子》一书推崇雌、柔、静、弱以及牝、母等可以推测）都可是圣人，所以这个圣人不一定是天子、侯王、贤者（不尚贤，使民不争。三章），这是一方面。另一方面，这个圣人同时必须是"奉天下"而且是"以道奉天下"也即能"执一为天下式"者（"一"即"道"）所以天子、侯王、贤者不一定是圣人。同时还要注意的是，《老子》这里还有个不太明晰但非常明确的意思，就是这个理想的执政者"有道者""圣人"所"奉"（可以理解为现代的"服务"）或治理的对象绝不是"小国"而是"天下"！

---

① 关于庄子的"重言"学界多理解为"年长之老者之言"，也即耆艾之言。事实上这种解释并不准确。这里我取崔宜明的观点。他认为，"重言"就是"重复"地说。这与传统解"重言"为年长之老者之言不同。不过他又认为，所谓"重复地说，就是肯定与否定同时并举的言说方式。如先肯定年先即为'耆艾'，然后再否定"。我认为不一定要肯定与否定同时并举，只要是"重复"地说就行，不过在"重复"地说时，往往会出现肯定与否定同时并举，但这不是最主要的标准。见崔宜明：《生存与智慧——庄子哲学的现代阐释》，上海：上海人民出版社，1997 年，第 29 页。

那么圣人能不能有"天下""奉"呢？或者说，在圣人的治理下会不会"大国"呢？《老子》认为这是没问题的，试下以下文句：

执大象，天下往。往而不害，安平太。（三十五章）

以道莅天下，其鬼不神；非其鬼不神，其神不伤人；非其神不伤人，圣人亦不伤人。夫两不相伤，故德交归焉。（六十章）

受国之垢，是谓社稷主；受国不祥，是为天下王。（七十八章）

上引第一句中的"大象"也即"道"，其意为如能执道——依道而治，天下的人就会归附（向往）于他（圣人、有道者），从而也就得天下了。第二句的"以道莅天下"也是"圣人"依道治理天下，不过这里更进一层，不仅是天下人归附，甚至连鬼神也不起作用，德也会归附于民。第三句比较难懂，实际上是以水为喻，因为"水善利万物而不争，处众人之所恶"，也就是处下、无为、不争、善、利万物，所以"几于道""上善若水"，而圣人如若能像水一样处下纳万物、为国处理承受屈辱、灾祸那必能成为天下之主。当然这并不是圣人有意为之，但其客观或实际效果必将如此，这就是《老子》所说的"（圣人）夫唯不争，故天下莫能与之争"。说得俏皮点，在《老子》文本中"圣人"和"天下"往往是"标配"。可见在《老子》的观念中理想的执政者是有道的圣人，而圣人治理的结果必然是天下大国而不是小国，有这样观念的《老子》怎么会提倡"小国寡民论"呢？

总之，我们无论是《老子》所处的时代、作者的身份以及当时主流的国家观，还是从《老子》文本中大小国的关系言论，抑或从《老子》文本中相关国家词汇使用的频次及其所涉及的篇幅章数比例，以及从《老子》文本中理想的执政者及其客观必然效果等都无法得出老子是主张小国观或"小国寡民论"的结论，老子所向往的国家观念与政治理想是有道圣人治理的大国天下而绝非"小国寡民"。那么《老子》为何又在临近全书的结束处提出"小国寡民"并专设一章呢？"小国寡民"及其本章是否和《老子》全书的主体思想相矛盾呢？下文继续一说。

（二）《老子》"小国寡民"可能的真正含义

蒋锡昌曾说："治《老子》者有二难：一曰，本多舛异，不先校勘，无以知古本之真；苟不知古本之真，而率读焉，是读伪书也。二曰，字多殊谊，不先训诂，则不辨古谊之真；苟不辨古谊之真，而为解焉，是解己意也。"[1]蒋氏所言极是。而学界

---

[1]　蒋锡昌：《老子校诂》，刘固盛点校，第 14 卷，第 502 页

传统之所以把《老子》目为上文吴相武所谓的"小国寡民论者"，首先在于对《老子》"小国寡民"字面意义理解的以下失误。

1. 传统"小国寡民"理解的方式与失误考

从其构成来看，"小国寡民"（如不考虑帛书甲本为"小邦寡民"，下文会有论及）该句有四个独立的语素，其中"国"理解为"国家"或"国土"，不过有时也可指"（国家）政权"，而且这个用法很早就有，比如《诗经·节南山》中有："秉国之均，四方是维，天子是毗，俾民不迷。"其中的"国"，在《汉字古今义合解字典》"国"字第三条中就将其解释为"国家；政权"①。而将"民"理解为"人民"或"老百姓"这是没问题的，但同时也可引申出"民生""老百姓的利益"等义。"小"的字面义也好理解，就是与大相对而言的"小"，"寡"的本意为与"众"或"多"相对的"少"，从词性而言二字都为形容词。合之则有以下四种不同的解读②：

第一种是由于按照汉语语法，形容词可以直接修饰名词作定语，因而"小国寡民"就是"小的国家少的人民（百姓）"之意，这也是最直接简单的字面理解。而这样理解的在历史与现代学界中比比皆是，此不多述。

第二种是由于在古汉语中"小""寡"二字不仅除了这种可理解为形容词作定语外，还可以作谓语，即可以把"小国寡民"理解为是"国小民寡"的倒装，这样"小国寡民"就是"国家小，人民（百姓）少"之意，当然这种理解理解也是可行的。持这种理解最早也最有代表性的是严遵，他对本章的解释文字很长，兹摘引主要如下。

国有大小，地有险易，民有众寡，货有多少，形有高卑，权有轻重。大胜小，易胜险，富胜贫，众胜寡，高胜卑，近胜远，强胜弱，轻胜重，物之理也。强弱在将，安危在相，得失在主，存亡在道。天无常与，民无常处，有德者归之，无德者见背，自然之道也。……是以小国之君，地狭民少，……存乎大国之间，地寒磬而不足割，宝币轻而不足献将相不附，百姓轻往，邻人重求，故无磐石之固，山陵之安，常处乎累卵之危。然则伐之不足以为暴，德之不足以为多，故小国者，危亡之枢而安宁之机也。小国寡人，易为危败，则谦光以道，日益为高，故云危亡之枢安宁之机也。是以圣人之治小国也，转祸为福，因危为宁。……

---

① 许威汉、陈秋祥主编：《汉字古今义合解字典》，上海：上海教育出版社，2002年，第304页。

② 从学界已有的研究成果而言，最早从语法层面来解读"小国寡民"的是韩国学者吴相武。他曾指出"小国寡民"这四种理解方法。吴相武：《〈老子〉"小国寡民"新解》，见陈鼓应主编：《道家文化研究》第十四辑，北京：生活·读书·新知三联书店，1998年，第162—163页。

从上所引来看，严遵虽然认为这在存乎强食弱肉的大国之间当然是非常危险的，但若以道治之，则可小变为大，弱转为强，寡易为众，故"君子所处，虽小必存"，"是以圣人之治小国也，转祸为福，因危为宁"；反之，如若不能治之以道而"小人所居"，故虽"地广民众""虽大必亡"。但很明显严遵是直接将"小国寡民"理解为"国小民寡"的倒装即"国小（地狭）民少"[①]。其后王弼《道德真经注》不仅将"小国寡民"解释为"国既小，民又寡"（实即"国小民寡"），还明确说是《老子》"举小国而言也"[②]。而历史上直接理解为"国小民寡"的至少还有徐学谟[③]、龚修默[④]、陶崇道[⑤]、杨增新[⑥]等。

第三种是将"小"与"寡"理解为形容词活用为动词中的"使动"用法，这种用法在古汉语中是经常出现的语法现象。按这样理解"小国寡民"就是即"使国（变）小使民（变）变少"之意，明末周宗建[⑦]则是典型。

第四种是把"小"与"寡"理解为形容词活用为动词中的"意动"用法，这也是古汉语中是经常出现的语法现象，那么这样"小国寡民"就是"以国为小，以民为少"之意。最早持这种观点的是河上公，他注释"小国寡民"为："圣人虽治大国，犹以为小国，示俭约，不为奢泰。民虽众，犹若寡乏，不敢劳。"[⑧]其后顾欢亦释"小国寡民"为："谓泰平之君也，百姓虽长，抚之如幼，四海虽富，君之如贫，其国虽大，治之若小，其民虽众，用之若寡也。"[⑨]区大典也说："小国寡民者，谓治大如治小，治众如治寡。"[⑩]这种观点几乎为各注家主流的观点，此不赘言。

如果我们检视以上四种解读就会发现：第一种是对"小国寡民"按照字面的理解；第二种虽与第一种不同，但意思是相通的；第三种则更是将《老子》"小国寡民"理解为分裂主义了，这显然是错误的（下文还将论及）。因此以上三种是不符合我们上文所论的《老子》国家观念和执政理想的。那么只有第四种似乎与《老子》的国

①　严遵：《道德真经指归》，刘固盛点校，第一卷，第 124 页。
②　王弼：《道德真经注》，刘固盛点校，第一卷，第 234 页。
③　徐学谟："承国小民寡，而言以其无事，能使之如此。"见徐学谟：《老子解》第七卷，徐华点校，第 193 页。
④　龚修默："国小民寡，强大侵陵，百物凋耗，干戈相寻，叹羽檄之交驰，欲饮食以无自。"见龚修默：《老子或问》，董恩林点校，第八卷，第 220 页。
⑤　陶崇道："国小民寡则不器，有什伯之器而不用，则器足于用矣。"见陶崇道：《道德经印》，周国林点校，第八卷，第 562 页。
⑥　杨增新："此章言国大民众则难治，国小民寡则易治。"见杨增新：《补过斋读老子日记》，马良怀点校，第十二卷，第 180 页。
⑦　周宗建："吾尝想见善人一种化民成俗景象，正使国小民寡，绝无强大之势。"见周宗建：《道德经解》，周国林点校，第八卷，第 320 页。
⑧　河上公《道德真经注》，刘固盛点校，第一卷，第 175 页。
⑨　顾欢：《敦煌本老子道德经注》，王卡点校，第一卷，第 246 页。
⑩　区大典：《老子讲义》，刘固盛点校，第十三卷，第 265 页。

家观吻合，甚至也切合《老子》一贯提倡的"谦让""处下"的思想。但细究还是有问题的，因为这种将"小国寡民"意动为"以国为小以民为少"的理解，事实上暗含这样一种基本的思路和内容：即国首先必然是大国，然后才有可能将其"看作"或"认为"是"小"的；民也必先已经是众民，然后才有可能将其"看作"或"认为"是"少（寡）"的，故其准确的表达应为"以大国为小以众民为少"也即"小大国寡众民"，而其中"大"和"众"明显是文本中没有而解释者自己附会上去的，而这就犯了训诂学所说的"增字为训不为训"的大忌！因为如果按这种方法，任何人都可以按照自己理解的意思增加自己想要的内容，比如我们完全可以将"小国寡民"解读为"小敌国寡刁民"等也说得通且很有意思（当然第三种即使动用法亦是如此"使大国变小使众民变少"），如若这样那就更是人言言殊了。而这正如江藩在《经解入门》所说的那样："经典之文，自有本训。得其本训，则文义适相符合，不烦言而已解；失其本训，而强为之说，则杌陧不安，乃于文句之间，增字以足之，多方迁就，而后得申其说。此强经以就我，而究非经之本义也。"①

归纳起来，历代对"小国寡民"的四种解读可以如下表所示：

表 1　传统《老子》"小国寡民"意义理解表

小国寡民	
小、寡性质或用法	小国寡民的含义
做定语	小的国家少的民众（或百姓）
做谓语	国家小民众（或百姓）少
使动用法	使国家（变）小，使民众（或百姓）（变）少
意动用法	把国家看成（很）小，把民众（或百姓）看成很少

以上四种方式或方法，基本涵盖了历史上所有对《老子》"小国寡民"解读，虽然每种方式各能从一个侧面解释"小国寡民"的内涵，但如若联系《老子》整个文本所体现的国家观念与政治理想则要么南辕北辙要么是以己意附会。那么问题出在哪里呢？有没有一种可能通达的解读呢？

2."小国寡民"的可能解读臆测

我们认为，之所以历史上的各种解读均未能达致对《老子》"小国寡民"的正确理解且众说纷纭，关键在于对其中的"寡"字理解有误。确实，按字面上的理解"寡"本义与"众"相对为"少"没错，以上四种传统的解读之所以失误，原因也在于此。但是"寡"还有其他的意思，如若再联系上句式及活用即使动与意动等，那

---

① 江藩：《经解入门·不可增字解经第四十七》，见司马朝军撰：《〈经解入门〉整理与研究》上，武汉：武汉大学出版社，2017年，第181页。

就更好理解了。

首先我们来看"小国寡民"的句式。当然孤立地看是看不出问题的，但我们知道谭正璧指出的那样：《老子》的文章多是对句[①]，而这种对句的方式不仅只是句与句之间，句子中也是如此，那就好理解了。同时由于古文是没有标点的，因而我们完全可以将其分为两句，即"小国，寡民"，这不仅不会影响原文，反而使原文意义更加清晰，而历史上有人就是这么理解的，如清代的丁杰[②]等。我们知道既为对句（也即对仗），那就得有对句的规则。而如若按上文四种传统的理解，可以发现其中：小与寡对、国与民对，是很工稳的；将"寡"理解为"少"似乎也可以，因为与"小"一样都是形容词。但对句中还有一个规则，那就是同位上的字除了词性相同外，词义要尽量不同且最好相反，否则就是所谓的"合掌"之弊了。如此看来将"寡"理解为"少"明显与前面的"小"有"合掌"之嫌了，因为"小国"就是"国土少"，故"小"对"少"或"小"对"小"明显不工。

那么什么是"合掌"呢？进而如果按照传统的从字面解释的"小国寡民"是否"合掌"呢？

先回答前者。如果从知识考古学的角度而言，"合掌"可能出自刘勰的《文心雕龙》中《丽辞》的"骈枝"一词，其云："张华诗称：'游雁比翼翔，归鸿知接翩。'刘琨诗言：'宣尼悲获麟，西狩泣孔邱。'若斯重出，即对句之骈枝也。"陆侃如、牟世金先生释"骈"为"脚拇指与第二指相连"，释"枝"为"手指的六指"，合起来"骈枝"则为"多余的，不必要的"[③]。陈书良先生则认为刘勰这是批评"一种为了追求字句的对仗，故意把一个意思分作两句话说的所谓'一意两出'现象"[④]。在后来众多对"合掌"的解释中，我觉得杨树森先生的观点及界定是否合掌的标准比较全面准确，为不引起歧义兹引如下：

合掌又称"叙事重叠"，是指诗文中对偶词句的意义相同或相类，如同两掌一样，可以重合。两掌重合后虽分左右，但掌的大小、形状没有区别，手指的个数也完全相同，如同一掌。对仗是一种修辞手法，其目的是增强诗歌的表现力，扩大其内涵。合掌则相反，字多意寡，上下联既非相互对立，又非互为补充，是词语的浪费。不

---

① 谭正璧："《老子》文章的特色……一是多对句……《老子》中对句之多，几乎每章皆有，其对法有正对，有骈对，有回文对，有流水对各类，不啻集对句之大成。"谭正璧：《老子读本》，刘固盛点校，第十五卷，第647页。

② 丁杰就将第八十章理解为："小国，寡民。"见清丁杰（番禺人）：《道德经直解》，冯鹤点校，第十一卷，第272页。

③ 刘勰著，陆侃如、牟世金译注：《文心雕龙译注》，济南：齐鲁书社，1995年，第441页。

④ 陈书良：《楹联写作十讲》，北京：对外经济贸易大学出版社，2013年，第47页。

少人对自己的对仗联是不是合掌把握不住，可以从以下参考标准略知一二：

（1）上下联表达同一个意思，是合掌；

（2）上下联的关键词可以互换，是合掌；

（3）上下联合并为一句话而意思不变，是合掌。①

上引所言虽是针对诗文而言，但亦可应用于一般的对句也即对仗。承前所论，既然《老子》之"小国寡民"可理解为"小国，寡民"之对句，那么这个对句按照传统的理解会怎样呢？

前此多次提及，"小国寡民"按照传统的理解是："小国"就是"小的国家"或"国家小"，"寡民"就是"少的民众（百姓）"或"民众（百姓）少"，那么这里"小的国家"与"少的民众（百姓）"，或"国家小"与"民众（百姓）少"就几乎是一个意思也即"合掌"了。因为：

其一，"小国"或"国家小"往往意味着"民众（百姓）少"，甚至可以说"小国"的"标配"就是"少民"，反之亦然。而这样的理解就犯了上引中上下联表达的是同一个意思，是字多而意寡（当然是非"寡民"之寡）、是词语的浪费，因而也就是"合掌"了。

其二，也是按照传统的理解如果把"小国"解释为"小的国家"或"国家小"，那其实也就是指"国家的领土小"也即"国土少"之义，因此这里的"小"也即"少"了，这样一来岂不是和"寡"也即"少"的意思一样了吗？进而，既然"小国"之"小"可以理解为"少"，"寡民"之"寡"也是"少"，那么就可以互换为"寡国""小民"了，这样虽看似荒谬，但至少犯了上引"合掌"的第二条即"上下联的关键词可以互换"；

其三，既然"小国"的"标配"就是"少（寡）民"，或换言之"少（寡）民"的"标配"就是"小国"，那么"小国"就意味着"少（国）民"或"（国）民少"，而"寡民"也即"少（国）民"或"（国）民少"也就意味着"小国"或"国小"也即"国土少"的意思，那么两句合起来，这不就是上引第三条中"上下联合并为一句话而意思不变"吗？

如此看来传统的解读中将"寡"理解为"少"明显与前面的"小"有"合掌"之嫌了，因为"小国"就是"国土少"，故"小"对"少"或"小"对"小"明显不工。

不过要说明的是，我们这里的理解可能会遭到某种质疑，那就是作为文化或文

---

① 杨树森：《格律诗密码 平仄及其补救》，芜湖：安徽师范大学出版社，2017年，第238页。

明尚处于开端的《老子》时代,《老子》之文本可不可以用我们今天的理论、方法及视角等去理解确属值得商榷的。具体就"小国寡民"而言,我们能不能用《老子》以后才发展或确立起来的对句或对仗的理论方法去解读呢?进而这样的解读是不是会犯"以今律古"的毛病呢?对于这些质疑,我们只能这样回答:确实在《老子》的时代可能没有后来的对句或对仗理论,也更没有所谓的"合掌"之说,但任何理论或方法都是建立在前人实践的基础之上,因而当后来人阐释古人文本时,既需要顾及古人文本的具体时代与语境,也需要特定的而且往往是后来才发展形成的理论或方法的。因而这里就对于会不会存在阐释学上关于后来的理论方法与前人文本是否存在"可通约性"的问题纠结了。

循此思路,那么"小"应当与什么对合适呢?不言而喻无疑是"大"了。那么问题是"寡"能否可以理解为"大"呢?或者说历史上有没有这样的用法呢?

而如果我们检视先秦文献,虽然"寡"除了特殊称呼作"寡人"(下文将论及)外多做"众寡"之"寡"也即"少"理解,但至少有两处是可以并且也是做"大"来理解的,且均出于《老子》之前的《尚书·周书》:

越厥邦民,惟时叙,乃寡兄勖,肆汝小子封在兹东土。(《康诰》)
今王敬之哉,张皇六师,无坏我高祖寡命。(《康王之诰》)

其中第一条孔氏传释"乃寡兄"为"汝寡有之兄",孔颖达疏亦为此意[1];第二条孔氏传释"我高祖寡命"亦为"我高德之祖寡有之命",孔疏亦同[2]。虽然此处的孔氏传与孔疏将"寡"都解释为"寡有"也则"少有",似乎也是将"寡"理解为"少",但实际是不同的:因为从词性而言"少"为形容词,而"寡有"或"少有"则为偏正结构的动词或动词性词组了;其次从词意上看,"少"只是表示数量不多,而"寡有""少有"则含有"罕见""珍稀"之义。因此清代刘沅就将"寡命"解释为"罕有之天命也"[3]。那么推而言之就是"大"或"重大"了。

那么有没有将此处之"寡"解释为"大"之类意思的呢?清代刘逢禄在其《尚书今古文集解》中解释《尚书》之"无坏我高祖寡命"时引陈奂之解为:"陈氏奂曰:'寡',特也。"[4]不仅如此,在宗福邦等主编的《故训汇纂》一书中有释寡共90条,

① 《尚书·周书·康诰》,《十三经注疏》(上),上海:上海古籍出版社,1997年,第203页上栏。
② 《尚书·周书·康王之诰》,《十三经注疏》(上),上海:上海古籍出版社,1997年,第244页上栏。
③ (清)刘沅著,谭继和、祁和晖笺解:《十三经恒解·书经恒解》,成都:巴蜀书社,2016年,第219页。
④ (清)刘逢禄:《尚书今古文集解》(六)第二十五卷,清经解续编本,第12页。

其第 15 条释《诗经·大雅·思齐》之"刑于寡妻"之"寡"同样引陈奂传疏为："寡之为言特也。"①

那么"特"又是什么意思呢？《尔雅·释兽》云："豕生一，特。"因而"特"也就"少""独"甚至"唯一"的意思。许慎《说文·牛部》解释为："特，朴特，牛父也。从牛，寺声。徒得切。"②段玉裁亦训为："特，特牛也。"并解释说："引申之为凡单独之称，一与一为耦。"③确实，在古代"特"多作为与"少""独""一"之意的"寡"而用的，在《尚书·舜典》中就有："格于艺祖，用特。"孔颖达疏其中的"特"为："特，一牛。"④这个"一牛"就是"少"、"单"、"独"、"唯一"的"一头牛"之意。其后用"特"表示"独"或"少"之意的更是比比皆是，比如成玄英疏《庄子·逍遥游》篇之"而彭祖乃今以久特闻"、《齐物论》篇之"何其无特操与"、《大宗师》篇之"特犯人之形而犹喜之"、《天下》篇之"特与天下之辩者为怪"、《列御寇》篇之"夫浆人特为食羹之货"、高诱注《战国策·秦策四》之"吾特以三城从之"。颜师古注《汉书·高帝纪上》之"毋特俱死"、《高帝纪下》之"今天下贤者智能岂特古之人乎"、《张良传》之"使韩信特将北击之"、《灌婴传》之"卒斩敌及特将五人"、《贾谊传》之"非特雷霆也"等"特"都释为"独也。"⑤故在宗福邦等主编的《故训汇纂》一书释"特"有 77 条，其中作为"独"或"少"之意理解的达 30 条之多⑥，因此古代"寡""特"互训也就可想而知了。

但即便如此并不是说"特"就没有其他的意思，就本文相关的问题而言，其中上引段玉裁《说文解字注》中虽释"特"为"单独"，但其中有段文字值得注意，其云："铉本云：朴特，牛父也。按《天问》'焉得朴牛'……王逸张揖皆云：'朴，大也'。"⑦当然对于段氏而言他似乎是不太同意这种观点，但这恰恰表明的是：至少从王逸起就已经关注到了"朴"是有作为"大"之义使用的，而"朴"既然与"特"互训，从而"特"就有可能作为"大"之义。进言之，又由于"寡""特"互训，那么既然"特"可作为"大"，那么"寡"也可释为"大"了。而事实上，在先秦确有将"特"用作"大"的实例，其中最典型的例子就是《诗经·魏风·伐檀》中的"不狩不猎，胡瞻尔庭有悬特兮"之"特"了。虽然孔颖达疏为"兽三岁为特"，但陈奂

① 宗福邦、陈世铙、萧海波主编：《故训汇纂》，北京：商务印书馆，2003 年，第 588 页。
② （汉）许慎撰、（宋）徐铉等校：《说文解字》，上海：上海古籍出版社，2007 年，第 52 页。
③ （清）段玉裁撰：《说文解字注》，北京：中华书局，2013 年，第 51 页。
④ 《尚书·虞书·舜典》，《十三经注疏》（上），上海：上海古籍出版社，1997 年，第 127 页下栏。
⑤ 转引自宗福邦、陈世铙、萧海波主编：《故训汇纂》之"特"第 16 条，北京：商务印书馆，2003 年，第 1404 页。
⑥ 宗福邦、陈世铙、萧海波主编：《故训汇纂》，北京：商务印书馆，2003 年，第 1404—1405 页。
⑦ （清）段玉裁撰：《说文解字注》，北京：中华书局，2013 年，第 51 页。

解释说:"此章言特,特亦兽名也……《方言》:物无耦曰特,兽无耦曰介。特、介皆大也。"①

图1《尚书今古文集解》第二十五卷第十二页 图2《诗毛氏传疏》第九卷诗九第十页

因此,许多现代学者直接将孔传与孔疏并不显豁的"寡有"直接翻译为"大",试列举如下。

杨运庚的《今文〈周书〉同义词研究》中释:"'寡'用例9次,有两个义位:1.孤独无依的人,用例7次,……2.大,用例2次,用例:惟时叙乃寡兄勖,肆汝小子封在兹东土。(《康诰》)今王敬之哉,张皇六师,无坏我高祖寡命。(《康王之诰》)"②

马将伟的《尚书译注》中就将"今王敬之哉,张皇六师,无坏我高祖寡命"之"寡命"释为"大命",并翻译为:"如今我王要谨慎呀!要整顿好宗周六师,弘扬我王家军威,不要毁坏了我们先祖的大命。"③

与此相同的至少还有李民、王健的《尚书译注》④、顾迁著译的《尚书》⑤、周秉钧

① (清)陈奂:《诗毛氏传疏》(上册),北京:中国书店,1984年,第514页。
② 杨运庚:《今文〈周书〉同义词研究》,西安:西北大学出版社,2009年,第43页。
③ 马将伟译注:《尚书译注》,北京:商务印书馆,2015年,第217页。
④ 李民、王健撰:《尚书译注》,上海:上海古籍出版社,2012年,第299页。
⑤ 顾迁著译:《尚书》,郑州:中州古籍出版社,2010年,第179页。

注译的《尚书》①等书中均将"寡"解作"大"！学界有条很重要的规定叫"孤证不为论说"，那么既然有这么多学者将"寡"解释为"大"，故将与"寡命""寡兄"无论是词语结构还是词性都是相同的"寡民"之"寡"理解为"大"应该是可取的。

更何况训诂学中有种非常重要但也颇有争议的方法叫"反训"法②，并且早在《尚书》中就有大量的使用，比如《泰誓中》篇有"有乱臣十人，同心同德"。孔颖达疏为："传：我治之德同。正义曰：《释诂》云：乱，治也。故谓我治理之臣有十人也。"③并且据赵振铎先生研究，《尚书》中共用"乱"四十九次，其中表示纷乱的三十一次，表示治理的则有十七次④。那什么是"反训"呢？陈浦清认为：反训是直训的一类，即用意义相反的词作注解。并认为这是东晋郭璞注《尔雅》提出的一种注解义例。如《尔雅·释诂》："徂、在，存也。"郭注云："以徂为存，犹以乱为治……以故为今。此皆诂训，义有反复旁通，美恶不嫌同名。"⑤循此思路，那么既然"寡"的词汇或字面意义是"少"或"小"之义，那么是不是可以反训为"多（也即众）"或"大"呢？而事实上在我们探究《老子》"寡民"之"寡"义的过程中确实有着类似"反训"的理路，但至于这能不能称为"反训"，或者说是否符合训诂学"反训"的规则或原理，出于本文研究目的的不同则应当别论，故在此只能存疑了。

不过进而言之，如果"寡"可释为与"小"相对的"大"，那么此二者的引申义对于解释《老子》的"小国寡民"也是特别恰当的。具体来说由"小"可引出"轻""贱""轻视""末"等，而由"大"（也即"寡"）则可引申出与之相对的"重""贵""重视""本"等。而这恰恰是《老子》"寡民"思想的内核，简言之就是，《老子》之"寡民"并非是"百姓少"或"使百姓少"，而是以民为"大"、为"重"、为"贵"、为"本"之义，而关于这些我们将有专文会陆续论及，此不赘述了。

如果以上结论大致不错，那么《老子》"小国寡民"乃"小国大民"之义，不过这里的"小国"绝不是小国论或主张分裂之意，而是指《老子》关于国家、政府或社会治理中，在国（国家、政府或社会）与民（百姓）之间的一种价值取向：即《老子》认为，在国与民之间，圣人、君主或统治者应当减少政府、权力对百姓的干扰，

---

① 周秉钧注译：《尚书》，长沙：岳麓书社，2001年，第226页。

② 比如张治樵就认为：从训诂手段的角度讨论有没有单立"反训"一说的必要，是训诂学应该讨论的问题，以郭璞有反训一说并立据之为反训的依据，则嫌证据有误。从意义的角度看，一个字词拥有正好相反的意思，不过是字词义在发展过程中的一种现象而已，跟其他的引申、转义、比喻等的意义发展，并没有本质差别。训诂中对意义的训释是多种多样的，但是《尔雅》便有词汇意义、比喻意义、义素意义、隐含意义、种属意义、假借或通假意义等等，是否都如反训一样另立其名，则需斟酌。见张治樵：《训诂三论》，成都：巴蜀书社，2017年，第299页。

③ 《尚书·周书·泰誓中》，《十三经注疏》（上），上海：上海古籍出版社，1997年，第181页下栏。

④ 赵振铎：《训诂学纲要》，西安：陕西人民出版社，1987年，第177页。

⑤ 陈浦清：《文言文基础知识问答》，长沙：岳麓书社，2016年，第307页。

要小国（政府、权力）而大（民生、社会），或者说就是以国（国家、政府或社会）为小而以民（百姓）为大。而这样理解一切就豁然开朗了！

再联系到上文所说的四种对"小国寡民"的理解，那么我们可以发现：无论把"小""寡"看作形容词作定语，即从字面上理解为"小国大民"，也即"小政府（政权）大民生"是可行的，而且与《老子》的国家观与政治理想也相吻合；也无论是将"小""寡"看作形容词作谓语，也就是将其作为倒装理解为"国小民大"意思也差不多；就是把"小""寡"当成形容词使动，则为"使国（政府、政权）（变）小使民（民生、老百姓的利益）（变）大"意思变化不大；而即使将"小""寡"看作是形容词意动，那就是"以国（政权、政府、利益）为小以民（民生、老百姓的利益）为大"同样一致！当然我们还可能归纳出很多类似的义项，简单如下表所示：

表2 《老子》"小国寡民"用法与意义表

小、寡之义 用法	小国寡民			
	小／大	轻／重	贱／贵	末／本……
定语	小国大民	轻国重民	贱国贵民	末国本民
谓语	国小民大	国轻民重	国贱民贵	国末民本
使动	使国家（政权、政府、利益）小，使民（民生利益）大	使国家（政权、政府、利益）轻，使民（民生利益）重	使国家（政权、政府、利益）贱，使民（民生利益）贵	使国家（政权、政府、利益）为末，使民（民生利益）为本
意动	以国家（政权、政府、利益）为小，以民（民生利益）为大	以国家（政权、政府、利益）为轻，以民（民生利益）为重	以国家（政权、政府、利益）为贱，以民（民生利益）为贵	以国家（政权、政府、利益）为末，以民（民生利益）为本

3. "小国寡民"可能解读的《老子》文本依据

如果上文我们还只是从文献的角度探讨《老子》"小国寡民"之"寡"解释为"大"从而得出该句为"小国大民"之可能，但这里还有一个很大的问题，那就是《老子》有没有这种"小国大民"的观念或思想呢？这也是我们能否进行如此解读的依据与关键。不过由于这个问题牵涉的范围及其广泛，而要彻论此问题至少需将先秦及两汉主要经典中的人称用词和《老子》文本中的人称用词进行比较分析方可得出比较令人信服的结论，而这绝非本小文所能完成。因此将先秦及两汉主要经典中的人称用词和《老子》文本中的人称用词进行比较分析拟将另撰专文论述，这里只将《老子》文本中其他用"寡"之例进行简单分析，从而企图探讨其对我们理解的"小国寡民"可能提供的启示。

在王本《老子》中，"寡"字凡四见，除"小国寡民"外，其他四处分别为：

> 见素抱朴，少私寡欲。（十九章）
> 是以侯王自称孤、寡、不谷。（三十九章）
> 夫轻诺必寡信，多易必多难。（六十三章）

以上三个"寡"字按照传统的理解都不难，尤其是第一个"寡"字就是与该句前面的"少"同义，《老子》此处用"寡"字可能是出于避免与上"少"字重复，表达的意思则完全相同；第三个"寡"字也应理解为"少"。当然这里可能存在疑问，那就是上文我们在推测"小国寡民"之"寡"时曾从"对句"也即对仗的句式出发从而认为"小国寡民"之"寡"当为与"小"相对之"大"。那么以此方式为何这两处不能如此理解呢？故需简单说明。我们认为这两处的"寡"之所以释为"少"而不当释为"大"等义，事实上还是可以用相同的方式来理解。

先说"少私寡欲"。确实这句与"小国寡民"在形式上非常相似，并且似乎也可以将其分为两句："少私，寡欲"。而如果这样理解"寡"则不能理解为"少"，否则"合掌"了，但不这样理解又解释不通（比如理解为"大"等）。那么是不是上文的理解错了呢？事实上不是。我们说《老子》文本中有句中对，但并不是说《老子》文本所有的句子都是句中对！故虽然"少私寡欲"与"小国寡民"看似相同，但不能简单套用，而应该具体情况具体对待。就"小国寡民"而言，其之所以是句中对，因为首先它是一句单独的话，在没有其他句子与它相对的情况下，我们从句中对的方式是可行。但"少私寡欲"则不同，因为它是与前面的"见素抱朴"共同构成一个对句。同时我们还应注意这句前面的"见素抱朴"，细查可以发现其中的"见"和"抱"、"素"与"朴"都是词性和词义相同或相近的，因此下一对句按规律也须如此，而事实上"少"与"寡"、"私"和"欲"也确是词性相同、词义相近甚至相同的。故此处之"寡"也就只能理解为"少"了。

理解了这点，那么"轻诺必寡信"之"寡"理解为"少"就可不必多说了。但它与"少私寡欲"还有不同的是它不能理解为句中对，因为如若分为"轻诺，寡信"则"必"字就无着落了，因此它只能是与下句的"多易必多难"共同构成一个对句，此不多述。但值得注意的是，这里存在一种可能不为大多数人接受的理解，那就是：由于与"轻"与"寡"相对的是下一对句中"多易必多难"的两个"多"字，那么就有理由将上句的"寡"字理解为同样的"轻"（虽然通常把"寡"理解为"少"不错），而且可能更有意思：即"轻诺必轻信"，翻译过来则为："轻易许诺者必定轻易背叛诚信"等之类。而我们更感兴趣的不止如此，因为在我们看来如果此处之"寡"

既可以理解为"轻",那么在特定的场合下可不可以理解为与之相对的"重"也即"大"呢?仅就本句而言,如果将"轻诺必寡信"之"寡"理解为"重"也未必解释不通,那就是:"轻视(包括口头与书面等形式上的)诺言者必然看重(内心品质上的)诚信"等,进而"小国寡民"不就是"小(轻)国重民"吗?不过这样理解的风险就是下句"多易必多难"无法也这样解释,故只能存疑。但不管怎样,这种探讨对于我们将"寡"不只是理解为"少"而可能理解为含有"轻"或"重"之意的"大"是有意义的。

再来看第二句中的"寡"字。毫无疑问,此处的"寡"为侯王的自谦之词,意为"寡人"即"寡德之人"。但值得注意的是,《老子》此处虽然没有提到"民",也似乎与"民"无关,但联系上下句来看:"故贵以贱为本,高以下为基。是以侯王自称孤、寡、不谷。此非以贱为本邪?"原来《老子》要说的主要意思在于以例论证前句的"贵以贱为本,高以下为基",而这就和一般人的观念不同了!在一般人看来,侯王当然是地位高的、身份尊贵的,但《老子》则认为,侯王之所以高和尊贵是因为有更为根本的"民众",虽然此处《老子》并没有直接说出"民众或百姓比侯王更为尊贵"之类,但这种思想是显而易见的。不过,如果联系上"小国寡民"以及上面所说的意动,我们是否可以这样思考:《老子》的"小国寡民"是否是"以国为小以民为寡",当然此处理解的"寡"就不再是"少",而是把"民"当作像侯王也即"寡人"一样的对待之意!而这不恰恰是"小国大民"的意思吗?而事实上这从河上公那里就已经有了将"小""寡"释为"谦"意的惯例,比如他在解释此句时说:"圣人虽治大国,犹以为小,示俭约,不为奢泰。民虽众,犹若寡乏,不敢劳。"①不过此处的的"犹若寡乏"还只是"以众民为少",不是将"寡"理解为如"寡人"之"寡"。其后唐代赵志坚在其《道德真经疏义》(其书为第四十三章)就说:"言寡小者,谦也。"②当然赵氏这里可能还是如同河上公的理解,不过多少有"谦词"之意的含义与可能了;明代赵统解释为:"首言小国寡民,非为土广民稠较也,盖言自小其国,自寡其民,不敢大之意。此语意亦犹前大国篇第三章大小多少之言,以此约而自小。"③其所谓"自小其国,自寡其民"也即含有自谦之义;清代董德宁《老子道德经本义》(其书第四十四章)则提醒说:"小国寡民者,亦谦卑之意,是圣人终不为大,故能成其大。读者不可不知之也。"亦是释"小国寡民"为谦卑。而直接将"小""寡"释为"谦词"并将"寡"与侯王自称之孤寡联系起来的当属上文我们提到的清代丁杰,他这样解释八十章第一句:"'小国,寡民。'自谦之词,犹侯王自恃

---

① 河上公:《道德真经注》,刘固盛点校,第一卷,第175页。
② (唐)赵志坚:《道德真经疏义》,顾志华点校,第一卷,第413页。
③ 赵统:《老子断注》,徐华点校,第六卷,第565—566页。

孤寡、不谷，善下之意也。"① 如此看来，《老子》之"寡民"就是"善下"，也即"像对待侯王之孤、寡人一样对待民"，因而完全可以理解为"以民为寡人"简言之即为"大民"。只可惜丁杰的这个承河上公而来的独见几无人关注到。进而言之，如若能像对待侯王之孤、寡人一样对待民众，那不就是我们一贯要论证的"大民"思想吗？

因此，即便不联系先秦及两汉重要经典中的人称用词与《老子》文本中的人称用词进行比较，单从以上《老子》文本中"寡"词用例的分析，我们也能发现其可能存在的"大民（以民为重、为贵、为本）"思想。

三、小结与余论

通过上文近乎烦琐的探讨我们可以发现，历代或传统对《老子》"小国寡民"的四种解释，其中无论是将"小"和"寡"理解为形容词修饰名词作定语从而将"小国寡民"解读为"小的国家少的人民（百姓）"；还是"小""寡"二字作谓语，把"小国寡民"理解为"国小民寡"即"国家小人民（百姓）少"之意；或是将小"与"寡"理解为形容词活用为动词中的"使动"用法，即将"小国寡民"理解为"使国（变）小使民（变）变少"之意；抑或把"小"与"寡"理解为形容词活用为动词中的"意动"用法，进而"小国寡民"就是"以国为小，以民为少"之意等，可能都不符合《老子》"小国寡民"的本来之意。因为正如上文所说，无论是《老子》所处的时代、作者的身份以及当时主流的国家观，还是从《老子》文本中大小国的关系言论，抑或从《老子》文本中相关国家词汇使用的频次及其所涉及的篇幅章数比例，以及从《老子》文本中理想的执政者及其客观必然效果等都无法得出老子是主张小国观或"小国寡民论"的结论，同时老子所向往的国家观念与政治理想是有道圣人治理的大国天下而绝非"小国寡民"。而之所以造成这样的误读就是没有注意到《老子》"小国寡民"特有的"对句"特点和"寡"字本身除了作"少"之义外可能的特殊含义。而事实上，"寡"除了通常表示"少"的含义外，还可以理解为"大"及由此引申的"重""贵""本"等义，而这不仅在《老子》文本的"寡"字用例中可以见其端倪，同时在先秦典籍中亦有这种用法的例证，其中《尚书》中的《康诰》和《康王之诰》二文中的"寡兄"与"寡命"就是明证。

因此《老子》之"小国寡民"的本来意义就有可能是"小国大民"也即"以国家（政府、政权及其权益等）为小，以民众（或民众的权益、民生等）为大"之义，也只有这样理解，才有可能符合《老子》时代主流的国家观念以及其身份职位和《老子》文本中一以贯之的"天下"观念及理想的执政者"圣人"统治的客观与必然结

---

① 冯鹤点校、丁杰：《道德经直解》，第十一卷，第272页。

果。但接下来的问题是，如若把"小国寡民"理解为"以国家（政府、政权及其权益等）为小，以民众（或民众的权益、民生等）为大"是否符合《老子》第八十章文本所描绘的现实呢？或者说我们能否从今本《老子》第八十章文本中读出"以国家（政府、政权及其权益等）为小，以民众（或民众的权益、民生等）为大"的真正内涵呢？而这又非本小文所能完成，故只能另撰专文论文。而本文以上推论是否合理与成立，还望方家指正之。

《老子》"小国寡民"章辨析与正义

——《老子》"小国寡民"及当代价值研究之三

邓伟龙　邓凡燕

内容提要： 历代对《老子》"小国寡民"的解释均存在有意或无意"误读"，事实上《老子》的"小国寡民"可能是"小国大民"之义，也即"以国家（政府、政权及其权益等）为小，以民众（或民众的权益、民生等）为大"。不仅如此，今本《老子》第八十章所描绘是国家生产力水平、劳动生产工具、科技、文化以及物质生活和精神生活水平很高或很发达的；且该国的国土地域辽阔的大国即"非小国"；同时这个国家也是在圣人的治理下国家政府、政权小，是还政于民小政府大社会的"真小国"；并且这个国家也是人口众多的和统治者是"寡民"的，也即以民为本、还政于民，以民为大、为本、为贵、为尊的，故而是"非寡民"而"真寡民"的国家。因此《老子》此章所描绘既是一个在理想圣人治理下的天下大治或"大同"的、国家政府与执政者一切以民众民生为本为中心的、国家政府权力小、不乱作为妄为、民众丰衣足食安居乐业、淳朴自然、且物质与精神生活都高度发达的理想国家或社会，同时这个理想国家或社会也是《老子》"小国""寡（大）民"执政观和政治理想的表现。

关键词：《老子》"小国寡民"章；辨析与正义；"非小国"而"真小国"；"非寡民"而"真寡民"

项目基金： 教育部人文社会科学研究规划基金项目"中华文化域外影视传播研究"（项目批准号：19YJA752001）阶段性成果。

前此我们认为历代或传统对《老子》①"小国寡民"的四种解释，其中无论是将"小"和"寡"理解为形容词修饰名词作定语从而将"小国寡民"解读为"小的国家少的人民（百姓）"；还是"小""寡"二字作谓语，把"小国寡民"理解为是"国小民寡"即"国家小人民（百姓）少"之意；或是将小"与"寡"理解为形容词活用为动词中的"使动"用法，即将"小国寡民"理解为"使国（变）小使民（变）变少"之意；抑或是把"小"与"寡"理解为形容词活用为动词中的"意动"用法，进而"小国寡民"就是"以国为小，以民为少"之意等，可能都不符合《老子》"小国寡民"的本来之意。因为《老子》的时代、作者身份与当时主流的国家观，《老子》文本中大小国的关系、相关国家词汇使用、理想的执政者及其效果，传统"小国寡民"理解的方式与失误，《老子》文本"寡"字义等的探析，认为无论是《老子》所处的时代、作者的身份以及当时主流的国家观，还是从《老子》文本中大小国的关系言论，抑或从《老子》文本中相关国家词汇使用的频次及其所涉的篇幅章数比例，以及从《老子》文本中理想的执政者及其客观必然效果等都无法得出老子是主张小国观或"小国寡民论"的结论；同时老子所向往的国家观念与政治理想是有道圣人治理的大国天下而绝非"小国寡民"；而《老子》文本自身"对句"的特点，以及先秦典籍中用"寡"为"大"的先例等，因此《老子》的"小国寡民"可能是"小国大民"之义，也即"以国家（政府、政权及其权益等）为小，以民众（或民众的权益、民生等）为大"之义②。那么问题是即便《老子》"小国寡民"的内涵可能确如上文所论，但在今本《老子》第八十章的文本中除却第一句"小国寡民"外，其他的文字是不是论述或描绘"小国大民"也即"以国家（政府、政权及其权益等）为小，以民众（或民众的权益、民生等）为大"之义呢？而这也是解读《老子》"小国寡民"的关键。因此本文不惧谫陋，企图在学界已有的研究基础上以蠡测海试为

① 本文及标题之所以用《老子》而非直接用"老子"是基于以下考量：一、虽然有大量的文献材料证实老子即李耳或老聃确实是存在的历史人物且为著《老子》一书的作者，但历史上亦有对老子一人是否存在以及是否为《老子》一书作者的质疑，尤其是自20世纪《古史辨》以来这种质疑不仅强烈且至今未断，如直接使用"老子"则有可能陷入不必要的学术纠缠，因此使用《老子》而不直称老子，可以将此问题虚化；二、按现代学界比较中肯的观点来看，《老子》虽为老子所著，但其文本有一个历史流变的过程，也就是老子李耳可能著有《老子》一书，但其内容可能和现在通行本有很大的不同甚至差异，现在我们所熟悉的通行本《老子》或《道德经》是在历史上经过长期的发展演变而来的，在文献有限的情况下，很难说今本也即通行本或传世本的王弼注《道德经》就是历史上老子的原作。从现在能看到的最早反映老子著作的出土文献即湖北郭店楚简本来看，其甲乙丙无论字数与内容较通行本有太大的差异，具体就"小国寡民"而言，楚简本就没有，因此如直接使用老子则可能有忽视《老子》文本流变之嫌；三、从文学理论中"形象大于思想"的观念而言，使用《老子》而非直接称呼"老子"还可以把老子思想与《老子》作品中所反映及可能包蕴的思想区分出来，也就是说本文只是从《老子》文本出发，从文本本身探讨其文本中所蕴含的思想、观念或意识，而至于这些是否就是历史上老子本人的东西则可存疑。
② 参见拙文邓伟龙、邓凡燕：《〈老子〉"小国寡民"本义蠡测——〈老子〉"小国寡民"及当代价值研究之二》，《中华老学》第五辑，北京：九州出版社，2021年。

一探。

还是先让我们回到《老子》文本，在今通行本《道德经》也即王弼注《道德真经注》的第八十章凡七十五字（标点除外），全文如下：

小国寡民，使有什伯之器而不用，使民重死而不远徙。虽有舟舆，无所乘之；虽有甲兵，无所陈之；使人复结绳而用之。甘其食，美其服，安其居，乐其俗。邻国相望，鸡犬之声相闻，民至老死，不相往来。①

而在我们看来，"小国寡民"之后的文字其可能的真正的也即最重要的内涵如下：

一、《老子》"小国寡民"章之"非小国"而又"真小国"

首先从"小国寡民"章其所描绘的国家情景而言，其所描绘并不是真正的"小国"，也就是这个国家生产力水平、劳动生产工具、科技、文化以及物质生活和精神生活水平并不低而且可能是很高或很发达的，而且该国的国土并不小是地域辽阔的大国；同时这个国家又是真正的"小国"，也就是国家政府、政权小，是还政于民的小政府大社会，故可简称为"非小国"而又"真小国"，那么是不是如此呢？不过出于对本文重点和篇幅的考虑，以下对本文所涉及的不同观点的成果将尽量少引述，而只重点简述自己的理解。先说第一点。

（一）《老子》"小国寡民"章之"非小国"

由于今本《老子》第八十章开头句就是"小国寡民"，再加上对本章具体文句的误读，因此学界历来认为该章《老子》描绘的就是（圣人治理下的）"小国"情景，并进而认为《老子》主张愚民、蒙昧、分裂、封闭、原始、倒退等，这以上文提到的高亨、尹振环、陈敏之等为代表（上文已注）。这其实是不正确的，也就是说，《老子》八十章描绘的并不是真正的小国，同时也非主张愚民、蒙昧、分裂、封闭、原始、倒退。为什么这么说呢？

第一，从国力、生产力水平、工具、人民物质与精神生活水平而言，《老子》该章所描绘的国家绝"非小国"。

首先该章"使有什伯之器而不用"来看，《老子》所描绘的国家国力并不弱、生

---

① 王弼：《道德真经注》，刘固盛点校，见熊铁基、陈红星主编：《老子集成》第一卷，北京：宗教文化出版社，2011年，第234—235页。注：为注释的简洁，以下凡是引自王弼《道德真经注》即通行本者只在文后（）中注明章数；凡引自该十五卷版《老子集成》者则只注明点校者、作者、书名及集成卷数和页码。

产力水平并不低。其中关于"什伯之器"（帛书、河上公本为"什伯人之器"）历来有两种最主要的理解的：一种是俞樾①、谭正璧②、蒋锡昌③、杨鹏等为代表的将其理解为兵器，其中杨鹏直接将其理解为"多人使用的战具主要有攻城时所用的抛石机、床弩、冲车、巢车、楼车、木牛车等"④；一种是以高明⑤、古棣⑥为代表的将其理解为十倍百倍于人工之器。但不管做何种解释（不过本文偏向于作兵器解），我们可以发现：作为兵器，则能拥有这种"什伯之器"的国家包括兵力在内的国力并不弱，否则不可能有这样在当时来说非常先进的兵器；作为十倍百倍于人工之器，那么这样的国家生产力水平不但不低反而是很高的，因为生产工具作为生产力水平发展的标志，那么能拥有这样十倍百倍于人工的生产工具其生产力水平对当时来说无疑是非常高的。

其次这个国家还有"舟舆""甲兵"，虽然《老子》并没有对"舟舆"与"甲兵"的规格、规模、数量等有所说明，但可以想见能够拥有这些交通工具（也有理解为战车战船之类兵器，杨鹏就是如此⑦）和兵器军队肯定不会是很小的国家。当然《老子》是主张将这些都"不用""无所乘之""无所陈之"，但一个国家具不具备、拥不拥有与用不用是两回事，这就像我国拥有世界上先进的核武器而不用与那些没有拥有核武器而不能用的道理一样。而且，"舟舆"不管是交通工具还是兵器，那么至少给人以这样的信息：这至少是一个地跨中原（主要交通工具或兵器为"舆"即车）和江南水乡（主要交通工具或兵器为"舟"即船）。因此绝不能说这样的国家落后的、生产力低下、国力弱小的。

复次，《老子》所描绘的国家精神文化生活也并非贫乏，这个国家里亦有文字，而文字乃一个国家和民族文明和文化的标志，能够拥有文字的民族或国家其精神文化水平自然也不会低。虽然《老子》也主张弃文字不用而"使人复结绳而用之"（注意此句中"使人"二字而不是"使民"，这绝不是"愚民"，下文有详论，此略），但道理与上述相同。

此外，从"甘其食，美其服，安其居，乐其俗"几句中，虽然此处的几个形容词可做意动理解，但还是可以想见《老子》所描绘的国家物质和精神生活水平并不低：这里的人民至少有基本的衣食居条件，甚至可能还是甘甜的美食、华美的服饰、

① 俞樾：《老子平议》，刘韶军点校，第十一卷，第675页。
② 谭正璧：《老子读本》，刘固盛点校，第十五卷，第647页。
③ 蒋锡昌《老子校诂》，刘固盛点校，第十四卷，第699页。
④ 杨鹏：《老子详解——老子执政学研究》，北京：中国文史出版社，2003年，第414页。
⑤ 高明：《帛书老子校注》，北京：中华书局，1996年，第152页。
⑥ 古棣、周英：《老子通·上部·老子校诂》，长春：吉林人民出版社，1991年，第582—583页。
⑦ 杨鹏：《老子详解——老子执政学研究》，北京：中国文史出版社，2003年，第417页。

令人安居的住所，而这就不只是简单的物质生活追求，更有在物质生活基础上对"甘""美""安"精神和审美的追求，而如果生活水平低下的话，那么则不可能食求甘、服求美、居求安乐了。同时还应特别注意"乐其俗"这句，这句明显是相对于物质生活的对精神生活追求的独立表达，可见《老子》对精神生活的重视，因而《老子》绝不是有学者所说的"是一种把老百姓当作猪牛来加以饲养，只要塞饱肚子就行，不要其他一切的办法"因而"根本不需要什么经济、文化的进步和发展，因此他也就反对一切经济、文化的进步和发展"①。

　　最后，从"邻国相望，鸡犬之声相闻，民至老死，不相往来"这句来看（虽然此句被认为是《老子》主张封闭、分裂主义的铁证，下文还将提及），也可见国民生活的富足：因为如果民众不能满足基本是生活需求，那么任何严刑峻法都不可能阻止住正常非正常的往来的。同时还应注意该句中的"民至老死"，也就是说，在该国中人民不会因为其他原因而又非正常死亡，民众都能因生活的富足的而自然终老，这如果不是生活上富足是不可能实现的。因此北宋陈景元的解释可能最得《老子》之心，他说："鸡犬之声相闻，谓民丰境近也。民至老死，言无战敌而寿终"②。如此说来，其实该章的"使民重死而不远徙"句（下文仍将提及），亦应作如斯观，因为如果人民生活不了，生命都得不到保障，那无论如何也是阻止不了迁徙的，而要能使民不徙，至少要让人民生活得下去。

　　总之，《老子》该章所描绘的国家国力并不弱小，生产力水平并不低下，人民生活并不困苦，精神文化生活并非贫乏，也远非小国所能及。进而那些将《老子》此章认为是主张原始、倒退的认识显然是有意或无意的误解了。因此张松辉说："老子所描绘的社会，几乎被所有的学者都误认为是生产力极度低下的原始社会，所以对于老子的这一思想，人们几乎毫无例外地是持批判态度，因为他明显是在开历史倒车。但我们认为，老子所描写的社会并非真正的原始社会，而是经过文明发展以后再对自然生活回归的社会。原始社会的基本特征就是生产力极度落后，人们的文化水平非常低下。而老子的'小国寡民'社会并不具备这些特征，因为在'小国寡民'的社会里，还有舟船、甲兵、文字等先进的东西，只是不去使用它们而已……老子所提倡的小国寡民社会不是蒙昧落后的原始时代，而是经过否定之否定后……是一种看似原始社会而实际属于文明形式更高的社会"③不过张氏此处言《老子》非主张

---

　　① 陈敏之：《关于〈老子〉的笔记》，《上海社会科学院学术季刊》，1988 年第 1 期，第 112--121 页；亦见顾准：《顾准文集》，福州：福建教育出版社，2010 年，第 358 页。

　　② （北宋）陈景元：《道德真经藏室纂微篇》，顾志华点校，第二卷，第 651 页。

　　③ 张松辉：《重评考子的"小国寡民"思想》，见《老子译注与解析》，长沙：岳麓书社，2008 年，第 262—263 页。

原始社会、蒙昧和倒退无疑是正确的，但是不是他所说的文明形式更高的社会下文将继续探讨。

第二，从国土而言，《老子》本章所描绘的国家亦"非小国"。

判断一个国家是否是小国的另一条重要标准就国土是否狭小。当然如果按字面最直接的理解本章第一句中的"小国"以及联系一些具体文句，似乎《老子》本章所描绘的当然是小国，但实际上可能是误解而恰恰相反。那么是不是如此呢？

先看"使民重死而不远徙"。关于此句帛书本作"使民重死而远徙"，杨鹏认为，老子"使民重死而远徙"这句话，被后人加上了一个"不"字，变成了"使民重死而不远徙"，意思完全相反了。老子强调应当允许百姓自由迁徙移民，认为这是缓解社会矛盾，减少内部战争的重要办法。加上这个"不"字，强调迁徙自主的老子，就被改造成了与儒家一样要求百姓"安土重迁"了[①]。这也不无道理。但此处应在意的是，事实上无论《老子》是主张"远徙"还是"不远徙"，其实是明白告知读者和后人其所描绘的不是"小国"而是"大国"！试想，如果是"小国"还谈得上"远徙"或"不远徙"吗？当然也有人可能会认为这个"远徙"不是指本国之内（因为国小），而是指迁往国外，就像今天的移民，但这样理解就不是"迁徙"而是"叛国"了，而叛国在老子的时代是要处以车裂、凌迟等极刑的。再有将"远徙"之"远"理解为"疏离"之义的。如高明就认为："'远徙'之'远'字，非作远近解的副词，而是作'疏'、'离'解的动词……帛书甲、乙本'使民重死而远徙'，犹言使民重死而离别迁徙，即使民重视生命而避免流动。因后人误识'远'为远近之义，又疑'使民重死'与'远徙'义不相属，故于'远徙'之前增添'不'字，改作'不远徙'，结果则与老子本义相违，造成大谬。"[②]虽然高明此种见解独树一帜，也给人以启示（下文将论及）。但依《老子》文本中其他所用"远"字来看，很难将此处"远徙"之"远"作"疏离"解。《老子》一书"远"字凡五见，除"远徙"，其他四处分别为：

有物混成，先天地生。……吾不知其名，强字之曰"道"，强为之名曰"大"。大曰逝，逝曰远，远曰反。（二十五章）

不出户，知天下；不窥牖，见天道。其出弥远，其知弥少。（四十七章）

玄德深矣，远矣，与物反矣，然后乃至大顺。（六十五章）

上引四处"远"字，即使第四处即"玄德深矣，远矣"也是用含有空间上"远

---

① 杨鹏：《老子详解——老子执政学研究》，北京：中国文史出版社，2003年，第415页。

② 高明：《帛书老子校注》，北京：中华书局，1996年，第153页。

近"之"远"的比喻义来说明玄德的境界外，其他三处均是指空间上的远近之"远"。而"远徙"作为一个常用甚至固定的词汇通常是用以指迁徙的空间上的遥远的。而且《老子》一书中明显表示"疏离"之义的常用词是"恶"，如"处众人之所恶，故几于道"（八章）、"其在道也，曰：余食赘形。物或恶之，故有道者不处"（二十四章）、"夫兵者，不祥之器，物或恶之，故有道者不处"（三十一章）、"天之所恶，孰知其故"（七十三章）等，那么《老子》此处为何要舍"恶"而用"远"来表示"疏离"呢？因此在没有太多证据支撑作为"疏离"解前，还是理解为"远近"之远为宜，而既为空间上的"远徙"（或"不远徙"）则其国必无疑是大国了。

再看"乐其俗"。首先不管此处之"俗"的一还是多，或者说是单数还是复数，虽然有夸张的说法叫"五里不同风十里不同俗"（"风"也即俗），但即使如此，也即便算是"一"或"单数"，也就是仅指一种风俗，那么这样的国家当然不大，但是如若按照分裂主义的理解，五里十里也不算小，它还可以再分呀（下文还将论及）。但如果是"多"或"复数"也就是多种风俗呢？那么这个国家肯定不会小了！因为只有国家地域广阔才可能有多种风俗。那么到底是一种还是多种风俗呢？而"乐"字为我们透露了信息。从接受的角度而言，试设想如果真的是很小的国家，乃至整个国家只有一种风俗，那么在无法选择亦无条件选择其他风俗的前提下，无论国君还是国民还有无乐意或不乐意的可能？因此这里只有这样的理解才算比较合适：那就是国家很大，有很多各地不同的风俗，各地民众都以各自的风俗为乐，而圣人或国君亦能入乡随俗与民同乐（下文将论及）。

再从国土角度来看"邻国相望，鸡犬之声相闻"句。这句也是被看作小国的铁证，学界也通常将其理解为因为国土小，所以才会连邻国的鸡犬之声也听得到。其极致者甚至认为《老子》此处的国家就是现在所说的"模范村"，一村就是一个国家①。而事实上可能并非如此。关于这句，我认为虽然吴相武的最后结论是错误的但其对句意的理解却是我到目前为止所见中最好的，兹引部分如下：

"邻国相望，鸡狗之音相闻"是描写什么地方的情景的呢？我们可以认为，这句是描写边境附近的情景的。"鸡狗之音"是指边境附近的。如果是这样，那么"邻国相望，鸡狗之音相闻"不一定表示国家很小，它只表示国家和国家之间的距离很近而已。因为不管是在小国和小国之间的边境里，还是在小国和大国之间的边境里，或者是在大国和大国之间的边境里，都听得到"鸡狗之音"。我们也可认为，这句是

① 持这种观点最有代表性的是张默生，他在解释《老子》小国寡民时说：本章是老子理想国的说明，这是老子学说必至的结论。这样的国家，可以叫作"模范村"，一国就是一村，集无数的这样小国家，就成为天下。见张默生：《老子章句新释》，刘固盛点校，第十五卷，第430页。

描写两个国家的情况的。"鸡狗之音"是指全国范围的。如果是这样，那么小国和小国之间也无法听得到较远的"鸡狗之音"。因此，取这种解释方法的学者主张，"邻国相望，鸡狗之音相闻"是一种夸张用法而表示国家很小。①

虽然此处吴氏并没肯定哪种观点更契合《老子》原意，但他从"不一定表示国家很小，它只表示国家和国家之间的距离很近"来解释"邻国相望，鸡狗之音相闻"还是给人以启示。事实上《老子》此处应当理解为边境是合适的，而古人也多是从边境的角度来理解的，如上文所引陈景元就认为"鸡犬之声相闻"是"民丰境近"之义。并且这个边境还应当是大国与其他无论大小国之间的边境才比较合适。同时上文中我们已经论证了《老子》的国家观是大国而非小国观，也已论证了《老子》之政治理想为圣人治理下的大国而且圣人治理下必然是（或成为是）大国，此不赘述。

这里要补充的是：此处有没有可能像有学者所说的那样：是《老子》以侯王为中心，为对治诸侯国广土众民所带来的诸多问题而提出的救世之策，旨在通过分封更多小国来削弱诸侯势力以拱卫天子②呢？这个观点看似新颖，但实则对《老子》的曲解。理由也在上文中已有所论述：因为一者侯王本不是《老子》的中心而是他批评的对象，二者"天子"也绝非《老子》理想中的执政者因而也不是他维护的对象；三者这种观点其实还是主张《老子》是持分裂主义或封闭主义的，但事实上《老子》既不主张分裂也不封闭，而且还是坚决反对分裂的。比如他明确地说："朴散则为器，圣人用之，则为官长，故大制不割。"（二十八章）虽然对"大制不割"可以做多种理解，但理解为"国家主权不能分割"应当也是比较直接和准确的。再如《老子》一贯主张"知止不殆"③（四十四章），并明确提出："始制有名，名亦既有，夫亦将知止，知止可以不殆"（三十二章）！按照杨鹏的理解"始制"就是开始创立国家制度，设立各种机构，"有名"就是规定不同的职权和等级名分，但有了这些制度机构与名分之后应当要有适当的边界和范围④，也就是要懂得适可而止，那么《老子》怎么可能主张通过削弱大国诸侯的分封方式来拱卫天子呢？分封就是制造机构和名分（当然也是权力的分散），但如果没完没了，那么又分封到什么程度才是最终目的呢？像张默生所说的"一村一国"吗？而即使是"一村一国"还可以继续下去呀，那就会

① [韩] 吴相武：《〈老子〉"小国寡民"新解》，见陈鼓应主编：《道家文化研究》第14辑，第152页注释4。

② 张腾宇：《〈老子〉"小国寡民"之义辨正》，《哲学研究》，2017年第12期，第59—64页。

③ 关于"知止不殆"可以有多种理解，本人亦有《老子"知止不殆"辨》专文论述（待发），本文只取一般的理解，即"知道适可而止就避免危险"。可参见任继愈：《老子今译》，北京：古籍出版社，1956年，第25页；又见任继愈：《老子新译》，上海：上海古籍出版社，1985年，第131页。

④ 杨鹏：《老子详解——老子执政学研究》，北京：中国文史出版社，2003年，第170页。

终止到各家各户甚至是单个的人了，但那还是国吗？这岂不荒谬。

因此就本国而言，这个边境必是自己的大国和其他国家的边境。而至于其他国家亦可以是大国也可以是小国。关于小国就不多说。就其他国家作为大国而言，这又有多种可能，其中不排除其他国家通过兼并、武力战争而成为大国的，但也亦可从以下《老子》文句中得到启示：

> 上士闻道，勤而行之；中士闻道，若存若亡；下士闻道，大笑之。不笑不足以为道。（四十一章）

上引文句一般理解为不同的人对待道的不同态度，但事实上至少还包含有"道"对每一个人都是机会平等的，每个人都有得道悟道的可能，因而每个人都有可能成为圣人之义。那么这样也就不排除其他国家也有圣人的可能。进而言之，如若他国也是圣人治理，那么这边境也就成为大国与大国之间的边境了。所以清代的顾如华、孙承泽更是引《类纂》注，认为该句的"相望""相闻"是"言其至远"的意思[1]，应当是更符合《老子》原意的。

同时把"鸡犬之声相闻"理解为国家之内的情况也并必然得出国家很小的结论。这就好像现代中国作为一个统一的多民族大国，我们走到哪里不能够"鸡犬之声相闻"呢？这里只是表明在《老子》理想圣人的治理下，国家太平、民众安居乐业、生活富足而已。所以陈象古说："邻国相望，鸡犬之声相闻：言其不为荒僻不治也。"[2]可见，无论如何都难说《老子》所描绘的是小国。

综上所述，《老子》八十章所描绘的国家无论从国力、生产力水平、工具、人民的物质与精神生活以及国土等方面都更符合大国的标准，因而可以肯定地说《老子》之"小国寡民"非小国。

（二）《老子》"小国寡民"章之"真小国"

但同时《老子》"小国寡民"章中描绘的又是"真小国"，而这个"真小国"并不是指国土狭小、国力弱小之义，而是指国家政府机构或朝廷要小、权力要小，或如《老子》所说的"始制有名，名亦既有，夫亦将知止，知止可以不殆"（三十二章）一样，就是要求政府或朝廷要有适当的权力活动范围和适当边界，政府或朝廷要在自己合理的职权领域活动而不能超越边界、伸手过长，不要什么都管，也不要管得

---

① 清顾如华、孙承泽：《道德经参补注释》，范立舟点校，第九卷，第 119 页。
② 陈象古：《道德真经解》，刘固盛点校，第三卷，第 171 页。

过多管得过死甚至招惹是非瞎折腾，这亦如第六十章所言的"治大国，若烹小鲜"。而用现代的观念来说就是要将国家公权力的老虎关在笼子里实现"小政府"或"有限政府"。那么是不是如此呢？

《老子》所认为的圣人治理下的国家政府或朝廷如何治理国家或治理国家时所要做的事情或行使的权力，主要集中在以下三句，王本表述为"使有什伯之器而不用""使民重死而不远徙""使人复结绳而用之"；帛书本为"使有什伯人器而不用""使民重死而不远徙""使民复结绳而用之"；河上公本为："使（民）有什伯，人之器而不用""使民重死，而不远徙""使民复结绳而用之"；傅奕本为"使民有什伯之器而不用""使民重死而不远徙""使民复结绳而用之"。通过对比可以发现，王本第一句"使"后面没有宾语；第二句除河上公本中间有逗号外其他全同；第三句王本为"使人"，其他诸本为"使民"。联系到上文对"人""民"等词汇的探讨，在这里王本应当为优，也就是说这三句事实上表达了《老子》在国家治理上对三个方面或层次上的管理或举措及所要达到的效果，而这些管理或举措以及要达到的效果均只有落实这三方面的权力限制上：

一是在整个国家政府机器层面而言的"使有什伯之器而不用"。由于该句"使"字后面没有宾语，其他诸本虽皆为"民"，但这明显是不妥的。虽然对其中的"什伯之器"有不同的理解，但无疑理解为"兵器"或"先进的生产工具"比较适宜，而其中又以理解为"兵器"更恰当。对于一般民众而言自然不需要使用兵器，也不需十倍百倍于人的先进生产工具，因而"使"字后面要补足宾语的话，补"国"为妥，即"使国有什伯之器而不用"。因为只有国家层面上才有可能使用兵器或先进的工具发动战争，况且"国之大事，在祀与戎"（《左传·成公十三年》），对于一个国家政权来说最大的权力莫过于军事权了。但有意思的是，《老子》却认为这是没必要的，而这一者是因为"夫兵者，不祥之器，物或恶之，故有道者不处"（三十一章），而即使不得已使用武力"将欲取天下而为之"，也终将"为者败之，执者失之"（二十九章），故"以道佐人主者，不以兵强天下，其事好还。师之所处，荆棘生焉。大军之后，必有凶年"（三十章）；二者是因为如果是圣人以道治国早就在问题矛盾刚开始萌芽之时就解决了，所谓"其安易持，其未兆易谋。其脆易泮，其微易散。为之于未有，治之于未乱"（六十四章）。当然这种思想也可以说成《老子》的反战思想，但反战思想说到底是对国家政府或朝廷权力的限制，也就是要小政府、小国，而这种对军事权的限制对于一个国家政府机器的权力来说无异于釜底抽薪。

二是对于民众层面而言的"使民重死而不远徙"。当然如果单从本句字面而言是看不出《老子》在民众管理上对国家或政府权力的限制的，但如果我们从"重死"切入并联系到《老子》文本的其他语句，那么就可能豁然开朗了。也就是怎么才能使民重死呢？《老子》此处没有明言，但在其他章节中《老子》却提到了"民之轻死"："民之饥，以其上食税之多，是以饥。民之难治，以其上之有为，是以难治。民之轻死，以其上求生之厚，是以轻死。"（七十五章）又说："民之难治，以其智多。故以智治国，国之贼；不以智治国，国之福。"（六十五章）可见，在《老子》看来要想"使民重死而不远徙"就必须改变"民之轻死"，而要改变"民之轻死"就必须"其上"之求生之厚、智多、有为、食税之多。也就是说在《老子》看来，民之所以"轻死"而不"重死"，其根源就是统治者也即国家政府或朝廷利用其无限的权力能够随心所欲对人民进行残酷的剥削甚至戕害，因而作为有远见的统治者就应对这种无限的权力进行限制，做到对民"无狎其所居，无厌其所生"，不然就是"民不畏威，则大威至"（七十二章），而最好的自然就是"圣人常无心，以百姓之心为心"（四十九章）了，也就是将整个国家的权力都还政于民了，而这当然就是小国、小政府了。

三是对于统治者或管理者、官员层面而言的"使人复结绳而用之"。通过上文探讨可知"人"之本义是指王公贵族，这也足见王本之"使人复结绳而用之"较其他文本之优了。因为对于《老子》当时的普通民众而言大可不必使用太多的文字，而"人"则不同，他们是这个国家的统治者、管理者和官员，是少不了使用文字的。而《老子》提倡官员不使用文字而回复到结绳而治，这表面上看来仿佛是《老子》主张倒退，实际上是其对王公贵族权力也即国家政府权力限制的一种诗意或形象化的表达，可以想见当一个政府的权力无限小时，自然不需要太多的案牍公文条令法文的，反之，当一个国家或政府连文字都不使用的时候其权力自然也就有限了也即小国、小政府了。

当然以上解读是就《老子》文本具体语句所可能蕴含的意义而言，不过《老子》本章三句中的三个"使"字可能还有如明代王道、徐学谟、明清时陶崇道所言的"盖必有闷闷之政,而后有淳淳之民"[1] 和"非有人使令之"[2] 的"盖设使之、使想象之辞，非实实去指使也"[3] 的"深意"。也就是《老子》此处虽用"使"字句式来表述，而事实上由于这是理想圣人治理下的国家，故"有什伯之器而不用"，"民重死而不远徙"，"人复结绳而用之"是自然而然之事，非特要实实在在去指使、指令才能完成的，也就是《老子》所云的"我无为，而民自化；我好静，而民自正；我无事，而民自富；我无欲，而民自朴"（五十七章），而"无为""好静""无事""无欲"不正是"小国"

---

[1] 王道："章内三使字，皆有深意。盖必有闷闷之政，而后有淳淳之民，反薄归厚，固不可以易而致也。"见明王道：《老子亿》，周国林点校，第六卷，第275—276页。

[2] 徐学谟："然则篇内三使字，何以着落。夫使，非有人使令之也。承国小民寡，而言以其无事，能使之如此"见徐学谟：《老子解》第七卷，徐华点校，第193页。

[3] 陶崇道："此章使字，盖设使之、使想象之辞，非实实去指使也。"见陶崇道：《道德经印》，周国林点校，第八卷，第562页。

也即小政府吗？

另外也只有有限权力的政府才能做到"虽有舟舆，无所乘之；虽有甲兵，无所陈之"（不滥用军事，无频繁的战争）、"甘其食，美其服，安其居，乐其俗"（以民为本、与民同乐），而这些还将在下文论及，此不多述了。

二、《老子》"小国寡民"章之"非寡民"而又"真寡民"

如果说以上还是解决了《老子》"小国寡民"章中的"小国"，那么接下来就本章之"寡民"问题进行简单探讨。同样在本章中《老子》所描绘既是"非寡民"又是"真寡民"，也就是这个国家并不是真正的人口、民众很少，而是人口众多的，故为"非寡民"；同时这个国家是以民众为"大"为"重"为"贵"的，也就是统治者一切以民为本，还政于民，不与民争利，也即《老子》所说的："圣人常无心，以百姓之心为心"（第四十九章），故为"真寡民"。那么《老子》地八十章的文本是不是如此呢？先说前者。

（一）《老子》"小国寡民"章之"非寡民"

上文中我们已经用了比较长的篇幅探讨了《老子》本章描绘的是"非小国"也即大国，那么作为大国的标配自然就是广土民众了，因此如果上文论证基本没错，那么《老子》此处的"寡民"也就自然是"非寡民"即"不是人民少"了。但是不是如此呢？

上文在解释本章"使有什伯之器而不用"和"虽有舟舆，无所乘之"这几句时曾提到学界多将"什伯之器"与"舟舆"理解为先进的生产、交通工具和兵器两种，那么这里只从作为兵器的角度谈谈《老子》此章所描绘国家的人口也即民众的情况。而这样探讨的理由就在于，《老子》在本章的描绘中说"使有什伯之器而不用……虽有舟舆，无所乘之；虽有甲兵，无所陈之"，但可以肯定他所描绘的国家是有"什伯之器""舟舆"和"甲兵"的这些兵器的（只是不用而已），而有兵器即会有使用兵器的人即士兵，有士兵即有军队，使用不同兵器即器械的军队即可能有不同的军种，而军队说到底是由该国国民组成的，并且一个国家的军队人数是最能反映该国的人口情况的，所以从兵器入手是可以管窥一国之"民"的。

先说兵器。上文已经提及，杨鹏曾直接将"什伯之器"理解为"多人使用的战具主要有攻城时所用的抛石机、床弩、冲车、巢车、楼车、木牛车等"，将"舟舆"理解为战车战船之类兵器[①]。那么这些兵器的使用到底需要多少人呢？先说抛石机。

---

① 杨鹏：《老子详解——老子执政学研究》，北京：中国文史出版社，2003 年，第 414—417 页。

据王蓉等研究，抛石机发明于周代，在春秋时已经用于战争，其射程一般在 50 至 300 步之间，石弹重量由数斤至上百斤不等。拽炮人数可根据目标远近增减，普通抛石机需用 40 人，大型抛石机需用 200 人至 300 人拉拽，一次可将重达 200 至 300 斤的石弹射到 300 步之外，使对方"堞碎楼坍"，威力极大[①]。再说其他。床弩则是由多人齐拉的一种安在如床支架上的可同时发射多支弩箭的大弩，人数由床弩的大小决定。冲车是用于冲击敌人城墙与城门的战车，一般由几十甚至上百名士兵推冲。巢车和楼车是用于运兵或侦查城墙内敌情的同高甚至高于敌军城墙的军用器械，一般由几十名士兵推动。木牛车是上有多层防护下有车轮由十余名士兵推进用以接近敌军城墙城门挖地道之器械。次看战车，按照成书于战国时期的《司马法》记载，兵车一乘，马四匹，甲士十人，步兵二十人。每兵车五乘有辎重车一乘，后勤兵二十五人[②]。这样一组也即五乘战车士兵人数约一百七十五人。而到了春秋，军队中步兵比重逐渐增大，根据蓝永蔚《春秋时期的步兵》一书的研究，认为这一时期每乘步兵从 25 名逐渐增加到 50 名、75 名，那么这时期一组战车的士兵人数也就更多。[③]

关于春秋时代战船的资料较少，但依据《越绝书》关于吴王阖闾与伍子胥讨论水师训练方法的对话记有："阖闾见子胥，敢问船运之备何如？对曰：船名大翼、小翼、突冒、楼船、桥船。令船军之教比陵军（陆军）之法，乃可用之。大翼者当陵军之车，小翼者当陵军之轻车，突冒者当陵军之冲车，楼船者当陵军之行楼车也，桥船者当陵军之轻足骠骑也。"可见吴国的战船有大翼、中翼、小翼，另外还有楼船、突冒、桥船等。其中战船大翼长 12 丈，宽 1 丈 6 尺，"容战士二十六人，棹（卒）五十人，舳舻三人，操长钩、矛、斧者四吏仆夫长各一人，凡九十一人"；中翼长 9 丈 6 尺，宽 1 丈 3 尺；小翼长 9 丈，宽 1 丈 2 尺。据考证，晚周到战国时的尺度，每尺约相当于 0.23 米，折合成今日的米制，大翼长 27.6 米，宽 368 米；中翼长 22.08 米，宽 2.99 米；小翼长 20.7 米，宽 2.76 米。其长宽比分别为 7.5、7.39 和 7.56。这三翼战船船体修长，若顺水而下，再用 50 名桨手奋力操桨，则船行如飞[④]。《老子》作为周守藏室之史他应当熟知这些形制，故其所言的战船也应大致相当。

从上可见，《老子》所言之"什伯之器"与"舟舆"关涉到的兵器是如此之多，那么这说明他所描绘的国家其军队的军种或兵种是很多的，这些兵种至少有常规的步兵和车兵甚至水兵，以及独立作战的骑兵和专门攻坚的云梯兵和弹石兵等新兵

① 王蓉、王升：《古往今来话中国：中国的发明创造》，芜湖：安徽师范大学出版社，2012 年，第 126 页。
② 转引自王育民：《中国历史地理概论》下，北京：人民教育出版社，1988 年，第 8 页。
③ 转引自李世化：《军事文化五讲》，北京：中国商业出版社，2018 年，第 179 页。
④ 转引自席龙飞：《中国造船通史》，北京：海洋出版社，2013 年，第 42—43 页。

种①。而这些大量的兵种所需要的士兵人数是巨大的。

再看军队编制。由于关于春秋时期除步兵和车兵之外的水兵、骑兵、云梯兵和弹石兵等兵种编制的资料欠缺，这里只以车兵为例来大致估计《老子》本章所描绘的国家军队人数。还是按照《司马法》的记载，当时可能的情况是，战车每 5 乘编为 1 队，由仆射指挥；每两队（10 乘）由"官"指挥；每 10 队（50 乘）编为"卒"，由"卒长"指挥；每 2 卒（100 乘）编为"师"，由"师氏"指挥。周代仍然以"师"为基本单位，但师的数量逐渐增加。再有从西周时代起军队里就按"五人为伍，五伍为两，五两为卒，五卒为旅，五旅为师，五师为军"编制，但也有按"十"编制的，如据《国语》记载吴国步兵的编制，就为 10 进位制的：10 人为队，10 队为行，10 行为旌，10 旌为军。按照《老子》本章"什伯之器"来看，那么《老子》可能偏向于 10 进位制的编制。再按司马迁《史记·老子韩非列传》记载，老子为楚苦县人，那么当时楚国除每乘步兵从 25 名逐渐增加到 50 名、75 名外，军队每乘步将参战部队分为左、中、右 3 个集群，号为三军，并按照集群的战术重要性又称为上、中、下军，而以总指挥所在的中军地位为最高②。又据《老子》文本其他章节如："偏将军居左，上将军居右"（三十一章），虽然此处《老子》所言主要是为反战和军礼，但可见他对军队是非常熟悉的。那么我们可以大致推算一下他所描绘之国仅车兵所需要的人数，就以该国仅三军，如按五进制计算为每军 3125 人，三军合 9375 人；如按十进制计算为每军 10000 人，三军合 30000 人。这个军队人数对于当时土广民稀的春秋时代而言是相当惊人的，更何况这还只是单一的车兵（包括步兵）最少的三军编制的人数，那么加上其他兵种的人数只能更加惊人。

进而如果由军队人数推知国民数，按照《司马法》的规定，国人中约五人中有一人服兵役，那么五进制计算三军合 9375 人，国人数当为 46875 人；而如按十进制计算三军合 30000 人，那么国人数当为 150000 人。但这还是按单一的车兵最少的三军编制的人数计算的，如果加上其他兵种并按 6 军（天子六军）计算那数目更加惊人。同时春秋时期虽然已经有"野人"（即被统治地区与异族之人）服兵役的现象，但主要还是以"国人"（即国都及京畿地区的且非奴隶的自由人）为主，而对于一个国家来说"野人"之数一般要远大于"国人"之数，加上还有大量的奴隶，那么这个国民数就更加巨大惊人了，保守估计就是数百万甚至上千万了，这也恐怕是《老子》所能想象到的超级大国情景了。

同样是被德国哲学家雅斯贝尔斯所誉为的"轴心时代"的古希腊哲学家亚里士

① 王超等：《丹青难写是精神》，石家庄：河北教育出版社，2001 年，第 497 页。
② 文中军队编制材料转引自李世化：《军事文化五讲》，北京：中国商业出版社，2018 年，第 179 页。

多德，在其著名的《政治学》中说道：一个城邦的人数不能太少，也不能太多，10
个人的城邦是不可能的，因为它将不能自给；10万人的城邦是荒唐的，因为它将不
能适当地治理①。当然亚氏此处所言的人也即城邦公民是不包括女人、儿童、奴隶和
外乡人等的，但他能想到的城邦规模和人口数远非能与《老子》相比，因此可见《老
子》此章所描绘的国家绝不是人民少的"寡民"国家或社会而是"非寡民"。

（二）《老子》"小国寡民"章之"真寡民"

《老子》"小国寡民"章之"非寡民"既已如上文所述，但同时该章所描绘还是
"真寡民"，而这个"真寡民"不是从人口数量上而是从统治者对"民"的治理的措
施方式、理念和态度上而言的。也就是说，在《老子》八十章所描绘的国家中，统
治者是以民为"寡"即为大、为本、为贵、为尊的。那么是不是如此呢？事实上，
在上文探讨"真小国"也即"小政府""限制政府权力"中已经多少可知，但还不显
豁，下面结合具体文本试为一说。不过需先说明的是，《老子》本章的所有措施似乎
都指向"民"，但实际上都是针对统治或执政者而言的。这是因为：

首先，表面上看本章表现统治者对"民"的治理措施主要体现在"使有什伯之
器而不用""使民重死而不远徙"和"使人复结绳而用之"几句，其中"使民重死而
不远徙"应当表达"使民重死"和"使民不远徙"两层意思，因此准确地说应为四
个最主要的举措。但如若细究可以发现，第一，这四个举措前都没有主语或施动者，
出于本章是《老子》描绘理想圣人治理下的社会，因而其准确的表述应为"圣人使
有什伯之器而不用"等。

第二，这四个举措其实质都是圣人从要求或限制统治或执政者的层面而言的。
其中最明显的是"有什伯之器而不用"和"使人复结绳而用之"两句，上文中也已
简单地提及，对于普通民众而言他们不可能发动战争、也不能发号施令的，因而其
实质就是要统治者自己不妄自发动战争——"有什伯之器而不用"、不要更多的扰民
或以智治国——"使人（王公贵族）复结绳而用之"。而"使民重死"和"使民不
远徙"看似是要求"民"如何如何，但实际上还是对统治者执政的要求。上文说到，
《老子》并没有言明如何"使民重死"，但他多次论及"民为何轻死"，而"轻死"的
根源不在"民"而在统治者，故要"使民重死"统治者就要做到对民"无狎其所居，
无厌其所生"（七十二章）、不能食税过多、妄为、求生过厚，所谓"民之饥，以其
上食税之多，是以饥。民之难治，以其上之有为，是以难治。民之轻死，以其上求
生之厚，是以轻死"（七十五章）。同样要做到"使民不远徙"事实上也是在要求执

① ［英］基托：《希腊人》，徐卫翔、黄韬译，上海：上海人民出版社，1998年，第80页。

政者不要因自己的一己私欲过度地压榨民众甚至让民众限于战乱而迫使民众背井离乡。

同理，虽然对本章的"虽有舟舆，无所乘之，虽有甲兵，无所陈之"历来有争议（如马叙伦等认为是后人注释误入经文），也应当理解为"虽有舟舆，（圣人使）无所乘之，虽有甲兵，（圣人使）无所陈之"。同时也不管"舟舆"是作为兵器还是作为交通工具，能够使用"舟舆"的在当时情况绝非是最底层的一般民众，因此"虽有舟舆，无所乘之"句也是对统治者自身的要求；而"虽有甲兵，无所陈之"则与"有什伯之器（作为兵器理解）而不用"一样，也是直接针对统治者提出的反对战争的主张。作为常识，任何执政措施或治理手段都是一定执政理念或政治观的体现，因此上述这些治理措施中所体现的执政理念明显是以民为本或以民为本、为贵、为大的也即"寡民"的观念或思想，也只有以民为本即"寡民"才能做到"有什伯之器而不用""使民重死而不远徙"和"使人复结绳而用之"。

其次，"甘其食，美其服，安其居，乐其俗"四句按照一般的理解即为"（要或使）民（百姓）以自己的饮食为甘甜，（要或使）民（百姓）以自己的服饰为华美，（要或使）民（百姓）以自己的居所为安适，（要或使）民（百姓）以自己的风俗为快乐"，这样似乎无一不是指向"民"、是要求或强制"民"如何如何的执政或统治措施。但事实上这种理解至少是不太符合《老子》此处原意的。试想，作为"民"或现代所说的百姓肯定是会以自己原来且一直生活其中食、服、居、俗为甘、为美、为安、为乐的（这点不展开论述），这是常情、常识也是常理，而如果按照这样理解就相当于《老子》什么也没说也没任何意义。因此，在我看来，这几句还是和上文所述的几个"使……"句子一样，其指向不是要求"民"怎么做，而是要求执政统治者如何做之义！那么是不是如此呢？我们认为，一般人之所以会产生这样的误解，原因在于：

第一，这几个句子的特别之处在于都是文言省略句，也就是省略了主语或施动者，而按照文言文主语省略的惯例通常为承前省、蒙后省和对话省几种。很明显这几句作为蒙后省和对话省都不合适，那只有是承前省。而又由于前文是"使人复结绳而用之"或更前面的"使民重死而不远徙"，那么这几句的主语就应当是"人"或"民"，因而这几句完整的表达即为"人（或民）甘其食，人（或民）美其服，人（或民）安其居，人（或民）乐其俗"。但哪种更合适呢？按照本文多次对《老子》使用"人"与"民"的不同内涵，"人"往往是用其本义即"王公贵族"或统治者，"民"则指普通"民众"；而又如刚才所说，如果理解为"民甘其食"即"民以自己的食物为甘美"之类的常情没有太多的意义，因此此处当理解为"人甘其食……"之类为宜，而这些"人"字不能理解为普通的民众而是与之相对而言的执政或统治者，这一者普通民众不可能有太多的食、服、居、俗选择，而只有执政或统治者有多种选择的可能；二者从私欲的满足而言，普通民众一般相对容易满足，只有执政或统治者更难满足。但是不是在前面增加了"人"或"民"就能很好理解或者说句意就完整了呢？还不是，原因还在于：

第二，困难还在于这几个句子既到底做使动还是意动用法理解，还是两者都是。而学界对此理解的失误很大原因就是非此即彼地将这几个句子理解为不是使动就是意动的。结合到上文所增加的主语或施动者，归纳起来就是这样两种：一是将"（人）甘其食"等解读为单纯的使动，即"使（人）甘其食……"；二是将"（人）甘其食"等解读为单纯的意动，即"（人）以其食为甘……"。但这两种解释各有难以理解或不通顺的地方：就使动而言很明显其前面还存在没有主语或施动者的问题，即"谁"使（人）甘其食……"；就意动而言这个"（人）以其食为甘……"是"人"自己主动还是被动？再有：

第三，这几个句子中的"其"如何解释？这里至少有两种解释，一种是将这四个"其"理解为与前面所补足主语一致的作为指代的即"他们的"，这样如果前面所补主语是"人"即执政统治者的话，那么这个"他们的"就是指"执政统治者他们的"；第二种是将"其"理解为与所补足的主语相对的其他人的"他们的"也即"民众他们的"，这种解释也是可行的。但那种解释更合理呢？

综此，这里不再列举学界各种误解的具体表现，只就认为的可能正确理解简述如下。在我们看来，本章"甘其食，美其服，安其居，乐其俗"四句，其可能的正确理解为：一是将原"甘其食"四句省略句前不仅补足主语或施动者"人"，并当做使动理解即"（使人）甘其食，（使人）美其服，（使人）安其居，（使人）乐其俗"；进而还应当在"人"或"使人"前补足这个"人"或"使人"的主语或施动者，而这个主语或施动者按照我们对《老子》的理解只能是"圣人"，这样该四句就成为"（圣人使人）甘其食，（圣人使人）美其服，（圣人使人）安其居，（圣人使人）乐其俗"；二是这四句不只是简单的使动或意动句，它们是既为使动也为意动，也即各句就整体而言是使动句，而使动的内容则是意动的；三是这四个"其"当理解为与"人"也即执政或统治者相对的"民"即"民众的"为宜。归纳起来，"甘其食，美其服，安其居，乐其俗"四句可能的理解当为：（在圣人的治理下）圣人使（让）执政或统治者（使人）以民众（或百姓）的食物为甘甜，圣人使（让）执政或统治者以民众（或百姓）的服饰为华美，圣人使执政或统治者（使人）以民众（或百姓）的居所为安适，圣人使（让）执政或统治者（使人）以民众（或百姓）的风俗为快乐！而这其实就是《老子》一贯主张的"贵以贱为本，高以下为基"（三十九章）和"圣人常无心，以百姓之心为心"（四十九章）的以民为本也即"寡民"——"大民"

的思想了。到此可见，以上这些措施或主张很明显是针对执政或统治者而非"民众"或"百姓"而言的，而这些措施或主张背后的理念当然就是其"寡民"也即"大民"的思想了。

最后，来看"邻国相望，鸡犬之声相闻，民至老死，不相往来"句。关于前面的"邻国相望，鸡犬之声相闻"，我们认为这里《老子》描绘的绝不是小国已如上文所述，故不赘述。这里只讲"民至老死，不相往来"。关于这句，学界多认为这是《老子》主张"闭关主义"的铁证，比如杨增新在其《补过斋读老子日记》解释该章就明言："此章即闭关主义"[①]。但这其实也是误解，学界对此也有批评的观点，如上文提及的张松辉等。我们对此感兴趣的是，其实《老子》此处还是其"寡民"也既"大民"以民为本的思想体现。为什么这么说呢？

应注意的首先是"民至老死"句中的"老死"一词，这里当然是该章"使民重死"之"重死"的再次表述，从言说方式上是上文所说的《老子》三言中重言方式的表现。而《老子》言"老死"也即"民"的自然死亡，因而"民至老死"就是要求执政或统治者不能让民众死于非命，而在当时民之死于非命者最重要的原因就是战争，这点上文也有所言及了，因而该句反映的还是《老子》"寡民"也即以民为本的"大民"观念。

还请注意"不相往来"中"往来"一词。《老子》此处用"往来"而不用"来往"，有何深意呢？按照现代汉语的理解，"往来"似乎与"来往"可以互用，但事实上是有差别的。按照《现代汉语同义词词典》的理解："往来"和"来往"都强调互相有去有来。但"往来"多用于正式场合，有郑重的态度色彩；使用范围较广，可用于个人之间、集体之间和不同国家人民之间。"来往"多用于非正式的场合和个人之间，可用来比喻思想认识上的交流[②]。原来，"往来"是指那些正式的、郑重的场合的交往；而"来往"是指那些非正式的场合和个人之间的交往。可见《老子》对于那些正式的、郑重的场合的交往明文不提倡，而对那些非正式的场合和个人之间的交往则至少是不禁止的。同时还请注意这个"不相往来"的主语也即主体明显是"民"，同时这个"民"还是邻国之间也即不同国家之间的"民"。那么他为什么不提倡不同国家"民"之间不"往来"呢？《老子》没有明言，但我们可以从司马迁在《史记·货殖列传》中找到大致的答案。其中有句名言："天下熙熙，皆为利来；天下攘攘，皆为利往。"合起来可简单说成："天下熙熙攘攘，皆为利来往。"进而也可以说"来往皆为利"，这个"利"可以各不相同，但只要是"利"，那么最终只能是"互

---

①　杨增新：《补过斋读老子日记》，马良怀点校，第十二卷，第 180 页。

②　刘叔新主编：《现代汉语同义词词典》，天津：南开大学出版社，2004 年，第 529 页。

利"也即相互有利，因为如若不是"互利"其"来往"即使能行一时但不可能长久。对此反向思考一下，如若是"害"呢？当然与"利"最终只能是"互利"一样，"害"的最终当然只能是"互害"了。而国与国之间最大的"互害"是什么呢？答案当然就是战争了！故《老子》之提倡各国"民"之间"不相往来"，原因除了上文所及的各国民众也即百姓因为各自富足不需要"往来"以及各国"民"之间也不可能非常自由任意的"往来"外，恐怕还就在于：由于不同国家的"民"之间的不可能如同国家政府之间那样有正式的、郑重的如政治、经济之类的"往来"，因而各国"民"之间的"往来"就只有一种且是极端的情况，那就是战争！在《老子》全书的结尾处说："天之道，利而不害。"（八十一章）那么既是"互害"而不是"互利"，对于这样不符合"天之道"的"往来"《老子》自然也就不会提倡了！所以司马迁在同文中引用该章文字时特别加上了为后来很多版本所遵从的"《老子》曰：'至治之极，邻国相望……至老死而不相往来'"①，真可谓深得《老子》之旨。当然《老子》此处的潜台词可能还有，对于那种"互利"的"来往"则是不反对甚至提倡的。联系到本文所要探讨的主要问题，如果说"邻国相望，鸡犬之声相闻，民至老死，不相往来"是《老子》的执政措施或主张的话，那么这个措施或主张的背后所体现的则是《老子》以民为本的"大民"也即"寡民"思想的体现，也唯其"寡民"才可能有如此以"民"为本为重的执政措施或主张。

综此可以确信，《老子》"小国寡民"章中所描绘的皆为"真寡民"，也就是这个国家统治者一切以民为本，还政于民，不与民争利，以民众为"大"为"重"为"贵"也即"寡民""大民"！

三、《老子》"小国寡民"章正义及余论

到此，我们可以对《老子》"小国寡民"章的真正内涵进行小结了。通过上文的阐释，在我们看来，《老子》此章所要表达的可能真正内涵为：

（在理想的圣人治理之下，或理想的国家与社会）就是要使国家政府、权力变小（或要以国家政府、权力为小），要使民众、民生变大（或要以民众）为大。要使国家有先进的兵器而不用，要使民众重视死亡而不要让民众迁徙到遥远的地方去；虽然有船和车，但不需要乘坐；虽然有铠甲和兵器之类但没有陈列机会；要使统治者回复到结绳而治的状态。执政者要以民众的食物为甘美，要以民众的服饰为华美，要以民众的居所为安适，要以民众的习俗为快乐。（在这样理想圣人的治理下）邻国的边境可以相互看到，鸡犬之声可以相互听到，但民众（因为不会发生战争等）一

---

① 司马迁：《史记》第十册，《货殖列传》卷一百二十九，北京：中华书局，1959年，第3253页。

直到老死，也（相安无事）不会相互（因政治、战争上的）往来。

可见此章《老子》描绘的既是一个在理想圣人治理下的天下大治或"大同"的、国家政府与执政者一切以民众民生为本为中心的、国家政府权力小、不乱作为妄为、民众丰衣足食安居乐业、淳朴自然、且物质与精神生活都高度发达的理想国家或社会，同时这个理想国家或社会也是《老子》"小国""寡（大）民"执政观和政治理想的表现。而如果套用庄子"三言"中的"寓言"即"寓道之言"的话，那么本章《老子》就是他的"寓道之言"也即"寓言"。但这篇"寓言"所描绘或表现的理想国家或社会及其执政观和政治理想，既不保守、也不封闭；同时也不是主张落后、原始甚至倒退；更不是提倡蒙昧、禁欲甚至愚民；也不是《老子》只是在"小国寡（少）民"的假设条件该如何如何；而至于那种认为《老子》提倡分裂大国为小国、削弱诸侯、多分诸侯以拱卫天子恐怕更是没有切合《老子》文本的无稽之谈了。当然作为理想，多少会有"乌托邦"的性质这是很自然的，但唯其有"乌托邦"的性质才会更有理想的色彩。实事求是地说，《老子》的这个理想国度或社会，在《老子》及以后的时代没有实现也不太可能实现，因为《老子》心目中理想的圣人现实中不可能存在，而且统治或执政者也很难真正做到"小国"（政府权力小等）和"寡民"（大民、以民为本、为尊、为贵），但唯其"难能"所以更"可贵"。

以上就是我们对于《老子》"小国寡民"及八十章的解读，按理说到此本文应当可以结束了，但事实上，这里还有一个很大的问题没有解决，那就是《老子》为何会主张"小国寡民"呢？或者说《老子》"小国寡民"执政观或政治理想的背后依据是什么？还有《老子》为什么要将其执政观或政治理想表述为颇让费解的"小国寡民"呢？而要解答这些，就不得不进而探讨《老子》的哲学观及在其哲学观影响或主导下的执政观，以及《老子》特有的"正言若反"的也即"卮言"的言说方式了。而这不是本文能完成的，在此我们将有专文论述，此不多述了。

老子章句研究

体道及妙，澄心于玄：品读《道德经》第一章

曾 勇 秦铭昂*

内容提要：《道德经》一书，在中国哲学领域具有举足轻重的地位。关于《道德经》一书的研究从古至今从不间断。如今在21世纪新的时代，在马克思主义哲学思想的影响下，我们重新审视《道德经》，依然发现其具有深厚的辩证法的哲学内涵，并且针对现在社会所存在的问题依旧有新的启发与思考。在本章中，通过对《道德经》第一章的重新解读，把它与当前社会现象结合，从而阐释出一种新的思考角度。

关键词：《道德经》 道 名 有 无 欲

《道德经》一书，又名《老子》，全文仅五千来字，但却字字珠玑，句句箴言，行行玄妙，所产生的影响是极其深远的。其"有""无"思想辩证矛盾的观念，"生生"的发展观念，"道法自然"规律观念也与马克思主义哲学有着异曲同工之妙，为马克思主义在中国的传播打下了文化和历史的双重根基。虽然它是一本中国的古籍著作，但在国外也引起了很大的轰动，被列入"影响世界历史的100名著排行榜"，而且在这百部经典中，其篇幅最短，仅仅5000言，却是世界发行量第二的文本。细细品读《老子》，感悟其道本德用之妙，开显其人文精义，以之滋养当下生命，提升人生境界，亦不失为一种阐释之道。

《道德经》原先并不分章，只分为上篇《德经》，下篇《道经》，后改为《道经》37章在前，第38章后为《德经》，凡81章，并以此通行流布。本文以詹石窗教授之《道德经通解》为蓝本，聚焦《道德经》首章，阐发老子道旨，铺陈后学心得，以求教于方家。

《道德经》第一章说：

---

* 曾勇（1971—），男，湖北枣阳人，哲学博士（后），江西师范大学马克思主义学院副教授，硕士生导师，研究方向：传统文化及其创新转化。秦铭昂（1995—），男，山西运城人，江西师范大学2020级哲学专业硕士研究生，研究方向：道教与生命哲学。

　　道可道，非常道；名可名，非常名。无名天地之始；有名万物之母。故常无欲以观其妙；常有欲以观其徼。此两者，同出而异名。同谓之玄，玄之又玄，众妙之门。

　　该章是老子核心思想的表达——从"道""名""无""有""玄""同"这些老子思想的根本观念可以看出，本章对于全书的纲领性作用。[①]下面我们来逐句分析文本主旨。

　　1. 道可道，非常道；名可名，非常名

　　本句中共有三个"道"和三个"名"，值得注意的是第一与第三的"道"和"名"都为名词，意为，根本的法则和名字；而第二个"道"与"名"为动词，意即：道说和命名。"常"其实是"恒"，为避汉文帝刘恒的名讳改为"常"，有永恒之意。[②]

　　这句话开篇就点明了《道德经》一书的核心概念——"道"。所谓"道可道，非常道"，这句话可以理解为，可以言说的道就不是真正的道，更不是永恒不变的道。老子在这句话中说明了道的神秘性、不可言说性——自己口头描述出来的，是你自己对某一个事务的理解，别人不见得也这样去理解；如果过分强调自己的观点，执着于自己所描述的那个道的正确性，那么这实际上已经偏离了道本身。于言说争辩所不同的是，应该放弃执泥言说，而去追求真正的"道"意，去感悟"道"本身，而不是让别人的观点去束缚住自己的思维，在某一个框架内定格去理解"道"，这样你理解的永远是别人的道而不是自己的道，也并非道本身。

　　当然，若借助于辩证唯物主义的方法，这句话也许可另作一解：我们不妨把第二个"道"理解为第一个"道"的一种外在表现形式，类似《老子河上公章句》中对"道"的"经术政教之道"的描述，那么这句话的意思就是说，事物的外在表现形式，并非事物的本身内在的本质。有鉴于此，我们更应该注重事物的本质，也就是要通过感性认识和理性认识去辩证把握。

　　至于"名可名，非常名"，其语句构成与文意，其实与"道可道，非常道"，是形同意近的。即：名字只是对一个事物的一种称呼，并非事物的本身，我们只是为了方便称呼它才给它起了个名字而已，所以这个名字并非一事物长久的称呼，随着事物的发展，名字也会发生变化，因此也会出现名不副实的现象。当然，若将"名"看作名声，名气，或许更贴近，也较切合当前社会现实，可以有助于激活读者对文本的参透感悟——名声是外在给予的名声，这样的名声，就不是那种自然常在之名；

① 詹石窗著：《道德经通解》，北京：宗教文化出版社，2017年，第13页。
② 詹石窗著：《道德经通解》，北京：宗教文化出版社，2017年，第13页。

由于它会随着时间的变化而变化，便不具恒常性。犹如某肖姓当红流量明星，当其红极一时之时，肖某忘乎所以，自失本心，肆意张狂——其为名忙，为利忙，在忙碌之中迷失本心，便在一夜之间身败名裂，遭人唾骂。其实，名利之声，财利之实，亦非老子所片面倡导之价值主张，尤其是对虚名私利，更为《道德经》所诟病。于此，后面的第二章、第三章，等等章节，亦不乏其说。

2. 无名天地之始，有名万物之母。

这句话承接前面的"名可名，非常名"。天地万物原本都是无名的，甚至于天地都是人们为其称呼而起的名，也就是说无名是天地万物产生的开端，这种根源性的无名并不和有名相冲突，天地万物刚开始都是"无名"的，后来慢慢地被赋予了名字，就像刚出生的婴儿被取了名字一样，所以正是因为有了名字他们才变得可以描述出来，那么"有名"就相当于他们的母亲一样。这就好比矛盾观念一样，"无名"和"有名"是一种对立统一、相辅相成的关系性存在。

另外，前面提到可以把名当作名声名气来看，下面不妨再从这个角度来解读这句话——当一个人没有名声名气的时候，这时候的他/她才是原初性的他/她自己，此时，他/她就和每一个才出生的人都没有多少差别——没有名声，没有荣誉，是一个人来到世间的本初状态。然而一旦有了名声名誉，那么他的财富地位一般也会随之而来，这就是一种新的开始，意味着进入新的阶段，在这个新的阶段就开启了自己新的人生。所以可以说有名万物之母，但是这种万物，并不只是指名誉所带来的财富之下的衣食住行等外在的万物，还有名誉所带来的内心的私欲及其膨胀，贪婪等随之而来的恶念。就比如有些影视明星，刚开始在无名时，他们勤勤恳恳，认真演戏，做好本职，完善自身，可是一旦有了名气，随着火热程度的增升，不少人易于走向自我膨胀，乃至于得意忘形，他们就开始耍大牌，利用自己的明星影响力去吃烂钱，欺骗粉丝从而牟利。诸如此类恶行也接踵而至，随着被曝光，其名声一落千丈，昔日的明星落得为人鄙视。有些人会认为对明星而言这是一件坏事，但是此类坏事不一定就终成定局，当事人只是回归到了他之前的无名的状态——在此状态下，他又可以回归本心，随之大起大落所带来的人生感悟，或许他会再度振作，大有作为。这种从无名到有名又从有名到无名之间的转化，也就印证了前面所提到的"非常名"。当然，不可否认，也有人在有了名之后会做得一直很好，受人敬仰、爱戴，这也就是老子接下来所需要阐述的东西。

3. 故常无欲以观其妙，常有欲以观其徼

关于这句话，也是有很多分歧的，一种是将这句话断句为"故常无，欲以观其妙；常有，欲以观其徼"。这句话的重点放在了"有""无"之上，更侧重于一种超越性上的理解，将"有"和"无"放在了一种更高层次上的一种总领性的地位。意即：立足在永恒的无上，就可以体味到道的玄妙，立足于永恒的有上，就可以体味到道的边界。那么在道的玄妙与道的边界来说，老子是用无与有的分别从而衍生出来的，那么也可以将无与有更深层次地去解读。可以将无作为一种道的玄妙理解为更强调一种精神上的领悟，在于一种精神上不可用语言来描述的玄妙，是一种无限性的扩展与延续，可以一直去深挖的一种自身的理解感悟。而有作为一种道的边界，就可以理解为一种现实性更低一层次的理解，既然是边界，那它一定是有范围的，是一种有限性的现实边界，那么在此意义上，只有"失道而（后）德"之人才能接触到这种道的边界，而得道之人便能体会到道的玄妙，从而一步一步向下去感悟无限性的道的内涵。那么什么是得道之人，什么又是失道之人，老子亦在后面的第二、五、七等章节中，对圣人的描述中有详细阐释。

再一种句读是："故常无欲，以观其妙；常有欲，以观其徼。"这种断句法在《老子河上公章句》和王弼《老子注》上都是这样断句的。那么这种断句方法则将讨论的重点放在了人之上，更侧重于一种精神性上对于人性和本心欲望的理解，将人的本心本性放在了一种统领性的地位，而欲则是一种私欲，并非人本身之正常的欲望。即人能常无欲，则能以道正心，又能以道证心，从而能正确地用心去感悟到道的精妙精髓。而常有欲之人，则被世俗的框框条条的边界所束缚，无论怎么努力，总是沉沦于世俗的声名利益之中，无法体会到道的高深内涵。这就是告诫我们做人之时要放平自己内心之心态，以一种平常心来看待自己所获得的声名钱财，要做到无欲，不能沉溺于自己的名声地位，更不能以贪念来为自己追求钱财，丧失道心，要用超脱于自己声名地位钱财的观念去思考问题，这样你才能做到不被世俗的框架所束缚，你的视角眼界才能更加广阔，能集思广益。在实际做事之时，更要立足于自身之本职，明确自身之责任，做好自己分内之事，做到无为而无不为，明白自身之有所为而有所不为。那么这也就解答了我上文所描述的有人在有了名之后会做的一直很好，受人所敬仰、爱戴的缘由。

纵观历史，不少先哲都遵循了老子无为之道，成就了非凡人生，范蠡张良便是典型的代表。哪怕在现代社会，其理念依旧发挥作用，阿里巴巴的马云将战略目光从赚钱经营企业转移到教育、环保、科研等等惠民性方面，从而使自己的人生境界慢慢地从功利境界提升到了道德境界，从一种赚钱的有欲转移到了为国为民的不为财的无欲，明其自身所责。其不止一次在公开场合表示《道德经》一书对他的影响，可见无为思想对他在思想境界上更进一步的影响。

4.此二者，同出而异名。同谓之玄，玄之又玄，众妙之门。

这句话主要的分歧在于此二者上，不同人的注对这两者的解释都有所不同，老子也并没有明确说明此二者指的是什么，现在大多版本都将此二者说为无与有，认为他们同出于一源，即道。而名称却不相同。他们都是深奥难测的范畴，而这种深奥难测到极致，才是通向一切奥妙之门的门户。而这种说法似乎有了正统的地位趋势，我曾经说出了自己的不同的想法和观点，而朋友们却将商务印书馆等大型出版社的关于老子注的图书拿出来对我进行反驳，还问我是不是要挑战正统，我私底下认为这是一种很荒谬的说法，若将其视为正统从而进行反驳，我觉得这样是没办法研究《道德经》的，我在上面的"道可道，非常道"与"故常无欲以观其妙，常有欲以观其徼"中也说过这些。这样去研究《道德经》是一种对大道的凌迟，是对道的一种反动。下面我来阐述下我之所以觉得这种注不太合适的原因。首先在于对它的注解上面，它将无与有认为是同出而异名，同出于道，而名称不同。可是纵观《道德经》，它对无与有的描述不单单是名称不同，无论在篇幅还是讨论重点方面，老子相对于有来说还是更加重无一点，它们的内在含义明显也是不一样的，仅仅只是说外在形式的名称的不同，似乎并不是很合适，相比之下不如说是类似善恶这种两面性的方面，也就是说无与有它们同出于道，但是它们却是道的两个不同的方面，无是道的玄妙精髓的向下无限延伸的方面，而有是道的框架具体的定格边界的方面。其次，在道德经第 40 章写道："天下万物生于有，有生于无"①，明确对应了"有名万物之母"这块，可是却提到了无能生有，说明在有无关系上是无为更加根本上一块。还有，在《道德经》第 42 章上写道："道生一，一生二，二生三，三生万物。"② 一认为是混沌一体的状态，是道的强名，可是在道生二中，二并非是有无的二，而是一种天清地浊、男清女浊的阴阳之二，再加上阴阳交汇而成的一种均匀协调的状态，此三者生成天下万物，那么这三者才相当于有，阴阳是一种伴天地生的两种气，他们同生于无形的天地大道中，也说明了有生于无这一个观点，所以此二者说成是有无是有问题的，因为有与无并不是一种对等的状态，而是一种上下依存的状态。最后，关于古文中对于谓之的说法，是称之为。那么这句话应该翻译为相同的方面称之为玄，玄之又玄后才能打开众妙之门，众妙之门是什么，是道的玄妙，所以必须经过玄之又玄后才能得到道，所以将此二者认为是有尢是不合适的。而我本人刚开始是比较倾向于妙与徼为此二者，正是他们一个身为道的深邃精妙，一个身为道的边界定义，他们同出于道，而且也是一种对等的关系，一个是纵向的延深，另一个是横向的扩张，因此在异名方面除了外在名称称呼的不同以外还有内在研究方向的不同，而他们相同的一点就是都是道的理解，一个是对道的深邃去进行理解，一个是对道的范围去进行理解，那么同谓之玄就可以认为是理解道称之为玄，那么玄之

① 王弼注，楼宇烈校释，《老子道德经注》，北京：中华书局，2016 版，第 110 页。
② 王弼注，楼宇烈校释，《老子道德经注》，北京：中华书局，2016 版，第 117 页。

又玄，就是理解道不能光理解了就说自己得道，应该在理解的基础上再理解如何去做。若人言其得道，那是否真的就是得道了呢？得道之人才不会去说自己得道了，而他们的得道却处处体现在生活细节之中，举手投足之间顺应天地自然之规律，方为得道。老子也在《道德经》第 32 章中提到了"道常无名，朴虽小，天下莫能臣也"①，而你却声称自己得道，显然这是没得道的体现。所以追求道时，你的目的不应该是为了得道，更不能去声称得道，必须忽略这个得道的目的和声名，将道之感悟用于实行，这样才能顺应自然，而道法自然，这么做方为真正的得道。然而，纵观老子的《道德经》，却发现后面章节却对这个妙与徼的涉及是很少的，但是却对圣人的涉及很多。所以我在研读河上公做的注后我也改变了思路，觉得此二者更倾向于无欲和有欲。在《河上公章句》中，认为有欲和无欲同出于人心，而异名，并不是外在名称的不同之意，而是声名不同之意。无欲的人则声名长存于世，有欲的人则身败名裂。当然这种欲也正如我前面所提到的那样，并非人的正常欲望，而是一种人的私欲，这也正对应了老子第 7 章的"非以其无私耶？"②但我对河上公对"同谓之玄，玄之又玄，众妙之门"的注则不太认同。《道德经》第 25 章中提到了"人法地，地法天，天法道，道法自然"③。而河上公却将玄注为天，认为人之心受气于天，这样就与老子人法地有所冲突。故同谓之玄，玄之又玄，众妙之门可以理解为，人之心都是玄妙难测的，在玄妙难测中又有有欲和无欲的玄妙难测，而得到并把守住自己心中之无欲，这样才能找到道的大门。而众妙之门，则也同样说明了道的本源性地位。无论是人心之玄妙还是有无之玄妙都被囊括于道中。

下面我将自己对《道德经》第一章的理解汇总如下：

大道是神秘而又高深莫测的，我们不应该过分地追求自己的一家之言，也不应该被别人的观点来束缚住自己，应该透过事物的外在现象来看事物的本质特征，这样得到的道才是永恒的大道，而外在的表现形式和观点却是随时都可能变化的；像外在的名声，名气都是外人赋予的，既然是外在的，那么它就不会长存而永恒。因此无名才是道的一种存在方式，它也是天地之先最原初的状态，就像一个婴儿刚出生那样是没有名字称呼，也没有名声名望那样；而有名则给了世间万物一种外在的表现形式，所以称呼其为万物的母亲。然而这种表现形式是多样的，也是多变的，一旦万物沾上了名声名气，那么随之而来的就会是疯狂滋生，若人沾上则其内心的贪婪、私欲等恶念也会开始滋生乃至膨胀。因此，为人处世要放平自己之心态，以一种平常心来看待自己所获得的声名钱财，要做到无欲，不能沉溺于自己的名声地

---

① 王弼注，楼宇烈校释，《老子道德经注》，北京：中华书局，2016 版，第 81 页。
② 王弼注，楼宇烈校释，《老子道德经注》，北京：中华书局，2016 版，第 19 页。
③ 王弼注，楼宇烈校释，《老子道德经注》，北京：中华书局，2016 版，第 64 页。

位，更不能以贪念来为自己追求钱财，丧失道心，要用超脱于自己声名地位钱财的观念去思考问题，这样你才能做到不被世俗的框架所束缚，才能观察到大道之奥妙。在实际做事之时，更要立足于自身之本道职责，明确自身之责任，做好自己分内之事，做到无为而无不为，明白自身之有所为而有所不为。而充满了各种私欲的人，则会被世俗的条条框框的边界所束缚，无论怎么努力，总是回归到世俗的声名利益之中，无法体会到道的内涵，而因为经常触碰或逾越道的边界，因此也就只能看到道的边界。无欲和有欲都出自人心，然而它们的声名却不尽相同。无欲的人不看重自己的声名反而声名长存于世，有欲的人越看重自己的声名最后却落得身败名裂的下场。这正是因为人心都是玄妙难测的，在玄妙难测中又有有欲和无欲的玄妙难测，而得到并把守住自己心中之无欲，这样才能找到道的大门。

"有之""无之"

——《老子》第11章"有""无"新解

马晓政[*]

内容提要:《老子》中出现"无"102次,"有"83次,但除了较常引用的第1、2、40章外,其他章节的"有""无"基本属于动词常义。"有""无"在《老子》第11章中,往往被理解为一对哲学概念,这种范式化的解读主要有"道统有无"说以及"虚实相资"说。前说主要从《老子》第1章"道"乃"有""无"之辩证统一的观点来说明"有""无"之关系;后说因受到《老子》第2章"有无相生"观念的影响,强调实(有)与虚(无)的相反相成。但考虑到《老子》各章独立成篇,范式化的解读极有可能遮蔽其独特的意蕴;而且,第1、2章中的"有""无"本身是否为哲学概念还有待商榷;此外,第11章中"有""无"所构成的语汇有着更为具体的含义:"有之"从有用性而言,它内涵了物体堪用的特性;从构成而言,它亦可包括空虚的部分,即使这些部分可以被视为没有东西。而"无之",指向的则是加工过程中特定的加工环节,在造车、制器、凿室的过程中,需要不断别除多余的材料,进而达至"其无",才能产生效用的潜能乃至效用。引申到修身上,人亦需要不断祛除多余的东西,为生命减负,才能获得自在。在《老子》中,这种多余的存在有"欲",以及不易察觉的心智思虑等。而庄子继承和发展了这一修身方法,提出"坐忘""心斋"的修行工夫,对后世影响深远。于今视之,对于深陷物欲的时人而言,廓除、解缚的修身哲学依然有着减损情欲文饰之烦扰,而通达生命本然之意义。

关键词: 有 无 有之 无之《老子》

---
* 马晓政(1991—),四川大学道教与宗教文化研究所博士研究生,主要研究方向:老庄哲学。

《老子》①因言辞古约、旨趣宏深，历来为注疏家所钟情。其言说方式与西方哲学的严密论证方式非常不同，冯友兰曾在《中国哲学简史》中指出："中国哲学家惯于用名言隽语、比喻例证的形式表达自己的思想。"与西方哲学著作相比，《老子》等著作：篇章简短、章与章几乎无联系、篇章意涵不明晰而多暗示。对于"习惯于精密推论和详细论证"者而言，中国哲学这种独特的言说方式往往令其不知所云。②考虑到《老子》各章独立成篇，范式化的解读极有可能遮蔽其独特的意蕴③，故从篇章内部挖掘其所言旨趣就显得颇为重要，起码依据章内语汇较章外相似词条而言，对于篇章旨趣的揭示具有优先性。

一、关于第 11 章"有""无"的两种解读

"有""无"往往被视为中国古代哲学的一对重要范畴，如葛荣晋指出："有和无是标志中国古代关于宇宙本原和本体（实体）问题的一对重要范畴。"④而此范畴的创立最早可追溯到老子，如陈鼓应曾说："无、有是中国哲学本体论或宇宙论中的一对重要范畴，创始于老子。"⑤而冯友兰认为，从宇宙论角度看，"无"比"有"更为根本，因为"无"肩负着"道"的角色。《老子》的宇宙观当中，有三个主要的范畴：道，有，无。因为道就是无，实际上只有两个重要范畴：有，无。"⑥"有""无"作为《老子》宇宙论及本体论的重要范畴，已成为学界共识。

视《老子》第 11 章"有""无"为哲学概念的理解，往往受到其他章节中相关解读的支撑或影响。在《老子》中"有""无"最有可能作为哲学概念成对出现

---

① 文中《老子》采用王弼注本，王弼注，楼宇烈校释：《老子道德经注校释》，北京：中华书局，2008 年。

② 冯友兰：《中国哲学简史》，《三松堂全集》第 6 卷，郑州：河南人民出版社，2000 年，第 13—14 页。

③ 如张涅指出《老子》等看来很抽象的著述："在各章的背后原本也潜存着特定类别的对象。"另外："战国中期之前的诸子著作由章句组成……这些章句或篇可能是创始人不同时期的思想轨迹，也可能是门人、后学的思想记录。组合在一起，就有思想流变性的特征。"忽略这些复杂的因素，对《老子》等战国中期之前的诸子著作做抽象范式化的解读，其意蕴的准确性无疑将大打折扣。参见张涅：《走近诸子的另一条路径》，《光明日报》2019 年 3 月 2 日，第 11 版。

④ 葛荣晋：《中国哲学范畴通论》，北京：首都师范大学出版社，2001 年，第 226 页。

⑤ 陈鼓应：《老子注译及评介》，北京：中华书局，2009 年，第 55 页。

⑥ 冯友兰：《中国哲学史新编》第 2 册，《冯友兰文集》第 9 卷，长春：长春出版社，2017 年，第 29 页。

的用例有第1、2、40章①。在有关"有""无"的哲学范畴书目中，对于同时出现"有""无"之词条，《老子》中常被引用的多为第40章，如《中国哲学大辞典》②以及《中国哲学史主要范畴概念简释》③中的"有""无"概念仅引用第40章。葛荣晋在《中国哲学范畴通论》中的"有和无"词条下，除40章外，还引用了第2、11章。

　　而对第11章"有""无"哲学范畴化的解读主要有"道统有无"说以及"虚实相资"说。前者如冯友兰在《先秦道家哲学主要名词通释》中"道"的词条下所言："《老子》所说的道，是'有'与'无'的统一，因此它虽然是以无为主，但是也不轻视有。它实在也很重视有，不过不把它放在第一位就是了。《老子》第二章说：'有无相生。'第十一章……很巧妙地说明'有'和'无'的辩证关系。"④

　　"道统有无"说主要从"道"乃"有""无"之辩证统一来理解第11章"有""无"的辩证关系，因为第11章没有出现"道"字，所以此说可追溯到《老子》第1章，如冯友兰据《老子》第1章指出："'道'是'无'和'有'的统一。"⑤但第1章因有不同的断句方式，其涉及"有""无"关系之论本身备受质疑。该章"无名天地之始，有名万物之母。故常无欲，以观其妙；常有欲，以观其徼"，关于上句的句读主要有两种，一在"无""有"处断，二在"无名""有名""无欲""有欲"处断。前者以王安石、高亨等为代表；后者以河上公、严遵、王弼等为代表，符合早期马王堆帛书本的句读要求⑥，所以，朱熹认为当时以"有""无"为句的读法"皆非老子之意"⑦，

---

　　① 除第1章有不同句读理解外，第2章"有无相生"有以宇宙生成论理解的观点，且与第40章矛盾，实际上将其放回其所在的第2章语境中，"天下……有无相生，难易相成，长短相较，高下相倾，音声相和，前后相随"，不难发现，其中的前者"有无""难易""长短""高下""前后"以及前面的"美恶""善不善"都属于正反形容词短语，而"音声"则属于名词相待关系；而后者的模式则是"相+动词"，标明前者相互依赖、对待而彼此不能分离，在这个意义串系之中，作为其一的"有无相生"，意义是明晰的，"有""无"相待而生，彼此不能割舍，说明的是事物存在与否的状态，与宇宙生成论毫无关系。而第40章"有生于无"本身也存疑，因为郭店甲本没有"有"，如张祥龙据此认为第40章中"有""无"属于平级关系，不存在"有生于无"的垂直情况（张祥龙：《有无之辨和对老子道的偏斜——从郭店楚简〈老子〉甲本"天下之物生于有／无"章谈起》，《中国哲学史》2010年第3期，第65页）。尽管如此，这种平级关系也不影响其作为哲学概念，如果这样看《老子》中以有无对举而存在的哲学概念，那么仅第40章1例。

　　② 方克立主编：《中国哲学大辞典》，北京：中国社会科学出版社，1994年，第244页。

　　③《中国哲学史研究》编辑部编：《中国哲学史主要范畴概念简释》，杭州：浙江人民出版社，1988年，第9页。

　　④ 冯友兰：《中国哲学史论文二集》，上海：上海人民出版社，1962年，第203页。

　　⑤ 冯友兰：《〈老子〉二十一章解》，《中国哲学史论文二集》，上海：上海人民出版社，1962年，第252页。

　　⑥ 因为帛书本在"欲"后有"也"字，标明语气停顿。帛书甲本作："（故）恒无欲也，以观其眇（妙）；恒有欲也，以观其所噭（徼）。"帛书乙本作："故恒无欲也，（以观其妙）；恒又（有）欲也，以观其所噭（徼）。"参见高明：《帛书老子校注》，北京：中华书局，1996年，第224页。

　　⑦ 黎靖德编：《朱子语类》第4卷，杨绳其、周娴君校点，长沙：岳麓书社，1997年，第2699页。

进而肯定了以河上公等为代表的传统读法。今人更有蒋锡昌、许抗生、李零、刘笑敢等从此说，刘固盛在分析首章有欲、无欲问题时，明确指出："依帛书本无欲、有欲断句，更与《老子》的原貌接近，无、有为读，则不是《老子》的原旨，属于诠释者个人对老子思想的发挥。"① 此外，《老子》其他章节中亦有该类语汇，如第3章、34章"无欲"，32章"道常无名"，37章"无名之朴"，41章"道隐无名"……从这个角度看，建立于第1章之上关于"有""无"之论的观点面临着崩塌的可能，而第11章之"有""无"关系亦就有重新审视的必要。

"虚实相资"说有可能受到《老子》第二章"有无相生"观念的影响，强调实（有）与虚（无）的相反相成。如葛荣晋认为："老子大力提倡有无统一论，所谓'有无统一'论，有两方面的含义：一曰'有无相生'，一曰'虚实相资'。"② 前者引《老子》第2、40章，后者引第11章说明之。他指出：

"虚实相资"，意谓实（有）必依乎虚（无）而存在，而"虚"（无）亦必由于"实"（有）而显现，虚（无）与实（有）相反而相成。所谓"实"是指有形有名之实物，"虚"是指能容受事物存在与运转的空间。《老子》举例说："三十辐……"这里所谓"无"，都是指车、器、室的虚空之处。三十辐相辏而后成一毂，有一毂之虚空而后轮能运转，车的功用才能表现出来。如果没有辐之实，则毂之虚无由成；如果没有毂之虚，则轮之用亦无从谈起……陶人制作陶器，器中必虚，方能盛受，才见器之功用。如无范土以为实，则器无有成，如无器中之虚，则器无以盛受……③

从上面论述而言，注者详述了辐之实与毂之虚，土之实与器之虚之间的相互关系，只说明了"无"与"虚"的关系，并没有说明这里的辐之实、土之实等与"有"之间的关系，如果姑且默认，代入文本中将会出现："三十辐共一毂，当毂虚，辐（实）车之用。埏埴以为器，当器虚，土（实）器之用……"的情况。所以不应以虚实来解释第11章有、无之关系。

二、"有""无"之统计分析

统计方法乃基于对统计数据的收集、整理、分析、解释等而得出一定结论的方法，不仅常用于自然科学，而且作为一种数据分析的重要方法在社会科学中同样受到重视。据统计，《老子》中"无"出现102次，"有"达83次，"道"有76次，同

① 刘固盛：《〈老子〉首章无欲、有欲问题辨析》，《中国哲学史》2015年第4期，第15页。
② 葛荣晋：《中国哲学范畴通论》，北京：首都师范大学出版社，2001年，第226页。
③ 葛荣晋：《中国哲学范畴通论》，北京：首都师范大学出版社，2001年，第227—228页。

时涉及"道""有""无"的章节有 1、14、24、32、34、40、41、46、48、59、79 共 11 章，而同时谈到"有""无"的章节有 1、2、10、11、13、14、19、20、24、32、34、38、40、41、43、46、48、50、52、57、59、64、69、70、75、79、80 共 27 章，该类词条频现，似乎确能证明"道""有""无"之紧密相关以及它们在《老子》中处于重要地位。

然而，就"有"而言，除了较常引的第 1、2、40 章外，很难在《老子》中找到作为概念的"有"，也即文本基本上是在常用意上使用该语汇，"有"作为会意字，从又（手）持肉，意思是手中有物，其本义为具有，与"无"相对。在其他章节，"有"几乎都是动词常义，不出其之本义及引申义，如第 2,10 章"生而不有"，13 章"有身"，18 章"有仁义""有孝慈"，21 章"有象""有物""有精""有信"，22 章"有功"，24 章"有道者"，25 章"有物"，33 章"有力""有志"，38 章"有德"，59 章"有国"，62 章"有罪"，80 章"有舟舆"……

就"无"而言，亦然，"无"更多是作为跟"有"相对之动词出现，意为没有，如第 3 章"无知无欲"，7 章"无私"，8 章"无尤（怨咎）"，13 章"无身"，14 章"无物""无状之状"，20 章"绝学无忧"，32 章"道常无名"，34 章"无欲"，35 章"无味"，37 章"无名之朴"，38 章"无德"，41 章"无形""道隐无名"，43 章"无间"，46 章"无道"……亦有作为副词，其意为不，表示对其后动词或形容词的否定，如第 10 章"无离"，19 章"盗贼无有"，64 章"无为""无败""无执""无失"……基于以上统计而言：尽管"有""无"在《老子》中实乃高频字词，但仅论"有"、"无"出现之数量，而忽略"有""无"之意义，这种统计是无效的。从意义上看，"有""无"常以不同的短语搭配出现，语汇的具体意涵也不一，与抽象的、形上建构的"有""无"范畴毫无关系。下面对 11 章的探索将充分说明这点。

为便于讨论，引文如下：

三十辐共一毂，当其无，有车之用。埏埴以为器，当其无，有器之用。凿户牖以为室，当其无，有室之用。故有之以为利，无之以为用。

该章基于前三条不同的个例得出一个结论，其论证思维属于典型的归纳法，即从多个个别事物中总结出一般性概念、原则或结论的思维方法。前三例以不同的内容为开端，属于不同的条件，而其共享"当其无"这一条件，进而达到了共同的"有 X 之用"的效果。图示如下：

条件一	条件二	效果		结论
三十辐共一毂			车	
埏埴以为器	当其无	有	器	有之以为利，无之以为用
凿户牖以为室			室	

图 1

经统计，本章"有"和"无"都出现四次，似乎确实能说明"有""无"于语篇的重要性，进而将其与老子的"有""无"哲学范畴联系起来；但是作为条件二的"当其无"以及作为结果的"有 X 之用"就已出现三次；而结论中的"有"和"无"则以"有之""无之"的词组出现。所以，此处关于"有""无"的统计对于理解该语篇而言意义不大。

三、"有""无"所在语汇之还原

（一）"无""有"与"当其无""有 X 之用"

在前三例中，"无""有"在"当其无""有 X 之用"中出现三次，就图 1 而言，条件一是当时现实生活中的常见现象，即做轮子造车乃关乎人之行，器皿乃人生活之用品，而凿室则关乎人之住。条件二和效果分别是"当其无""有 X 之用"。条件二与效果"有……之用"属于不变项，而条件一与效果中的"X"属于变项，且两者相关，因为三十根辐条汇集到车轮中心圆圈处，是为了造车轮，也即造车；糅和陶土是为了做成器皿而开凿门窗是为了建造房屋。即效果中"X"是条件一之目的。

	条件一	目的（x）
个例一	三十辐共一毂	车
个例二	埏埴以为器	器
个例三	凿户牖以为室	室

图 2

据图 2，可以明显看出，个例二、三在条件一中的"器""室"与其相对应的"X"相同，至于个例一之"毂"，虽与其相应的"X"不同，但亦是"车"之部件，是趋向于"X"的[①]。但图 2 属于变项，即意味着这三种个例可用其他个例替代。而作为不变项的图 3 因共有性而更能凸显出语篇之要旨。

---

① 若按照条件一共有之句式"……以为 X"，将个例一转写为"三十辐共一毂以为车"，此转写无疑是合乎文本意义的，继而条件一导向"X"的关系，便灿然可睹。

条件二	效果		
当其无	有	X	之用

图 3

即语篇的旨趣在于"（当）其无"与"有（X）之用"的关系之中，而有关"有""无"之范畴说则属于对图 3 的高度抽离，以致从图 4 中无法窥视出语篇意蕴。

无	有

图 4

就图 4 而言，"无""有"对举，已看不出文本中条件与效果的模式，就这种对举而言，存在着多种解释的可能性，有本末、体用、宇宙生成论等诸种解说面向。其中，体用论的面向似最为接近文本，语篇意趣似乎可以体"无"生用"有"而诠释之。但此依然不符合图 3 的意义模式，即使图 3 后者都是强调有用，但前者并非强调本体，而是申说"当其无"，着意于某物由有到无的一种动态过程，与以"无"为体毫不相干。图 4 似乎是对图 3 的一种诠释，或者说是一种建构，但如果诠释者的出发点是尊重文本本身，那对图 3 而言，图 4 无疑是一次彻底的解构，因为不管图 4 衍生的理论如何令人叹服，作为文本的真意却被无情地遮蔽，甚至抛弃了，这是令人担忧的！

（二）"有""无"与"有之""无之"

在结论中，"有""无"在"有之""无之"[①]中出现一次，"有之以为利，无之以为用"分别说明的是"有之"与"利"以及"无之"与"用"的关系，而"之"有虚实之别，若"之"为虚词，则结论指明的将是"有""无"分别与"利""用"的关系，即"有"提供便利，"无"发挥作用。[②]将"有""无"并举，申明"有""无"之关系，但是，如果脱离前三例，仅就这种理解而言，该命题显得似是而非。第一，分别从存在、不存在视角来看，"有"并非总给人以便利，譬如有山（之阻）、有水（之隔）等；"无"亦非总是发挥作用，譬如无水（滋润）、无火（取暖）等。第二，从存在与不存在的内在关系来看，若"有"提供便利，"无"便没有便利可言，没有

---

① 其实，"X 之"的形式在《老子》中非常常见，如第 14 章：视之、听之、搏之、迎之、随之；第 17 章：有之、誉之、畏之；第 29 章：为之、败之、失之；第 36 章：歙之、张之、弱之、强之、废之、兴之、夺之、与之；第 49 章：善之、信之、孩之；第 51 章：生之、畜之、形之、成之、长之、育之、亭之、毒之、养之、覆之；还有其他章节诸如用之、守之、恃之、得之、镇之、修之、治之、愚之、保之、救之、卫之……

② 参见陈鼓应：《老子注译及评介》，北京：中华书局，2009 年，第 102 页。

便利与发挥作用提供便利岂不矛盾？且"有""无"对举，便将便利与作用分割为二，丧失了因有作用才有便利的本来意蕴。为澄明结论之意，必须将其与前三例联系起来，对结论构成一个意义约束，使其所言更具有有效性。

为了更容易理解结论意蕴，将此章相关部分转写如下：

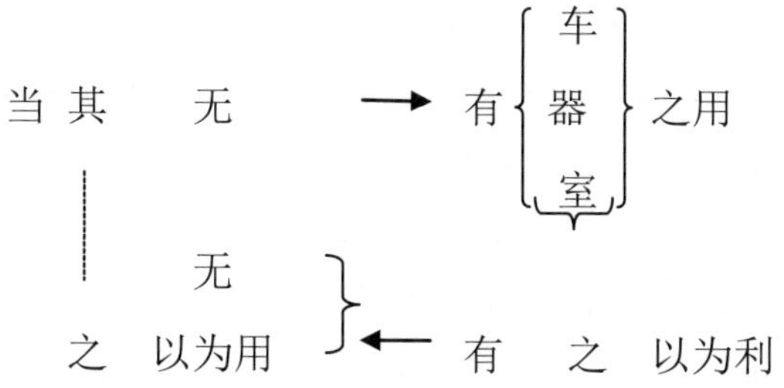

图 5

通过结构性的转写，可以将文本内部空间性的联系展示出来。在图 5 中，物（车、器、屋）之用都是在"当其无"的条件下发生的；而结论又将这种功用所带来的便利归结为"无之"，与上面条件中的"其无"相应，在论述上构成了一个类似环形的结构，旨在强调"无之"的功用。

从图 5 看，"有之"的"之"代指"车、器、屋"，是个代词。而"有之"之"有"的解释，大多数注家试图将此处"有"与下处"无"对举，以哲学概念视之，但后面的"之"作为代词标示其非名词，而是动词常意"具有"，关于这点，席长安在讨论"之"时，亦有类似说明："之……表示其上之字为一表示主动动作的动词……此节中的'有之''无之'，应解释为'使其有''使其无'。"①

关于"无之"的理解，据图 5 可以将其与"当其无"中的"其无"联系起来，"无"使得两个代词"之"与"其"关联起来，关于"其"的代指，一般认为指"毂""器""户牖"，相对应的"其无"，即有了车毂、器皿、门窗四壁中空的地方。②实际上，在制作车轮等的过程中，凿去圆木等多余的部分，才能制作出毂等，"其"即是需要进一步加工清理的多余东西，"其无"即指圆木中间已被凿穿，作为"毂"之成品等待插轴，所以与"其无"相应的"无之"是一个制作毂等的生产过程，在这个原料到成品的加工过程中，"之"作为不需要的材料等被不断凿去，"无之"是

---

① 席长安：《老子内外全解》，台北：星光出版社，2003 年，第 58—59 页。

② 陈鼓应：《老子注译及评介》，北京：中华书局，2009 年，第 102 页。

不断去除多余原料的过程①，最终趋向成品。所以，此"之"不应被视为一种成品或成品部件，如车或毂等。

四、关于"有之""无之"之思考

在现实生活中，当我们需要使用杯子时，有人说"有杯子"，或"杯子是有的"时，我们确定不是在指向"杯子"这个概念，也不是在说世界上有个被称为"杯子"的物体存在，即使我们没有；而是申说在此时此处有一个杯子，并且正常人不会将摔坏的或者无底的杯子说成有，也即当我们说有一个杯子时，已经包含了这个杯子是可用的，丧失其使用价值的杯子不会被认为是有的。

物体基于有用才能提供便利，一个脱底的杯子、无用的杯子不会为我们提供接水、饮水的便利，所以便利的实质不仅仅在说有某物，更重要的是在说此物可以发挥其作用。至于究竟是什么使得物体的有用性得以呈现，便成为一个重要问题。以杯子而言，它由杯底、杯身以及杯中空虚部分等构成，如果杯子没有杯身或杯底，杯子也无法发挥其作用；如果杯子内是实的或者已经盛满东西，杯子依然不堪用。所以有杯子，不仅在于有杯身、杯底，而且包括了杯子内部空虚的部分。上面以"杯子"之例进行讨论，车、器、室亦然，"有之"从有用性而言，它内涵了物体堪用的特性；从构成而言，它亦可包括空虚的部分，即使这些部分可以被视为没有东西。

正如上面所讨论的一样，一个杯子要发挥作用，杯底、杯身、杯中空虚部分缺一不可，仅将杯子等之用指向杯等物中的空虚部分，是否有选择性论述的片面嫌疑？其实冯友兰也谈到过这个问题：

> 《老子》作出结论说："有之以为利，无之以为用"，它把"无"作为主要的对立面。《老子》认为碗、茶杯、房子等是"有"和"无"的辩证的统一，这是对的；但是认为"无"是主要对立面，这就错了。毕竟是有了碗、茶杯、房子等，其中空的地方才能发生作用。如果本来没有茶杯、碗、房子等，自然也没有中空的地方，任何作用都没有了。②

冯先生的看法不是没有道理，明末憨山大师早就注意到此问题，其对该章注曰：

---

① 其实同类结构及相近含义的表达在《老子》中并非孤例，其第48章有"为道日损，损之又损"……严遵本、傅奕本以及《庄子·知北游》的引用皆作"损之而又损之"，从正面肯定了与"无之"语意相近的"损之"；另外第9章"持而盈之，不如其已。揣而锐之，不可长保"。从反面角度否定了与"无之"语意相左的"盈之"。

② 冯友兰：《中国哲学史论文二集》，上海：上海人民出版社，1962年，第203—204页。

"此言向世人但知有用之用，而不知无用之用也。意谓人人皆知车毂有用，而不知用在毂中一窍……"①从世人只知道"有用之用"这样一个背景出发，为纠偏对治，阐发"无用之用"似乎很好地回应了开始的疑虑。

其实，当回归文本，将条件二与条件一联系起来，有关造车等过程便生动地呈现出来，"当其无"之"无"是一个动词，贯穿在条件一中各个物的制作过程中，把整块圆木的中间多余的木料凿空才能成为毂；把一团陶土上面多余的泥土揉开才能做器物的胚子；"凿户牖"更明确说明了凿开实物的过程，所以达至"其无"的过程，也就是不断凿掉或揉掉多余材质的过程，亦即"无之"的过程，正因为在制作的过程中，使得该凿开的部分被凿开，该揉开的部分被揉开，而不是依旧充实，所以才保证了未成品被使用的潜能乃至成品的使用功能。亦即"无之"指向的是加工过程中特定的加工环节，而"其无"则是加工的目的，比如制作毂时，必须在圆木中间打开孔，否则没法做毂，更别说造成车子，而就是这样一个必须如此加工的步骤，最终使得圆木中间木料被凿去而成为成品车毂，从而具备了镶嵌车轴，使得车得以运行的潜能，即"有车之用"。如果拿杯子来讲，即这里并非强调成品杯中空虚之用而忽略杯底、杯身之用，而是指在生产杯子的过程中，中间必须加工成空的而不是实的，若加工成实的，就不具有装物的潜能。正是"无之"的这一加工过程，使得未成品趋于成品，进而产生效用的潜能乃至效用，而此使本章修身的意蕴得以凸显出来。

五、本章修身之旨趣

在逻辑学中，作为人们认识事物的两种思维途径，归纳和演绎是辩证统一的，从思维运动方式来说，前者从个别到一般，后者从一般到个别。作为一种归纳的结论，亦可以演绎开来，特别是与修身结合起来，其所含意蕴需要进一步廓清。

在造车、制器、凿室的过程中，需要不断剔除多余的材料，进而最终才能获得成功，引申到修身上，人需要不断祛除多余的东西，为生命减负，才能获得自在。在《老子》中，这种多余的类似"废料"的存在最直接的表现就是"欲"，这种"欲"在《老子》中既包括对外在奇物、资财、名利等的贪求，也包括沉溺于诸如眼、耳、舌等感官享受等而心神外驰、行为不轨……《老子》对此持否定态度，而崇尚"无欲"，此在《老子》中频频出现，如第1、34、37、57章出现"无欲"，第19章强调"少私寡欲"。除此之外，从细微层面上说，还有一些不易察觉的心智思虑亦在廓除之列，而讲求"虚其心"（第3章）"致虚极，守静笃"（第16章）等。宋常星亦将

① 释德清：《老子道德经解》，上海：华东师范大学出版社，2009年，第48页。

0

"虚心"与本章题旨联系起来，他在本章注解中谈道："圣人不虚其心，不能明天理之微，不能立人心之正，不能范俗垂世，为法于天下。是以知虚心者，又是道德之本也。以此观造车、制器、凿室，正是太上教人借物达本。"①只不过宋常星把"虚心"上升到"道德之本"的角度，并进一步申明"虚心"对于天理昭彰、人心扶正、垂范俗世、立法天下的必要性。

"无之"中的"之"可视为作为妨碍人自在生活的一切不必要事物，需要追求自在者能够认清辨明并进行排除。这一修行意蕴，在《庄子》中得到了很好的继承和发展，庄子明确提出"坐忘""心斋"的修行工夫。在《庄子·大宗师》中庄子借颜回之口道："堕肢体，黜聪明，离形去智，同于大通，此谓坐忘"，更明确指出通过"坐"这一实践工夫将外在肢体以及内在心智之羁绊摒弃掉，虽然《老子》中亦涉及相关内容，诸如"绝圣弃智"（第19章）以及"吾所以有大患者，为吾有身，及吾无身，吾有何患"（第13章）等，但《庄子》更突出了通过"坐"来达到这种目的的修行方法，这从文本中出现"忘仁义""忘礼乐"突然转向"坐忘"便可看出；而在《庄子·人间世》中庄子更加详述了"听息"的修行方法，由摆脱耳听、心听的听息过程，直到气听，才是心纯粹处于虚静的状态，也即"心斋"。从道家工夫论的视角看，"无之"之"无"与"心斋"之"斋"以及"坐忘"之"忘"不仅在外在词性上，都属于动词，而且在内在蕴含上，都着意于祛除、解缚等修行意蕴。对后世道教影响深远，如《云笈七签》引《混元皇帝圣纪》指出："心斋，谓疏沦其心，除嗜欲也；澡雪精神，去秽累也；掊击其智，绝思虑也。"②

此等修行意蕴，在当下看来颇有价值，时人虽物质丰富，然不免为物所役、为贪欲所困而深陷焦虑之中。我们到底应该增益，抑或减损什么来克服这种焦虑？亦即此乃关乎损益之问题，张岱年曾指出："主损的思想，创始于老子。老子是第一个分别损与益的人。"③其依据是《老子》第48章："为学日益，为道日损，损之又损，以至于无为。"河上公本注曰："学谓政教礼乐之学也。日益者，情欲文饰日以益多。""日损者，情欲文饰日以消损。"④蒋锡昌等亦从是说，并特别指出：前者"以情欲日益为目的，情欲日益，天下所以生事多扰也，"后者"以情欲日损为目的"。⑤可见，道家更侧重从通过减损情欲文饰等方式来体道达本。

① 宋常星：《道德经讲义·卷上》，台南：和裕出版社，2009年，第47页。
② 张君房编：《云笈七签》（第二册），李永晟点校，北京：中华书局，2003年，第806页。
③ 张岱年：《中国哲学大纲》，北京：商务印书馆，2017年，第631页。
④ 王卡点校：《老子道德经河上公章句》，北京：中华书局，1993年，第186页。
⑤ 王疃编释：《老子新编校释》，沈阳：辽沈书社，1990年，第187页。

从这个作为工夫论"损之"^①的角度来理解"无之"的现代意义，它有着廓除、减损情欲文饰之烦扰，而通达生命本然之意义。从"政教礼乐之学"出发，有喜情欲以求文饰者，有好文饰以求情欲者，长此以往，堪称"假作真时真亦假"。然而，物极必反，盈满之文饰，也易于令人丧失准确的判断力而麻痹大意；而持久之情欲，亦易于让人损耗过多的精气神而形神猥琐。为此生命不堪承受之重，好乐者皆付出了沉重的代价。其实，赤条条的生命并不需要太多的东西，正如庄子所言："鹪鹩巢于深林，不过一枝；偃鼠饮河，不过满腹。"^②不如割舍诸种累赘，让此生轻松自在、洒脱愉悦！

---

① 曹峰亦指出："'损之又损之'可以说是一种工夫论，即通过不断减损的工夫，最后进至'无为'的境界。"参见曹峰：《"玄之又玄之"和"损之又损之"——北大汉简〈老子〉研究的一个问题》，《中国哲学史》2013年第3期，第15页。

② 王先谦集解：《庄子》，上海：上海古籍出版社，2009年，第5—6页。

《老子》首章"道可道""名可名"辨析

袁 青[*]

内容提要：《老子》首章"道可道，非常道。名可名，非常名"一句，通行的解释认为当理解为"可以言说的道不是常道，可以命名的名不是常名"，但也有许多学者提出异议，并且由于"常"是永恒不变的意思，使得"常道""常名"难以得到解释。但是此句帛书本和西汉竹简本"常"作"恒"，考察两字字源，"恒"字有恒久变动之义，与"常"字之恒久不变之义有别，道是循环运行的，名称也是变动不居的，"道"本身也只是对作为万物本体的"混成之物"的一个名称，它还可命名为"大""一""朴""谷神""玄牝"等。因此，"道可道，非恒道。名可名，非恒名"即说可以言说之道不是恒久变动之道，可以命名之名不是恒久变动之名。道不可言说，要认识"道"必须超越语言及名称，而采用"观"的方法。

关键词： 老子 道可道 恒道 名可名 恒名

基金项目：教育部人文社科研究青年基金项目"汉代老学研究"（17YJC720035），中国博士后科学基金面上资助一等资助（2018M640749）。

今本《老子》首章在《老子》一书中至关重要，有学者说："此章居一书之首，一书之大旨皆具于此。"[1]首句"道可道""名可名"又是此章之中心，关于此句的含义及其诠释的争论不断，相关论著不可胜数，莫衷一是。由于此章此句在《老子》一书中举足轻重，我们仍有必要进一步讨论这个问题，笔者拟在总结前人观点的基础上，对其加以辨析，以就教于大方之家。

---

* 袁青（1987—），哲学博士，中山大学哲学系（珠海）副教授，主要研究方面：先秦哲学与出土文献。

① 林希逸：《老子鬳斋口义》，上海：华东师范大学出版社，2012年，第1页。

一

《老子》首章第一句说:"道可道非常道。名可名非常名。"马王堆帛书《老子》甲本作"道可道也,非恒道也。名可名也,非恒名也。"乙本作:"道可道也,[非恒道也。名,可名也。非]恒名也。"①西汉竹书本《老子》作:"道可道非恒道殹(也)。名可命非恒名也。"②对比今本《老子》,我们可以发现,帛书本和西汉竹书本《老子》与今本的不同主要体现在:"名可名",西汉竹书本作"名可命";帛书本在"可道"和"可名"下多一"也"字;今本作"常"的地方,帛书本和西汉竹书本《老子》均作"恒",这是今本《老子》避讳汉文帝刘恒而成的,《老子》原本当作"恒";帛书本和西汉竹书本《老子》在"恒道""恒名"下多一"也"字。

关于此句的句读,李若晖总结了三种,分别是:"道可道,非常道。名可名,非常名。""道,可道非常道。名,可名非常名。""道,可道,非常道。名,可名,非常名。"③由于帛书本《老子》在"可道"与"可名"后多一"也"字,显然为停顿,为断句标志,因此我们认为第二种句读是需要否定的。第一种与第三种句读可以有细微的差别,周生春说:"'道,可道也,非恒道也'是由一句肯定判断句和一句否定判断句所组成的复合句。"④刘笑敢说:"三种传世本作'道可道,非常道。名可名,非常名',句式短促,意思直接而简单,基本上是否定可道之道与可名之名,几乎没有保留。而帛书本作'道,可道也,非恒道也。名,可名也,非恒名也'。则对道之可道的一面与名之可名的一面似乎有一定的肯定。"⑤这也就是说,第一种句读是将"道可道非常道,名可名非常名"看成两句话,而第三种句读除了将此句理解为两句话之外,还可将此理解为四句话,分别由"道,可道""(道,)非常(恒)道"和"名,可名""(名,)非常(恒)名"等构成。

句读不同,对此句话的解释也各不相同。对于"道可道,非常道。名可名,非常名"这种句读方式,最普遍的理解是:"'道',说得出的,它就不是永恒的'道';名,叫得出的,它就不是永恒的名。"⑥"可以用言词表达的道,就不是常道;可以说得出来的名,就不是常名。"⑦这种解释是将第一个"道"字当作普通的道理,第二个"道"字指言说,第三个"道"字才是老子所称的"道";第一个"名"指普通的

① 高明:《帛书老子校注》,北京:中华书局,1996年,第221页。
② 北京大学出土文献研究所编:《北京大学藏西汉竹书(贰)》,上海:上海古籍出版社,2012年,第144页。
③ 李若晖:《老子集注汇考(第一卷)》,上海:上海辞书出版社,2015年,第99—102页。
④ 周生春:《帛书老子道论试探》,《哲学研究》1992年第6期。
⑤ 刘笑敢:《老子古今》,北京:中国社会科学出版社,2006年,第120页。
⑥ 任继愈:《老子新译(修订本)》,上海:上海古籍出版社,1985年,第61页。
⑦ 陈鼓应:《老子注译及评介》,北京:中华书局,2009年,第58页。

名称，第二个"名"字指命名，第三个"名"字是"道"之名。^①但这种解释却遇到一大问题，曹峰就指出："'道可道，非常道'可以理解，'名可名，非常名'却难理解。因为《老子》反复说道是无名的。……既然道不可名，为什么还有'常名'？这岂不矛盾？"^②道是无名的，按照通常的解释，怎么又有永恒不变的"常名"（"恒名"）？今本《老子》二十五章说："有物混成，……吾不知其名，字之曰道，强为之名曰大。"可见"道"是对这个混成之物的一个称谓，从某种意义上来说，"道"本身就是"名"，如此将"常名"（"恒名"）释为"道"之名是说不通的，"常名"（"恒名"）确实难以得到解释。不仅如此，"道可道，非常道"通行的解释也受到质疑，裘锡圭就认为："《道德经》通篇都在言说老子心目中的道，显然，道并非不可言说，否则与《道德经》所论就互相矛盾了。"^③周生春也说："综观《老子》上下五千言，我们找不到一条可以确凿无疑地说明道不可道的证据。相反，我们却能找到许多例证，表明道是可以言说的。例如除'道，可道也'外，《老子》书中又有'道之出言也，曰：谈呵！其无味也'（第三十五章），以及'吾言甚易知，甚易行也，……言有君，事有宗'之语（第七十章）。这明确指出道是可以言说和表述的。"^④因此，"道可道非常道，名可名非常名"的通行解释要想成立，必须进一步加以说明。

有鉴于此，有学者另辟蹊径，对"道可道非常道"做出新的解释，周生春认为"道可道非常道"当遵从帛书本的断句，读为"道，可道，非常道"，其中"常"（"恒"）应该理解为平常、一般、普通，而非通行所理解的恒久，"道，可道，非常道"即道是可以说的，它不是一般的道。^⑤裘锡圭、郭永秉的看法与此一致。^⑥周生春将"道，可道，非常道"看成由"道，可道"与"（道，）非常道"两个句子所组成的，但李若晖已指出周氏所论不可信，"道可道，非常道"当理解为假设句，意为"如果道可以言说，那么就不是恒久之道了"^⑦，其说当从。而且，这种解释将"常"（"恒"）释为平常、普通，但《老子》中还多处出现"常"（"恒"），它们都不能解释为平常、普通，林光华就指出"常德"（"恒德"）一词就不可能解释为普通的德^⑧，其他如"常无欲……常有欲"（第一章）、"常使民无知无欲"、"知足之足，常足矣"（今

---

① 陈鼓应：《老子注译及评介》，北京：中华书局，2009年，53—54页。
② 曹峰：《〈老子〉首章与"名"相关问题的重新审视——以北大汉简〈老子〉的问世为契机》，《哲学研究》2011年第4期。
③ 赵汀阳：《道的可能解法与合理解法》，《江海学刊》2011年第1期。
④ 周生春：《帛书老子道论试探》，《哲学研究》1992年第6期。
⑤ 周生春：《帛书老子道论试探》，《哲学研究》1992年第6期。
⑥ 郭永秉：《关于〈老子〉第一章"道可道"、"名可名"两句解释》，《出土文献与古文字研究（第五辑）》，上海：上海古籍出版社，2013年，第595—611页。
⑦ 李若晖：《老子集注汇考（第一卷）》，上海：上海辞书出版社，2015年，第133—135页。
⑧ 林光华：《非对象化之道：再读〈老子〉第一章》，《哲学研究》2015年第6期。

本第四十六章)、"圣人无常心,以百姓之心为心"(今本第四十九章)等,其中"常"在帛书本和汉简本中均作"恒",但都不能释为平常、普通,而都是恒久的意思,可见将"常"("恒")释为普通、平常是难以说得通的。

又有学者对"恒"做出新解,廖名春认为"恒"与"常"意义上没有任何差别,又引用俞樾关于"常"与"尚"相通的观点,而"尚"又通"上",故而"恒道"("常道")、"恒名"("常名")都应该读为"上道""上名",以与《德经》首篇"上德"相呼应。① 廖氏这种解释多次通假,解释十分曲折,而且即使要通假,一般也是在原文读不通的情况下才用的,他没有说明"恒道"("常道")、"恒名"("常名")为何解释不通,而如果只是为了与《德经》首章"上德"一句相对应的话,则似乎有些不必要。而且,《老子》第二十八章多次出现"常德"("恒德")一词,与"恒道"("常道")、"恒名"("常名")可以呼应,如果按照他的想法,是不是"常德"("恒德")也要读为"上德"呢? 反之,如果依照其逻辑,为了对应的话,我们也可以将"上德"读为"常(恒)德"。这样的通假确实是没有必要的,与我们现在公认的"原文可通、慎用通假"的训诂原则是背道而驰的。

有学者又提出新说,赵汀阳认为"道可道,非常道。名可名,非常名"一句译为"凡有规可循之道,就不是一般普适之道;凡可明确定义之名,就不是普通概括之通名。"② 这种解释得到高海波的认同。③ 这是将"道可道"中第二个"道"字释为有规可循,"常"("恒")释为一般普适。赵汀阳举出《韩非子·解老》、《老子指归》、《老子河上公章句》、苏辙《老子解》、吴澄《道德真经注》、王夫之《老子衍》来试图证明这种解释也十分普遍,但其中所引《韩非子·解老》和《老子指归》显然不能证明他的说法。赵汀阳引用《韩非子·解老》:"理定而后物可得道……而常者无攸易无定理。无定理非在于常所,是以不可道也。"他据此认为韩非子强调老子之道的特点是"无定理",因此无规可循。④ 但在他所引《韩非子·解老》之后还有几句话:"圣人观其玄虚,用其周行,强字之曰道,然而可论,故曰:'道之可道,非常道也。'"此处出现"强字之曰道,然而可论"等字样,可见韩非子是将"道可道"理解为言的,在韩非子看来,道的特点是"无定理",所以不可说,并非赵汀阳断章取义所理解的无规可循。赵汀阳又引《老子指归》曰:"日明者,不道之道常也。操烛者,可道之道彰也。"他据此论定:"严遵所论,侧重道之自然而然,点明可道之道乃人为的

---

① 廖名春:《〈老子〉首章新释》,《哲学研究》2011 年第 9 期。
② 赵汀阳:《道的可能解法与合理解法》,《江海学刊》2011 年第 1 期。
③ 高海波:《老子"道可道"一种新的可能诠释》,《中国哲学史》2015 年第 3 期。
④ 赵汀阳:《道的可能解法与合理解法》,《江海学刊》2011 年第 1 期。

规则规矩。"① 但是这也是属于断章取义,《老子指归》接下来说:"著于竹帛、镂于金石、可传于人者,可道之道也;若乃可传而不可受,可得而不可见,自本自根,未有天地,自古以固存,神鬼神帝,生天生地者,常道之常也。"② 从赵汀阳未引的《老子指归》之语来说,严遵也是将"道可道"解释为可以言说之道。最能说明其观点的是《老子河上公注》,河上公注"道可道"曰:"谓经术政教之道也。"注"非常道"曰:"非自然长生之道也。常道当以无为养神,无事安民,含光藏晖,灭迹匿端,不可称道。"注"名可名"曰:"谓富贵尊荣,高世之名也。"注"非常名"曰:"非自然常在之名也。常名,当如婴儿之未言,鸡子之未分,明珠在蚌中,美玉处石间,内虽昭昭,外如愚顽。"③ 河上公注将"道可道"释为"经术政教之道",虽然稍有些曲折,但可以说得通。但是将"名可名"释为"谓富贵尊荣,高世之名也"则有些不通,"名可名",西汉竹简本作"名可命",显然应该直译为"可以命名之名称",而不应当是"富贵尊荣,高世之名"。从"道可道"与"名可名"相对来讲,"名可名"中第二个"名"字为"命",与言有关,"名"与"道"相对,则"道可道"之"道"与言说有关更加合理一些。而且,赵汀阳对于通行的解释为何说不通这一点也没有过多的论证,他只是说:"早期汉语中表示'说'多用的是'言'。'道'作'说'用,多见于比较晚近的汉语,尤其是口语化的汉语。当然,在早期汉语中,道或许也偶然作'说',但肯定不太普遍,且似乎缺乏充分必要或十分明确的证据(也可能是我孤陋寡闻),因而还可以存疑。"④ 但是已有学者驳斥了这一点,论证"道"字在先秦确有"言"义,而且还不是个例。⑤ 因此,赵汀阳的新说也是难以成立的。

二

以上种种新解都存在一定的问题,更加曲折,并不比通行的解释更合理,相较起来,还是通行的解释更加符合汉语的习惯,但是如果遵从通行的解释,就需要解释两个关键问题:其一,"常(恒)道"和"常(恒)名"当作何种解释? 其二,道是否可以言说? 如果道不可言说,老子又为何作五千言说道呢? 同时又该如何认识道呢?

"常(恒)",我们通常把它理解为恒久不变,如林希逸说:"常者,不变不易之

① 赵汀阳:《道的可能解法与合理解法》,《江海学刊》2011 年第 1 期。
② 严遵撰、樊波成校笺:《老子指归校笺》,上海:上海古籍出版社,2013 年,第 234 页。
③ 王卡点校:《老子道德经河上公章句》,北京:中华书局,1993 年,第 1 页。
④ 赵汀阳:《道的可能解法与合理解法》,《江海学刊》2011 年第 1 期。
⑤ 参见袁元:《也说老子的"道可道"——与赵汀阳先生商榷》,《中华读书报》2015 年 3 月 25 日。
李若晖:《老子集注汇考(第一卷)》,上海:上海辞书出版社,2015 年,第 121—122 页。

谓也。"① 陈鼓应看到这一译法的不足,他说:"一般将'常道'解释为永恒不变之道,然可以'永恒'释之,却不当以'不变'作解,因老子之作为宇宙实体及万物本原的'道',是恒变恒动的。"② 但这一解释遭到郭永秉的发难,他说:"古汉语中'恒'、'常'二字单独连接名词时通常并没有'恒久存在'、'永恒存在'的意思,而是表示'恒久如此'、'恒久不变'之义……而且'恒'字用来表示'永恒如此'的意思也绝不会指'永恒变动不居'。"③ 要解决这个问题,我们就首先需要探究"恒"或"常"的含义。"常道""常名",在帛书本和西汉竹简本中均写作"恒道""恒名",可知"恒道"和"恒名"才是《老子》原文,后因为避讳改作"常道"和"常名",但是并非帛书本和西汉竹简本均作"恒"而今本改为"常",其中也有作"常"而不作"恒"之处,如今本《老子》第十六章:"复命曰常,知常曰明。"帛书甲、乙本均作"复命,常也。知常,明也。"西汉竹简本作"复命,常也。智(知)常,明也。"刘殿爵最早注意到这一差别,他说:"今本《老子》无'恒'字,只有'常'字,帛书本虽多作'恒'字,但'常'字也并非完全没有。……从文例看,似乎'恒'字只作修饰语用,如'恒道'、'恒德'、'恒名'、'恒善救人',而'常'字则作名词性词用,如'知常''袭常'。"④ 从出土文献来看,《老子》中"恒""常"当是有别的,所以我们有必要从字源角度了解"恒""常"之别。

据王国维的研究,"恒"在卜辞中作"□",又作"□",并引《说文》二部曰:"□,常也,从心,从舟在二之间,上下心以舟施恒也。□,古文□,从月。《诗》曰'如月之恒。'"王国维认为《说文》"□"为传写之讹,当作"□"。至于作"恒"在甲骨文中还有异体字作"□",王国维解释说:"《诗·小雅》'如月之恒',毛传'恒,弦也。'弦本弓上物,故字又从弓。"⑤ 这也就是说,"恒"的古文是上下两横中间一个月亮,弦月似一张弓,所以古文"恒"又从"弓",后"恒"字又演化成从舟,也是取义于"月舟",意为新生的月亮,犹如一叶扁舟。⑥ 可见,"恒"字本与月亮有关,"恒"就是月亮处于"二"间,"二",《说文》曰:"地之数也。"段玉裁注曰:"《易》曰:'天一地二。'"⑦ 从这一解释看,"二"上一横可以代表天,下一横可以代表地,"恒"即月亮处于天地之间,这符合古人对于天象的认识,月由上弦月而

① 林希逸:《老子鬳斋口义》,上海:华东师范大学出版社,2012年,第1页。
② 陈鼓应:《老子注译及评介》,北京:中华书局,2009年,第53页。
③ 郭永秉:《关于〈老子〉第一章"道可道"、"名可名"两句解释》,《出土文献与古文字研究(第五辑)》,上海:上海古籍出版社,2013年,第595—611页。
④ 引自李若晖:《老子集注汇考(第一卷)》,上海:上海辞书出版社,2015年,136页。
⑤ 王国维:《观堂集林(外二种)》,石家庄:河北教育出版社,2001年,第265—266页。
⑥ 陆思贤:《周易·天文·考古》,北京:文物出版社,2014年,第279—280页。
⑦ 许慎撰、段玉裁注:《说文解字注》,上海:上海古籍出版社,1981年,第681页。

满，再由满而缺，成下弦月，周而复始，永不停息。《恒·彖》曰："天地之道恒，久而不已也。……日月得天而能久照，四时变化而能久成，圣人久于其道而天下化成，观其所恒而天地万物之情可见矣。"陆思贤说："此'观其所恒'，指月相的周期变化，圆而缺，缺而圆，永无终止。"[①]月相永无终止，所以引申为"久"义，《恒·彖》曰："恒，久也。"又由于月相由圆而缺，由缺而圆，周而复始，循环运动，具有规律性，所以又具有"常"义，《说文》曰："恒，常也。"因此，"恒"本义就是不断变化，并且这个变化是恒久的，而且这种变化还具有规律性，它是一种循环变化。

"常"，《说文》曰："常，下裙也。从巾，尚声。裳，常或从衣。"段玉裁曰："从巾者，取其方幅也。引申为经常字。"徐灏也说："常之引申为旗。常，戴氏侗曰：谓其属幅如常也。灏按：八尺曰寻，倍寻曰常。常丈有六尺，盖即太常之旗制，而用为度数之名。"朱骏声不同意许慎之说："常、裳二字经传截然分用，并不通借。疑常训旗，裳训下裙，宜各出为正篆。"[②]不管"常"训为下裙还是旗，此字从巾，其属幅如常，也就是说有固定的标准，可用为度数之名，度数是固定不变的，因此"常"有固定、经常之义，而"恒"代表一种循环变化，两者含义有所差别，但也有相同之处，即都是有规律性的，也都是恒久的，正是在这个意义上，《说文》用"常"来解释"恒"。

明白了"恒""常"的细微差别，我们就可以回应郭永秉的疑虑，"恒"确有"恒久变动不居"的含义，而"常"并没有这层含义，这也是陈鼓应用"恒久变动之道"来解释"常道"会受到广泛质疑的原因所在，而《老子》原文所用"恒道"则确实为恒久变动之道，"恒道"与《老子》其他处对道的描述是一致的："有物混成，先天地生，寂兮寥兮，独立而不改，周行而不殆，可以为天下母。吾不知其名，字之曰道，强为之名曰大。大曰逝，逝曰远，远曰反。"（第二十五章）老子认为"道"是"周行而不殆"的，"周行"有普遍运行与循环运行两义[③]，即说道是循环运行而永不停息的，"道"又可名为"大"，其特性就是运动不息，而且是循环运行的。《老子》第四十章也说："反者，道之动。"陈鼓应解释说："反，通常有两种讲法：一、相反；对立面。二、返；……在老子哲学中，讲到事物的对立面及其相反相成的作用，亦讲到循环往复的规律性。按此处之'反'，即'返'。郭店简本正是，谓'返也者，道僮（动）也。'"[④]《老子》十六章也说："归根曰静，静曰复命。"可见《老子》特别强调道的循环运动，并且这种运动是永恒不息的，这正与"恒"所代表的月相由缺

①　陆思贤：《周易·天文·考古》，北京：文物出版社，2014 年，第 278 页。
②　丁福保编纂：《说文解字诂林》，北京：中华书局，2014 年，第 7794 页。
③　陈鼓应：《老子注译及评介》，北京：中华书局，2009 年，第 160 页。
④　陈鼓应：《老子注译及评介》，北京：中华书局，2009 年，第 217 页。

至圆、由圆至缺这种循环往复的永不停息的运动是一致的,因此《老子》称之为"恒道"。

　　至于"恒名"一词,曹峰认为老子多处强调道是无名的,因此不可能有固定不变的名。他推测"名可名"一句的产生可能存在两种原因:其一是为了修辞的需要,造出这句话与"道可道"一句相互并列;其二是在名辩思潮流行、"道""名"关系得到重视的思想背景下加上去的,郭店楚简就没有这一句。^① 曹峰是立足于"常名"来论说的,才会将"常名"解释为固定不变的名。我们认为,此处本作"恒名","恒名"即恒久变化的名,因此,"名可名,非恒名"强调的是名称一旦命名了,那就是有固定的名称了,一旦有固定的名称那就被限定了,就不是老子所说的恒久变化的名。老子为什么要突出"恒名"呢?《老子》第二十五章说:"有物混成,先天地生,寂兮寥兮,独立而不改,周行而不殆,可以为天下母。吾不知其名,字之曰道,强为之名曰大。"由此可见,"道"是"混成之物"的勉强名称,它也可称为"大",在其他处,它又可称为"一",如说"此三者不可致诘,故混而为一"(第十四章),"昔之得一者"(第三十九章),也可称为"朴",如"道常无名、朴"(第三十二章),又可称为"谷神""玄牝"(第六章)。老子强调对"混成之物"的名称并不是固定的,任何名称只是对它的一种暂时描述,但在本质上它是无名的,包括"道"本身也只是对它的一个暂时称谓。从这个意义上说,"道可道,非恒道"与"名可名,非恒名"说的是一回事,因为"道"也只是作为万物之母的"混成之物"的一个"名"而已,都是强调任何"名"对"混成之物"的描述都只是一个方面,都是对它的限定,而"混成之物"本身是无名的,由于它无名,所以它的"名"不是固定的,但又不得不借助于"名"去描述它,"混成之物"是永恒存在的,因此其"名"也是永恒存在的,所以说:"自古及今,其名不去。"(第二十一章)虽然"混成之物"必须借助于"名",在此意义上其"名"是恒久的,但是其"名"并不固定,所以"名"又是变化的,这就是"恒名"。至于曹峰所说的"名可名"一句可能是为了修辞的需要而加上的,这种可能性不是没有,但"名可名"一句也可能是老子提醒我们注意"道"也不过是作为万物本体的"混成之物"的一个名称而已。而关于这句话是在名辩思潮兴起的背景下加进去的,这是立足于《老子》晚出以及郭店楚简是整本的基础上的,但也有很多学者认为郭店楚简只是摘抄本,在它之前就已经有《老子》完本了,一个理由就是郭店楚简甲、乙、内三本都是有主题的。^② 即使我们认为郭店楚简本是

　　① 曹峰:《〈老子〉首章与"名"相关问题的重新审视——以北大汉简〈老子〉的问世为契机》,《哲学研究》2011 年第 4 期。

　　② 如王博、裘锡圭、沈清松、周凤五、黄人二、黄钊等学者均持这种看法,参见王永平:《郭店楚简研究综述》,《社会科学战线》2005 年第 3 期。

整本，但郭店楚简本仍然非常重视"道""名"关系，如郭店《老子》甲本"道恒亡名"①一句就是"道""名"关系的直接反映。

老子说："行不言之教。"（第二章）"多言数穷，不如守中。"（第五章）"希言，自然。"（第二十三章）"不言之教，无为之益，天下希及之。"（第四十三章）"知者不言，言者不知。"（第五十六章）"天之道，不争而善胜，不言而善应。"（第七十三章）"信言不美，美言不信。"（第八十一章）从这些叙述看，老子并不重视言说，他认为自然的东西是"希言"的，天道的特点就是"不言"，所以圣人应该"行不言之教"，反之，多言则数穷。因此，作为《老子》核心概念的"恒道"就应当是不可言说的。当然，可能有人会有疑问，老子既然主张"恒道"不可言说，那么又为何会写下五千言呢？牟钟鉴对此有很好的回答："大道不可言说是指大道的内涵不能用普通的叙述性语言正面加以宣示，但不等于不能用启示性的语言加以指点。"②道本是无名的，不可以"名"去说它，但又不得不借助"名"去表述它，老子说"名可名，非恒名"正是要人明白，道这个名并不是恒定不变的，它还可以用其他"名"代替，任何"名"都是对道某一方面特征的描述，要真正认识道本身，就需要超越"名"，同样道理，要真正认识道，就需要超越老子描述道之"言"，跳出"言"去体会道，因为道本身是"视之不见名曰夷。听之不闻名曰希。搏之不得名曰微。此三者不可致诘"（第十四章）。要认识"道"，靠感官是不行的，必须靠"观"的方法。老子说："万物并作，吾以观其复。"（第十六章）万物之"复"即道，因为道是"天下母"（第二十五章），万物并起，最终要回归于道，道的运动是就是返归，而认识"道"的方法是"观"，所谓"观"并不是观看，因为道是"视之不见"的，所以此处的"观"应当是体会、直觉、直观。

---

① 荆门市博物馆编：《郭店楚墓竹简》，北京：文物出版社，1998年，第112页。
② 牟钟鉴：《老子新说》，北京：金城出版社，2009年，第4页。

反归道境——《道德经》"反者"章疏解

刘奕兵 *

内容提要：本文通过梳理《道德经》第四十章的历代经典注疏，试图以"反常俗而归道境"为宗旨而包容历代注家对于"反者道之动"句的解释，并以此为切入点与本章"弱者道之用""天下万物生于有，有生于无"二句相互对照，以求对老子哲学中的"道物""有无"关系问题有所回答，透显出老子道论中"不生之生"的巨大理论张力。

关键词：反者道之动 有无之辨 不生之生

老子在《道德经》第四十章首句提出了著名的"反者道之动"这一哲学命题，该命题对道家乃至道教的思想发展影响甚大，对研究者的意义也非同凡响。然而，考察历代注家的注释，就会发现他们对于"反"的解释具有多重面向，甚至呈现出不少貌似相抵触之处，这是因为历代注家对于文本的侧重点存在不同所导致的。解释虽然不同，却在某种意义上互相包容，并不构成真正的分歧，反而体现经典文本内部蕴含的巨大张力。千差万别的理解相互映照、重重无尽，最终形成了经典文本的一种独特而非独断的"意义场"。本章的第二句"弱者道之用"承接首句而来，更突出"道"对于万物的价值。末句"天下万物生于有，有生于无"句，注家多以"有形"生于"无形"作解，与前文相呼应，形成了一种独特的理论结构。随着竹简本的出土，"天下万物生于有，生于无"的独特文本发现又印证了注家对于"大道不离万有"的理解。本文试图融汇众家注解从而对道德经"反者"章进行合理解释，以期从一个有限的角度去解答老子哲学中复杂的道物关系问题，为对《道德经》一书的正式探索做出一些准备性工作。第四十章全文二十一字如下：

反者道之动，弱者道之用。天下万物生于有，有生于无。

---

* 刘奕兵，吉林大学哲学系。

1.反者道之动

"反"字第一重的解释，是物极必反之意，从而引申出具体事物的生长化育是具备周期性的，也就是生长到了一定程度必然"反而归之"，故此亦可作"返"解。最典型比如《太上道德经解》说："反即物极必反之反，亦即反而归之之反。"①陈象古："物极则反，道非随物而极，故之为道之用。"②这种理解大概是说，具体事物有终有始，而道是有终有始之事物的发动者，道之"动"即"成"物之终始，而不与物迁。这种类型的解释所关注的是具体事物在时间中的生灭流转，注重"物"朝向对立面转化，侧重于揭示事物的发展是反复循环而并非线性运动的，指出事物的发展终将有所"归"，并将事物周流之无常无可避免地归之于天地造化本身的"动"。宋徽宗的注说："然则有无之相生，若循环然，无动而生有，有极而归无。"③事物本性无常，在时间中相因而转化，在周流中通而为一，正如鹖冠子所说"物极则反，命曰环流"。近代以来的注家多以"反"与"返"为两种解释模式，并且大多对"反者"章的理解仅仅止步于此，这是不够的。实则，这所谓的两种模式并不具备思想维度的本质差异，故可合判为一，而我们在先贤的注释中，还可以发掘出真正更具深度的解释模式。

"反"的第二重解释，是以"反"为"动"之反，即以"反"为"静"，例如沈一贯《老子通》讲的"夫复命静也，而更谓之动，何哉？道流行不已，静而复动，动而复静"④。陈继儒："反，复也，静则正，动则反。"⑤都是静与动相因，动静相成的意思，天地万物本从无物之寂静中来，从而展开有物之变动，终又归之于静。当然，"动静相因"的解释路径所包含的意蕴不只是上述所言时间上"动""静"的阶段，"动静"说与上一种解释类型——"反复循环"具备本质上的区别。以"反"为静的解释同时从传统的体用观揭示出"动亦静，静亦静"的体用论哲学模式，这种解释往往倾向于调用更多的思想资源，比如《周易》《庄子》中的思想来作解，最典型比如憨山德清和尚的："反者，道之体也。谓道体虚无至静，为群动之主，世人只知动之为动，而不知动处即静，《易》云'天下之动，贞夫一者也。'以其群动之动，皆自虚无至静而发，不动而动。"⑥以"道"之"静"为体，而以事物周流为"用"，力图揭示出一种作为本体的"不动之动"。再如吕惠卿"道之周行万物，非不逝也，而

　　①　八洞仙祖：《太上道德经解》，熊铁基、陈星红主编：《老子集成》第8册，北京：宗教文化出版社，2011年，第109页。
　　②　陈象古：《道德真经解》，《老子集成》第3册，第159页。
　　③　赵佶：《宋徽宗御解道德真经》，《老子集成》第3册，第286页。
　　④　沈一贯：《老子通》，《老子集成》第7册，第37页。
　　⑤　陈继儒：《老子辩》，《老子集成》第8册，第425页。
　　⑥　憨山德清：《老子道德经解》，《老子集成》第7册，第419页。

其动常在于反,所谓枢始得其环中,以应无穷是也。"① 这是借用庄子的"环中"来讲"道"之周行,万物反复无常,周而复始,变动不居,而"道"却是圆周运动的圆心,以其静而成天地万物之周流六虚,郭子章:"反非动也,而枢始得其环中,以应无穷。"②《孚佑帝君道德经浅注》也说:"返本归元,静即是动,人在动中,而不知动由天地之静以维系。"③ 苏辙引用易经中"寂然不动,感而遂通"来解这句话,以"寂然不动"而能通天下万物。这种体用观的设立体现了"道"与"物"分野处的理论张力,最终归之于体用不二、即体即用、动静不离,但终是以"静"为本。范应元引述苏辙的注解,并补充以"静极而复"④,以天地造化之至静不得不动作解,明显调用了两宋以来《太极图书说》等理学家的思想资源。表现出以上两种思想倾向的注释文本最多,或以时间流转,或以体用分际来理解"反"与"动"。

"反"的第三重解释侧重修养论的"返真"之意,持这种解释的人通常认为,芸芸众生"与接为构日以心斗"(《庄子·齐物论》),将原始的生机消磨殆尽,而不知其所止,"人而不如鸟乎",老子有鉴于此,故此提点出"道"之真谛在于反本而"复归于婴儿",持守着最原初的那种生命力。"名亦既有,而亦将知止"才是合道德的"动",才不至于逐物而不返。比如蒋锡昌认为,老子所揭示的正是"朴散道离"之后,人与人囿于自身欲望,人们生活变得极端放纵的情形,欲救其弊,只有"返本归真",这就是他所言的"救之以退"⑤,由不知止变作知止,由成人化作婴儿。在他看来,老子是以反文明反进步反智巧的形象出现的时代的批判者。古注有蒋锡昌之同道,比如《道德经兵义要述》中引述《周易》"复见天地之心"所云:"天地以静为心,以动为用,今反其动是复其静,是反者道之动也。是以圣人慎其动而常处无为,深达归根守静之义,乃能知常,知常然后能不妄作,能不妄作故为之明。"⑥ 同样以返归于静而不妄作来解释这句话。花尚以"进若不得已,退如反故乡"⑦讲"道"之出入,亦有此意。在老子看来,"自然"本身就具备人所应然的规范,这是需要论述的大问题,但反"本"返归自然化去人为的妄作,确实是老子所重视的。

"反"的第四重解释在某种意义上更加契合老子本身思想的脉络,并且可以在更深刻的维度上包容以上三种,更能彰显出老子文本的理论张力。第四重解释所重视者为"道"之"反常",即不能以审视一物之量的常俗眼光去在最根源的境域理

---

① 吕惠卿:《道德真经传》,《老子集成》第 2 册,第 673 页。
② 郭子章:《老解》,《老子集成》第 7 册,第 646 页。
③ 孚佑帝君:《孚佑帝君道德经浅注》,《老子集成》第 12 册,第 288 页。
④ 范应元:《老子道德经古本集注》,《老子集成》第 4 册,第 424 页。
⑤ 蒋锡昌:《老子校诂》,《老子集成》第 14 卷,424 页。
⑥ 王真:《老子兵要义述》,《老子集成》第 1 册,第 573 页。
⑦ 花尚:《道德眼》,《老子集成》第 9 册,第 307 页。

解"道"。在根源上，万物本为互相构成、互相包容的，事物的对立面相互转化，其本身就具备一种"阴阳不测"势态，阴阳此消彼长、阴晴不定而不可以任何的僵化思维来衡量。在这种意义上，"道"与"物"的分野是明晰的。故此求道之人要切入"道"本身的脉络，切不可承袭任何固定的或出于个人理智的成见，不可流于"物论"。文子对"反"的解释说："反者，道之常也。柔者，道之刚也。"（《文子·原道篇》）正如道之似柔而刚一样，道之"反"反而是"道"之"常"，"反"即为"反常"义。王弼说："高以下为基，贵以贱为本，有以无为用，此其反也，动皆知其所无，则物通矣，故曰反者道之动也。"① 这是说，道的运动并不同于常理上"物"的运动，通常的人物之运动都是"损不足以补有余"，倾向于朝往极端化的方向片面发展、保持自身，这归根结底是因为"物"之为"物"，正因为囿于个体性之中，在个体的规定性里看不到使自身得以可能的根基。事物之为事物，是在万物构连起的意义整体中才能真正得以成就，道的周行正是要保障这种一气流行中事物任何的阴阳两个方面得以互相构成。事物极端化而囿于自身的发展，反而有塞于其真性，所以"贵以贱为本，高以下为基"。圣人之行"道"不能执迷于任何僵化地将事物仅仅理解成一个事物自身的境界，而要深入使事物得以可能的根基，把握天道运行那种本身就悖反着的"活"的势态。唐明皇御注中说："反经合义者，是圣人之行权，行权者是道之运动，故云反者道之动。"② "经"就是不变之"常法"，"义"就是"适宜"，"经"之常法未必不出于自然，然而僵化了的常法是无法统摄"道"自身阴阳不测神龙见首不见尾的势态的，所以需要实际地因宜以适用。杜光庭的《道德真经广圣义》说："斯为道之动，用使反常俗之情，各复自然之道也。"③ 然而切入天地造化的实情，谈何容易？海德格尔《存在与时间》第三十七章提出了"两可"这一概念，意图说明人们对事情的理解不知道是出于本真的此在自身还是出于常人的理解，若是想回归于理解的本真，必然要在一种实际的体会中，真切将事物接纳在对存在的触动下，而非仅仅知解地对事物有所"认识"。在这种境界下，一切共识性的理解都需要被思想的"铁锤"击碎，并在更高的层次上重新建立。提出"重估一切价值"的尼采认为自己在用"锤子"做哲学，老子的"反"思想亦不遑多让。

　　总而言之，笔者主张以"反常"义统摄"反复""主静""返真"三种含义。大道之动，"反俗常"而归"道境"，在"道"根源上构成万物的境域中，个体事物才得以可能。故此万物相互转化，物极必反，婉转的曲折胜过了"强者愈强，弱者愈弱"的线性发展。至道"为物不贰，生物不测"，圣人亦该效仿此道而行，"复归于

---

① 王弼：《老子道德经注》，楼宇烈校释，北京：中华书局，2011年，第113页。
② 李隆基：《唐玄宗御注道德真经》，《老子集成》第1册，第433页。
③ 杜光庭：《道德真经广圣义》，《老子集成》第2册，第176页。

朴"而利及天下，而此道之"妙用"正是老子下文所要揭示者。

2. 弱者道之用。

秉承着反者道之动的思想，"弱者道之用"句表达了现实的"道"之作用。"道"之"用"的"用"字贯穿《道德经》全文，且大量出现，相对于后世对于"本""体"的重视，老子本人对道体之"用"似乎更加敏感。这与先秦早期的哲学取向不无关联。不论孔子或是老子，所重视者皆与现实生命息息相关，而无后世学统争论之干扰，故此古之圣人清谈玄理者少，吐露真言者多，深刻的"道"理本不离日用常行，只有在现实的实践中才可切身把握。在对"用"的重视中，通达于真正的"体用一源"，而无丝毫虚伪造作。然则，如何在"用"中见"道"似乎仍为一大问题，我们必须结合"反者道之动"句才能对"弱"之道"用"给出一个合理的诠释。

我们在"反者道之动"句所采用的解释是以"反常"包容"反复""主静""返真"之义，万物之俗常即为孤立地肯定自身，而忽视了使自身得以可能的原始境域。这种事物孤立发展自身的常情，即为老子所谓的"强"。事实上，"强"并不能真正地长久，在宇宙的大化流行中，冥顽不化之"强"必定"一受其成形，不亡以待尽，与物相刃相靡，其行尽如驰而莫之能止"（《庄子·齐物论》）。这种"强"必定会"强梁者不得其死"，正如脱离了根茎维系的枝叶，必定会趋向于枯萎。所以文子说"弱者道之强"，这正是"反"的思维模式下对于"道"的洞察。"道"之"强"并不等同于物之"强"，道之强乃是一种"不强之强"，这种强不会固执于孤立个体的片面发展，而是提供了一个让万事万物氤氲相生的境域，从而"不闭其性，不塞其源"，让万事万物得以自然而然地生长化育。在老子看来，"不强之强"才是真正的强。以物观之，物与物各自是一个独立的个体，但以道观之，物与物互相勾连，相互矛盾的事物之间亦相反相成，在一个更加根本的境域下相互包容。王安石《老子注》说："道之用所以在于弱者，以虚而已。即在天者而观之，指我亦胜我，我亦胜我，则风之行乎太虚可谓弱矣，然则无一物不在所鼓舞，无一形不在所披拂，则风之用在乎弱也。"[1] 这是借用庄子的典故，并且以风为比喻，来说明"道"的作用，风之强并不是那种胜于一物的强，风不能吹断一根可以轻轻压断的树枝，然而万事万物在大风鼓荡下都不免受其鼓舞。"道"的独特之"用"类似于风，与"风之用在乎弱也"一样，道之"用"也是一种"弱用"，王中江教授曾以"柔弱地对待万物是道的发挥作用的一种方式"[2] 来诠释老子的这句话。"弱用"具有在哲学上较为深刻的含义即为在"有无之间"的用。所谓"用"在有无之间，不但可以在上文中找到根据，更可

---

① 王安石：《老子注》，《老子集成》第 2 册，第 568 页。
② 王中江：《异常与回归：老子的"反"探究》，《道家文化研究》2016 年 00 期（年刊）。

以以此更加通透地解释下文的"天下万物生于有，有生于无"句。"用"在有无之间是一种什么样的"用"呢？八洞仙祖本注曰："且道杳渺寂寞，亦云弱矣，而卷之则藏，放之则弥，化化生生，并行不悖，并育不害，皆此无为者以有为也，皆此道之用也。"① 这是说，道并不以任何方式与"物"打交道，或者与万物中的任意一物建立在因果意义上的作用。所以道"杳渺寂寞"，并且在因果的作用上是"无为"的，这就是道之"弱"。然则道以其"弱"却拥有无限的可能性，这种无限在最大限度上包容了万事万物杂多的有限，使得各种具体事物可以组成一个有机的系统——"化化生生，并行不悖，并育不害"。任何具体的"有"皆无此功效，只有"道"的"弱用"方能当此大任。

　　长久以来，"道"与"自然"的关系一直困扰着有志于道家思想的学者先贤，可谓探讨道物关系的重要难点之一。老子"道法自然"的表述究竟是要突出一个以自身为唯一原因而主宰万物的大他者，还是如郭象所言的"道"法之"自然"，无非"万物"之自尔尔，一直是一个困扰着我们的核心问题。我认为在"有无之间"这种"弱"的视域下，此问题能在相当的程度上得一悬解。"道"家所提出命题大多是"吊诡"的，"吊诡"不同于智者"合同异离坚白"的知巧与诡辩，而是"反"至问题最深处时思考撕裂了日常语言的限度而呈现出的极大张力，"道"与"自然"之间的关系即为这样的一种"吊诡"，"弱用"是我们切入其中的枢纽。在"物"的世界中，"作用"无非是一物对于另一物造成一定的影响，使得事物偏离自身应有的轨迹，"被作用者"某种程度上服从于"作用者"的"安排"。在这种情况下，有没有一种最高的，主宰全局的终极"存在者"，遂成一大问题。在亚里士多德《形而上学》中提及的万事万物皆以实现其更高级的形式为目的，朝着宇宙间最终极的形式——"神"而前进。中世纪的经院神学即把亚里士多德提出的"理性神"理解为人格化的"上帝"，万事万物皆为上帝所驱使，天地化育皆为上帝之筹划（亚里士多德之"神"尚无此意，"神"虽为最高的"隐德莱希"，但并不能决定万物的实现过程本身）。② 人处天地之间，自然要对上帝感恩戴德。然而随着西方经验主义哲学与科学思想的发展，"上帝"因为与人现实的经验相悖，逐渐被排除在理性的哲学讨论之外，世界在根源处被哲学家理解成了一种杂多的现象，万物"以形相推"而无任何整体性意义，"力"的原则逐渐取代了旧有的"目的"。更进一步，休谟则表述了对于"作用"原则完全的否定，世界之秩序全系于我们"习惯"之统一，而并无任何形而上的根据。在道家看来，不论是将事物的统一性归之于一个最终的存在者，或是干脆否认事物

---

　　① 八洞仙祖：《太上道德经解》，《老子集成》第 8 册，第 109 页。
　　② 亚里士多德：《形而上学》第十二卷，李真译，上海：上海世纪出版集团，2005 年。

之统一，皆囿于"物"论，流于常俗，而终不见道。

"道"之反常，正是因为其在根源处突破了部分与整体的限制，超越了"一"与"多"的边界，我们必须从"道"之"用"着手，才能于此有所了解。"道"的"弱用"非为程度上相较"强作用"而弱的一种作用，而是在根本意义上与俗常之"用"有所不同。"道"之"用"非为宰制万物之用，也就是"道"并非一种形而上的决定者，"道"是让万物得以并行不悖的生机本身，在道的境域中，万事万物虽然各不相同，但每一"物"在根源上皆不局限于自身，故此"长短相形，高下相倾，音声相和，前后相随"，对立的两方虽然在知解的眼光看来是相互抵触的，但在"道"的化生层面上却是互相构成的。牟宗三判道家之"生"为"不生之生"，提出了"境界形而上学"①，是有一定见地的。道家之"道"非为主宰之"道"，"道"为万物自身的生灭变化、相互构连开显了一片得以可能的境界，道物本无间，每一个事物都在与万物的关系中成其自身，故此在根源上一多相涵，在阴阳二气的氤氲下互相映照。假若脱离了"道"的开显，"物"只能被理解为仅仅各得其形体而散乱无章的杂多现象，而失去了在天地万物中独特的意义，假若"道"为一至高的形而上存在者，"自然"的意义又会被这一至高存在褫夺而去，彼岸的光辉超越于万物之上，令人目眩，不符合至道"廉而不刿，光而不耀"的本意。天地大道之"生养"自有独特之处，龙晶认为："大道生养容纳各种事物而不用强力统一，分化归拢各种现象而不偏执凝滞。"② 万物化生流行而"若有真宰而不得其眹"（《庄子·齐物论》），非道之"弱用"不足以成之。

3. 天地万物生于有，有生于无。

承接了上文对于道之"反"与"弱"的论述，本章的第三句揭示了老子"道之反"与"道之弱"的根源，此句集中地论述了"物""有""无"的关系，可谓老子"道论"的主旨句之一，此后在中国哲学史上经久不衰的议题"有无之辨"与此句有着莫大的关系。我们只有在整体的理路上洞彻"有""无""物"的结构关系，才能对文中所谓的"生"有所说明。因为这三个概念对于道家哲学来讲是具有根本性的，本文无法详细论述，只能围绕本章的内容做一简要说明，以契合"反者"与"弱者"二句。

杜光庭在《道德真经广圣义》中对"万物生于有"句做出了如下诠释："无者道之本，有者道之末。因本而生末，故天地万物形焉。形而相生，是生于有矣。考其所以，察其所由，皆资道而生，是万有生于妙无矣。"③ 在这段中，注释者区分出了两

① 牟宗三：《中国哲学十九讲》，长春：吉林出版集团有限公司，第100页。
② 龙晶：《太极之音》，北京：中国社会科学出版社，2019年，第473页。
③ 杜光庭：《道德真经广圣义》，《老子集成》第2册，第177页。

种不同的"生"，一种是因本而生末之"生"，这种"本"担保了万有的"有形"，使得万事万物具备了自身的规定性，在此基础上有形事物之间的"相生"才得以可能。有形之"生"是有限的，庄子所谓"九窍则胎生，八窍则卵生"之"生"即属此列。形而相生服从于有形事物自身"类"的规定性，而作为"根本"的"形形者"却"形形者不形形之所形"①，只作为"形"之根源"神妙万物"，使万物得以可能。"形形者"其本身"形形者非形"，正因为其在根本上不具备"形"的规定性，故此天地间才得以"品物流形"。在杜光庭的释文，"形形"与"形与形"两种"生"，一者名为"自然"之生，一者名为"因缘"之生，"道以妙无生成万物，谓之自然。物之生物，形之生形，谓之因缘"②，"因缘"之生处在时间的关系中，"生者"与"被生者"具有一先一后的特征，而"自然"之生则即为特殊。杜光庭借用《列子》的话说："形动不能生形而生影，声动不能生声而生响，无动不能生无而生有。"（《列子·天瑞》）"妙无"之生成万物并非是在时间意义上，亦不是在"因缘"的因果性上，而是任"物"自然生长化育，如形影之并生。此生物之妙用也就是上文所谈的"道"的"弱用"，即"不生之生"。故此，天地万物皆以"有形"相生，而在根源上这种"生"正是由于"无"所开显的妙用才得以可能的。

　　然则，"无"是否可以理解成一种"无有形象"但却可以孤立存在，类似于康德所谓"物自体"的本体呢？一些有见地的注家其实对此的态度是倾向于否定的。例如江澂说："无动不生无而生有，有极必归于无也，如彼东西，其方虽异，废一不可。彼溺于道之静，若季真子之莫为，蔽于道之动，若接子之或使，岂道也哉。"③在注释者看来，无与有二者并不可偏废，否则就会在另一种意义上陷入"一"与"多"的矛盾中，落入《则阳》中所谓的"或使""莫为"任意一方，不能自拔。杜光庭说："因有法故得悟于道，悟即得道诸法亦无。"④正是因为有了"万有"，"道"才可以被理解，脱离了"万有"，"道"遂成一无意义者，而对"道"的通达又恰能使得对于"万有"之"物性"的窥破，在"无"的境域了却凡尘，反于俗常。郭店出土的《老子》竹简本明言"天下万物生于有，生于无"，更是印证了老子对于"有"的重视，"大道不离万有"才真正能体现老子理论张力。

　　我们现在再来重新审视王弼的经典老子注本对此句的注释："天下万物皆以有为生，有之所始，以无为本，将欲全有，必反于无。"⑤我认为，王弼想要揭示的，必不

———————————

①　江澂：《道德真经疏义》，《老子集成》第三册，第 390 页。
②　杜光庭：《道德真经广圣义》，《老子集成》第 2 册，第 177 页。
③　江澂：《道德真经疏义》，《老子集成》第三册，第 390 页。
④　杜光庭：《道德真经广圣义》，《老子集成》第 2 册，第 177 页。
⑤　王弼：《老子道德经注》，楼宇烈校释，北京：中华书局，2011 年，第 113 页。

可能仅为一外延最大而内涵最少的概念化"纯在",而是在根本上使得多样性杂多得以分化归拢、万物得以并行而不悖的境域。道"反"于物,却在最原始的意义上开显了万物的互相构成,不以因缘作用于物,却使万物联结成了一种有机的系统,以此生生不息。以道观之,"妙无"之"全有"岂虚言哉?

老子哲学思想研究

《老子》对"正名"思想发展的贡献

施阳九[*]

内容提要：站在先秦思想史的视角上，"正名"思想并非某一家的专属理论，而是各家论证过程中的必要环节，是一个辩证展开的过程。它既有儒墨名法等建构之正题，亦有《老子》这样提出质疑与冲击的反题。在《老子》的疑难下，先秦"正名"思想的两重维度不得不做出相应的回应与弥补，这反而变相推动了"正名"两重维度自身的发展。

关键词：《老子》正名 礼 名

基金项目：本文是教育部人文社会科学研究青年基金项目"先秦名论三次转向的哲学研究"（项目批准号：18YJC720017）的阶段性成果。

引言

虽然《老子》一书的编纂时间至今学界没有定论。即使在郭店楚简本《老子》出土后，还是有不少学者持有战国晚期编纂的观点[①]。但以《老子》一书中无"性""情"等战国初期就已被各思想家强烈关注的概念来看，笔者认为，可能性更大的还是春秋末期。而"正名"思想的提出亦是此时。

"正名"是先秦的重要思想主题。无论是从逻辑学视角，还是从思想史角度，一般都认为它有两重维度，即政治伦理层面与语言认知层面[②]。从产生时间而言，若前者以孔子正式提出"正名"一词为据，后者以邓析"两可之说"为节点，那么它们都产生于春秋末期。两重维度的问题意识与展开理路皆不同。前者是希望通过"礼"之合理性的探讨来重建名分之名的有效力；后者则期望通过探究定义问题能有效使用各种物名、法令以及确定名分之权责。

---

[*] 施阳九（1988—），上海商学院讲师，哲学博士。研究方向：先秦哲学。

[①] 池田知久：《问道——老子思想细读》，桂林：广西师范大学出版社，2019年，第76页。

[②] 曹峰：《作为一种政治思想的"形名"论、"正名"论、"名实"论》，《社会科学》，2015年第12期。

在"正名"思想的历史脉络中，《老子》处于一个特殊的位置。因为《老子》"道"思想的提出是基于对"礼"之合理性的批判，而"礼"之合理性正是政治伦理层面之"正名"的立论依据。与此同时，《老子》的道物关系冲击着作为认知语言工具的"名"之确定性与有效性，而"名"正是认知语言层面之"正名"极力要维护的对象。可以说，《老子》的思想之于先秦"正名"是解构性的。但也因为如此，两重"正名"维度都在为了回应《老子》的质疑与冲击中，发展了其自身的论证深度与广度。

一、《老子》对政治伦理层面之"正名"的质疑

从思想史的时间纵向来看，最先正式提出"正名"的是孔子。其历史背景为礼崩。周礼是"一种政教、德法合一的体系"[①]。其实际运作是通过各种象征权责的名分与器物之安排来实现的。比如，封国建侯礼。《作雒》有曰："封人社壝，诸侯受命于周，乃建大社于国中，其壝东青土，南赤土，西白土，北骊土，中央衅以黄土，将建诸侯，凿取其方一面之土，焘以黄土，苴以白茅，以为土封。故曰，受列土于周室。"大社象征最高的政治权力，赐土象征赐国，掺和中央黄土象征了获得中央的认可。仪式及名分的象征性之所以能够有效力，是因为其背后有天子的权威做支撑与保证。若有违背礼仪程序或名分界限者，"乃其速由文王作罚，刑兹无赦"[②]。

周礼为社会稳定贡献了近三百年的时间。但从春秋开始，周礼秩序出现了问题。其核心在于天子与诸侯的权力发生了颠倒。天子权威的衰弱意味了原来的仪式及名分的有效力将无法得到保证。而这将导致的结果就是："名不正，则言不顺；言不顺，则事不成；事不成，则礼乐不兴；礼乐不兴，则刑罚不中；刑罚不中，则民无所措手足。"[③]此话是孔子就卫国蒯聩父子争国而言的。蒯聩是卫灵公的嫡子，又是世子，但因厌恶南子而涉嫌弑母，遭到驱逐。卫灵公去世后，南子及大臣立蒯聩的儿子出公为君。蒯聩借助晋国之力回国争位。结合历史背景可知，孔子所言的"名不正"并非指名分的权责界限不清，而是指名分的合法性及其有效力的问题。依据周礼，在没有废黜蒯聩世子的名分下，蒯聩就应该是君位的继任者。在西周通过周天子的册命即可合法承位。但在周天子权威不在时，这就成了问题。

为此，孔子提出了"正名"。在孔子的心目中，周礼是最理想的社会秩序体系。这意味着，周礼本身是没有本质性缺陷的。之所以会礼崩，是因为人们对礼的认识

---

① 陈来：《古代宗教与伦理：儒家思想的根源》，北京：生活·读书·新知三联书店，1996年，第266页。

② 刘起釪：《尚书校释译论》，北京：中华书局，2005年，第1336页。

③ 朱熹：《四书章句集注》，北京：中华书局，1983年，第142页。

不足。孔子认为，如果人人都能够意识到礼并不是外在强加的行为规范，而是每个人内在爱人之仁的外在展现与现实践履，那么，人们就会自愿地去遵循礼，由此，"礼"及其各级名分的有效力将得以恢复。

以上是孔子所开创的政治伦理层面的"正名"之大致理路。对此，《老子》并不敢苟同。在它看来，导致国家昏乱、民相争而弥贫的主要原因并不是没有循礼，而是"礼"本身的建构理念出了问题。

《老子》注意到一类礼义表述中常出现的词：尊卑、贵贱、亲疏、远近、轻重、高下、利害、善恶等等①。这类成组出现的词有两个特点：第一，每组双方的含义是相反的。第二，它们都不是在规定事物的本质，而是在对事物之间的差异进行区分规定。通过这类词，周礼可以把任何事物都纳入它的等级体系中，并赋予具有等级差异的价值规定。比如，空间方位。原本四方并没有价值意义，但通过"上下"这样的词的规定便拥有了价值意义："人道以东为上，神道以西为上。"②再比如左右，原本没有价值意义，但通过"吉凶"的规定而拥有了价值意义："吉事尚左，凶事尚右。"③可以说，这类词是周礼价值建构的要素。

然而，《老子》在这类词本身相反区分的含义中看到了其间存有的相待关系：

> 天下皆知美之为美，斯恶已。皆知善之为善，斯不善已。故有无相生，难易相成，长短相形，高下相倾，音声相和，前后相随。④

每组词双方的含义虽然是完全相反的，但却必然地同时成立。这意味着，此类词在规定事物时所能展现的意义不仅仅只有区分性，还有互相关联性。基于这一考察，《老子》认为，周礼在运用这类词建构自身体制时是片面的：只知贵贱有等却不知"贵以贱为本"；只知尊卑高下有别却不知"高以下为基"⑤。这必然导致体制的僵硬与固化。在《老子》看来，对差异的区分规定本就建立在其关联之上。它是不认同像"礼"那样去凸显且固化差异之间的区别："不可得而亲，不可得而疏；不可得而利，不可得而害；不可得而贵，不可得而贱。"⑥"礼"本身的建构理念存在着严重

---

① 比如，《哀公问》曰："非礼无以辨君臣、上下、长幼之位也。非礼无以别男女、父子、兄弟之亲也，昏姻疏数之交也。"《荀子》有曰："先王恶其乱也，故制礼义以分之……贵贱有等，长幼有差，贫富轻重皆有称者也。"参见郑玄注、孔颖达疏：《礼记正义》，北京大学出版社，2000年，第1603页。王先谦：《荀子集解》，中华书局，2008年，第347页。
② 杨天宇：《仪礼译注》，上海：上海古籍出版社，2004年，第25页。
③ 王弼注、楼宇烈校释：《老子道德经注校释》，北京：中华书局，2008年，第80页。
④ 同上，第6页。
⑤ 同上，第105页。
⑥ 同上，第169页。

的偏颇。由此，《老子》提出了与"礼"不一样的理想制度，即坚守差异之关联又不失差异之区分："知其雄，守其雌，为天下溪……知其白，守其黑，为天下式…知其荣，守其辱，为天下谷……朴散则为器，圣人用之则为官长。故大制不割。"①

《老子》还看到，"礼"的等级建构将激发人们的欲望追逐，这反而会加速"礼"自身秩序的破坏。《老子》中没有"情"字，但有情感表达："自爱不自贵"（72章）、"物或恶之"（24章）、"甘其食，美其服，安其居，乐其俗"（80章）②。可见，他并不反对正常的情感流露。不过，他明确反对"欲"。在《老子》中，"欲"不是一般的情感，而是凭借"智"来获得外在事物的期求。在先秦，"欲"被认为是祸患产生的原因之一："咎莫大于欲得"③（46章）。照理来说，应该由"礼"去限制"欲"，然而《老子》指出，"礼"必将事与愿违，因为它的等级架构及其等级待遇差异反而为"欲"之产生提供了充足的养料："服文采，带利剑"（53章），"贵难得之货"（3章）④。换言之，"礼"的掘墓人就是它自己。

除了对礼本身建构之合理性的批判外，《老子》还就孔子的爱人之仁与礼的关系发出了质疑。

孔子认为，"礼"之合理性的依据并不在于外在的权威或仪式本身，而是每个人皆有的内在之"仁"。"仁"在孔子之前是一个表达能感通他人感受的概念："背施，无亲，幸灾，不仁"，"度功而行，仁也"⑤。或许正是"仁"本身蕴含着最为一般的己之于他人的善良倾向，所以孔子把它置于道德之本的位置。在孔子看来，只要通过每个人的自觉："仁远乎哉？我欲仁，斯仁至矣"，自持"君子无终食之间违仁，造次必于是，颠沛必于是"，以及由己向外的推及："夫仁者，己欲立而立人，己欲达而达人"，"仁"就能够被体认、被推广，最终达到"天下归仁"的境地。⑥在找到了人伦道德之本后，孔子便援"仁"入"礼"了。他要人们明白，"礼"与"仁"是相通的，"礼"不仅仅是政治制度或伦理规范，它更是道德践履："人而不仁，如礼何？"⑦当一个人没有做到礼的规范时，心里就会产生内疚感，这才是"礼"真正的意义所在："道之以德，齐之以礼，有耻且格。"⑧对此，《老子》提出了质疑："礼"真的是内在之"仁"的外在展现吗？

① 冯友兰：《中国哲学史论文二集》，上海：上海人民出版社，1962年，第203—204页。
② 同上，第179、60、190页。
③ 王弼注：《老子道德经注校释》，第125页。
④ 同上，第141、8页。
⑤ 杨伯峻：《春秋左氏传》，中华书局，1981年，第348、1408页。
⑥ 朱熹：《四书章句集注》，第70、92、100、131页。
⑦ 同上，第61页。
⑧ 同上，第54页。

与儒家大相径庭的是《老子》把"礼"看作"智"的产物:"慧智出,有大伪。"[1]徐志钧有曰:"'伪'的含义是非天然的人为。《荀子·性恶》:人之性恶,其善者伪也。杨倞注:伪,为也。凡非天性而人作为之者,皆为之伪。……如果在荀子之前,伪字只有伪诈一类意义,他断不会用这样一个坏字眼,来表示一个它对其价值十分肯定的概念。"[2] 结合 18 章的仁义、孝慈可知,其中的"大伪"应该就是"礼"。在《老子》看来,"智"是人有所为的充分条件:"常使民无知无欲,使夫智者不敢为也",是区分善恶、利害的能力:"是以圣人常善救人,故无弃人;常善救物,故无弃物……不贵其师,不爱其资,虽智大迷",是向外的探求:"知人者智,自知者明"[3]。正因为"智"有这些特征,所以由它而产生的"礼",也表现出一些与之相类的特征,比如,外在性、形式化、规范性等。

《老子》认为,"智"与"仁"是相悖的。"仁"需要每个人自觉自律向内地探求。求"仁"即是成"仁",是人们以自己之爱主动地去爱人的过程,其中没有掺杂私利的考量。故而《老子》言"上仁为之而无以为"[4]。既然如此,由"智"而出的"礼"如何可能是"仁"的展现呢?

不过,《老子》也没有认为"礼"与仁等道德价值之间就什么关系也没有,它只是觉得,这种联系并未像孔子所言的那般必然"杀人之众,以哀悲泣之,战胜,以丧礼处之"[5]。悲哀之心是可以通过丧礼的形式表达,但其间只是一种象征关系,并非是必然的本末关系。

综上而言,孔子所开启的政治伦理层面的"正名",是希望通过援仁入礼来重塑"礼"之合理性。然而,《老子》却指出,"礼"不仅本身的结构性就存在着不合理,而且"礼"与"仁"之间其实并没有必然的相通性。所以,该种"正名"维度是否可行还需要商榷。

二、《老子》对语言认知层面"正名"的冲击

在春秋末期礼法之争的影响下,先秦"正名"的另一层面兴起了。公元前 536 年,郑相子产铸刑书并颁布于众。到了战国时期,越来越多的君王选择了"变法"。"变法"的推行即是新旧制度的交替,亦是新旧思想发生碰撞的过程。但在这个过程中,出现了"是非无度,而可与不可日变"的混乱现象。[6] 由此,如何清晰明确地建

---

① 王弼注:《老子道德经注校释》,第 42 页。
② 徐志钧:《老子帛书校注》,南京:凤凰出版社,2016 年,第 433 页。
③ 王弼注:《老子道德经注校释》,第 8、70、84、页。
④ 同上,第 93 页。
⑤ 同上,第 80 页。
⑥ 许维遹:《吕氏春秋集释》,北京:中华书局,2009 年,第 488 页。

构、运用新的制度成了当时思想家的任务。

在思考中，诸子把视线都不约而同地集中到了"名"。因为无论是法令、规章制度还是思想论述都离不开言辞。而言辞是由"名"构成的："言也者，诸口能之出名者也……犹名致也。"①此时，"名"不再是名分，而是含有事物本质规定的称谓。诸子认为，若能够明晓事物的本质规定为何，就可以使"名"拥有确定性。那么，各种法令、规章制度也将得以清晰明确。为此，一个新的概念出现了，即"实"。

"实"原本的意思有充满、所具器物、果实等。不过，在该"正名"的理路中"实"被赋予了一个新内涵。"实"与"形""物"不同。"形"的本义是"像"，后引申出"表现"的意思，是一个与经验感知相关的概念："万物莫形而不见"。②"物"除了指称某种具体事物之外最常用的意思便是"类"，后被引申为泛指一切世间存在的东西，是一个普遍的共相概念。而"实"是物之所，即物之所以为此物而非它物的本质所在："物有同状而异所者，有异状而同所者，可别也。状同而为异所者，虽可合，谓之二实。状变而实无别而为异者，谓之化。有化而无别，谓之一实。"③无论形状如何，只要是"同所"，便是"一实"。

在这重维度的"正名"中，有一个前提共识，即"名"是人们认知的有效方式："彼正其名，当其辞，以务白其志义者也……名足以指实，辞足以见极。"④究"实"最终是为了正"名"，从而发挥"名"的作用：交流、下令或办事。不过，这种共识却在《老子》的理论中被重新审视了："名"似乎并不是完全有效的认识方式。

礼崩使得诸子不得不去反思当时作为价值尺度的"礼"。与孔子选择"仁"作为社会价值尺度不同，《老子》认为不应该再以某一制度或价值来作为万物的价值尺度：

> 上仁为之而无以为，上义为之而有以为，上礼为之而莫之应。
>
> 将欲取天下而为之，吾见其不得已。天下神器，不可为也。为者败之，执者失之。故物或行或随，或歔或吹，或强或羸，或挫或隳。⑤

《老子》的视角已从人伦扩展至"天下"，"在古人的生存视野里，天下是一个蕴含着丰富内涵的伦理政治或人文地理概念，常被用作天地万物的统称"⑥。面对"天下"

---

① 伍非百：《中国古名家言》，成都：四川大学出版社，2009年，第36页。
② 王先谦：《荀子集解》，北京：中华书局，1988年，第397页。
③ 同上，第420页。
④ 同上，第426页
⑤ 王弼：《老子道德经注校释》，第93、76页。
⑥ 陈徽：《老子新校释译》，上海：上海古籍出版社，2017年，第175页。

这个神器，仁的作用将被削弱，甚至无效："天地不仁，以万物为刍狗"①。

从《老子》使用"上仁""上义"来看，它还是认可仁义等道德价值之于人伦社会的积极意义。只不过仁义是有局限的，即皆"为之"。"为"总有着强烈的目的性。"仁"的目的是由己爱人而推至天下，"义"的目的是使行为合宜。虽然仁义的目的都是向善的，但万物各有其性状，如何只以一种价值作为目的呢？

因此，在《老子》揭示了"礼"本身建构的偏颇、指出了以仁义作为天下价值尺度的局限之后，它提出了自己的解决方案，即回溯一个得以产生各种存在的本原。该本原并非要去树立一个目标价值尺度，也不是要建立一套制度，而是为天下提供一个普遍有效的形上根据，即万物之始、母的"道"。

在逻辑地回溯过程中，《老子》认为：第一，"道"不应该再是有形有状的"多"而必须是无形无状且不可分的"一"，否则前提还需要被继续追溯："不可致诘，故混而为一……无状之状，无象之象"②。第二，"道"不仅应该是恒久的还应该是可动的。否则如何可能有万物之变化："反者道之动"③。第三，"道"不应该有任何的价值规定，但又是所有价值之源，否则如何能是诸价值存在的前提："道冲，用之或不盈"、"道常无为"④。

正是基于这三点对"道"的推论，"名"的意义被消解了：

首先，"无状无象"使得"道"缺乏产生"名"的条件。第二重"正名"维度的"名"具有两个层面：第一，称谓层面。也就是说，该事物之所以叫马或鹿，或者这个人之所以叫张三李四，其名称是约定俗成的，或某人任意而取的。称谓与事物之间没有必然关系。称谓只是对事物的或然的称呼。从这个层面来看"名"，名就是对某事物的称谓。第二，本质含义层面，即该名为何指称的是此物而非它物的原因所在。比如，当我们讲"马"这个"名"时，我们都会知道是在讲"马"而非在讲"鹿"。为何"名"的使用可以有如此的明确指向？因为"名"是"实之宾"⑤。在这个层面中，"名"就是具有物之本质含义的确定性称谓。诸子认为，要确定物之本质含义至少需要有形有状的对象以及官能这两个条件："名也者，正形者也……形者，应名者也"⑥，"五官簿之而不知，心征知而无说，则人莫不然谓之不知"⑦。因此，对于

---

① 王弼：《老子道德经注校释》，第13页。
② 王弼：《老子道德经注校释》，第31页。
③ 同上，第110页。
④ 同上，第10、90页。
⑤ 郭象注、成玄英疏：《南华真经注疏》，北京：中华书局，1998年，第11页。
⑥ 伍非百：《中国古名家言》，第484页。
⑦ 王先谦：《荀子集解》，第418页。

"道"，如果从称谓层面而言，则是可以拥有某种称呼的："吾不知其名，字之曰道"；①但从本质含义层面而言，"道"由于"无状无象"所以无法被官能获知并拥有相应的"名"。

其次，"恒动"使得"道"无法产生确定性含义。每个"名"的含义要么是"是什么"，要么不是"是什么"。但"道之动"意味了"道"本身内含着差异："道生一，一生二，二生三，三生万物"。②通过"一、二、三"等相待词，《老子》想要表明差异是"道"自身的内容，是"动"得以可能的前提。"道"自身是有差异的同一，它既是如此又同时不是如此。而这正与"名"所具有的确定性本质含义是相悖的。所以，"道"根本无法产生第二重维度中那样的"名"。

最后，"没有价值规定却又是价值之源"使得"名"无法像之于"物"那样以规定的方式去看待"道"。在先秦，"名"不仅包括规定"是什么"的物之名，亦包括表达"应该是什么"的价值之名："一曰命物之名。方圆白黑是也。二曰毁誉之名。善恶贵贱是也"。③价值之"名"本身具有明确的价值内涵。通过它们的规定，万物拥有了价值取向。但如果把"名"之于物的价值规定作用于"道"，那么"道"将拥有具体的价值取向。若是如此，"道"将与原本回溯的情况相悖了。

由此可见，"名"原本在诸子那里是一种有效的认识方式。之于万物，它完全起得了作用。然而，在《老子》揭示道与物两个不同层面之后，"名"的有效性被大大地削弱了。这也同时降低了第二重"正名"的意义。

三、两重"正名"维度对《老子》疑难的回应与发展

虽然《老子》的思想分别对两重"正名"予以了疑难，但这却推动了"正名"思想的进一步发展。

政治伦理层面之"正名"思想是通过援仁入礼来重新树立"礼"的合理性。但《老子》指出了两点：第一，"礼"的建构理念本就偏颇，只知等级区分而未见差异间的关联。第二，"礼"被解释为爱人之仁的外化其实是很勉强的。最大的逻辑疑难就是内在由己推人的"仁"如何可能展现出一套具有普遍性的外在规范性的"礼"呢？个人的"仁"具有这样的普遍性吗？

在《老子》的疑难下，孔子之后的儒家不得不做出回应。否则该维度的"正名"将无法有效成立。为此，儒家的措施有：（1）从天地阴阳等宇宙论视角来论证"礼"之尊卑等级的合理性。（2）以"性"作为"仁"的普遍有效之根据。（3）把产生

---

① 王弼：《老子道德经注校释》，第62页。
② 同上，第117、110页。
③ 伍非百：《中国古名家言》，第488页。

"礼"的"知"解释为"性之德"。

在儒家看来,"礼"的尊卑等级是必须维护的。但《老子》从相待关系所揭示的区分双方之关联性亦是不容否定的。为此,他们以宇宙论来回应:

> 天尊地卑,乾坤定矣。卑高以陈,贵贱位矣。动静有常,刚柔断矣……天下之理得,而成位乎其中矣。①

自西周以来,人们对天地的信仰就一直强烈。"天"不仅有天室:"王祀于天室"(朕簋铭文),亦包括日月星云等天象。"地"主要指山川。天地是神圣的,除了按时的告天地祇之外,在重要的政治礼仪中亦要祭天地:"拜日于东门之外,反祀方明。礼日于南门外,礼月与四渎于北门外,礼山川丘陵于西门外。祭天,燔柴。祭山、丘陵,升。祭川,沉。祭地,瘗。"② 人们认为,天地之于人世总是有着指导、监督等作用在:"纵子忘之,山川鬼神其忘诸乎?"③

在西周以来的天地信仰的基础上,儒家认为人世秩序建构的依据可以归溯于天地:"夫礼,必本于天,殽于地,列于鬼神,达于丧祭射御冠昏朝聘。"④ 既然天地呈现出了上下之别,"天"比起"地"又更加尊贵,那么,人世也应该相应地拥有尊卑等级。但如此的联系毕竟基于信仰,不具有必然性。为此,儒家以宇宙论的方式把天地、人、万物之间连接了起来:

> 人者,其天地之德,阴阳之交,鬼神之会,五行之秀气也……圣人作则,必以天地为本,以阴阳为端,以四时为柄,以日星为纪,月以为量,鬼神以为徒……以天地为本,故物可举也。⑤

以阴阳之气为推进,从天地生成出四时、日月星以及最为灵秀的"人"。这样天地之于人就不再是信仰,而是人的本源了。

《老子》认为"礼"是人为的产物,"礼"的建构偏颇与等级僵化也应该归于人的只知区分而不知联系。但儒家把"礼"的等级尊卑的合理性归于拥有着神圣性的天地。这意味着"礼"建构的依据并非是人偏颇地做出的,而是对本源的效法:"知

---

① 王弼注、孔颖达疏:《周易正义》,北京大学出版社,2000 年,第 302 页。
② 郑玄注、贾公彦疏:《仪礼注疏》,北京大学出版社,2000 年,第 616 页。
③ 杨伯峻:《春秋左氏传》,第 1524 页
④ 郑玄注、孔颖达疏:《礼记正义》,第 773 页。
⑤ 同上,第 803 页。

崇礼卑，崇效天，卑法地。天地设位”①。

不过，天地、人与万物之间的宇宙论建构只能回应《老子》对它的第一个疑难，对于"仁"的普遍性质疑以及仁与礼之间的或然性关系是无法解释的。为此，儒家又提出了承受于"天"的"性"：

> 一阴一阳之谓道，继之者善也，成之者性也。仁者见之谓之仁。②
> 天命之谓性，率性之谓道，修道之谓教。道也者，不可须臾离也，可离，非道也。③

儒家认为，天下之所以如此呈现、礼之所以如此建构，都有一个最终的依据在，即"诚者"之"天"。朱熹有曰："诚者，真实无妄之谓。"④"天"是最真实的最确定的善。而人的"性"是对"天"的直接相承，被称为"诚之者"。在儒家看来，当人把善性从自身展现出来时，便有了"仁"。既然"仁"是依据于天命之性的，那也就是有普遍性的。

然而，儒家意识到，即使把"性"作为"仁"的根据而拥有了普遍性，但依然无法回应《老子》对"礼"与"仁"之间关系的质疑。

《老子》认为"礼"是由"慧智"而出，儒家在回应中意识到，"知"需要被进一步区分。《老子》提到的"智"是求物之知，而非道德之知。产生"礼"的"知"应该是后者。儒家解释，道德之知的根据与"仁"是一致的，即"性"："诚者非自成己而已也，所以成物也。成己，仁也；成物，知也。性之德也，合外内之道也"。朱熹有曰："仁者体之存，知者用之发。是皆吾性之固有。"⑤道德之知把基于善性的"仁"向外推至天下万物，使其也能够以善为本。

然而，万物的性状是繁多的，人的气质禀赋亦是各不相同。即使每个人都能够拥有"仁"与道德之知，但依旧无法保证人人都能够始终遵循人的善性，把善性作为行动判断的依据，也无法保证每个人都能够有效地运用道德之知："道之不行也，我知之矣：知者过之，愚者不及也。道之不明也，我知之矣：贤者过之，不肖者不及也。"⑥在先秦，诸子心目中都存在着一个拥有理想人格与智慧的圣人。尤其是儒家。圣人是其立论的重要环节。为了保证百姓的道德之知的有效运用，儒家提到了了拥

---

① 王弼注、孔颖达疏：《周易正义》，第 322 页。
② 王弼注、孔颖达疏：《周易正义》，第 117、110 页。
③ 郑玄注、孔颖达疏：《礼记正义》，第 1661 页。
④ 朱熹：《四书章句集注》，第 31 页。
⑤ 朱熹：《四书章句集注》，第 34 页。
⑥ 郑玄注、孔颖达疏：《礼记正义》，第 1665 页

有"大知"的圣人,他们能够"执其两端,用其中于民"①。其产物便是"礼"。圣人基于"大知"而作的"礼"不仅仅是政治制度,更是道德践履。它使所有人都能够以难易适中的实践方式去"率性"。由此,儒家把《老子》的第二个疑难也予以了回应。

认知语言层面的"正名"是通过定义探究来确立"名"在认知交流中的有效性。但《老子》道物关系的提出冲击了"名"的有效性。由于无法把握"道"之本质,因而根本无法产生具有道之本质含义的"名"。与儒家一一回应《老子》疑难不同,战国一些讨论认知语言"正名"的诸子并没有去反驳《老子》,而是把《老子》的"道"纳入了该重"正名"的进路中。这些诸子大多是"本于黄老而主刑名"的名法家②。

名法家的立论一般是"自道以至名,以名为根。自名以至法,以法为柄"③。他们的"道"即是《老子》无形无名而无为的"道":

> "物固有形,形固有名"……执其名,务其应。所以成之应之,道也。无为之道,因也。因也者,无益无损也。以其形因为之名,此因之术也。④
>
> 大道无形。称器有名。名也者,正形者也。形正由名。则名不可差。…大道不称。众有必名。生于不称。…法用则反道。道用则无为而自治。⑤

名法家大多认同《老子》"万物生于有,有生于无"的观点。认为名、形、法皆属于"有""为"的范畴,其所以然便是"道"。通过对"道"的"因"或"生",名与法将能够更加充分地得其所是。

不过,与《庄子》继续探究了《老子》之"道"不同,他们大多是把《老子》对"道"的理解直接运用于其思想。之所以这么做,或许有两点理由:

《老子》在探究"道"的时候,已经涉及了认知语言层面之"名"的局限性。但《老子》同时也表明了"道"与"名""物"本就是两个层次的。换言之,"名"在

---

① 郑玄注、孔颖达疏:《礼记正义》,第 1665 页。

② 司马迁:《史记》,北京:中华书局,1963 年,第 2139 页。

③ 黄克剑:《由"道"至"法"而"以名为根"——〈尹文子〉致思宗趣抉要》,《哲学动态》,2014 年,第 9 期。

④ 黎翔凤:《管子校注》,中华书局,2004 年,第 764 页。

⑤ 按,对于《尹文子》的真伪问题,学界亦有不少研究。大致有以下两类:(1)《尹文子》一书全伪。持此观点的是唐钺、罗根泽等。(2)今本《尹文子》虽有后人的添附、修订,但相当程度的内容是先秦的。像胡适、伍非百、汪奠基等先生皆持此观点。黄克剑先生分析认为,有关尹文子的思想的可靠记载,主要是《庄子·天下篇》、刘向的《别录》中涉及古本《尹文子》的文字以及高诱《吕氏春秋注》关于尹文所作的注。把这些文献与今本《尹文子》思想对照,发现"今本《尹文子》虽有秦汉后的种种话语附益或窜杂其中,以至于不无依托之嫌,但在理致的大端处毕竟与古本《尹文子》相去不远"。笔者亦认同。可参见黄克剑:《由"道"至"法"而"以名为根"——〈尹文子〉致思宗趣抉要》;伍非百:《中国古名家言》,第 484 页。

"物"的层次依然是有其积极作用的，是能够完全成为认识交流的有效方式。只是在"道"的层次，"名"失效了。名法家的理论基本都是在"物"的层面。因此，只要为"名"划清层次界限，不越过"物"的层次就可以了。

在战国时期，对于所以然的追问是已成为当时思潮的特征之一。诸子在完善自己立论时，似乎都要予以一定程度的解释。如此才能使自己的理论更加有深度。比如，儒家选择从"天地""性""天命"等角度，墨家从"天志""鬼神"等视角来建立自己理论的所以然层面。就名法家而言，他们就直接把《老子》的"道"纳入了自己的理论，作为名与法的所以然者。

名法家最终的落脚处是"法"。在现实中，总是需要有一个最高的权威者来保证立法、释法与护法。这便是"君主"。在他们看来，君主若要做好这些，就应该去效法作为万物之所以然的"道"："明君守始以知万物之源，治纪以知善败之端。……道在不可见，用在不可知君；虚静无事，以暗见疵。见而不见，闻而不闻，知而不知。"① 从形上层面而言，"法"的根据在"道"，从形下层面而言，"法"之确立与实施的最终权力在于效法"道"的人主。或许正是立论的需要，名法家才会把《老子》的"道"置于自己理论的最初环节。

由上可见，《老子》思想虽然冲击了"名"的有效性，但通过名法家的运用，反而把冲击化为了弥补自身形上依据不足的困难。

结语

《老子》思想与"正名"思想皆产生于春秋末期。《老子》是以解构者的身份参与在"正名"思想的发展中。"正名"思想有着政治伦理与认知语言两重维度。其问题意识并不相同。前者是希望通过重建"礼"之合法性来恢复名分的有效力；后者则期望通过探究定义问题来建立有效的交流认识方式与法令制度。这两重"正名"直至战国末期依然是非常显著的思想。每一种思想主题的发展总呈现着辩证的过程。既有其正题，亦有其反题。以"正名"思想的视角看，《老子》便是该思想主题发展中的反题。

对于政治伦理维度，《老子》质疑了"礼"本身建构的合理性，并指出了"仁"与"礼"之间的或然性关系和"仁"之普遍性问题。对于认知语言维度，《老子》通过道物层次区分，冲击了"名"的有效性。在战国时期，两重"正名"维度的继承者都是在回应《老子》的疑难中进一步发展着自身的理论。以此而言，《老子》的贡献是非同小可的。

---

① 王先慎：《韩非子集解》，北京：中华书局，1998年，第26页。

从"天人关系"看《老子》的哲学突破

——由余英时《论天人之际》接着说

孙柏林 *

内容提要：从"天人关系"角度来看，中国哲学突破的独特性在于一种"天人之和"式的内向超越之"道"的建立，其首先在《老子》中得以明确体现。这其中包含了两个阶段：首先，中国在周代就已实现了整体性文化之人文理性精神的确立的"轴心突破"，其特质为"天人之和"，而不同于印度为"人合于天"，希腊为"天人之分"；随后，以老子、孔子为肇始的先秦诸子之"哲学突破"，是在"天人之和"基础上，对内向超越之"道"的构建的结果。作为内向超越之"道"，乃是指人生之终极价值和意义，它由人自身建构而成，内在于人，并且始终与人伦日用的日常世界"不即不离"。具体就老子、孔子而言，老子之"道论"体系的建立是奠基性的，其体现了"天人关系"的转化——"天人之和"，即超越了上古三代以来"天（帝、命）人二分""天道、人道二分"的状况；而孔子之"道"强调"人人关系"，需以老子之理论为隐秘的基石，其提出内在个体之"仁"，强调了人的能动性，从而丰富与深化了"天人关系"中"人"的维度。

关键词：天人关系 天人之和 道 内向超越 老子 孔子

基金项目：湖南省社科基金青年项目"湖湘文化视域下的老庄学文献整理及思想研究"(19YBQ021)

关于"天人关系"与轴心时期"道"的突破之间的关系，余英时曾言："天人关系的转向起源于轴心时代个人精神觉醒和解放，而且构成了轴心突破的核心部分。"[①]

---

* 孙柏林（1985—），男，湖南岳阳人，云南大学文学院博士，湖南大学岳麓书院博士后、副研究员。研究方向：道家哲学。

[①] 余英时：《论天人之际——中国古代思想起源试探》，北京：中华书局，2014年，第112页。

刘刚从宗教及知识的视角阐释了"道"观念发生的历史脉络，指出"道"的哲学突破从根本上是在处理"天人关系"的方式上，相较前轴心时期而言产生了升华与突破，而"天人关系"的文化范型早在"道"产生之前就已确立。[①]夏绍熙则认为春秋战国时期（即轴心时代）深究"天人之学"构筑自然哲学理论体系的是老子和《道德经》一书，其主张"道"（天道）是根本，人应效法、不妄为。[②]本文将从"天人关系"的角度，继续探讨轴心时代中国思想起源之初的"道"与"天人之和"的独特性问题，从而揭示《老子》的哲学突破性质。

一、"前轴心时期"及"轴心时期"的天人关系

中国学者们在讨论先秦文明的特点或中国哲学的诞生时大都会引用"轴心时代"之相关理论。"轴心时代"是由德国哲学家卡尔·雅斯贝尔斯于1949年在《历史的起源与目标》中提出的一个理论假设，用以解释世界不同文明之间起源的共通性问题。他认为在公元前500年左右的时期内，即公元前800年到公元前200年是世界历史的"轴心时代"，这一时期，世界精神历程上充满了不平常的事件，人类开始意识到整体的存在、自身和自身的限度，精神化、理智和个性开始形成，这是一个对于人性的形成最卓有成效的文化飞跃与突破时期，其表现为在中国、印度和西方都不约而同地出现了哲学突破，以理性反对神话等，而轴心时代在中国发生标志为老子、孔子的诞生，以及诸子百家的兴起等。[③]雅斯贝尔斯的"轴心时代"思想，虽具有很强的创见性和解释性，也能突出中国文化的特色及其在世界文化上的地位，但它更多的只停留在对现象整体的概括描述上，可能存在过于"去异求同"的现象，其遗憾在于并没有详释不同轴心文明的突破形态及其成因。如张汝伦指出"轴心时代"只是一个理论假设，而非事实性的观念。[④]由于中国春秋时期的文化与西周具有极强的连续性，[⑤]故本文之称"轴心时期"，将以西周"礼乐文明"为开端（约公元前1000年），而以春秋末期（约公元前500年）的老子、孔子为思想代表。

① 刘刚：《"道"观念的产生——基于宗教、知识的视角》，北京：光明日报出版社，2009年，第13页、第189页。

② 参见夏绍熙：《天人之学》，北京：学习出版社，2014年，第11—19页。

③ 卡尔·雅思贝尔斯：《历史的起源与目标》，魏楚雄、俞新天译，北京：华夏出版社，1989年，第7—29页。

④ 张汝伦：《轴心时代的概念与中国哲学的诞生》，《哲学动态》2017年第5期。

⑤ 张光直：《考古学专题六讲》，北京：文物出版社，1986年，第17—18页；陈来：《古代宗教与伦理——儒家思想的起源》，北京：生活·读书·新知三联书店，2009年，第4—5页。

（一）"前轴心时期"的天人关系：从采集渔猎时代到农耕文明时代

采集渔猎时代（约公元前5000年之前）是人类历史的开端时期。依照现存的考古发现及相关文献材料，如挪威阿尔塔的动物岩画、《山海经》中神的形状为动物（兽）等，可知在原始时代产生的最早的宗教观念为动植物崇拜。此时代的人与物之间并非二元对立（互为外在）的主客关系，而是彼此影响（内在一致）的"互渗"关系，其为"非二分主义"的既无主体也无客体的身体中心化思维结构，并不严格区分自己之物、外在之物。此时"天"并未进入原始人认识的中心，其所表示的是在人头顶之上的一个方位或空间，即"天空"；此时的"天人关系"也就是非自觉的人与其自然环境之间的原始混沌的"天人不分"之一体状态。

当人类社会进入农耕文明时代，人们开始过上定居生活，天时（阳光、雨水）、地利（肥力、地势）逐渐成为人们生活的核心，自然崇拜（天神、地神）随之产生。此时人类的自我意识产生，开始脱离原始混沌的"天人不分"状态。与原始的采集、狩（渔）猎完全依赖于自然（天生地养）相比，农耕时代的人更多地改造自然环境。在原始类比思维的影响下，人们自然而然地把"天"视为人格神（是否为"至上神"还不能确定），伴随此而欲"通天"的巫术也就产生了。其中"天人关系"的演进，大体经历了三种形态：其一，原始的"天神—人"之关系，此时原始人直接与天沟通，无需中介；其二，"天神—巫—人"之关系，其特点为巫师命天合人，通过巫术支配天（神）而达成新的一体；其三、"天神—首领—民"之关系，通过祭祀天而寻求降福与庇佑，即以人合天。其均为天、人二元对立之后，试图通过外在的手段，以达到"天（神）—人（主）合一"。

（二）"轴心时期"的天人关系——以古中国、印度、希腊为核心 ①

此处将采用"双向论证分析法"，即以"生存结构"（生存环境、社会结构）来说明古之某一时代（轴心时期）如此这般的"思想范式"，同时又用显示"思想范式"的文本或文献资料来阐述当时的各种环境和社会背景，从而探索公元前1000年至前500年左右的中国、印度、希腊之"生存结构"差异所引起的"天人关系"的不同，来分析中、印、希之文化的差异，以及中国"天人之和"思想范式的独特性。

"轴心时期"中、印、希之"生存结构"比较：其一，生存环境方面：(1) 中国黄河流域、印度恒河流域、希腊的斯巴达地区有较为广阔的平原地带，气候温润，适合发展农业。(2) 希腊之雅典等城邦和其他岛屿，多山地、良港，粮食生产受限而

① 此节内容可参见孙柏林：《"天人之和"视域下的"老子"思想探源》，博士学位论文，云南大学文学院，2019年，第68—94页。

适宜商业贸易。由于斯巴达在轴心时期（即公元前 449 年，希波战争结束、伯罗奔尼撒战争开始之前）非希腊文化之中心，故若以各文明之"中心地理环境"而论，中国、印度与希腊的差异，大体仍可归为冯友兰所言的大陆国家与海洋国家之分。[1] 其二，社会结构方面：（1）经济结构以农业为中心是中、印、希的共同特征，不过随着社会发展、人口增加，不同的生存环境产生了不同的结果：拥有较为广阔平原的中国的黄河流域、印度的恒河流域地区仍保持耕作，而土地资源较差的西方希腊的雅典则因航海业发达（移民、贸易）逐渐转向商业。（2）虽生存环境和境界结构相似，但中印之政治结构存在一定差异，其或由于两者文化或思想范式的不同所造成的，印度浓厚的宗教色彩和轮回信仰冲淡了其现世及实用精神。希腊与中印相比则表现出更强的个体性、自由性、民主性等特征。

"轴心时期"中、印、希之"思想范式"与"天人关系"之比较：其一，思想范式方面：中国的"制礼作乐"为反对商代的帝命信仰而重塑周代的政治社会秩序，印度的"无我涅槃"为摆脱尘世的痛苦而达到超越性极乐世界，希腊的"自然哲学"为反对神创万物而发现了人的能动性和思辨能力。这种"意义原则"所体现的便是"究天人之际"，即从人与世界的关系互动中追寻人之存在的意义。其二，天人观念之异同：（1）就性质而言，中西印都认为"人"之性质同于"天"，人是天的一部分。（2）就目的而言，中国为人努力变得更完善而趋近于天，印度为尘世之人的消解而达到另一个超越性的"天"，希腊则是人认识本质性的"天"而自我完善。（3）就方法而言，中印提倡全身性的"体悟"，而希腊则为理智性的"思辨"。大体而言，中、印、希天人关系之"思想范式"：中国为"天人之和"，印度为"人合于天"，希腊为"天人之分"。

综上而言，中国在周代"制礼作乐""神道设教"的过程中实现了整体性文化之人文理性精神的确立的"轴心突破"，其特质为"天人之和"；而随后之诸子的"哲学突破"则体现为在"天人之和"基础上的内向超越[2]之"道"的构建。

---

[1]　冯友兰：《中国哲学简史》，涂又光译，北京：北京大学出版社，2010 年，第 21—22 页。

[2]　内向超越（inward transcendence），余英时先生此前亦称为"内在超越"（immanent transcendence），为避免一种"存有论"的误解，故修正之。参见余英时：《"内向超越"》，陈致访谈：《余英时访谈录》，北京：中华书局，2012 年，第 64—67 页。最早用"内在超越"来讨论中国文化，尤其是儒家思想之特征或为牟宗三先生。关于"内向超越"，张汝伦指出：许多学者在讨论中国之"天"的概念和"天人"问题时，强调天人相通的一面，却对于天的超越性缺乏足够的意识，而"内在超越"或"内向超越"的说法，实际上导致以心代天，最终取消了天的超越性；故认为"内在超越"论不但根本误用了"超越"这个西方哲学的基本概念，而且本身也根本讲不通，其暴露出以西释中做法的根本缺陷与问题（参见张汝伦：《论"内在超越"》，《哲学研究》2018 年第 3 期）。张先生之分析，逻辑严谨、材料翔实，但有以西方思维看待中国思想之嫌疑；"内在超越"指内在性与超越性的和谐统一，也就是价值意义与形上性质的结合。"道"的"内向超越性"指"道"是追问人生之意义和价值之根源时才出现的（内向），并作为人之意义和价值的根据和基础而具有形上性或超越性。

二、"天人之和"与内向超越之"道"

"道"是中国文明的最核心范畴，它是老子、孔子继承并超越上古三代思想，开启中国哲学突破的关键性标志。中国轴心时代"道"之范畴的构建与突破，是针对"天人关系"的问题时才出现的，"天人关系"是"道"之构建的视域。"天人之和"思想范式的确立，促进了内向超越之"道"的建立；反过来内向超越之"道"又强化了"天人之和"精神，而在这其中显示了中华文明的一种独特气质。

（一）"天人关系"诸观念：天人之和、天人合一、天人之际

天人之和，指的是周代产生的一种充满人文经验性色彩的"天人关系"，其中"天"乃是主宰性的"神圣之天"与人文经验性的"自然之天"的统一，"人"指圣人、君王、民众之一体。[①] 其特征为：（1）天、人本源一体，性质同一；（2）天人有差异，人体悟非现成性、非对象性的"天"（道、大全）而成就人生之意义；（3）以人之生活世界为中心，天不远人。其意在某种程度上大体可以与西周及此后时代现今通常称之的"天人合一"互换，但仍需具体辨析；其不同于周代之前的"天人观念"，虽有研究者亦称为"天人合一"。

天人合一，其在中国历代文献中的第一次明确记载是宋代张载的《正蒙·乾称篇》："儒者则因明致诚，因诚致明，故天人合一，致学而可以成圣，得天而未始遗人。"[②] 张载以"气本论"为基础，指出天人一气，天人之"神与性"同，故人穷理尽性、知守礼乐则能"合"于天（命，神秘性、主宰性）。[③] 也就是说"天人合一"有两重含义：（1）天人一体不隔；（2）人合天而归于同一。"合"，甲骨文像器盖合之形，或为"盒"之初文。[④]《说文》释曰："合口也，引申为会合。"[⑤] 故可知"合"指"人为"，其可能出现"强为"的情况，"以人合天"则容易引起"人类中心主义"之误会；另外言"合"，则需以"分"为前提和基础，先有"天"外在于"人"的"分"之二，然后才需要两者"合"而为一。而"天人之和"则不强调"人为"，显示界限，且能揭示"天"与"人"的相互内在性，以及本源性亲密关系和非二元对立的一体性，正如俞吾金所言："天由人成，人内在于天之中，人是天的一个不可或缺的组成

① 冯禹：《天与人——中国历史上的天人关系》，重庆：重庆出版社，1990年，第16—19页、第25页。
② 张载：《张载集》，章锡琛点校，北京：中华书局，1987年，第65页。
③ 蒲创国：《天人合一正义》，北京：中华书局，2015年；杨立华：《气本与神化——张载哲学述论》，北京：北京大学出版社，2008年。
④ 古文字诂林编纂委员会编：《古文字诂林·卷五》，上海：上海教育出版社，1999年，第380页
⑤ 许慎撰：《说文解字注》，段玉裁注，杭州：浙江古籍出版社，2012年，第222页下．

部分。”①

天人之际，最早由司马迁在阐释其创作《史记》之目的的《报任安书》中提出“究天人之际，通古今之变，成一家之言”。本文则以其泛指天人关系，其已超出了太公之“考察历史经验而澄清成败治乱之本源，以探明为治之道”的原始含义，而论人之存在的最终依据与意义问题。

多数研究者，对于上述三个概念并不加区分，而导致了不少误解。如余英时以“轴心突破”为分界，提出新旧“天人合一”说：轴心突破前为“旧天人合一”以巫为集体本位的人—神中介，是外求方式的合一；轴心突破后的“新天人合一”则是道与心的合一，个人内在之心为天—人中介。②而作为思维模式的“天人合一”，具有普世性，其跨越了文明和时代的界限，如西方古代哲学中的柏拉图派、伊壁鸠鲁派和斯多葛派之“精神锻炼”，就是用西方哲学的语言宣说“天人合一”的理想。③从上可知余先生言“天人关系”只强调了“同”的方面：（1）天人之际与天人合一的“同”，（2）中西方天人合一理念之“同”。

（二）内向超越之“道”的历史性构建：从道路到意义世界

“道”字有两形，一是“从人、行”，甲骨文中作“”（《合集》28800④），其字最早或见于夏代二里头遗址三期陶文“”（Ⅱ,T206）⑤；二是“从辵、首”，首见于西周金文中“”（《集成》5409)。另在甲骨文中表“道路”之意还有两字：“途”（，《合集》6032) 与“行”（《合集》4905)。金文“道”，释者曰：“从首从行，《汗简》行部，释为‘道’见于《尚书》《貉子卣》。”⑥依其字形，“道”或从行、从首、从止。《说文》释“道”：“，所行道也；从辵首”，又“辵，从彳止”。“道”之形义中“首”“止”即指头、足，喻思与行，象征人之全，而甲骨文及陶文则将此两部首简略为“人”字；又“行”为十字路；故“道”意为“人在路上”。故可知“道”之本义为“道路”，它揭示了大地—人—远方，显现了人与世界之意义关联境域。

在前诸子时期的相关经典文献中，“道”字之含义大体有八：本义（1）“道路”；引申义（2）“言说”（询问道路）；引申义（3）“疏导”（开辟道路）；比喻义

① 俞吾金：《人在天中，天由人成——对“天人关系”含义及其流变的新反思》，《学术月刊》2009年第1期。

② 余英时：《论天人之际》，第56页、第162页。

③ 余英时：《论天人之际》，第192—195页。

④ 此处数字为甲骨文编号，本段同类情况不再标注。

⑤ 曹定云：《夏代文字求证——二里头文化陶文考》，《考古》2004年第12期。又郭店楚简《老子》中“道”字之字形同此。

⑥ 周法高主编：《金文诂林》，香港：香港中文大学出版社，1975年，第959页。

(4)"方法"（探寻捷径）；其又孳乳为（5）"知识与技艺"；比喻义（6）"规律与法则"（路之通达），以及其对应义（7）"自然本性或秩序"（路之行走）和（8）"政治原则"（路之平坦）。^① 由于"道"之词义的形上化、抽象化，与"天"关联而促成了"天道"观念的产生。"天道"一词最早出现于《左传》《国语》之中，其含义，大体有以下四种：(1) 神意；(2) 决定人间吉凶的天象、征兆；(3) 必然之理，"天命"之意；(4) 自然现象或运行规律。第四种含义上的"天道"具有自然、人文化的倾向，已包含了"天人之和"的色彩，为《老子》之内向超越之"道"的确立奠定了思想基础。

内向超越之"道"指的是作为超越主宰性、人格化之天（帝、命）的"道"之意义世界，是由人自身建构而成，其内在于人，并且始终与人伦日用的日常世界"不即不离"；其以人之实际生活经验为思想的出发点与最终归宿，并形成了重视直觉性、经验性及体悟性的思维特质。即作为轴心突破之标志的"道"揭示了一种不同于轴心突破前"人埋没于天（帝、命）"的"天人关系"状况——"人在道之中"，"道"是一种与人一体关联的"生成性本源境域"^②：即气、即心。那么作为"哲学突破"之标志的老子、孔子，到底是谁奠定了"道"之内向超越的基础，从而体现和强化了"天人之和"精神呢？

三、《老子》之"道"的哲学突破

关于中国文明的轴心突破到底始于老子还是孔子，这关涉到"老子之时代"的问题。近百年来关于"老子"其人、其说、其书之时代的问题，在中国思想或学术界已经出现过两次较为深入、细致的大规模讨论：(1) 20 世纪二三十年代；(2) 20 世纪末 21 世纪初。第一次讨论受"古史辨派"为主导的疑古思潮的影响，第二次则是因"郭店楚简老子"的出土。依据现今的考古材料和出土文献，虽可推断"老子"之年代（最重要的是"老子"之学说）的最初确立在战国中期以前，而倾向于"早出说"——老子早于孔子，但要断定其最早时代及与孔子之间的关系，仍尚待更多出土材料的发掘及支持。^③ 下文我们将从"思想发生"的角度进一步论证"老子"可能早于孔子。

---

① 孙柏林：《〈老子〉之"道"新诠——基于现象学之视域和方法的分析》，詹石窗、谢清果主编：《中华老学·第一辑》，北京：九州出版社，2019 年，第 173—182 页。
② 张祥龙：《海德格尔思想与中国天道——终极视域的开启与交融》，北京：中国人民大学出版社，2010 年，第 221—240 页。
③ 孙柏林：《百年来"老子"之时代问题研究述评》，《思想战线》2017 年第 S1 期。

（一）老子、孔子之时代先后问题

关于老、孔之先后问题，如余英时认为作为儒家创始人的孔子，同时也是轴心突破开启的第一位哲人。儒家之孔子把"礼"之本，从巫文化的外求于"天"而转变为人内求自心之"仁"的新途；墨家则反周礼之繁缛，以功利主义之立场，回到简朴之夏礼，以"天志"反巫之天、人中介功能；道家则最为激进，对整个现实世界的礼乐传统持否定态度，提倡"道"的超越世界，以"道"为天人合一之机枢。[①]余先生此观点隐含两个基本假设：（1）儒家出现的时间早于墨家而道家最晚；（2）老子之思想为道家学派出现后才有。[②] 第二个假设为因果倒置。又余先生因坚持"老子晚出"而存在"强制阐释"文本的情况。比如在《论天人之际》一书"第二章"论述"从古代礼乐传统的变迁论儒家的轴心突破"时，余先生曾引述马克斯·韦伯的观点："在中国儒家的创始人孔子及其信徒，还有通常视作道家创始人的老子，他们或者是受过古典教育情的官吏，或者是经过相应训练的哲学家。……他们经常对现存宗教实践或者采取不加闻问的态度，或者从哲学以新释，但不是从中抽身而出。"[③] 并评价其与中国古代轴心突破的轨迹可以相互印证，只需把"宗教"改为"礼乐"，从而得出结论：孔子对于当时的礼乐实践态度是"从哲学以新释，但不是从中抽身而出"[④]。此明显有"略老尊孔"之"强制阐释"意味。按照韦伯的文本，其论及孔子和老子两人，并均有特征分别对应其人，如孔子是"受过古典教育的官吏"，而老子是"经过相应训练的哲学家"，那么下文理应为孔子对"现存宗教实践采取不加闻问的态度"（孔子罕言命），而老子则"从哲学的角度加以重新阐释"（"老子"之系统性道论的建立）。[⑤]

（二）孔子之"道"的内向超越之局限性

余英时曾指出轴心时代的各派思想家之所以能发展出各自特色的"新天人合一"

---

① 余英时：《论天人之际》，第16—21页、第39—62页、第79—119页、第205—211页；又余英时：《士与中国文化》，上海：上海人民出版社，2013年，第19—34页、第82—99页、第599—619页。

② 余英时先生对此在书中有明确表示：道家比儒、墨晚出，其同意胡适先生之观点——"道家"作为一个学派的名称在先秦尚未确立，并认为现行《老子》一书中的主要观点的年代明显晚于孔子，如三十八章反"仁—义—礼"等内容是反对孔子的，则必时间靠后；又言早期道家老子，尤其是庄子揭示了现实世界之上有一个更高的精神世界（参见余英时：《论天人之际》，第103—105页）。

③ Max Web, *Economy and Society*, edited by Guenther Roth and Claus Wittich, Berkeley and Los Angeles：University of California Press，1978，vol.1, pp. 502—03.

④ 余英时：《论天人之际》，第81页。

⑤ 另外一些韦伯的观点可以参考：如韦伯认为中国哲学中第一个提出自己的主张、建立学派、并确立自己的位置的是老子，作为哲学家和隐士的老子出于自身的追求而拒绝做官，而作为"士"的孔子则为没做官而遗憾。参见（德）马克斯·韦伯：《儒教与道教》，王容芬译，北京：商务印书馆，1999年，第217页、第228—230页。

观点，其都是以"气化宇宙论"思想为基础的，而"气化宇宙论"在孔子言谈中仅仅是隐含而未明言，直到公元前 4 世纪左右的孟子、庄子、管子的思想中才形成。[①] 与此相关有两个推断：（1）如果孔子思想在"气化论"之前，则说明其未实现"突破"；（2）如果在之后，则说明孔子以此为隐含前提，只是"突破"的进一步深化。但不管是何种情况都与余先生所言"孔子为轴心时代的第一位哲学家"相矛盾。

孔子之"道"论，一般认为其包含两个部分："天道"和"人道"，并以"人道"为核心。[②] 如王立宗指出孔子的"道"范畴具有天道观与人道观的含义，其突破"天道"而主要指向"人道"，"仁"是孔子"人道"的核心及道德目标。(1)天道观方面，孔子的"道"主要意指自然界运行、存在的条件和方式及不以人的意志为转移的自然规律，这一观念是与上古三代的天命思想紧密相关的。(2)人道观方面，孔子的"道"主要是指以"仁"为最高范畴的价值理论体系，它蕴涵了以"仁"为核心的道德目标、以"礼"为核心的价值准则、以"正名"为核心的政治理想、以"中庸"为核心的方法论和以"君子"为核心的理想人格。[③] 李华华认为孔子之"道"充满道德意义：人道以"仁"为核心，表现为忠恕之道，为人处世要依"礼"而行；天道即天命，决定个人的最高价值是对他人和社会的贡献，促使人终身追求"道"，并在行道过程中，实现从"修己"向"安百姓"的过渡。这是孔子之"道"由个人观向社会观的提升，对个人与社会的和谐发展都有非常重要的意义。[④] 美国汉学家郝大维与安乐哲甚至认为："在孔子思想中，影响最深远的、一以贯之的预设是：不存在任何超越的存在或原则。……企图求助于超越的存在或原则来说明孔子的学说，是完全不恰当的。"[⑤]

具体分析孔子之"道"，可发现其在"内向超越"和处理"天人关系"问题上至少有以下几点遗憾：（1）孔子在"天道"与"人道"二分的基础上使用"道"，这是春秋观念的延续[⑥]，并未突破。（2）孔子少言"天道"[⑦]，用时其含义又基本沿袭西周以来"天命"或"自然"（天行）之意，亦未突破。（3）"孔子"思想中心言"仁"，主

---

① 参见余英时：《论天人之际》，第 122—128 页。

② 可参见王滋源：《何谓孔子之道？》，《齐鲁学刊》1986 年第 4 期；王垒．《孔子之道平议》，《西南民族大学学报（人文社科版）》2006 年第 7 期；张勇、许家星：《以仁进道 以道成仁——孔子仁道观的理论特质》，《北京师范大学学报（社会科学版）》2008 年第 1 期等文。

③ 土立宗：《孔子"道"范畴的哲学阐释》，《南京理工大学学报（社会科学版）》2008 年第 2 期。

④ 李华华：《孔子之"道"今析——以〈论语〉为例》，《江淮论坛》2005 年第 1 期。

⑤ 郝大维、安乐哲：《孔子哲学思微》，蒋弋为、李志林译，南京：江苏人民出版社，1996 年，第 5 页。

⑥ 《春秋左传》及《国语》中，"天之道"或"天道"共十四见，"人之道"与"人道"各两见。

⑦ 《论语·公冶长篇第五》："夫子之言性与天道，不可得而闻也。"参见杨伯峻：《论语译注》，北京：中华书局，2009 年，第 45 页

要处理的是横向的"人人关系"问题，其需以纵向的"天人关系"为根据。如颜炳罡指出：在孔子的哲学中，"性与天道"对举体现了孔子"性"与"天道"贯通的原则，"性"是人的内在根据，"天道"是客观的超越原则；在天为道、为命，在人为德、为性，天生之德就是天道下贯于吾人者，吾人之德实得之于天者也，天生之德就是吾人之性，而这个天生之德就是"仁"，故而孔子是"以仁显性"。[①] 天命是人之命运的根本规定者，因而人要敬畏天命；又仁是人的本性，它源于亲子之爱且扩充为人类之爱，其通过学习、修身、反省等方式可以达到。可知作为人之本性的"仁"其根源于天，但天（天道、天命）本身是如何孔子并未说明，或者对孔子而言"道"（天）是一个不言自明的存在。[②] 而这一缺陷，到思孟学派（如《中庸》）和《易传》，引入"道家思想"才得以弥合。

（三）老子之"道"的内向超越与"天人之和"精神之体现

雅斯贝尔斯在《大哲学家》一书中言："老子的道乃是在超越了所有有限性时达到最深层次的宁静，而有限本身，只要它们是真实的、现时的，也都充满着道。这一哲学思考便活在了世间，进入了世界的根源之中。"又说："终极事物从来没有成为孔子探讨的主题。孔子很少谈到生死、命运、纯粹之品德；在不可避免地谈到有关死、自然以及世界秩序的时候，他的回答是使这些问题保持着开放。"[③] 雅斯贝尔斯的观点进一步论证了由于孔子较少探讨"天"之维度，故其相关"究天人之际"思想并不突出，而老子则从哲学的角度阐释了"道"的"内向超越"特征："活在了世间，进入了世界的根源之中"。下面我们具体结合老子之"道"论体系的核心范畴来论证其是如何体现"天人之和"的。

首先，《老子》之"道"论是针对现实人生问题而发，旨在追问人生之意义和价值之根源（内在性），并以"道"作为人之意义和价值的最终根据和渊源基础（超越性），可以说《老子》本质上是一种"为人生"的哲学。首先，《老子》在宗教神学的神秘之外，为人类树立了一个新的充满人文理性精神的终极意义和最高目标——"道"。其次，《老子》之"道"并非形而上之实体，而是存在于万事万物之中且不离人伦日用的"意义"或效用。第三，《老子》之"道"乃是人生之理想、意义，这种"意义"并非人类构想或主观愿望的，而是源自世界万物之本然和谐状态"天人之和"

① 颜炳罡：《孔子"道"的形上学意义及精神价值》，《贵州社会科学》2010年第1期。
② 这也就我们认为孔子思想受老子思想影响的原因之一；孔子之"仁"，奠基于"道"之上，而"道"的突破在老子。参见孙以楷：《老子学说对孔子的影响探析》，《中国哲学史》1997年第3期；崔涛：《孔子对天人关系的本体论诉求》，《孔子研究》2010年第5期。
③ 雅斯贝尔斯：《大哲学家》，李雪涛等译，北京：社会科学文献出版社，2005年，第815页，第138页。

的要求。第四,"道"是真实不虚,可经验、体悟的,虽然言说(语言)可以指引向"道",但此"道"仍与真实之"道"有距离。①

其次,"气化宇宙论"被余英时先生认为是轴心时代的各派思想家之所以能发展出各自特色的"新天人合一"观点的基石。在《老子》中"气"出现了三次:(1)"专气致柔,能如婴儿乎?"(《第十章》)这里包含了三层意思:其一,人由"气"(精气和形气)构成;其二,婴儿之"气",即人之原初状态最为柔韧而充实,与"道"不隔;其三,人可以通过练气而达到如婴儿之原初境界。(2)"心使气曰强。"(《第五十五章》)同样指明了人由"气"构成,这样心主使气而逞强才得以可能,这是老子所反对的;老子强调"虚静"其实质就是要保持心与气为一。(3)"万物负阴而抱阳,冲气以为和。"(《第四十二章》)此处老子不仅言明了万物都是由"气"构成,而且"气"分阴、阳,体现在物中则为"和"。又"道生万物",故"气"即"道",强调的是万物之亲密一体性。由此我们认为:"气化宇宙论"在老子中已初见端倪。这也就是"天人之和"的存在论根据,人(物)与世界(天)的本然一体性,贯通于一气。

再次,"德""无为"及"自然"。《老子》中的"德"是"道"之用,多为"得"意,即人能得"道"。如《老子》中:"孔德之容,惟道是从。"(《第二十一章》)"得"含义上的"德"在"德"之观念发生的历史上要早于作为"德行""德性"含义的"德"②。那么老子之"德"是如何体现"天人之和"的呢?"道生之,德畜之……生而不有,为而不恃,长而不宰,是谓'玄德'。"(《第五十一章》)又:"玄德深矣,远矣,与物反(返)矣。"(《第六十五章》)由此可知"玄德"是道所体现出来的一种品质,其与物(人)不隔,用相近的词语表示那就是"无为","道常无为而无不为"(《第三十七章》)。人只有"无为"方能真正体道、行道、弘道。"无为"绝非"不为",而是不妄为,其实质是一种"天人"一体不隔的、内在性的、非知识性的、面向事情本身的"为"。与"无为"并提的是"自然"。《老子》一书中共有五处直接提到"自然",其含义可分为四种:其一从"道"来看,"道法自然","自然"是"道"运行之特征,是世界有机整体的自发、稳定、和谐状态;其二对于"物"而言,"自然"就是指物本身的性质和状态,即"宇宙万物及其发生、发展的和谐有序";其三,从"人"来说,"自然"是指人自身的一种顺其本性、自然而然的状态——无为、不争、知足;其四,从"人与物"之关系来讲,其与"不自然"(人之强为是对万物之天然是其所是的遮蔽)相对应,指人与物的统一,即"天人之和"的状态。③

① 蒋永青、孙柏林:《〈老子〉的思想域界、历史世界与生命境界》,《东岳论丛》2019年第6期。
② 晁福林:《先秦时期"德"观念的起源及其发展》,《中国社会科学》2005年第4期。
③ 孙柏林:《〈老子〉之"自然"释读》,《思想战线》2011年第S1期。

最后，老子之"无""有"范畴与"天人之和"的关联。笔者曾把《老子》中的"有"和"无"，按"道""物""器"三个层次来理解。①（1）"道"之"有、无"是对等的，是关于"道"的不同描述，相当于一体之"道"的两面。"无，名天地之始；有，名万物之母。故常无，欲以观其妙；常有，欲以观其徼。此两者，同出而异名，同谓之玄。"（《第一章》）其中"道"之"无"，是言"道"的否定性、变易性、无限可能性及创造性，其无定形而不可见、无定名，并非现成性或对象性的存在物；"道"之"有"，则言"道"确实存在、不虚妄，与人一体而无对，即"其中有信"（《第二十一章》）（2）"物"（自然物）之"有、无"能够相互转化，"有无相生"（《第二章》）。"物"相较于"器"，其能自我成长、变化且保持自身特质。"天下万物生于有，有生于无。"（《第四十章》）"物"之"有"，指其有名、有形，"万物生于有"与"物形之"（《第五十一章》）义近，而"物"之"无"，则指其生成性、变化性、可能性。（3）"器"指人制作之用具。"三十辐，共一毂，当其无，有车之用。……故有之以为利，无之以为用。"（《第十一章》）"器"之"有"，指器的材质及形体等，"有之以为利"是说器具之功利的发生奠基于其材质和形体。"器"之"无"，指隐于器产生功利或便利之中的整个"用"的关系或此发生关系的场域，"无之以为用"是"用"的关系场域决定了器之"有"和"利"。也就是说"有""无"这一对范畴，本质上讲的是人与道的关联，道与人无对，言道之否定性、变异性，就是言人之创造性、可能性，而不囿于现成之对象，"器"是人试图领悟"道"而改造"物"时产生的。

概而言之，在《老子》"道"论体系中，首先为"天人之和"构筑了一个基石——"道"，其是内在性与超越性的统一，与人"不即不离"；其次，人与物、天与地都是由"气"（道之别名）所构成，即"道"在天、地、人、物之中，其质同一，人之所以能"体道"其根源便在此；再次，"玄德"是一种人与道为一的状态，而人只有通过"自然""无为"才能达到此境界，才会有所德（得道）；最后，"无""有"则说明了人、器、物及道之关联，人在试图领悟"道"而改造"物"时产生了"器"，这也就是"道"之世界与日常生活之世界的贯通。

结语

在"轴心时期"之发端，中国周代"制礼作乐""神道设教"的过程中实现了整体性文化之人文理性精神的确立——"轴心突破"，其特质为"天人之和"，而不同于印度的"人合于天"，希腊为"天人之分"；随后以老子、孔子为发端的先秦诸子

---

① 孙柏林：《论〈老子〉中"物"之含义》，《商丘师范学院学报》2015年第2期。

之"哲学突破",则在"天人之和"的基础上,对内向超越之"道"的构建的结果。内向超越的"道"之世界由人自身建构而成,内在于人,并且始终与人伦日用的日常世界"不即不离",其以人之实际生活经验为思想的出发点与最终归宿,并形成了重视直觉性、经验性及体悟性的特点。具体比较老子、孔子之"道论"及其相关"天人关系"的论述,可知老子之相关"道"论体系的建立是奠基性的,其实现了内向超越之"道"的构建(从道路到理性原则、终极意义)并体现了"天人之和"精神,即超越了上古三代以来"天(帝、命)人二分""天道、人道二分"的状况;而孔子之"道"论则强调"人人关系",需以老子之理论为隐秘的基石,其提出内在个体之"仁",强调了人的能动性,从而丰富与深化了"天人关系"中"人"的维度。

谈"无"说"有":从中观二谛说的视角探析老子的接引之道

巫阿苗*

内容提要: "接引"不仅指论说"可说"之法,亦指如何表述"不可道,不可名"的抽象义理。古圣先贤深知接引策略对传道与修行的裨益,也致力于丰沛和通达传播智慧的"善巧方便"。老子作为形上之道的"全知叙述者",有其独特的修辞和应机教法,《道德经》正是呈现了他以世间之体悟践行传道的慈心和智慧。对此,中观二谛说(世俗谛和胜义谛)作为佛家说法的基本样态,对探析老子接引的智慧可提供新的路径和意味。本文尝试从自然之象、色身之行、因果之律这三个向度,呈现老子如何依据俗谛行教的方式引导世人,以指向他欲表述的真谛内核。此外,老子二谛模式的接引之法,更是实现其对道的"真"与"俗"、"无"与"有"的并重与圆融。对老子接引世人的二谛"教学法"的研究,旨在为当代人理解古贤智慧,以及对传统文化的弘扬和传播提供另一个入处和视角。

关键词: 老子 中观二谛说 接引《道德经》①

一、"接引"的内涵

中国的古代论师十分重视接引之道,即接取、引导学人,譬如《佛说观无量寿佛经》曰:"以此宝手,接引众生。"接引一词也被说成"引接",如"诸佛菩萨引导摄受众生,或师家教导引接弟子"②。早期道家的"接引"与佛教不尽相同,最早见于《抱朴子》外篇卷十六与卷二十七:"或有德薄位高,器盈志溢,闻财利则惊掉,见

---

* 巫阿苗(1982—),目前为香港浸会大学宗教与哲学系全奖全日制在读博士生(2019—2023 年),原上海外国语大学贤达经济人文学院副教授(2014—2019 年)。主要研究方向:中国禅宗哲学、老学、跨文化传播。

① 注:本文采用的是王弼译注的版本,文中通称为《道德经》,引语皆出于此本。王弼注:《老子道德经注》,楼宇烈校释,北京:中华书局,2018 年。

② 畺良耶舍译:《佛说观无量寿佛经》,大正新修大藏经本,中国基本古籍库,第 6 页。

奇士则坐睡。褴缕杖策，被褐负笈者，虽文艳相雄，学优融玄，同之埃芥，不加接引。""或曲晏密集，管弦嘈杂，后宾填门，不复接引。"① 这两处的"接引"皆意为"接待，交往"，强调的是精神修养对人与人之间处世接物的影响。而元代道教名士陈致虚所言的"真仙圣师慈悲开谕接引"，② 便趋向开化、引导后进之意。

古圣先贤深知接引策略对传道与修行的裨益，也致力于丰沛和通达传播智慧的"善巧方便"。圣人为何要深凿并践行传道之教法？冯学成认为，"道"它本身超越于我们认识以外，超越于具体的"可道"，也就是超越于万事万物万法之外。③ 另有学者认为，无形、无名之道弥散于宇宙之中，难以被凡人目视，也难以叙说；且世人被无明、名色所遮蔽，缺乏观道之慧眼，故世人需要圣人智者的接引。④ 此外，如何言说"不可道，不可名"的抽象义理也是圣人传道的一项大工程。

东郭子问庄子："所谓道，恶乎在？"庄子说大道"在蝼蚁"，"在稊稗"，"在瓦甓"，"在屎溺"，庄子说道是抵达最日常的世俗层。禅宗也有类似的公案接引，僧问云门："如何是佛？"门云："干屎橛。"而且禅宗的接引之法更为激进，比如龙牙和尚问不得"祖师西来意"，一问就挨打。禅宗虽提倡"不立文字"，但一直探究启发弟子的"身教"方式，例如棒喝、踢倒净瓶、拨眉、扑倒、碾脚则是以极端的行为语言激发学人悟道。接引行为更是关乎儒家的性命之学，唐君毅认为："修道之道，固原是道，而凡对人说道，亦皆是教。"⑤《论语义疏》中存在一个"双面"孔子，在世人面前，他是应机作教、情态如凡人的教化者，但在本质上，他又是智性绝凡、体寂无心的圣人。⑥ 孔子根据世人，尤其是对"后浪"的不同资质进行"对症"接引，以言语为媒介的面授，体现"有教无类"的儒家教学风范。

虽然老子认为"大道不言"，但并不像禅宗那样"吝啬"修行的教导，而是不辞烦劳地汲汲于教化世人。言语不能表达道，因为言语是因缘而生，没有自己稳定的性质，所以言语不是第一义（道），也不能表达第一义，要诉诸其他技巧来阐述道。故老子并非泛泛地阐释大道义理，而是根据世间的理路、物象、人情来行教，这就休现了"二谛说"的教法，是随机作教的智慧。如雪窦禅师所言，自古至今，诸方主师不曾为人说法论道，皆是观众生心，随机应病，与药施方。⑦ 那么，何谓二谛

① 庞月光译注：《抱朴子外篇诠释》，葛洪原著，贵阳：贵州人民出版社，1997 年，第 351、561 页。
② 陈致虚：《紫阳真人悟真篇三注》，明正统道藏木，中国基本古籍库，卷 2，第 21 页。
③ 冯学成：《〈道德经〉第三讲——大道的密码及内在程序之上》，2010 年 4 月 5 日。http://blog.sina.com.cn/s/blog_6262ef500100hx1b.html，2020 年 8 月 1 日。
④ 郭继民：《道在"虚"中》，《中国道教》2016 年第 4 期。
⑤ 张星：《儒学的接引智慧》，郑宗义主编：《中国哲学与文化》第十七辑，上海：上海古籍出版社，2019 年，第 164 页。
⑥ 皮迷迷：《"隐圣同凡"：〈论语义疏〉中的孔子形象》，《哲学研究》2020 年第 5 期。
⑦ 任泽锋释译：《碧岩录》，上海：东方出版社，2018 年，第 100 页。

说法？

二、二谛说——世俗谛与胜义谛

佛祖释迦觉悟后，并非立即直接开示大乘经典《华严经》，而转向世俗易懂的小乘经来渐次讲法，因为他要接引的不仅是高种姓的婆罗门和武士，还有商人、女性和被驱逐者。龙树《中论》里面说："诸佛依二谛，为众生说法，一以世俗谛，二第一义谛。若人不了知，分别于二谛，则于深佛法，不知真实义。"[1]真俗二谛：一是世俗谛，是世间的真实，即世间法；一是胜义谛，即第一义谛，是绝对的真理。《中论》以二谛说为宗，佛陀为了度化我们这些凡夫，他老人家往往还得向凡夫让步，要由俗谛的相对真理来为绝对真理提供说法的路径和证据。胜义谛，是圣人智见体悟诸法本相，而非一般的认识所认识的。这是殊胜的真智界，故名胜义，即第一义谛。佛法教化众生使他们从迷启悟，从凡入圣，主要以此二谛为立教的根本方式。[2]换言之，世俗与胜义，亦是凡圣二谛、有空二谛，次第不同，但并不相违。

佛陀为什么要设立"真俗二谛"的教法？佛并非刻意去安立一个"俗谛"和"真谛"在那，觉者、圣人依据俗谛行教，引导世人，因为凡夫的情执，只知（不能如实知）有世俗而不知有胜义，圣者则通达胜义而又善巧世俗。[3]凡夫圣人的境地不同，眼界不同，所以从圣者的接引模式说，需要具足二谛，从他的教法上，可分为不同的二谛，最终的目的是要赋能关于"大道"的信息推送，是与受众交流的一种策略。故以二谛接引世人的方法称为二谛教法。二谛教法是佛家接引的极重要模式，但也深刻地体现在老子道学传统中。如何用世俗二谛阐述玄之又玄的"大道"，如何让世人明白"道法自然，无为而治"，如何以世俗物像来讲好胜义谛是老子施展教化的重大课题。

道超越于万有，又生成万有，其本身所具有的生化性和超越性，常人的认知难以所及。老子强调万物之"体"，以"无"为万有之基，他作为形上之道的"全知叙述者"，有其独特的修辞和应机教法，以指月手突破语言的牢役。《道德经》正是呈现了他以世间之体悟践行传道的慈心和智慧。后学借鉴中观"二谛说"的理路，尝试从自然之象、色身之行、因果之律这三个向度，呈现老子如何从俗谛层面谈"无"说"有"，以指向他欲表述的真谛内核。

---

① 释印顺：《空之探究》，北京：中华书局，2011 年，第 215—216 页。
② 释印顺：《中观今论》，北京：中华书局，2011 年，第 139 页。
③ 释印顺：《中观今论》，第 140 页。

三、老子"二谛"教法的三个面向

（一）自然之象——"行不言之教"

老子认为圣人要"行不言之教"，这并不意味着圣人得弃用"言教"，而是老子得直接跳跃到言语的那个能指层面——物象。老子提到"道法自然"，但大道无形，无名，该如何用自然物象来引导世人明白"道"呢？"无"是道之体，"有"是道之用。"道法自然"中的自然并非自然界，而是万事万物的自我之本然。① 所以，从俗谛层面来说，大自然之象因循的正是自然之道，故老子引导世人还得从天地万物上着手。当老子的接引直接落入天地万象的自然之境时，他的教法是更彻底、更直接的俗谛说。

我们可以把自然之象看作红尘世俗的镜像，即体征大道无为的自然物语。周易系辞曰"在天成象，在地成形。"② 自然物语参与了大道的构成和显现，后学认为这是一种"象接引"，象是由地、水、火、风、空五大自然元素源起的自然之境。自然之物本身不执行教化的功用，甚至有时会使凡夫俗子产生迷执，譬如青原行思禅师说，未悟之前"看山是山，看水是水"到"看山不是山，看水不是水"。一旦有了个入处，便"看山依旧是山，看水依旧是水"。 我们凡夫习惯以主观想法去加工自然万物，就错解了道的"无为"。圣人要做的就是打掉凡人的聪明和心机，使之回归素朴。所以老子善于以"水"来开示，"上善若水，水利万物而不争，处众人之所恶，故几于道"③。太上以水喻"上善"，此处"善"不可简单理解为善良，而是道。自然万物中水最与世无争，因其柔弱、无为，处卑秽之地而无言，最接近道。相比之下，世人之心则是喜攀缘，爱拣择，故不近道。"居善地，心善渊，与善仁，言善信，政善治，事善能，动善时。"这里太上描绘出水的七种"功能地图"，实则是将水置于世间之不同纬度，一步步延宕到修身、治国的人间事，又如"天下莫柔弱于水，而攻坚强者莫之能胜"，④ 形象地以水的"自然"指向胜义谛"无为而为"，大道"自然"。

经由老子的俗谛说，自然之象也能使众生从迷执境界转入圣觉的境界。道家将目光从自然之律投向日月星辰，《庄子》云："天地固有常矣，日月固有明矣，星辰固有列矣，禽兽固有群矣，树木固有立矣。夫子亦放德而行，寻道而趋，已至矣。又

---

① 清虚道人：《老子所言的"道德"具体指什么？》，2017 年 8 月 21 日，https://rufodao.qq.com/a/20170821/018386.htm，2020 年 8 月 10 日。
② 王弼注：《老子道德经注》，楼宇烈校释，北京：中华书局，2018 年，第 3 页，见楼宇烈校释第一条。
③ 王弼注：《老子道德经注》，第 22 页。
④ 王弼注：《老子道德经注》，第 195 页。

何偈偈乎揭仁义，若击鼓而求亡子焉？"①天地、日月、星辰、禽兽、树木都是言道的"象"，这也是道家以天地万物接引的特质，旨归所在是宇宙大道。这与禅的接引不谋而合。禅宗认为："青青翠竹，无非般若；郁郁黄花，尽是法身。"无情之物是老子启发世人悟道的基本盘，他讲"希言自然，故飘风不终朝，骤雨不终日"，自然之法无言可说，却又以自然之物言"不可言"，正如佛家的"离言真如"，这就是一种俗谛的"象"语，映射的是道的本来面目，故圣人"悠兮其贵言"，为了向世人解释道，顺物而行。

老子认为："天地不仁，以万物为刍狗，圣人不仁，以百姓为刍狗。"②从天道运行规律，为圣人与百姓的相处模式指明出路。但是世人很难明白"以万物为刍狗"这个道理，故老子继而讲到"天地之间，其犹橐籥乎，"天地像风箱一样，虚中而无心。那么，圣贤须以无心化育天下，把百姓看作刍狗，无贵贱之分，一视同仁，而不是凭主观情感和意志。"有心行善不为德，无心修善即上德。"③此处，老子以天地无情的宏阔视角揭示"无心"的妙，又不厌其烦地以日常事物来阐扬"空中妙有"，比如车毂、器皿、窗户、房屋的中空。"天下万物生于有，有生于无。"④而对"空"的妙用，若不从俗谛下手，很难理解上仁之境。关于"空"的论述，更是佛法甚深的主要论题。

因为空性，不是凡夫的认知所能观见的。例如龙树菩萨云："众因缘生法，我说即是无（空），亦为是假名，亦是中道义。"⑤（《中论》卷4）故无（空）是第一义，是宇宙万有的真相，是胜义谛的，与老子的"道"一脉相承。但世人皆认为看得见、摸得着的才是实有，所以老子对"空"的阐述需要第二义的承载和施设。"假名"，即施设的名称。而根本的方法则是依循"中道"，远离事物的对立状态，不执着于空性和假名，臻于不偏不倚的中正之境。⑥老子在第十一章中，就是借世俗施设，说到"三十辐共一毂，当其无，有车之用。埏埴以为器，当其无，有器之用。凿户牖以为室，当其无，有室之用。"以车、器、室为象示人，说明"以空为用，以无为中"，以及"有与无"并非截然二分的，而是相辅相成的道理，即"真空即妙有，妙有即真空。"

（二）色身之行

老子从不同层面谈无说有。虚中之理贯穿老子反复论说的核心议题——道、生

---

① 孙通海译注：《庄子》，北京：中华书局，2007年，第215页。
② 王弼注：《老子道德经注》，第15页。
③ 空灵：《〈道德经〉第五章解读》，https://www.douban.com/note/598185862/，2020年7月20日。
④ 王弼注：《老子道德经注》，第113页。
⑤ 释印顺：《空之探究》，北京：中华书局，2011年，第181页。
⑥ 方立天：《谈"空"说"有"话佛理》，《法音》2013年第6期。

死、圣人。二谛中，俗谛属事相，显于法非空；真谛属理性，显于法非有。非有非空，即是中道。① 简言之，二谛教法也是中道之法。从自然之象到修治身心、对治生死，老子依然由俗谛的"相对真理"来支撑真谛的"绝对真理"。普罗泰戈拉说，人是万物的尺度。从某种意义上肯定认知的主体，即真谛依赖于相对真理。但他又不免滑向另一边，即知识依赖人的日常经验。但是人的认知可信吗？老子认为："五色令人目盲；五音令人耳聋；五味令人口爽；驰骋畋猎，令人心发狂；难得之货，令人行妨。是以圣人为腹不为目，故去彼取此"。②

人的色身难以出离有情世间的色、音、味等，有的能生厌离心，而对于心识却不能厌离，固执地攀缘虚而不实的有为法。《杂含经》有五阴譬喻：色如聚沫，受如水泡，想如野马，行如芭蕉，识如幻。③ 色是泛指外相，不仅指眼睛所见之物，唯识论认为，众缘和合时，显现出各种"似色境""似声境""似香境""似味境"等。④ 老子的这段指点是要世人明白我们的感官感受所基于的"色、声、香、味、触"并非实在，我们眼睛看到的物质，耳朵听到的声音，手接触到的这些东西，都叫作境界，亦称为外境，而凡夫容易对外境起心升念，将五色、五音、五味等执为实有。从境界上说，无明就是起心动念，所以老子要破凡夫的"无明"，是要直接在色身的境上来接引。老子的阐述如图示一样明晰，呈现色身感知运作的"空"与修真的必要。后学将第十二章内容简化为：五色（眼 - 色）→ 盲（受）；五音（耳 - 色）→ 聋（受）；五味（鼻舌 - 色）→ 爽（受）；驰骋（身、心 - 色）→ 狂（受）；畋、妨 → （行）。括号里的"色"是色蕴的总称，通于种种色。由此可见，色、受、想、行、识经不起推敲，一经外界的"色"刺激便升起，是动态的不恒定，如同泡沫、幻觉，本无实体。故佛家常说不要"于诸境界起贪嗔痴"。

那么，色身表现的胜义谛是什么？同样是对色身的认识，老子与佛家有异曲同工之妙，二者都认为五欲是内外相互关联的，真为体，俗为用。《楞严经》说，十八界本具如来藏妙真如性。十八界含括六根、六尘、六识。比如眼根、色尘、眼识。但是"眼色为缘，生眼识界，三处都无，则眼与色及色界三，本非因缘，非自然性。"⑤ 意思是说眼根、色尘和眼识界，三者之间本非因缘关系，眼根攀缘色尘而产生了眼识，但是眼识即不来源于眼根，也不来源于色尘，本身就具如来藏妙真如性。如来藏就是真如，是本来面目，是第一义谛。所以十八界相互关联，蕴含世间万法。

---

① 唐思鹏：《从〈中论〉谈中道》，2013 年 3 月 6 日，http://www.fjnet.com/fjlw/201303/t20130306_205910_1.htm，2020 年 8 月 13 日。

② 王弼注：《老子道德经注》，第 31 页。

③ 释印顺：《空之探究》，北京：中华书局，2011 年，第 75—81 页。

④ 谈锡永：《唯识二十论》，北京：中国书店，2009 年，第 97 页。

⑤ 刘鹿鸣译注：《楞严经》，北京：中华书局，2018 年，第 124 页。

老子要指引世人看破肉身的无常和局限性，既要让世人远离对外境的一切执着，又要以世人的色身之行道出胜义谛。所以他走中观之道，还是要以"真俗一体"来示人，引致"是以圣人为腹不为目，故去彼取此"。目与腹相对，一外一内，一假一真，"为目"，是说眼睛总向外看，攀缘虚象；"为腹"指关注内在，修心养德。"故去彼取此"。"去彼"是"不为目"。"取此"便是"为腹"。①

老子为何要提倡圣人为腹不为目呢？《中阿含经》中说："有五欲功德，可乐，（可）意，所念，（可）爱，色欲相应。眼知色，耳知声，鼻知香，舌知味，身知触。若比丘心至到，观此五欲功德……观无常……如是比丘观时则知者，此五欲功德，有欲有染，彼已断也，是谓正知。"根据经文所言，五欲，是眼、耳、鼻、舌、身——五根，于色、身、香、味、触境，起可乐、可意、可念、可爱，与欲念相应。② 面对五根所捕获的外境，是虚幻不实的，如《金刚经》所云："凡所有相皆是虚妄。"如果能够"观五欲无常，即断离欲贪，成就五欲功德"，才能驱走无明，获得正知。

叶维廉认为，道家的知识论，在语言的破解中建立一种"离合引生"的活动，不但开向异乎寻常的朴实而诡奥的遮诠行为，引至"显现即无、无即显现"的美学，面且还对"名"与"体制"之间的辩证关系做了深刻的反省。③ 所以，老子要做的是帮助世人"去欲"，但首先要"破相"，破对外境的执着，即从色身这一层俗谛下手，解构世人对基于身体经验的认知的盲目屈从。老子也说道："吾有大患，为吾有身。吾若无身，何患之有。"此外，要体悟身与道的联结，在两者的体用中，由"身"入道之真谛，由"道"破身之表象。

（三）因果之律

六识，即眼识、耳识、鼻识、舌识、身识和意识，那么，身识的根本是什么？佛家认为，在所有心识类型中，阿赖耶识在发生上是第一义的，原初的，因此它也被称作"初能变识"，是构成诸识的根本。它是万物的原因，一切万有皆缘起于阿赖耶识，而不是相反。④ 那么，阿赖耶识等同于老子讲的"大道"吗？阿赖耶识是"最终的原现象"，也是"最初的原发生"，从第一义来看，阿赖耶识契合了老子"道"的含义。

《观四谛品》中第十颂云："若不依俗谛，不得第一义；不得第一义，则不得涅槃。"学人若要知晓道法自然，不仅要从语言文字、事相的俗谛中来悟道，还要从事

---

① 空灵：《〈道德经〉第十二章解读》，https://www.douban.com/note/598182132/，2020 年 7 月 20 日。
② 释印顺：《空之探究》，北京：中华书局，2011 年，第 42—43 页。
③ 叶维廉：《中国诗学》，生活·读书·新知三联书店，1992 年，第 37—49 页。
④ 倪梁康：《缘起与实相——唯识现象学十二讲》，北京：商务印书馆，2019 年，第 10—13 页。

相的因果关系悟得第一义谛，才可能证得涅槃而解脱出离。[1] 张纯一在《老子通释》中说，《老子》和佛理在两个根本问题上是相通的，即"拔生死根"和"明因果律"，这两点也是世间"真道"与"伪道"的分水岭，"道"是对《老子》"明因果律"的论证。[2]

以此道理，从另一层面理解老子教化众生的智慧，即老子的接引并不依于道德律而来，而是参透大道的缘起法事实——"此有故彼有，此灭故彼灭"，指任一物都是有条件的相待性的存在，同时有成坏之象。[3] 老子说的"曲则全，枉则直，洼则盈，敝则新"中，"曲"就是"全"存在的条件，"曲"灭坏，"全"将不存。佛家的因果轮回就是缘起法的一种方便说。因果律是老子洞悉"大道无情"的真谛后所力行的慈悲教化的世俗说。现代人认为谈"因果"是宿命的，讲"空"是消极的。其实体悟"空"，要看到一切都是缘起，是关系，因此要重视关系，要惜缘；缘起也是过程，因此要重视变化，重视当下，在缘起的关系和过程中，去恶从善，离苦得乐，所以是积极的。[4] 若以二谛说的视角看待老子对因果之律的阐述，可读出《道德经》一些新的意味，体会到老子的无上菩提的悲智。

俗谛属因果律，真谛属无我律，真谛是"先天地生，寂兮廖兮，独立不改"；因果是真谛的和音，换言之，因果律就是道的显现。因果无我两相结合，亦显中道。[5] 老子关于因果的内容接引主要体现在自然境、性命、圣人三层事相中，且常常以表示因果关系的"故""所以""是谓"字词来明示受众，这些词散布于各章节中。且呈现单线、双向、循环的因果模式。

纵向因果关系往往不可返，不可逆，例如，老子开篇就道出"有物混成，先天地生"，一个"先"字便道出过程先后的时间流，在第四十二章具体阐明宇宙的因果生态，"道生一，一生二，二生三，三生万物"。道是"因"，是第一义，"果"落在万物万象的俗谛上，"生"体现此层因果的动态派生路径，我们无法倒过来说"万物生道"，因为万物是道的果，是道的体现。老子以纵向因果言明宇宙生成演化的普遍规律，还将此类因果关系投射到凡夫的切身境况，如"吾所以有大患者，为吾有身"，其关系可示为：身（因）→荣宠（果）。之所以有宠辱荣患，因有"我身"的存在，将自身性命视为珍贵，才滋生宠辱之感。同理，我们难以逆向表明因为有宠辱，才

---

① 唐思鹏：《从〈中论〉谈中道》，http://www.fjnet.com/fjlw/201303/t20130306_205910_1.htm，2020年8月13日。

② 刘伶娣：《论〈老子通释〉的以佛解老》，《宗教学研究》2013年第4期。

③ 郭朝顺：《从缘起法的哲学思维回应劳思光先生对佛教的批判》，郑宗义主编：《中国哲学与文化》第十七辑，上海：上海古籍出版社，2019年，第69页。

④ 方立天：《谈"空"说"有"话佛理》，《法音》2013年第6期。

⑤ 唐思鹏：《从〈中论〉谈中道》，http://www.fjnet.com/fjlw/201303/t20130306_205910_1.htm，2020年8月13日。

有"我身"，颠倒了因果。单线的因果教化是老子开示因果之律的基本路线，此外，老子还巧妙通过"阴阳，雌雄，牝牡"的意象来呈现双向的因果关系，这也是老子的辩证哲学的彰显，也是佛法的"互为缘起"的哲学，譬如"有无相生，难易相成，长短相形，高下相倾，音声相和，前后相随"的关系是互为因果，此类相互关系是现象界最世俗化的因果体现，是自然旋转、阴阳互生的次生层面。纵观《道德经》全篇，后学认为老子最高级的教化，是将因果律以圆融的循环相接的链形展开，彰显在章节之间的环环相扣，从"无名天地之始"，到以"上善若水"喻道，故"是以圣人之治，虚其心，实其腹"来实践其道，直至"功成名遂身退，天之道"遵循天人合一的道理，抵达人间小宇宙与天地大宇宙的呼应。从这一层面上看，老子的指引更与佛家的缘起法一脉相承，缘起法是一个首尾相接的环，而不是一条直线。

四、结语

不管是佛还是老子这样的圣人，不能不安利二谛；没有相对的"二"，那就一切不可说了。言句在本质上属于"第二义门"，其本身为一种符号系统，是象征的象征，它离道有双重之隔。相比之下，物象、色身，因果律是直面映射真谛的俗谛层，更接近真相，指向胜义谛。老子的教导不完全遵循从俗谛到真谛的单线路径，有时以真谛反观俗谛，有时是一种双向引导，是丰沛圆融的一体。所以，我们也可以将佛家的二谛说视为如同道家的阴阳运行：阴阳总是互相包涵且互为条件的。既无孤阴孤阳，也无纯阴纯阳。[1] 基于以上论述，佛家的二谛说与老子的接引之道很接近，本文将二者交融在一起，以深入理解《道德经》的旨趣，体会老子作为智者汲引凡人的慈悲。从二谛说探讨老子教化世人的智慧对当今中国文化的传播有什么启示呢？比如文化的对外传播，首先"得考虑西方人与东方人各自住在完全不同的语言存在之屋中，由此而使得他们相互之间的直线的、概念化的深入交流不可能，尤其是在不意识到这种跨语言交流的危险的情形下"，[2] 如何说好中国故事，即如何以俗谛的方便说开展文化交流俨然是一项长征。而对内重建文化自信，尤其是在大数据时代让当今的世人领略传统文化的生命，需要挖掘传播者的接引智慧。这不禁让笔者想到火爆全网的纪录片《航拍中国》和李子柒田园视频，前者呈现自然地理风貌的大叙事，后者完全剥离语言解说，两者直接以自然之美、器物之美、劳作之美、传统技艺之美摄引人心，达到意想不到的效果。这便是一种非常成功的"俗谛说"，也是老子的"象接引"的一种回响。简言之，如何在新时代拓展传统文化的传播，以及如何消除古今信息的壁垒是我们从新的视角探索老子接引之道的意义所在。

---

① 杨立华：《此世品格与知止的文明》，《中央社会主义学院学报》2019 年第 2 期。
② 张祥龙：《海德格尔与中国哲学：事实、评估和可能》，《哲学研究》2009 年第 8 期。

老学注疏研究

《老子道德经解》"功夫"思想探究

林錟生 *

内容提要：憨山德清的《老子道德经解》是从佛家视角解读《老子》的代表作品。从"功夫"的概念出发解《道德经》是憨山德清解老一以贯之的方法。憨山德清将老子的功夫思想归纳为三个层面：第一层面是"少私寡欲"；第二层面是"专气抱一"；第三层面是"涤除玄览"。憨山认为要践行这种功夫，需要通过"观"和"止"两个重要途径。在憨山看来，"观"乃入道之要；"止"则为悟道之门。此两种方法皆需于寻常日用中通过"运而不积""专心于一""道合无为"等行为，踏实为之，如此个体修行功夫方可日进其功。

关键词：《道德经》憨山德清 功夫 观 止

"功夫"是憨山德清解读《道德经》一以贯之的概念。在《老子道德经解》第一章中，他开篇便指出："此章总言道之体用，及入道功夫也。老氏之学，尽在于此。"①引言首先强调了"道"的重要性，认为这个概念乃是《道德经》的核心概念；接着，便说到更为重要的"入道功夫"，因为只有通过"入道功夫"，才可能使得"道"从形而上的层面落实到形而下的层面，从而被个体所感知。于是憨山言及"入道功夫"，力图将老子背后的隐语呈现出来。这也符合先秦时期"人"的主体性地位被不断确认这一大的文化背景。老子"道"概念的提出可以说是这一时期"人"这一主体反复进行自我确认的典型说明。那么，如何进行自我确认？这就需要个体的修行功夫，即个体主动地把握自我生命，独立思考自我在天地之间所处的位置。

---

* 林錟生（1987—），男，福建宁德人，哲学博士，中盐金坛盐化有限责任公司与厦门大学联合培养博士后，研究方向：易学与道家道教文化。

① 憨山：《老子道德经解》，梅愚点校，武汉：崇文书局，2015年，第11页。

一、功夫的三层内涵

憨山德清在《老子道德经解》，将"功夫"思想总结为三个方面，这三个方面在逻辑上可以认为是一个递进关系。当然，严格说来，每一个层面都包含其他两个层面，但从修行次第而言，确实需要经过这样循序渐进的过程：第一层面是"少思寡欲"，这一层面则对应于"为学日益"；第二层面是"专心于一"，这一层面则对应于"为道日损"；第三层面是"涤除玄览"，这一阶段则对应于"无为而无不为"。三个层面都建立在个体自我认识与反省的基础之上。少思寡欲主要指个体削弱自己不必要的欲望；涤除玄览则指示此时私欲已经涤除干净，而内心明览；玄之又玄则是对涤除玄览这个境界的否定，告知个体还当回到实实在在的现实生活中，和光同尘。

（一）少思寡欲

少思寡欲，帛书《老子》乙本作"少私而寡欲"，王弼《老子道德经注》作"少私寡欲"。两者意思有所不同，但是所强调的修行功夫要求则是一致的。憨山德清认为《道德经》中，"观"的第一个途径便是"少思寡欲"，这一过程相当于四十八章所谓的"为道日损"。个体在这个过程中需要刻意地减少自己的欲望，笃定自己的目标，若孔子言"吾十有五而志于学"之"志"。这一层面的行为都带有较强的约束性和强迫性，这是个体需要明了的，这种约束性和强迫性正如康德所谓的实现"自由"的"必然"，是个体所不得不经历的阶段。"观"首先便要由此进入，憨山认为这是《道德经》所内蕴的修行功夫的第一层面。需要注意的是，第一层面便是以否定的形式出现，因此，可以说《道德经》所言及的功夫本身是有前提的，即个体对自我的一种理性认知。少思寡欲便建立在个体对自我具有理性认知的基础上。

憨山德清注《道德经》第十二章时总述道："此言物欲之害，教人离欲之行也。"① 物欲指的便是"五色""五音""无味"之属。憨山在面对"物欲"之时，首先强调"人心本自虚明"，这里很重要的一点在于说明，个体皆有少思寡欲之可能，因为此心本来虚明，只要复原虚明之心便可。但现实情况是个体"眼则流逸本色，而失其正见；耳则流逸笨声，而失其真闻；舌则流逸笨味，而失其真味；心则流逸奔境，而失其真定；行则逐于货利，而失其正操"。② 憨山德清看到"世俗之人，以利欲熏心，故形气秽浊粗鄙，固执而不化。……以功名利禄交错于前，故形气秽浊，而不可观"③。憨山认为个体之所以如此，乃是因为声色、饮食、货利本无可欲，而人以为可欲而贪爱之。因此，憨山认为当从此心出发，首先对自我之欲望当有一个理性的

---

① 憨山德清：《老子道德经解》，第31页。
② 憨山德清：《老子道德经解》，第31页。
③ 憨山德清：《老子道德经解》，第36—37页。

认知，一方面认识到自我之心本来虚明；另一方面认识到可欲之物本无可欲，而当去之。故于可欲之物，当少思寡欲。

要做到少思寡欲，憨山德清认为一方面要安其心，这是从内在心灵角度而言的；另一方面则是要实其腹，这是从外在身体角度而言的。需要说明的是"安其心"是内在的"实其腹"；同样"实其腹"则是外在的"安其心"，二者缺一不可。这两方面都是以认识到自我必然生活于五欲之中为前提的，故憨山认为："圣人知物欲之为害，虽居五欲之中，而修离欲之行，知量知足，如偃鼠饮河，不过实腹而已。"[1] 对外界的这种认知乃是个体实现少思寡欲的基本前提，即个体不可将外界的阻力与自我对立起来，恰恰是要在两者的关系中找到身心的安放之所。在此基础上，憨山认为个体当有笃行之志，不可随自己的欲望而行，故当知人、自知、知足、强行，从而实其腹并安其心。"知人者，谓能察贤愚，辨是非，……能自见自闻，是所谓'自知者明'也"[2]，知人是外在的，自知则是内在的，个体在修炼"知人"和"自知"的功夫时，便慢慢可进入"知足"的状态，而要维持并深化"知足"的状态，则需要"强行于道德"[3]，需要有志于自我的目标，不可松懈，如此方可不失去所。不失去所，则此心有了所安之处，而此腹亦可得其道而实之，若颜回之"一箪食，一瓢饮"，其食甚少，然其腹实而其心乐也；心安腹实则欲寡思少，为其所当为而已；欲寡思少故可入"观"之道也。

（二）专气抱一

在少思寡欲的基础上，憨山认为《道德经》修行功夫第二层面就是要达到专气抱一，即将少思寡欲中的"少"和"寡"推向至极，让自我的身心守于"一"之中。在《道德经》中，"一"对于万物而言有着重要意义。经文第三十九章言："昔之得一者，天得一以清，地得一以宁，神得一以灵，谷得一以盈，万物得一以生，侯王得一以为天下正。"憨山德清解释道："一者，道之体也。其体至虚而无为，精一无二，凡诸有为，莫不以之为本。"[4] 憨山认为"一"是一种至虚状态，个体的修养功夫需要向着"一"的状态不断精进，即不断损掉自我的"有"，而产生"无"，以无为有，有实非有，则这个"无"便是"一"，憨山认为少思寡欲之结果便是要达到"一"的状态。

---

[1] 憨山德清：《老子道德经解》，第31页。
[2] 憨山德清：《老子道德经解》，第72页。
[3] 憨山德清：《老子道德经解》，第73页。
[4] 憨山德清：《老子道德经解》，第81页。

由"道生一，一生二，二生三，三生万物"①逆推来看，"少思寡欲"乃是由"万物"不断减损而回到"三"；"专气抱一"则是努力由"三"而回归于"一"。憨山解释"营魄抱一"："魂与魄合，则动而常静，虽惺惺而不乱想；魄与魂合，虽静而常动，虽寂寂而不昏沉。道常如此，常常抱一而不离，则动静不异，寤寐一如。"其解释"专气致柔"曰："学道功夫，先制其气不使妄动以熏心，制其心不使妄动以鼓气，心静而气自调柔。"②由引言可知，憨山强调修行功夫要处理好动静关系、心气关系，其核心要义皆在于专一。个体在功夫实践时当心无旁骛，且不可将动静、心气切割开看，若《道德经》十六章言"致虚极，守静笃"。憨山总述此章曰："要人作静定功夫，此示功夫之方法也。"他将"致虚""守静"作为功夫之方法，并将"虚"解释为"外物本来不有"，将"静"解释为"心体本来不动"。他进一步说道："今学道功夫，先要推穷目前万物，本来不有，则一切声色货利，当体全是虚假不实之事。如此推穷，纵有亦无，一切既是虚假，则全不见有可欲之相。既不见可欲，则心自然不乱，而永绝贪求，心闲无事。如此守静，可谓笃矣。"③引文中，憨山用"推穷目前万物，本来不有"来表示他对这个物质世界的一种认知。此即强调万物皆非永恒的存在，皆是在与其他事物的关系中才可能被确认，因此不可执着于自己所见所闻所观所想。由此憨山进一步说明"一切声色货利，当体全是虚假不实之事"，故对所观所欲当虚之又虚，以至于其极，此即所谓"致虚极"；同时又当守住自己"虚之"之静，此即所谓"守静笃"。憨山认为如此用功，则可做到"全不见有可欲之相"，既能如此，则自心"自然不乱，而永绝贪求"，从而达到老子的专气抱一功夫。依憨山之说，可言专气抱一之功，即一心不乱，将万物化归于自我一己之心中，亦若老子所谓"知止"。

要做到专气抱一之功，憨山认为当明"守道之要妙"。如何守道？憨山认为关键在于《道德经》第二十八章所言："知其雄，守其雌，为天下溪……知其白，守其黑，为天下式……知其荣，守其辱，为天下谷。"④经文所谓"为天下溪""为天下式""为天下谷"便是守道之要妙。其中"溪""式""谷"便可理解为专气抱一之"一"，亦如经文所言"圣人抱一为天下式"⑤。憨山解释道："圣人忘知绝学，专心于一，故于道有得。"⑥由此可知，要做到专气抱一，则需要在雄雌、黑白、荣辱等正相反对的概念中实现"止"，"止"便是定于一，忘知绝学。

---

① 王弼注，楼宇烈校释：《老子道德经注》，北京：中华书局 2008 年，第 117 页。
② 憨山德清：《老子道德经解》，第 27—28 页。
③ 憨山德清：《老子道德经解》，第 38 页。
④ 憨山德清：《老子道德经解》，第 62 页。
⑤ 憨山德清：《老子道德经解》，第 51 页。
⑥ 憨山德清：《老子道德经解》，第 52 页。

（三）涤除玄览

憨山德清认为《道德经》修行功夫次第，少思寡欲是第一个阶段，第二个阶段
便是专气抱一，涤除玄览则是最后的完成阶段。王弼注"涤除玄览"曰："言能涤除
邪饰，至于极览，能不以物介其明、疵其神乎？则终与玄同也。"①此处王弼所谓"涤
除邪饰"，其目的乃是达到"玄览"的状态，即引言所谓"极览"。"览"意为观，"玄
览"者，表达一种对万事万物明心观照的状态。憨山在此处的理解则与王弼有所不
同，其言："玄览者，谓前抱一、专气功夫，做到纯熟，自得玄妙之境也。若将此境
览在胸中，执之而不化，则反为至道之病。只须将此亦须洗涤，净尽无余，以至于
忘心绝迹，方为造道之极。"②憨山明确地将"玄览"作为修行功夫的一种境界，认为
它是"营魄抱一""专气致柔"等修行功夫不断积累，纯熟之后的结果。此时，憨山
则进一步强调不可执着于涤除玄览的功夫境界，这样的理解可以说是对王弼注的一
种深化，将王弼的玄学化解释拉回现实之中，而给人厚重、固柢之感。可见憨山德
清更多是从功夫修行的角度来进行理解，并且对老子在经文中所提出的问题——"能
无疵乎"——做了进一步的解释。反问的句式是《道德经》中的重要表达方式。这
种表达方式不仅仅是简单提问。这种反问本身其实就是一种回答，是一种肯定回答，
即用否定的方式来达到一种肯定，用否定的表达方式来实现对语言本身所具有的局
限性的超越。这是老子的智慧所在，也即四十章所谓的"反者，道之动"③。这种否定
式的表达就是一种"反"，道因此而动。憨山德清体悟到老子进行反问的原因所在，
故明确地指出："若将此境览在胸中，执之而不化，则反为至道之病。"意思是说不能
够执着于"玄览"的境界之中，否则将被此境界所束缚，反而与道分离，故当观于
"观"，止于"止"，此便是所谓"反观"，所以憨山指出"须将此亦须洗涤，净尽无
余，以至于忘心绝迹"，进一步强调不可停留在此境界中，否则将失去生机，不过成
一潭死水，如此便是"止"而不能复"观"也。故戒之以"涤除"，若《金刚经》所
谓要舍弃渡河之"筏"，不可执着于"法"，这个"筏"和"法"便是《道德经》中
的"玄览"，只有将这种执着涤除之后，方是真正的逍遥自在，由"止"而复"观"，
一切究竟明了，自然无碍。

憨山此处所强调的"涤除玄览"，正好与"为道日损"相对应。"涤除玄览"相
对于"少思寡欲"而言，已经从"为学日益"转向"为道日损"。从"为学"到"为
道"的转变，正是为道功夫日渐精进的表现。要实现"涤除玄览"，憨山认为需要依
"营魄抱一""专气致柔"的路径进行。在如此切磋琢磨的基础上，方可实现涤除玄

---

① 王弼：《老子道德经注》，第 23 页。
② 憨山德清：《老子道德经解》，第 28 页。
③ 王弼：《老子道德经注》，第 110 页。

览。于此憨山又反复进行叮咛："老子又恐学人功夫到此，不能涤除玄览，故又遣之曰'玄之又玄'。意谓虽是有无同观，若不忘心忘迹，虽妙不妙。……功夫到此，忘怀泯物，无往而不妙，故曰'众妙之门'，斯乃造道之极也。"① 憨山不断强调"玄览"的境界不可执着，故当涤除这种念想，从而回归到实实在在的言行之举之中，和光同尘，道和无为，无为而无不为也。

二、功夫修行的方法

既然言及功夫，那根本处仍在于实践。如果没有实修，便无所谓功夫了。憨山德清认为具体到每个个体时，方法因人而异，此即所谓的方便法门，当是各不相同。但概而言之，憨山德清认为可以归纳为两个，即观和止。

（一）观

在《老子》文本中，"观"字一共出现9次，其中以动词形式出现8次，分别是"故常无欲以观其妙。常有欲以观其徼""致虚极守静笃，万物并作，吾以观复"以及"以身观身，以家观家，以乡观乡，以邦观邦，以天下观天下。吾何以知天下然哉？以此"；以名词形式出现1次，即"虽有荣观，燕处超然"②。当然对于"荣观"中的"观"，各家亦有不同解释③。《说文解字》曰："观，谛视也。"段注曰："谛视也。宷谛之视也。《谷梁传》曰：'常事曰视。非常曰观。'凡以我谛视物曰观。使人得以谛视我亦曰观。犹之以我见人、使人见我皆曰视。……《小雅·采绿传》曰：'观，多也。'此亦引申之义。物多而后可观，故曰：'观，多也。'"④ 从引文中可以晓得，观乃仔细看之意。段玉裁在此基础上还认为观有"多"这一层引申义，即《老子》中的"荣观"之所谓也。《说文》中的"谛视"解为仔细地看，但我们从《老子》经文中可以看出，"观"不仅仅只是仔细地看。比如"故常无欲以观其妙，常有欲以观其徼"，"妙"和"徼"虽然是"观"的对象，但是这个对象却是抽象的。如果仅仅只是停留在视觉层面的"仔细地看"，那么无论如何是没办法"观其妙""观其徼"。因

① 憨山德清：《老子道德经解》，第12—13页。
② 王弼注：《老子道德经注》，楼宇烈校释，第69页。
③ 《河上公章句》认为："'荣观'谓宫阙。"此作名词解，吴澄则将荣观解释为："虽有融化之境，可以游观。"此作动词解。劳健引宋代女道士曹冲之曰："游观，荣观，无所系者。"此则取其意也。《帛书老子》甲本、乙本中的"荣观"皆作"环官"。高明先生认为："'荣观'又作'荣馆'，帛书作'环官'。此三者用字虽不同，词义完全一致，同指一种事物。"本文赞同高明先生的说法，同时，从语词的角度出发，笔者认为"有"后当为宾语，故将"荣观"当作名词解，"荣"是对"观"的形容，从而与"燕处"形成对比，以突出"燕处"之静的状态，此与《老子》全文"守静"的思想是相贯通的。因此，憨山所言"观"为入道之要乃是针对动词词性的"观"而言的。
④ 段玉裁：《说文解字注》，上海：上海古籍出版社，1981年，第408页。

此，并非"仔细地看"便可以表达出"观"的内涵。经文的"观"更应该作"内观"解，即"眼观鼻，鼻观心"之"观"，它既是视觉上的看，同时更指示一种守意、悠游的状态。"故常无欲以观其妙"者，唐玄宗疏曰："妙，精微也；观，照察其己也。言人常能无欲无为、至虚至静者，则能近鉴己身之妙道，远鉴至理之精微也。"①唐玄宗之疏乃是从"观心"角度言之的。心观者，并非是说心可以看，而是指示一种守持意念，把握自我意识并与自我意识和谐相处的状态。

憨山所认为的"观"便是一种内观，这种内观并非忽视外界存在，它本是以观察物质世界为基础的。憨山所强调的内观主要指的是个体将注意力返回到内心之中，用心来统摄万物，从而以静制动。在《老子道德经解》开篇中他便说到"故常无，欲以观其妙；常有，欲以观其徼"两句"乃入道之功夫。……我寻常日用安心于无，要以观其道之妙处；我寻常日用安心于有，要以观其道之徼处"②。憨山认为此处经文所言的"观"是入道之关键。他认为："《老子》一书，向来解者例以虚无为宗，及至求其入道功夫，茫然不知下手处。故予于首篇，将'观无''观有'一'观'字，为入道之要，使学者易入。"③此处"观无""观有"则相对应于"内观""外观"，内观观无，观无以体道之妙；外观观有，观有以明道之徼。但这里需要注意的是，憨山德清此处言及的"观有"的概念是需要进一步辨析。从抽象层面言之，以"道"为对象的"观无""观有"都是属于"观心"的范畴，即此处的"观有"也是指向抽象对象，因为"道之徼"本身也是无法以具象来形容。那么如若这般，则如何分别"观无""观有"所观对象的区别？这便要联系开篇所谓"道可道，非常道。名可名，非常名"进行理解。"观无"的对象便是"常道""常名"；"观有"的对象则是"可道之道""可名之名"。这里的"可道之道""可名之名"严格说来便是各种概念。从具象层面而言，"观有"的对象才是看得见的各种事物，即"以身观身，以家观家"中的"身""家"。此处的"有"则相当于《道德经》第二章所言"有无相生"之"有"。

因此，可以说"观"既是个体修行的入道之要，又是功夫实践当一以贯之的方法。憨山认为个体的功夫实践在任何阶段都需要有"观"的自明状态，这种自明状态便表现为"致虚极，守静笃。万物并作，吾以观其复"，憨山注曰："然此目前万物本来不有，盖从无以生有，虽千态万状，并列于前，我只观得当体全无，故曰'万物并作，吾以观其复'。复，谓心不妄动也。"④观复则心不妄动，心不妄动则欲寡，欲寡则静，静则明也。

---

① 唐玄宗：《唐玄宗御制道德真经疏（二）》，载《道藏》第11册，北京：文物出版社；上海：上海书店；天津：天津古籍出版社，1988年，第0811C页。
② 憨山德清：《老子道德经解》，第12页。
③ 憨山德清：《老子道德经解》，第6页。
④ 憨山德清：《老子道德经解》，第38—39页。

（二）止

憨山认为："虽各事行不同，然其修心，皆以止观为本。"①可知，憨山认为对于功夫修行而言，出了"观"，另一个重要方法便是"止"。《说文解字》言："止，下基也。象草木出有阯，故以止为足。"②可见，止的原意指的是草木之所以能生的一种本根，象征着一个事物的根底，无此根底则事物无以立。在《老子道德经解》之中，憨山认为老子主要从以下两个方面来说明这一问题：第一，素朴；第二，无为。

素朴是从正向思维的角度来说明。《道德经》第二十八章言："知其荣，守其辱，为天下谷。为天下谷，常德乃足，复归于朴。朴散则为器，圣人用之则为官长。"此意思是说个体对荣誉有一个清晰的认知，因此反而守其耻辱，并虚怀若谷来包容荣誉与耻辱，此即第八章所谓"心善渊"也。个体如果能够虚怀若谷，则其德性足矣，从而复返原初的朴素状态，这种朴素状态可以说是一种先天状态，即由后天之气而转归于先天之炁，由后天之用而证悟先天之体。然后再由此先天之体而发用，此即"朴散则为器"。个体的修行功夫便体现在这"归"和"散"的过程之中。这里的"朴"便是一种"止"的功夫，即对自我欲望的一种克制，对外界荣辱的一种释然。憨山说道："朴，谓朴素，乃木之未雕斫也。谓圣人自知道光一世，德贵人臣，而不自有其德，乃以污辱贱下，蒙耻含垢以守之，仁常而不居者，虚之至也，故为天下谷。由其虚，故常德乃足，德自足于中，则不缘饰于外，故复归于朴素也。以虚而能应物，故朴散则为器。"③憨山认为圣人明智，既知人，又自知，"唯有道者，善知止足"④，处尊贵而守贱下，以虚养德，从而回归至树木未雕斫时的朴素状态。回到这种朴素状态后，又从这种"止"的状态中，自然发用，从而映照现实，生动活泼地待时应物。在解释第十五章时，憨山又言："（古之善为士者）其外貌也，敦兮其若朴。敦，敦厚。朴，无文饰也。其中心也，旷兮其若谷。旷，空也。谷，虚也。外体敦厚朴素，而中心空虚寂定也。"⑤憨山认为朴便是一种无文饰的状态，这种状态乃是个体对"五色"有了理性认知后的自主选择，此即经文所谓"和其光，同其尘""不欲琭琭如玉，珞珞如石"⑥之所谓也。外表的敦厚朴素是与中心的空虚寂定相统一的，"旷""谷"的状态就是内心止定的状态，"敦""朴"则是外表止定的状态。个体在这样的状态中，不断提高自身的修养功夫，日有所进。

另一方面则是无为，此是从逆向思维角度来论述的。憨山十分强调老子"无为"

---

① 憨山德清：《老子道德经解》，第167页。
② 段玉裁：《说文解字注》，第67页。
③ 憨山德清：《老子道德经解》，第63页。
④ 憨山德清：《老子道德经解》，第37页。
⑤ 憨山德清：《老子道德经解》，第37页。
⑥ 王弼：《老子道德经注》，第106页。

的概念，"无为"乃是通过"损"的方法来实现的。憨山认为要实现"止"，则需要通过"损之又损"的反反复复切磋琢磨的过程，若经文所言"为学日益，为道日损。损之又损，以至于无为，无为而无不为"。憨山注此章曰："为道者，克去情欲，隳形泯智，故日损。初以智去情，可谓损矣；情忘则智亦泯，故又损。如此则心境两忘，私欲净尽，可至于无为。"[①]从憨山的注可以看出，通过无为所表现出来的止的状态乃是一种十分理性的功夫实践。首先是要以智去情，如果个体缺乏智，则难以去除情欲。在此基础上，也要对智本身有一个反思，如此才能泯智，因此无为并非不作为，而是要以道的要求来作为，事实上是一种更高的作为，也即功夫实践。去情泯智的目的则是达到止的身心状态。无为在《道德经》具体表现为"治人事天莫若啬""大方无隅，大器晚成，大音希声，大象无形""不言之教""知足不辱，知止不殆""去甚，去奢，去泰"[②]等方面，概而言之，关键便在于寡欲清静，泯绝知见，"为无为，事无事，味无味"[③]，从而达到憨山所谓的止足之身心状态。

结语

从以上论述中，我们可以看到，憨山德清以"功夫"作为解读《道德经》的一贯思想。憨山作为一个僧人，修行实践贯穿其一生，从此角度而言，这种解读方法也是顺理成章。因此，他在第一章的解读中，便着重提出了"功夫"思想，并认为当以"观"为入道之要；在最后一章的解读中，憨山仍然以"功夫"作为终点。由此首尾一贯地强调了"功夫"对于体悟和践行老子思想的重要性。憨山尤其关注《道德经》中的"少思寡欲""抱一""损益""知止不殆""自然""反""涤除玄览"等思想，将这些思想作为功夫实践的主要方法途径，并将之统一于"止"的概念中。憨山言老子"功夫由静定而入，其文字从三昧而出"[④]。当然，憨山认为不可执着于"止""观"的概念，当明而化之，故个体还需要回归到日用寻常中来，在活泼生动的世界中和光同尘，"不欲琭琭如玉，珞珞如石"。憨山所强调的《道德经》中的功夫思想，对当前人们保持一种健康的身心状态是有所裨益的。尤其是当前随着人工智能的发展，事物成长的周期不断缩短，资本运转的速度日益变快，人们内心的焦躁自然与日俱增。而这也是未来整体社会的发展趋势。在这种大环境下，个体若能踏实地去探索《道德经》中的智慧，自然有利于自我待人接事，安身立命。

---

① 憨山德清：《老子道德经解》，第 94 页。
② 王弼：《老子道德经注》，第 155、112、120、122、76 页。
③ 王弼：《老子道德经注》，第 164 页。
④ 憨山德清：《老子道德经解》，第 167 页。

论《道德经义疏》的境智思想

凌幸安*

内容提要： 佛教般若学与道家思想是在不同文化土壤中成长起来的两种思想，两者的差异原是不辩自明的。然而，从汉魏时期起，道家思想与般若学就不可避免地发生了关联。在南北朝隋唐时期，重玄学家大量援引般若中观学诠释《老子》，其中一些观点得到了现代论者的发挥。从哲学上说，道家与般若学的关系主要聚焦于两个问题，道体与缘起的关系，进而在老子思想框架之下，通达诸法实相是否可能以及如何可能？成玄英在《道德经义疏》中尝试对这些问题做出了解答。成玄英以"理"为中介，将诸法空性统摄于"道"，进而认为在虚静体道的同时，即能体知诸法实相。然而，这种解答是无效的。道家思想与般若学是无法真正沟通的。

关键词：《道德经义疏》道体 诸法实相 虚静

从哲学上看，佛教般若学与道家思想是两种不同的哲学学说，两者之间的差异原是不待多言的。然而，从历史上说，道家学说与般若学的关系，又是一个有待深入研究的问题。在罗什来华之前，中土人士主要是依靠道家思想来格义佛学的，由此产生了玄学化的六家七宗。罗什来华，译出深入阐明般若学的中观学论典，中国僧人才完全把握了中观学精义，僧肇也依此对玄学化的六家七宗进行了批判清理。然而，从此时开始，另一个现象开始出现了，即援引中观学来诠释《老子》。罗什《老子注》乃是中唐出现的伪书，自无须说；什门高弟慧严、慧观已为《老子》注释，只是二人如何解说《老子》，已不得知。确切可知的是，在刘宋时期，顾欢、孟景翼等人已经援引中观学来理解《老子》，遂开重玄学之端，至唐代而大盛。引中观学诠释《老子》，其程度最深者莫若于成玄英《道德经义疏》。宋代以后，学者流连于内丹学与佛教如来藏思想之间，般若学与《老子》的关系逐渐淡出视野，在现代学术研究中，才又引起了学者的关注。

---

* 凌幸安（1990—），南京大学哲学系 2017 级博士生，研究方向：道家哲学。

从哲学上说，道家与般若学的关系，主要聚焦于两个问题，道体与缘起的关系，进而在老子思想框架之下，通达诸法实相是否可能以及如何可能？笔者不揣愚陋，愿以成玄英《道德经义疏》为文本，对此问题做一探讨，以求教于方家。

一、吉藏的批判

在南北朝时期，《老子》的注释家们试图依据"实相"与"道"共同的不可言说性，来论证两个概念有着相同的所指。较早提出这个主张的是吴兴道士孟景翼。据《南齐书》记载，孟景翼著《正一论》，中云："在佛曰'实相'，在道曰'玄牝'，道之大象即佛之法身。"① 其后，梁武帝同样以"真空"为道体，吉藏《三论玄义》说："问：牟尼之道，道为真谛，而体绝百非；伯阳之道，道曰杳冥，理超四句，弥验体一，奚有浅深（此梁武帝新义，用佛经以真空为道体）？"② 这种比附是极其粗略、武断的，引起了智者大师、嘉祥吉藏等佛教义学高僧的严厉批判。

在《老子》中，"道"是世界的本源。此一本源，是不可名状的无限性存在。天地万物都是各有不同、彼此差异的，作为千差万别的事物共同的来源，必须被设定为超越彼此界限的、无形无象、不可究诘的无限性实体。此无限的本源，直接创生了天地万物。"道"与世界，是能生与所生的母子关系。这是一种本体论思想。然而，中观学却非本体论思维，而是旨在阐明空相应缘起法。老子道论的旨趣在于，"试图为变动的事物寻求稳固的基础"。③ 此一稳固的基础，必然是恒常的、不变的、独立的。然而，依中观者说，这种本体论是需要被批判的。吉藏在《中观论疏》卷六中对印度数论、老子追寻宇宙本始的尝试做出了批判。印顺法师说得更为透彻："凡是现实的存在——即缘起的存在，必然的现有时间的延续相，即前后相。由于不悟时相前后的如幻，因而执取时相，设想宇宙的原始，而有找到万化根源的愿欲。原来，众生与世间，有着根本的缺陷性、错乱性，即在众生——人类的认识中，有一种强烈的实在感。"④ 实相，也就是要破除人认识中的这种实在感。实相，又有性空、真如等异名，称述着缘起。世间的现象千差万别，各自有其特殊的相状和作用。同时，一切现象都是缘起的，在空间上彼此相依相成，在时间上相似相续，并没有独立、不变的实体，此即是差别现象之间如如平等的实相。缘起现象毫无自性，即是无相，《摩诃般若波罗蜜经》卷二十三说："若法无自性，是法无相；若法无相，是法一相，

---

① 萧子显：《南齐书》卷五十四，北京：中华书局，2000 年，第 635 页。
② 吉藏：《三论玄义》，《大正藏》第 45 册，台北：新文丰出版社，1983，第 1 页下。
③ 陈鼓应：《老子注译及评介》，北京：中华书局，2016 年，第 40 页。
④ 印顺：《无净之辩》，北京：中华书局，2011 年，第 4 页。

所谓无相。"① 诸法无相即意味着，现象的真实性并非名言心识所能如实地阐明，名言只是一种虚假施设，事物并没有名言概念具有的固定的实质内涵，名言也不具有现象的作用。实相与现象的关系，绝非本体与现象的关系。《中论》说："以有空义故，一切法得成。"② 一切现象唯其是相依相待的关系性存在，才得以显现。所以，道常无名与实相离言，各自的根据是不同的。在《老子》中，有形有相的具体事物是可名的，道是无限的神秘实体，故不可名。诸法实相则在破除一切恒常独立的实体之后，直指现象的缘起真相。以老子之"道"来附会实相，是不恰当的。

吉藏在批判道家的宇宙论思想之外，还从修证论的角度辨析了佛教与道家的差异。吉藏在《三论玄义》中说："外未境智两泯，内则缘观俱寂。"③ 境智双冥与缘观俱寂，表述有别，意义相同，缘指般若智所观照的实相境，观指观照诸法实相的般若智，缘观俱寂是说，在根本无分别智契证诸法实相的时候，能观的般若智与所观的实相，融然一昧，泯绝能所。之所以缘观俱寂、境智双冥，吉藏解释说："以实相不可求，则无数于外；以实智无所求，则无心于内。故境智并冥，缘观俱寂。"④ "无数"是没有差别之意。诸法无相，契入实相的般若也必然是远离一切观行的，在般若与真如的融然一昧中，超越了能知所知的二元架构。

南北朝重玄学的解老创作以及吉藏的批判，共同构成了成玄英全面援引中观学诠释《老子》的思想背景，提出了成玄英所要解决的问题。一方面，成玄英重新思考了实相与道体的关系，同时又在积极地回应着吉藏的批判，把境智论的内容引入了《道德经义疏》。⑤

二、三重境智说

道家思想的境界论追求，是复归于大道从而超脱世间的束缚。《庄子·大宗师》"南伯子葵问乎女偊"一段故事，已经透露了复归至道与永恒之间的内在关系。重玄学家尤其注重阐发复归至道从而超越时间限制的旨趣。《道德经义疏》的核心内容也是如此，如七十九章疏说："体道圣人，境智冥符，能所俱会，超兹四句，离彼百非，

---

① 鸠摩罗什译：《摩诃般若波罗蜜经》，《大正藏》第 8 册，第 390 页上。
② 龙树造、鸠摩罗什译：《中论》卷四，《大正藏》第 30 册，.第 33 页上。
③ 吉藏：《三论玄义》，第 1 页下。
④ 吉藏：《维摩经义疏》卷四，《大正藏》第 38 册，第 961 页下。
⑤ 美国学者罗伯特·沙夫已经注意到成玄英《老子道德经开题》中"非境无以导智，非智无以照境"，与《大乘玄论》中的如下这一句话的高度一致性："非境无以发智，非智无以照境。"（罗伯特·沙夫：《走进中国佛教：〈宝藏论〉解读》，夏志前、夏少伟译，上海：上海古籍出版社，2009 年，第 66 页）虽然学者怀疑《大乘玄论》并非吉藏所著，但是，《大乘玄论》仍然与吉藏《净名玄论》有着密切的内在联系，《净名玄论》卷五中亦有"非境无以发智，非智无以照境"这句话。我们可以断定，成玄英的表述取自于吉藏的著述。

故得久视长生。"① 不同的是，成玄英将这种冥于至道的体验命名为境智相会。冥于至道，其中的认识论意义并不明显，境智相会则旨在强调主体对于道体的体知。在与道为一的体验中，以能所二分架构，将道体安立为主体所观照之境，将主体对道体的冥符安立为能照之智。作为所照之境的道体，成玄英在某些场合下将其解说为"虚无之理境"，但是，在《道德经义疏》中，"道"的理体义并不占据首要地位，作为所照之境的道体，主要的还是指本源之道。成玄英对《老子》的科判也表明了这一点。在成玄英看来，《老子》第十四、十五两章是有其内在的逻辑次第的，第十四章阐明道体微妙希夷，妙绝名言，而道体正是圣智之境，第十五章即紧随其后，阐明圣智深不可识，"境智相会，所以次之"。②

主体感性认识的对象是时空中的具体存在物。然而，对于万物的认知，并不对体知道体起到积极的促进作用。万物是道体所创生的，万物是有形有象的有限存在，道体是恍惚无形的无限存在，对万物的知识的积累，永远无法达到对道体的整全的体知。而且，万物是变幻无常的，因而对万物的知识也是不可靠的。更重要的是，对于万物的感性认识，必然始终伴随着主体的欲望。《老子》二十章对于众人熙熙、察察等生存状态的描述，已经表明了这一点。尤其当成玄英将业果轮回说引入了《道德经义疏》，其对分别的批判也就更为猛烈了。苍生流浪生死都是由沉沦物欲所导致的，而物欲则来源于分别，所谓"分别故，爱染于色声"。③ 因此，在体道过程中，世界是需要被忘怀的，主体的理性思维也需要被遣除。如此，对于世界万物、主体的理性思维，成玄英提出了境智两忘、境智双遣的主张，甚至提出了塞兹分别、起心分别乖于至道的极端观点，将道家的反智主义发挥到极致。

为了冥于至道，个体需要遗忘世界万物，解构内心的精神世界，《老子》因而提出了闭门塞兑的主张，《庄子·在宥》也有"目无所见，耳无所闻，心无所知"的说法。在这种工夫之下，体道者需要励力镇压内心炽烈的情欲，停止六根的外向驰逐。但是，如在佛教看来，道家这种"期神冥累之方犹未尽善也"。④ 贪著根源于个体认知上的错误，将空无自性的现象颠倒执着为实有自体。若能彻底通达诸法毕竟空寂，也就能够根除贪欲的根源。在这里，成玄英开始真正地引入了中观学思想，建构了一套境同智异的理论。成玄英疏首章"此两者同出而异名"说："原夫所观之

---

① 蒙文通：《辑校成玄英〈道德经义疏〉》，《道书辑校十种》，成都：巴蜀书社，2001，第531页。
② 蒙文通：《辑校成玄英〈道德经义疏〉》，《道书辑校十种》，第404页。
③ 蒙文通：《辑校成玄英〈道德经义疏〉》，《道书辑校十种》，第417页。
④ （梁）慧皎：《高僧传》卷六，《大正藏》第50册，.第365页上。按，"期神冥累"，宋、缘、宫诸本作"期栖神冥累"，《三论玄义》则作"栖神冥累"。"期神"当为"栖神"之误，"栖神"这一习语颇见于古籍中。

境唯一，能观之智有殊；二观既其不同，徼妙所以名异。"① 有欲之人、无欲之士共同地面对着生活于其中的世界。有欲之人只是看到世境的存有，而不知世境的虚幻不实，由此而妄起贪求，沉沦于世界。达观之士则能即有体空，体知万物虚幻。成玄英继承竺道生以本土"理"的概念解说诸法实相的传统，② 将否定性的"空性"统摄到肯定性的"理"这一概念之下，如云："适世境之有，未体即有之空，所以不察妙理之精微。""空慧明白，妙达玄理。"③ 空慧是佛教概念，指观照诸法实相的智慧。"妙理""至理"都是指诸法实相。而当成玄英以"理"释"道"，"道"就至少具有两个层面的含义，首先是指世界的本源，其次指诸法性空的至理。这样一来，实相概念就不再是对缘起的指称，而是被本体化了。道体创生了世界万物，就同时作为至理内在地规定了所造物的虚幻无实，但是，即有而空的妙理并不自反地指向自身，派生的世界万物固然是虚幻不真的，道体却不是空的，是不待因缘的、常一自在的终极实体。

在《道德经义疏》中，即有体空有两个方面的重要意义，首先，个体洞察万物虚幻，进而遗弃世界，从虚幻不真的世界中超拔出来，在无欲虚静中复归于更为真实的世界本源。同时，即有体空也使得个体在世界中获得了解脱自在。个体不再需要极力遏制内心欲望、杜耳掩目了，因为主体已经将自我、世界都领会为虚幻不真，在见色闻声之际，知其为空，不再驰心，从而无所挂碍，六根解脱，触处是道场。这就是成玄英所反复强调的闭塞之妙义。《道德经义疏》第五十二章解说得最为透彻：

> 但闭塞之义有两：一者，断情忍色，栖托山林，或却扫闭门，不见可欲。二者，体知六尘虚幻，根亦不真，内无能染之心，外无可欲之境，既而恣目之所见，极耳之所闻，而恒处道场，不乖真境，岂曰杜耳掩目而称闭塞哉？盖不然乎！见无可见之相，听无定实之声，视听本不驰心，斯乃闭塞之妙也。④

那么，在《道德经义疏》中，即有体空是如何可能的？

三、即有体空如何可能

诸法当体即空之至理，既然被统摄到"道"之下，那么，从逻辑上说，当个体体知大道时，即同时通达了诸法空寂。如何静观大道、冥于至道？老子提出了致虚

---

① 蒙文通：《辑校成玄英〈道德经义疏〉》，《道书辑校十种》，第 377 页。
② 傅新毅：《竺道生"阐提成佛"说新论》，《哲学研究》，2014 年第 6 期。
③ 蒙文通：《辑校成玄英〈道德经义疏〉》，《道书辑校十种》，第 377、395 页。
④ 蒙文通：《辑校成玄英〈道德经义疏〉》，《道书辑校十种》，第 481—482 页。

守静、无欲玄览的主张，庄子则有心斋坐忘的说法，这些都被成玄英继承下来了。成玄英在疏解《老子》首章中说："言人常能无欲无为、至虚至静者，即能近鉴己身之妙道，远鉴至理之精微也。"① 个体在无欲虚静的心境之中，览知了本源道体的全体奥妙，同时也通达了天地万物的当体即空，即有体空也是通过无欲虚静的工夫实现的。成玄英疏四十七章"不行而知"说得更为明确："不行者，心不缘历前境；而知者，能体知诸法实相必竟空寂。"② 心不缘取前境，说明主体不是处于以专注一境为体性的禅定状态，塞兹分别，心无所缘，也就没有观行的工夫。这就意味着，在成玄英看来，无须止观双运，只是在一种无思无虑、无欲虚静的心境中，就可以通达诸法实相。

理性与直观的关系，是一个很重要的哲学问题。本体论是一种独断论，坚信自己能够如其所是地认识世界。近代哲学家才开始对人的认识能力进行深入的反思。人的知性只能认识到时空中的经验事物，上帝、灵魂这一类实体都超出了人类知性的界限，并非人类知识的对象。恒常、独立、无限的道体，不是人类知性的对象，实际上只是在哲学概念上存在，哲学家设定了这一概念用以解说世界。不过，老子显然主张"道"不仅仅是概念的存在，而是真实的、有效验的存在。这无限的道体虽非感官知性所能认识，却可以通过无欲虚静的工夫来直观地体知。然而，关于在无欲虚静对"道"的直观体知，有一个道家不曾置意却不能不深思的问题，即，当人类的理性能力被深深质疑，转而依赖乃至于信仰纯粹私人性的直观体验，如何在认识论上确保这种直观认识的如实性？如果过度依赖纯粹直观的体验，而容不得理性的检验，那么，就只能陷于独断的宗教信仰，不能要求他人毫无保留的敬重。诚如康德所说："我们的时代是真正的批判时代，一切都必须经受批判。通常，宗教凭借其神圣性，而立法凭借其权威，想要逃脱批判。但这样一来，它们就激起了对自身的正当的怀疑，并无法要求别人不加伪饰的敬重，理性只会把这种敬重给予那经受得住它的自由而公开的检验的事物。"③

在如何理解世界上，般若中观学走的是不同于道家的路子，彻底拒斥一切缘起之外的实体设定，从分析人的现实经验入手，追问现象是如何存在的，人是否如其所是地认识了世界的真实相。一切现象彼此相依相成，在时间的绵延中相似相续，并没有丝毫独立、恒常、不变的成分，这就是世界的缘起真相。但是，在未经深入反思的情况下，人始终以一种素朴的实在论观点来理解世界。千奇百怪的事物各有作用，作用必然依赖真实的实体。而且，在当下的直接感知中，一切事物都呈现为

---

① 蒙文通：《辑校成玄英〈道德义疏〉》，《道书辑校十种》，第376—377页。
② 蒙文通：《辑校成玄英〈道德义疏〉》，《道书辑校十种》，第471页。
③ 康德：《纯粹理性批判·第一版序言》，邓晓芒译、杨祖陶校，北京：人民出版社，2017年，第2页。

各个独立的存在，现象内部的新新交谢也并没有被直观地洞察到，只有在反思中，才能领会到"人不能两次踏进同一条河流"。①尤为关键的是，人在当下感知了世界之后，遂以语言将这种理解固定下来，然后通过语言来理解世界。然而，在语言与世界之间，横亘着巨大的鸿沟。所以，若要认识世界的真实相，必须理性的积极参与，打破与生俱来的对名言概念的固执，深入地分析一切现象的缘起关系性、时间中的不稳定性，而后止观双运，方能契证诸法实相。这就是"出发于经验的分析，在此上做理性的思辨，再进而作直觉的体悟"，②最终契入法性空寂的修证历程。因此，成玄英关于如何体知诸法实相的观点，是非常荒谬的。舍弃了现象，抛掉了理智，通达现象的缘起如幻就只是一句空话。其实，成玄英也并没有注意到这样一个问题，即凡夫何以不能即有体空？一旦忽略了"何以不能即有体空"的这个核心问题，也就不能真正地回答如何即有体空的问题。

　　成玄英将性空至理统摄于道体，并认为恬淡虚静，即能同时体知道体、通达实相空寂，因而，冥于大道的"至忘之圣智"，同时兼具着体知实相的无分别智的功能，此即"圣智冥无，体知虚幻"的内含之意。③这个命题与梵译《老子》事件密切相关。早期的佛典翻译，以"道"翻译"菩提"；《摩诃般若波罗蜜经》卷二十六有"菩提即是道，道即是菩提"④的说法，则是在道路的意义上使用"道"，其梵文音译为"末伽"。谢镇之《重书与顾道士》说："何得拟道菩提，比圣牟尼？"⑤据此可知，顾欢已以"菩提"解说《老子》之"道"。拟道菩提的隐含意义是，对于《老子》道体的体知，即是佛教意义上的菩提。在梵译《老子》的过程中，玄奘坚持以"末伽"译"道"，引起了成玄英等人的激烈反对。此事虽然以成玄英的失败而告终，但是，成玄英在诠释《老子》时，仍然坚持了"拟道菩提"的重玄学传统观念。

　　然而，在《道德经义疏》中，"无分别智"的具体内涵已经迥异于该概念在佛教中的本来意义。《道德经义疏》中虽有"诸法实相"的概念，但是，成玄英所说的"无分别智"并不是指般若智对诸法实相的现观，而是指无分别之心。成玄英说："婴儿譬无分别智也。言人常能守静，则其德不散，故能复归于本性，归无分别智也。"⑥守静即能复归于作为本性的无分别智，与上文所说的心无所缘而知诸法实相的见解一致。但是，契证诸法实相的无分别智是人的本性，这是不可思议的见解，这里的

---

　　① 转引自姚介厚著《古代希腊与罗马哲学》，叶秀山、王树人总主编《西方哲学史》（学术版）第二卷，南京：凤凰出版社、江苏人民出版社，2005年，第137页。

　　② 印顺：《以佛法研究佛法》，北京：中华书局，2011年，第59页。

　　③ 蒙文通：《辑校成玄英〈道德经义疏〉》，《道书辑校十种》，第416页。

　　④ 鸠摩罗什译：《摩诃般若波罗蜜经》，《大正藏》第8册，第408页中。

　　⑤ 僧祐：《弘明集》卷六，《大正藏》第52册，第42页中。

　　⑥ 蒙文通：《辑校成玄英〈道德经义疏〉》，《道书辑校十种》，成都：巴蜀书社，2001年，第432页。

"无分别智"只能做无分别心解。《老子》特别重视"静"，《庄子·天道》进而提出："夫虚静恬淡寂漠无为者，万物之本也。"《乐记》也有一个意涵相通的说法："人生而静，天之性也。"[①]郭象援引《乐记》这个观点来诠释《庄子》，唐玄宗、陆希声等唐代注释家则引来诠释《老子》。成玄英所说的守静即能复于本性，其实也是依"人生而静，天之性也"来立言的。成玄英混淆使用"心"与"智"，[②]这才将止息分别的无欲虚静的心境命名为"无分别智"。如果我们引述一下弥勒菩萨所造的《辨法法性论》对于无分别智的解说，则能非常清楚地看到成玄英所说的"无分别智"与该概念在佛法中的本来含义之间的区别："自相遍知者，远离不作意，超寻伺、寂静、自性、执息念，五种为自相。"[③]契入法性的无分别智，固然无法从正面说明，却明确地远离如下五种世俗的无分别：不作意的无分别、二禅以上超过寻伺的无分别、寂静定境的无分别、木石草木等的自性无分别、执息念的无分别。很明显，成玄英所说的"无分别智"属于不作意、执息念的无分别。

四、结语

般若学与道家思想是思维方式的不同。道家思想是一种本体论，而般若中观学则是反基础主义的缘起论。道家思想主张遗世独立，返本还源地同于大通，以此来超脱时间的束缚。般若学则悬置一切缘起之外的实体设定，"它需要的乃是般若之智的开发与澄明，从而来洞悉时间性存在本身的虚假性"。[④]这是两种相互对立的思想，要实现这两种思想真正的沟通，那是不可能的。然而，在历史上，这种尝试不绝如缕，并在现代的学术研究中得到延续。

重玄学家拟道菩提的做法，得到了现代某些学者的辩护，如谓："然而从道同时又具有方法、规律方面看，将道与佛教表征最高指挥的菩提相互格义也不见得太出格。"[⑤]有些学者则将《老子》之"无知"理解为超越了分别的、对整全之"道"的知，或拈出"体知"的概念来命名对大道的直觉之知，进而将"无知""体知"与"般若"进行比较。这要么是直接漠视了《老子》本根论与缘起论的相互对立，要么是游离于缘起论之外将"实相"做一种本体论理解，如台湾学者杨儒宾先生说："僧肇言与'惑取之知'对照的'般若之知'，或佛教常言的与'道种智'对照的'一切智'，皆

① 杨大宇：《礼记译注》，上海：上海古籍出版社，2004年，第471页。
② 在《道德经义疏》中，心、智被不加区地交替使用着，如疏"常使民无知"云"令倒置之徒息分别之心"，其疏"绝圣弃智"则说"弃分别之智"，二十章疏则云："圣智虚白，……心无分别也。"
③ 印顺法师：《〈辨法法性论〉讲记》，《华雨集》（一），北京：中华书局，2011年，第216页。
④ 傅新毅：《佛教中的时间观念》，《江苏社会科学》，2003年第2期。
⑤ 张广保：《涅槃与仙化：佛、道终极解脱思想的差异——以〈弘明集〉〈广弘明集〉为中心的考察》，《中国哲学史》2012年第3期。

指人拥有一种洞见本体的能力。"① 只是，以本体论为立场的对于般若学的强为融通，只能是对他者的歪曲与剥夺，而非平等、深入的相互对话。

---

① 杨儒宾：《技艺与道——道家的思考》，陈明、朱汉民编：《原道》第 14 辑，北京：首都师范大学出版社，2007 年，第 253 页。杨先生后来对此文观点进行了修改，在《无知之知与体知》一文中重新思考了道家"无知之知"的概念及其与般若智的关系，此文收录于《儒门内的庄子》，台北：联经出版事业股份有限公司，2016 年。但很遗憾的是，《无知之知与体知》一文对般若智概念存在着很大的误识，如文中说人人本具般若智。这是成玄英"复归于本性，归无分别智"之说的现代版本。

略论"自然之意"意本论的意道关系

刘端俊 [*]

内容提要: 本文基于《道德经明意》一书,旨在凸显该书在诠释《道德经》方面:以"自然之意"进行的哲学建构,并基于此角度诠释"道"的突破。本文着重论述《道德经明意》在领悟老子《道德经》精神后,基于中国传统生生宇宙论、心合物论,意念实化以通道等三个方面来阐明以意解释"道"的合理性,并以此建立起"意"与"道"的关系,从而实现《道德经》哲学诠释学的新突破。

关键词:《道德经明意》 意本论 道意 自然之意

古往今来,关于《道德经》的研究汗牛充栋,虽然其中不乏义理精微如王弼《老子注》,亦有玄理精妙如《河上公章句》等,但由于《道德经》历代版本众多,造成了许多研究者沉浸于版本考证、辞章训诂,甚至假以各种出土文献,发明各式各样奇异版本,令《道德经》之道莫衷一是。如此研究现状难免背离老子五千言让后人众生明于大道的义理本旨。基于此研究现状,本文试图解读温海明基于比较哲学视域对《道德经》所做的哲学重构[①],认为该书对于拨开《道德经》研究的迷雾,摆脱莫衷一是的研究现状做出了贡献,并力图阐明此"意本体"哲学体系之中,"意"与《道德经》之"道"的关系。

在试图对《道德经》进行哲学建构时,我们不可以忽略《道德经》的精神旨归,在这一点上,历代以来诸人对道德经的注本浩若烟海,河上公本以黄老学派无为治国、清静养生的观点解释《道德经》;王弼《老子指略》中崇本息末,以"无为本",直言"老子之书,其几乎可一言以蔽之。噫!崇本息末而已矣";明代憨山法师《老子道德经解》以释解道,有言:"老氏所宗,以虚无自然为妙道。此即《楞严》所谓分别都无、非色非空、拘舍离等昧为冥谛者是已,此正所谓八识空昧之体也";詹石

---

* 刘端俊(1996—)中国人民大学哲学院硕士生,研究方向:中国哲学。

① 温海明:《道德经明意》,北京:中国社会科学出版社,2019年,第27页。

窗、谢清果在《中国道家之精神》中认为道家精神大体而言可以归纳为：老子的思想体系建立在一种"混沌"的创世神话基础之下，宇宙于阴阳对待中生成，而阴阳之前是混沌——浑然未分的元气或道，老子以"道"为终极始基，社会治理和人之生存皆据此为根。[①] 在老子眼中，人的生存境界应当是法自然之"混沌"，以成就生存之"混沌"，并且"混沌"作为一种未经分化的浑然整体，不能通过分析、还原的方式来认识，而只能靠直觉与领悟做整体性的把握。

一、中国传统关联宇宙论——生生不息

温海明在《道德经明意》中认为，"《道德经》的哲学"本就是一个比较哲学的词语，对于《道德经》的哲学建构其实就是在新时代下，寻求以《道德经》代表的中国传统话语体系和内涵，以回应与西方类似的问题意识和讨论[②]。

首先，我们需要对《道德经》诠释工作做一个定义，笔者在这里比较赞成安乐哲和郝大维在《道不远人——比较哲学视域中的〈老子〉》一书中针对《道德经》文本特点，提到的对《道德经》的解读和注释本身就是一种为自身寻找意义的创造过程的观点。[③] 于此基础上，我们会意识到，在解读《道德经》过程中，仅仅有着以中国传统语言回答西方问题的意愿是不够的，我们需要定下一个解读的基点。

《道德经明意》继承了把中国传统宇宙论看作关联宇宙论的看法，认为这种说法既是中国传统形而上学的体现，又包含着对于本原、本体这些概念与西方类似的问题意识，其内藏于中国自古而来诸多传统经典之中，《周易》如此，《道德经》亦然。《道德经》宇宙论不同于西方那种孤立、实体、主客二分的线性因果宇宙论，中国古代的哲人们其实一直追寻的是一种心意与世间万事万物变化的融贯，承认的是一种生成性的宇宙论，如同《周易》中言到"生生之谓易""天地之大德曰生"，中国传统形而上学不认为现象或是此间世界之上有着另一种永恒的真实。著者多处表明，他认可熊十力经常引用的《华严经》的比方——本体与现象如同水与波浪的关系，波浪如众沤，波浪与水本一物，波浪便是水，水就是波浪，不能分波浪与水，不能说波浪之下另有一水，水与波浪有分别不过在于水以波浪现自身，《道德经明意》在"道"与"意"的关系上亦不例外[④]。安乐哲将这种宇宙论定义为一种"关联性宇宙论"[⑤]，强调这是宇宙一切相互联系依存，包含创生之意向与"生命一体化"的关联宇

① 詹石窗、谢清果：《中国道家之精神》，上海：复旦大学出版社，2009年，第16—18页。

② 温海明：《道德经明意》，第27页。

③ 安乐哲、郝大维：《道不远人——比较哲学视域中的〈老子〉》，何金俐译，北京：学苑出版社，2004年，第10页。

④ 温海明：《道德经明意》，第95页。

⑤ 安乐哲：《和而不同：比较哲学与中西会通》，北京：北京大学出版社，2002年，第51—82页。

宙论,亦可以在《道德经明意》诸多地方得以体现：

如《道德经明意》第五十一章的明意部分讲道：

意对道的领悟是通过"道生"而得知的,即道之生生不息,自然创生的状态,而这种生机化的生成状态,与意的当下生成性之间形成一种同构关系,即道之生有其自然之意,而意的当下生成也顺其自然之意,道的自然之意与意的自然之意之间完全融通一体。[1]

在温海明看来,《道德经》的宇宙是一个有机的整体,道统摄万物却又身处其间。从"犹太—基督教传统的宇宙起源论"说,这是"非宇宙论的",但是从只有生成意义上的宇宙论上看,如上面第四章的"似万物之宗""似或存",第六章的"是谓天地根""绵绵若存,用之不勤",第十四章的"视听搏皆不得""迎之不见其首,随之不见其后","道"以一种即于现象的本体、一种深远不可测的存在样态消弭差别,又以一种无状之状、无物之象而用之不勤、御今之有。《道德经明意》第十四章写道：

"道"不可以离开感官意念而单独纯粹地存在……其实"道"一直在意识之中,而且是因为有意识,道才显现出来,……因为意念是单向度的,而"道"是整体的,把一个整体的"道",领会成为单向度的"道—意",这绝不是条分缕析就可以达到的,需要把单向度的意念生发的境域打开,让意念生发的境域完全跟自然之意的全体境域相融合。[2]

那么在如此一种生成宇宙论下,每个个体都拥有着始于自身性力、合于诸情境的创生之力,在这个意义上人同天地无异,不再为生于虚无、神创之力主宰,这种生生不息的宇宙论这也正是之后论及人的意识可以领会甚至通达"道意"或是"自然之意"的逻辑保证。《道德经明意》专门提出"自然之意之为万物之意—玄意门",在其中指出：

天下万物实存于道之中,从一扇门到另一扇门的'道'中,自然之意存在真实不虚,机体生机朗现,心思意念由生机而发[3]。

---

① 温海明：《道德经明意》第五十一章,第264页。

② 温海明：《道德经明意》第十四章,第123页。

③ 温海明：《道德经明意》,第35页。

著者在这里明确指出了自然之意的实在性，并指出自然之意的永恒性、普遍性，虽然机体不在自然之意仍然存在，但是对于人而言，需要保持自然之意，只能收摄返听，让真气与外物交换的流散状态转变至返视内听，机体诚然不可不发动，但气息若流于外则流散衰减，所以对于人而言，需要的是通过意念的控制，顺自然之意，保养元气，以可"顺道意而入道"。

二、人心通于天地之心——意本心通物论

前面讲到生生不息的宇宙论作为《道德经》以及中国传统哲学的形而上学之本，以此为基础进行诠释时下一个问题扑面而来，即"道意"开显时的对待、二分问题，可以先参考《周易》和《道德经》中的几句话：

> 《易》无思也，无为也，寂然不动，感而遂通天下之故。非天下之至神，其孰能于此？（《易传·系辞上》）
>
> 夫《易》，圣人之所以极深而研几也。唯深也，故能通天下之志；唯几也故能成天下之务；唯神也，故不急而速，不行而至。（《易传·系辞上》）
>
> 无，名天地之始；有，名万物之母。故常无欲，以观其妙；常有欲，以观其徼。此两者，同出而异名，同谓之玄。（《道德经·第一章》）

这几句话分别出自《系辞传·上》第十一章和《道德经》第一章。《易传》中第一句讲到易之卦无心思亦没有无所作为，寂然不动，只有当人们向它征询时，它受到感应才能与人之所问沟通起来，让人明白其原委；第二句中"几"则与"深"对应，正是这几微之处涵包万物以及天下所有人之心志，在《道德经》中这种几微的开显则以"有""无"二分来彰显很明显的，浑朴之道在一加对待性的语言进行描述之后，即有有无分别，那么相对应的对"道意"的领悟也必须在开显的同就面临对待与二分，如何领悟道意便成为一个问题。

如何解决这个矛盾？马宝善在其《易道宇宙观》中构建易道宇宙观中提供了进路——在《周易》里以卦爻符号系统来体现心物一元、心通于物的逻辑系统，宇宙为一有灵统一体，心物交融不二，宇宙并非一个单纯物质性的实体存在，心物并不分裂，而是融合统一的整体，人心不仅可以明了己身，还可以上达天地之心[①]。在这个问题上，笔者很赞成"意本论"系统中相似的观点："道"本身即是一种意识主体，而并非只是一种意识的客体，"道"的存在状态就是一种主客不分，主体认识客

---

① 马宝善：《易道宇宙观——中华古老的象数逻辑》，北京：人民日报出版社，2014年，第7—114页。

体其实就是一种主体的同一，所以在这个意义上，《道德经》中最根本的是"自然之意"——一个贯穿人与天地宇宙自然而然始于自身的创造之力（意）①，或是一种世界无始以来原本生有的、在一切当下现象中存续的自然意志②。宇宙是一个有灵感的统一体，宇宙不是单纯一个物质实体，宇宙根本是心物一元的③，一方面个体与天地万物虽然异构但是同元，"自然之意"贯穿所有，逻辑上难以分离；而另一方面个体与天地宇宙一体的，则指出认识上二者逻辑上仍是有可分之关系，即：逻辑上人心与宇宙之心、人心之意与天地之意可以贯通，但是若人心之发动不顺天地自然，那么人心所发之意便与"自然之意"实然分离，仅是一己之私意，这也是后天实意复归先天天地自然之意的。

在对心物一体的论证上，温海明将时空对象化的外在宇宙、天地或是万物纳入一个时空内化、心灵与天地自然同时展开的一个时空演化系统④，时间与空间可以进行相互转换且心灵借助物质实现广延，物质通过心灵获得存在的生气和力量，故心物不可以脱离对方存在；温海明进一步强调的是焦点意识（focal awareness）和场域意识（field awareness）⑤，强调一种周行不殆的不同时空场，不同人处于不同的境域场之中，人的意识交于时空并领会现象之下存续自然意志前提下地参与其间，每一瞬间皆与"自然之意"相接，不断创生新经验的丰富性、整全性与心物融通性⑥，即：人之意在时空场中与"自然之意"的交融一体，以此破除对待，人对道意的领悟不再有有无二分，这也正是之前讲到的《道德经》中潜藏的中国式直接面对全体事物、直觉领悟的认识方式——再不把世界作为一个对象化的存在，而是再无思虑、无作为、在内化的时空场中"寂然不动、感而遂通天下之故"地体知，与物融贯一体。这也正点明了道体的本然如其所寂，待人理解与意会的本体性状态，在这个事实上，人本然与天地无异，心与世界完全贯通；天地之心（自然之意）既是天地运行的规则，又是导人入道之境界的大门，此即为意本论系统中的意本感通论、意本心通物论⑦。

三、意念实化以通道

在"意本论"下构建"自然之意"分论前提下，《道德经明意》中最关键的对应

---

① 温海明：《道德经明意》，第 26 页。
② 温海明：《道德经明意》，第 57 页。
③ 温海明：《从"心物一元论"看〈易道宇宙观〉》，《船山学刊》2014 年第 4 期。
④ 温海明：《从"心物一元论"看〈易道宇宙观〉》，《船山学刊》2014 年第 4 期。
⑤ 温海明：《道德经明意》，第 27 页。
⑥ 温海明：《道德经明意》，第 27 页。
⑦ 温海明：《周易明意》，第 67、69 页。

即是"道意"也就是"自然之意"的万物显化，以及人的领会以及参与过程，但是在对《道德经》进行哲学构建的同时离不开生生不息的中国传统宇宙论和心通于物人合于天的逻辑前提。

《道德经明意》的"自然之意"涵包"显化于万物生生流转之中"，人亦不出于其间的创造生生之力（意）；人的意识与如此万物之其他个体即可以对如老子所言的"道"——即天地之间如此展现的根据进行领会并参与其中。当然，在这样一个整体过程之中，一切认识"自然之意""必须有一个贯穿其中的过程"——即天地自然之意实化的过程，使得人的意念在天地万物之间流行，回到根本的经验与世界的一体之境之中去①。

从认识论上来说，即是在建立一种一切必经意会的认识模式时，一切生成的意念必定含有相反相成，如《道德经明意》第二章明意所言：

> "道意"的开显必然落于二分，没有他途。"道意"的领会并被判断，只有借用对待的言语名相，意念所至，阴阳立判，不借助对立的范畴，我们的意念对道无法领会，……道显现在意念中，就只有阴或者阳的表现方式，没有其他表现方式。②

另外，如《道德经明意》第四十章中所言：

> 事物本体无所谓正反的区别，是因为事物与意交接，则必有正有反，事物的混沌性在与意交接的瞬间就必须消解，……"反"只是意会的"反"，……只要意会了"正"便同时意会了"反"。③

事物本体无所谓正反，一切正反在事物与意相接时产生，人意会"自然之意"而产生边界，而这个边界的方寸感则体现于人的内在德性的修养，"有无相生"表达的是一种"自然之意"的隐化和显化，"无"是"自然之意"的隐化，是一种"道"有而无之的状态，"有"是不同时空场中意念于情境之中的创生，人正是需要一种无一丝一毫私意染杂意念与境域场的连接，让一切心意都顺乎天地之然之道，最后即可一切所行皆是天地"自然之意"实化而成④，很明显这一切都需要人不要自私用力，

① 温海明：《心通物论——〈系辞上〉的形上意蕴》，《现代哲学》2008 年第 3 期。
② 温海明：《道德经明意》第二章，第 70 页。
③ 温海明：《道德经明意》第四十章，第 225 页。
④ 温海明：《道德经明意》，第 67—69 页。

要在心意发动的反思状态中除去自私与巧力①，让一切意发不带意气以及占有抢夺实在外物的欲望或是追求内在智识的执着，在有为的层面上自我控制自己的起心动念。

此处，《道德经明意》反身之"自然意"正如同佛家所讲"不二法门"，即：

> 如我意者，于一切法，无言无说，无示无识，离诸问答，是为入不二法门。(《维摩诘所问经》)

显然，《道德经明意》的"道意"对于绝大多数人需要言说且实意才能被了解参与，而对于他们道意以言语进行开显，以言明意，就出现了对待性的言语，确是二分了。但便如同上述不二法门所阐明之处——"道意"是不需要任何叙说即完全自洽的，换而言之，关联性宇宙论下如此一个完全自洽的事物必定是存在于一切之中并无一丝执着，对于"道意""道"或是"自然之意"这一存在，确是一种无须言语、说与不说都不增不减之状态，道、道意、自然之意本就是一物，只需自然而然地达意通道即可，因为一切道意只在道意的状态之中。

在《道德经》中，老子也对于这种修炼，从外部治国原则和道隐于存两方面进行了描述：

> 是以圣人之治，虚其心，实其腹，弱其志，强其骨，常使民无知无欲，使夫智者不敢为也。(《第三章》)
> 道冲，而用之或不盈；渊兮！似万物之宗。挫其锐，解其纷，和其光，同其尘。(《第四章》)

《道德经明意》的"明意"部分对上述进行哲学性解读时讲到：一方面通过圣人，圣人作为有道且理想中的治国之人，其一切创生都顺乎"自然之意"，以自身为典范帮助民众领会道意，消减心志的力量、虚无民众的私意，使人民的意念发动回乎自然之境，心意发动不带动意气，回归一种无知无欲之境，一种自然的道意状态；另一方面则强调以无意为意、无用为用进行意念的自身发动，才能回归如同庄子的逍遥或是郭象的"玄冥之境"②。

最后，《道德经明意》之意本论旨在以"意"为本，将"自然之意"作为"一体两面"的存在，贯穿万物生生流转，不仅宇宙论上消解人与物的对待、为"心通物"

① 温海明：《道德经明意》，第53页。
② 温海明：《道德经明意》，第77—78页。

论到最后"意同于物"提供了理论支撑，还为如何反身回归原处之真找到了道路，即人的意念切中自然之中道，成就天地自然之善，指明一条回归天人合一的一体之境之中的道路给有缘众人。

四、以意释道的合理性

《道德经明意》对于《道德经》进行"自然之意"的哲学重构，不得不面对"道"与"意"这一对词语，在导言以及前三节中，本人已经对"道"以及"道意"开显和意念实化做了阐述，那么一定会有一个问题，《道德经明意》为什么要以意来解释道？其合理性又在何处？

第一，如何理解"道"？东汉的许慎在《说文解字》中讲道："道：所行道也。从辵从首。一达谓之道。"其中"首，同，头也，象形"，"辵，乍行乍止也"。段玉裁注："道者人所行，故亦谓之行。首者，行所达也。"由此可以见"道"意为供人行走及通向某地的道路。这是对于道的一种具象概念、有形有象意义上进行诠释；但是"道"在具象意义之后，仍抽象出了一切事物生生运动法则之义，如《易传》的《系辞上》所言：

一阴一阳之谓道，继之者善，成之者性也。是故形而上者谓之道，形而下者谓之器。化而裁之谓之变，推而行之谓之道，举而错之天下之民谓之事业。

《道德经》论及"道"77次，大致可以将其分为对"道"体、"道"用两方面。"道体"一方面重点讲"道"作为本体或是生生主体的内涵，如：

道可道，非常道。(《第一章》)

"道"作为天地万物存在的本原，是天地之间一切现象如此展开之根据，可以说是一种逻辑上的先在，比五行、阴阳更为根本之存在①，但又包含着一种宇宙论、本体论上的"有无"内涵，有揭示道之实存无疑，无则揭示着《道德经》对大道本体性"无"的状态；此外作为本体的"道"还是化生万物的根源，道生太极，太极化生阴阳二气，阴阳二气化生二气之和气，阴阳和气化生万物。

"道"用一方面，也可以称之为"自然无为"，老子通过对"道"之无意作为而成就天地，暗含教人效仿之意，如：

---

① 温海明：《道德经明意》，第164—165页。

万物作焉而不始，生而不有。为而不恃，功成而弗居。夫唯弗居，是以不去。（《第二章》）

　　"道"虽然成就万物，但道并非有意成就万物，同样，道成就万物也并非有何目的，完全处于自然，完完全全自然而为无为，正因为无为，故而才可成就一切，本然如此，无须造作。

　　总而言之，"道"的意义外延在不断扩展的同时，逐渐从有具体指向导向了没有具体指向的存在，在《道德经》之中成为其各方面思想开展之核心。

　　第二，如何以"意"释"道"？《周易明意》自序中一言切中肯綮：

　　"意"本"立日心"，立天地日月之心，或为"心之音"，"意"本身自带强大本体论意味，而日月之心之音，真诚无妄，正是人修持心意，接通天机的理想状态。诸经之意通于自然天地，仁爱世人，达于心意通天之道，统摄道教心神诸说，可融贯一炉。①

　　在著者看来，"意"犹如康德意义上的"自在之物"，本真无虚，与道共存，无道则无意，无意则无道，所以《道德经明意》用"道意"表达道入于意的状态。于道体上，将"道"内化到人类意念中去，以"道意"（或"自然之意"）来贯通客观本体之道与全体人类的主观意念；在道体上而言，并非重意抑道，而是强调"道"只有为"意"所领会，才能通过语言文字将领会到的"道意"表达发明出来，自然之意构成一道沟通道与人意的大门，道若不通过自然之意则无法与内涵"自然之意"的人进行联系，而人若无法通过意则根本无法领会道。

　　可见，于道用而言，《道德经明意》以意释道，不仅从形而上的方面对道进行了诠释，并且在人生修养以及政治实践上有了其现实的价值属性。于个人而言，以道意将儒家从"善"与"不善"的伦理意义，拉回到善不善于得道的意义上，人如果不实化意念即无法让内涵的"自然之意"与天地"道意"沟通，那就只是一种虚化私意顺自然之"意"的方式，便也无法真正领会"道"，如此，很可能还会产生"道已存在实然不昧，为何不能直观领会"的问题。于政治上，自然之意统领万物，具领导万物之威，万物自然归化十自然之意，统治者若想使天下大治，即要重回道意，回归自然无为的真诚朴素状态中去，自此国家政治也自然不会偏离。

---

　　① 温海明：《周易明意》，第4页。

五、结语

总而言之，《道德经明意》的意本论旨在以"自然之意"对《道德经》的哲学进行哲学重构。这是一种基于中西双重视域下，试图从"自然"和"道"的内在理解对道家哲学进行阐发，并为现代的读者打开一扇研究《道德经》的新门。本文着重论述《道德经明意》在对《道德经》经文进行哲学新解的同时，从中国传统生生宇宙论、心合物论，意念实化以通道等三个方面，来理解该书以"意"解释"道"的合理性，认为著者建立起"意"与"道"的关系有很深的哲学意义。本文试图在凸显该书在对《道德经》诠释的基础上，以"自然之意"角度诠释"道"进行的多方面哲学建构和突破。并且指出，著者在此基础上，怀着建构新的中国哲学之信心，为了使未来的中国哲学，不会沦为狭隘之西方哲学的附庸，而是帮助中国哲学立于世界思想与文化之林，真正成为包容多样的世界哲学大家庭的一员。

姬氏版《道德经》里的规律、原理、公理、法则、技术[*]
——解析《姬氏道德经》之妙要

姬晓玄[**]

内容提要： 2017 年 3 月，一个新的《道德经》版本《姬氏道德经》横空出世（朝华出版社出版），引起学界的广泛关注。译注者姬英明在前言中说："我祖上所传承的《道德经》版本直接源于老子，至今已有两千多年。"人大哲学院教授罗安宪在序言中说："《姬氏道德经》无论是在义理上还是在文献上，都有无可替代、不可忽视的重要价值。"姬氏版《道德经》与通行版《道德经》主题思想基本相同，最大的不同是结构上不分章，而是把全经分为六卷，分别是《道经卷》《德经卷》《道理卷》《道政卷》《道法卷》《道术卷》，每卷又分为三节。笔者通过解析《姬氏道德经》，发现其结构和意旨的妙要之处。这六卷十八节经文先后揭示了道之三大规律、德之三大规律、悟道修德三大原理、为政治国三大公理、处世安身三大法则、处事立命三大技术。把天道真理从形而上到形而下，从宏观到微观，从理论到实践完美地呈现了出来。笔者认为或许可以通过对《姬氏道德经》的研究，为当下老学研究提供一种新思路和新方向。

关键词： 姬氏道德经 道德经新版本 结构 解析

---

[*] 规律，本文指自然界和社会诸现象之间的必然的、本质的联系。

原理，本义指在人文科学中经过大量观察、实践后，归纳、概括出来的具有普遍意义的本原机理。

公理，本文指经过人们长期反复实践后，无须再加证明而被公认的道理。

法则，本文指规律化的法度和规则。

技术，本文指道术（包括技术和法术）中用来处理社会事务的技巧方法、程序规则。

[**] 姬晓玄（1995 年—），河南省洛阳人。2016 年毕业于郑州大学，获哲学学士学位，2019 年 6 月毕业于中国社会科学院世界宗教研究系，获宗教学硕士学位，现就职于河南南阳开元国际学校，研究方向：宗教文化。

前　言

　　《姬氏道德经》是由姬英明传承并译注，经朝华出版社于 2017 年 3 月出版的一个《道德经》新版本。书中扉页介绍译注者姬英明是甘肃省平凉陇山人，"英明"为祖辈取字，号太一，姬氏太王（即古公姬亶父）嫡一百一十九世主宗子。其在前言中写道："我祖上所传承的《道德经》版本直接源于老子，至今已有两千多年。"[①] 中国人民大学哲学院教授罗安宪经过长时间认真研究考证，认为以此书水平之高，应非当今伪作，欣然为之作序，明确指出："《姬氏道德经》无论是在义理上还是在文献上，都有无可替代、不可忽视的重要价值。"[②] "《姬氏道德经》的出版，是老子学史上的一件大事，也是一件值得庆贺的事。"[③] 该版本与通行版《道德经》主体思想以及语句内容基本相同，最大的不同之处是结构上不分章，而是把全经分为《道经卷》《德经卷》《道理卷》《道政卷》《道法卷》《道术卷》六卷，每卷又分为三节。

　　笔者潜心对《姬氏道德经》进行了反复研读、赏析后，发现了其中玄妙之处，并借鉴马学研究，把著作中的真知灼见、真理妙要、箴言哲理等简明地归纳成规律、原理、公理、法则、技术等，即六卷经书是分别向世人揭示：道之三大规律、德之三大规律、悟道修德之三大原理、为政治国之三大公理、处世安身之三大法则、处事立命之三大技术。这样可以使读者简明扼要地了解《姬氏道德经》内容和旨意，领悟其中的精妙之处，从而更方便地指导人们的工作、学习和生活，推动人类社会的和谐发展。

第一章　《道经卷》道之三大规律解析

　　《道经卷》由三节经文组成，因果相连地论述了道之本质、道之本性、道之本能三大规律。

　　一、道之第一大规律——道之本质"三无"

　　1.《道经卷》第一节经文及论点

　　道，可道也，非恒道也；名，可名也，非恒名也。无名天地之始也，有名万物之母也。故恒无欲也，以观其妙；恒有欲也，以观其徼。两者同出，异名同谓，玄

---

　　① 姬英明译注：《姬氏道德经》，北京：朝华出版社，2017 年，"前言"，第 1 页。
　　② 姬英明：《姬氏道德经》，"序言"，第 6 页。
　　③ 姬英明：《姬氏道德经》，"序言"，第 11 页。

之又玄，众妙之门。[①]

（论点：论本质上道无名而无不名，是"万物之母"）

道空，而用之又不盈也。渊兮，似万物之宗！湛兮，似或存！吾不知谁之子也，象帝之先。有物混成，先天地生。寂兮！廖兮！独立而不改，周行而不殆，可以为天下母。吾不知其名，强字之曰道，强为之名曰大，大曰筮，筮曰远，远曰返。返也者，道之动也，弱也者，道之用也。天下之物生于有，有生于无。无，无极极，极生炁，炁生变，变之道也。道生一，一生二，二生三，三生万物。万物负阴而抱阳，空气以为和。[②]

（论点：论本质上道无生而无不生，是"为天下母"）

孔德之容，唯道是从。道之物，唯恍唯惚。惚呵恍呵，中有象呵；恍呵惚呵，中有物呵；幽呵冥呵，中有精呵；其精甚真，其中有信。至今及古，其名不去，以顺众父。吾何以知众父之然，以此。视之而弗见，名曰夷；听之而弗闻，名曰希；挥之而弗得，名曰微。此三者不可至计，故潜而为一。一者，其上不幽，其下不惚，寻寻呵不可名也，复归于无物。是谓无状之状，无物之象，是谓惚恍。遂而不见其后，迎而不见其首。故执今之道，以御今之有，以知古始，是谓道纪。[③]

（论点：论本质上道无状而无不状，是"无状之状"）

2.《道经卷》第一节经文揭示——道之本质规律"三无"

本节经文集中论述道之本质规律"三无"：即道的本质是"无名""无生""无状"，简称"三无"，用一个字来概括那就是"无"。"无"的本质含义不是"什么也没有"，而是"无法确定"。因为道在永恒变化中，故道才无所不名、无所不生、无所不状，这是道最根本的规律。

本规律揭示：大道生成宇宙的原理——"无"聚变为"有"，"有"裂返（变）为"无"并永恒循环往返于"无"的变化之中。

开示人们：大道是宇宙的总根源，是万物之母，大道拥有神圣的"精"、"信"（能量信息）和神奇的"无"、"有"（时间空间）并通过神秘的"恍"、"惚"（规律机

---

① 姬英明：《姬氏道德经》，第2页。

② 同上。

③ 姬英明：《姬氏道德经》，第2—3页。

制）方式永恒运行。

二、道之第二大规律——道之本性"三返"
1.《道经卷》第二节经文及论点

浴神不死，是谓玄牝，玄牝之门，是谓天地之根。绵绵呵若存，用之不尽。天下有始，以为天下母。既得其母，以知其子；复守其母，没身不殆。塞其闷，闭其门，终身不勤；启其闷，济其事，终身不救。见小曰明，守柔曰强。用其光，复归其明，毋遗身殃，是谓袭常！①

（论点：论道本性"返朴归真"是承袭常规）

古之善为道者，微妙玄达，深不可识。夫唯不可识，故强为之容曰：狳呵，其若冬涉水；犹呵，其若畏四邻；俨呵，其若客；涣呵，其若凌泽；沌呵，其若朴；混呵，其若浊；渊呵，其若浴；恍呵，若无止！②

（论点：论道本性"返微归玄"是古之如此）

浊而静之徐清，若以重之徐生，葆此道不欲盈。夫唯不欲盈，是以能敝而不成？至虚极也，守静表也，万物旁作，吾以观其复也。万物芸芸，各复归于其根。归根曰静，静是谓复命。复命常也，知常明也，不知常，茫茫作，凶。知常容，容乃公，公乃全，全乃天，天乃道，道乃久，没身不殆。③

（论点：论道本性"返虚归静"是复命常规）
2.《道经卷》第二节经文揭示——道之本性规律"三返"
本节经文集中论述道之本性规律"三返"：即道的本性是"返朴归真""返微归玄""返虚归静"，简称"三返"。
本规律揭示："道神"玄牝生育万物和万物返回"道神"玄牝的两个"返"（即"返朴归真"和"返虚归静"）的运化"常"规（即"复归其明，毋遗身殃，是谓袭常"和"归根曰静，静是谓复命，复命常也"），以及中间"微妙玄达，深不可识"

---

① 姬英明：《姬氏道德经》，第9页。
② 同上。
③ 同上。

的量变到质变过程（即"返微归玄"）。

开示人们：信守大道"返"的运化"常"规能使人心胸开阔包容一切，最后与天道合一，永远没有灾祸；不信守大道"返"的运化"常"规就"茫茫作，凶"。

三、道之第三大规律——道之本能"三守"

1. 《道经卷》第三节经文及论点

道恒无名，朴虽小，而天下莫之能臣。侯王若守之，万物将自宾。天地相合，以降甘露，民莫之令而自均焉。始制有名，名亦既有，夫亦将知止，知止所以不殆。①

（论点：论道本能"守规制"，从开始就在遵守规则制度运行）

俾道之在天下也，犹小浴之与江海也。执大象，天下往，往而不害，安平大。乐与饵，过客止，故道之出言也，谈呵其无味也，视之不足见也，听之不足闻也，用之不可既也！大道泛呵，其可左右也，成功遂事而不名有也，万物归焉而不为主。则恒无欲也，可名于小；则万物归焉而不为主也，可名于大。是以圣人之能成其大也，以其不为大也，故能成其大！天下皆谓我道大，似不肖，夫唯大，故不肖，若肖，则细矣！②

（论点：论道本能"守无欲"，永恒按规制运行没有任何私欲）

故道大，天大，地大，王亦大，域中有四大，而王居一焉。人法地，地法天，天法道，道法自然。③

（论点：论道本能"守自然"，永恒按人、地、天、道的自然规制运行）

2. 《道经卷》第三节经文揭示——道之本能规律"三守"

本节经文集中论述大道之本能规律"三守"：即道的本能是"守规制""守无欲""守自然"简称"三守"。

本规律揭示："道"其小无内，莫之能臣（"道恒无名，朴虽小，而天下莫之能

---

① 姬英明：《姬氏道德经》，第 13 页。
② 同上。
③ 同上。

臣"）和其大无外，不可左右（"大道泛呵，其可左右也"），所以万物只是顺应道之本能规律"三守"来运行。

开示人们：圣人正是遵守了大道"三守"规律去行事才成就了伟大，所以只要人们遵照"三守"规律去行事，就可以"不殆"即没有危险，就可以实现天人合一。

第二章 《德经卷》德之三大规律解析

《德经卷》由三节经文组成，因果相连地论述了德之本质、德之本性、德之本能三大规律。

一、德之第一大规律——德之本质"三无"

1.《德经卷》第一节经文及论点

上德不德，是以有德；下德不失德，是以无德。上德无为而无以为也，下德无为而有以为也。上仁为之而无以为也，上义为之而有以为也，上礼为之而莫之应也，则攘臂而仍之。故失道而后德，失德而后仁，失仁而后义，失义而后礼。夫礼者，忠信之薄也而乱之首也；前识者，道之华也而愚之首也。是以大丈夫居其厚而不居其薄，居其实而不居其华，故去彼取此。①

（论点：论深厚的德本质"无为"，故"无以为"）

含德之厚者，比于赤子，蜂虿蝎蛇弗螫，攫鸟猛兽弗搏。骨弱筋柔而握固，未知牝牡之会而朘怒，精之至也；终日嚎而不哑，和之至也。和曰常，知和曰明，欲生曰殃，心使气曰强，物壮即老，谓之不道，不道早已。营魄抱一，能毋离乎？专气致柔，能婴儿乎？修除玄览，能毋疵乎？爱民治国，能毋以智乎？天门启阖，能无雌乎？明白四达，能无以知乎？生之畜之，生而不有，长而不宰也，是谓玄德。②

（论点：论玄妙的德本质"无欲"，故没有伤害和占有）

道生之而德畜之，物形之而器成之，是以万物尊道而贵德。道之尊，德之贵也，夫莫之命而恒自然也。故道生之，德畜之，长之育之，成之熟之，养之覆之；生而

① 姬英明：《姬氏道德经》，第18页。
② 同上。

不有也，为而不恃也，长而不宰也，此之谓玄德。①

（论点：论尊贵的德本质"无我"，故能永恒自然）

2.《德经卷》第一节经文揭示——德之本质规律"三无"

本节经文集中论述了德之本质规律"三无"：即"厚德无为""玄德无欲""贵德无我"，分别简称"无为""无欲""无我"，合称"三无"，也正好与《道经卷》第一节大道的本质规律"三无"即无名、无生、无形相呼应。

本规律揭示："厚德无为"的朴实无华是真正的治国之本；"玄德无欲"的赤子之心是真正的养生之本；"贵德无我"的忘我精神是真正的修道之本。

开示人们："尊道贵德"是万物必须从命的永恒自然规律，希望人们都能忘掉自我，"无为"修身，"无欲"养性，"无我"积德，最后超凡入圣、得道成仙。

二、德之第二大规律——德之本性"三善"

1.《德经卷》第二节经文及论点

上善若水，水善利万物而又不争，居众人之所恶，故几于道矣！居善地，心善渊，予善信，政善治，事善能，动善时。夫唯不争，故无忧。②

（论点：论德之本性"善不争"，故无忧无虑）

善建者不拔，善抱者不脱，子孙以祭祀不绝。修之于身，其德乃真；修之于家，其德有余；修之于乡，其德乃长；修之于邦，其德乃丰；修之于天下，其德乃博。故以身观身，以家观家，以乡观乡，以邦观邦，以天下观天下。吾何以知天下之然？兹以此。江海之所以能为百浴王者，以其善下之，是以能成为百浴王。是以圣人之欲上民也，必以其言下之；欲先民也，必以其身后之。故居前而民弗害也，居上而民弗重也，天下乐推而弗厌也，非以其无争与，故天下莫能与之争。③

（论点：论德之本性"善下之"，故无所能争）

知其雄，守其雌，为天下溪；为天下溪，恒德不离；恒德不离，复归婴儿。知

---

① 姬英明：《姬氏道德经》，第 19 页。
② 姬英明：《姬氏道德经》，第 23 页。
③ 姬英明：《姬氏道德经》，第 23 页。

其白，守其辱，为天下浴；为天下浴，恒德乃足，复归于朴。知其白，守其黑，为天下式；为天下式，恒德不忒；恒德不忒，复归于无极，朴散则为器。圣人用则为首长，故大制无割。①

（论点：论德之本性"善守朴"，故德能养育天下器物）

2.《德经卷》第二节经文揭示——德之本性规律"三善"

本节经文集中论述了德之本性规律"三善"：即"善不争""善下之""善守朴"，合称"三善"，正好和《道经卷》第二节道之本性规律"三返"即"返朴归真""返微归玄""返虚归静"相呼应。

本规律揭示："善不争""善下之""善守朴"是大道运行过程中"德"的本性规律，如水、如江海、如浴，不争、无忧、谦卑地养育万物成器。

开示人们：要像水"善不争"利万物那样加强道德修养，以江海"善下之"的德性去"修身""齐家""治乡""安邦""平天下"，像圣人沐浴大道那样"善守朴"一切从本身细微处做起成就大业。

三、德之第三大规律——德之本能"三心"

1.《德经卷》第三节经文及论点

不出于户，以知天下；不窥于牖，以知天道。其出也弥远，其知弥少。是以圣人不行而知，不见而明，不为而成！②

（前论：论圣人圣明可"不行而知，不见而明，不为而成"，引发后论圣明原因）

圣人无常心，以百姓心为心。善者吾善之，不善者吾亦善之，德善也！信者吾信之，不信者吾亦信之，德信也！圣人之在天下歙歙焉，为天下浑心，百姓皆属其耳目，圣人皆孩之！恍呵，其未央哉！众人熙熙，若食于太牢，如春登台。我泊焉未兆兮，若婴儿未咳，累呵，似无所归！俗人皆有余，我独遗，我愚人之心也！湷湷呵，俗人昭昭，我独昏昏呵！俗人察察，我独闷闷呵！众人皆有以，我独顽以俚，吾欲独异于人而贵食母。③

---

① 姬英明：《姬氏道德经》，第23—24页。
② 姬英明：《姬氏道德经》，第28页。
③ 同上。

（主论：论圣人的圣明原因是"三心"，即"以百姓心为心""天下浑心""愚人之心"）

吾言甚易知也，甚易行也，而人莫之能知也，而莫之能行也！言有君，事有宗，其唯无知也，是以不我知。知我者希，则我贵矣！是以圣人被褐而怀玉！①

（补论：圣人拥有"三心"如"被褐而怀玉"）

2.《德经卷》第三节经文揭示——德之本能规律"三心"

本节经文集中论述了德之本能规律"三心"：即"百姓心""天下心""愚人心"，分别简称"民心"（或称"仁心"）、"公心"（或称"天心"）、"初心"（或称"道心"），合称"三心"，正好和《道经卷》第三节道之本能规律"三守"即"守规制""守无欲""守自然"相呼应。

本规律揭示了：圣人所拥有的"不行而知、不见而明、不为而成"三大能力，正来自圣人拥有"百姓心""天下心""愚人心"这三颗至纯至真的心，圣人如"被褐怀玉"。

开示人们：圣人总是生活简朴、谦卑低调地去赢得"民心"、保持"公心"和不忘"初心"。

第三章 《道理卷》悟道修德三大原理解析

《道理卷》由三节经文组成，依次论述了悟道修德应该懂得"三知""敬畏""善始"三大原理。

一、悟道修德第一大原理——"三知"之原理

1、《道理卷》第一节经文及论点（经义中黑体字）

三十辐共一毂，当其无，有车之用也；埏埴为器，当其无，有器之用也；凿户牖，当其无，有室之用也。故有之以为利，无之以为用。②

（论点：论"知无得有"，知道空无才能去获得）

---

① 姬英明：《姬氏道德经》，第28页。
② 姬英明：《姬氏道德经》，第34页。

　　五色使人目盲，五音使人耳聋，五味使人口爽，驰骋田猎使人心发狂，难得之货使人之行妨。是以圣人之治也，为腹而不为目，故去彼取此。知人者，智也；自知者，明也；胜人者，有力也；自胜者，强也；知足者，富也；强行者，有志也；不失其所者，久也；死而不忘者，寿也！名与身孰亲？身与货孰多？得与亡孰病？甚爱必大费，多藏必厚亡，故知足不辱，知止不殆，可以长久。①

（论点："知止长久"，知道适可而止才能长久）

　　知不知，尚也；不知知，病矣。是以圣人之不病，以其病病也，是以不病。垂者不立，跨者不行。自视者，不彰；自见者，不明；自伐者，无功；自矜者，不长。其在道曰：余食赘行，物或恶之，故有德者不居。②

（论点："知病不病"，知道得病的缘由才能不再得病）

2.《道理卷》第一节经文揭示——悟道修德"三知"之原理

　　本节经文集中论述了悟道修德应该明白"三知"原理：即"知无得有""知止长久""知病不病"，简称"三知"之理。

　　"三知"原理：先从生活物品车、房屋、器皿入手，论述"空无"的部分才是"有用"的部分，得出"知无得有"道理，然后又对人们吃喝玩乐等生活行为进行分析论证，得出"知止长久"道理，最后从人们的日常行为、思想心理方面分析，得出"知病不病"道理。

　　开示人们：只有牢记并遵守悟道修德"知无得有""知止长久""知病不病"的原理，才能在工作、生活和学习上一帆风顺。

二、悟道修德第二大原理——"敬畏"之原理

1.《道理卷》第二节经文及论点

　　唯与诃，其相去几何？美与恶，其相去若何？人之所畏，亦不可不畏。③

（总论：人不能没有"敬畏"）

---

① 姬英明：《姬氏道德经》，第34页。
② 同上。
③ 姬英明：《姬氏道德经》，第38页。

天下皆知美之为美，斯恶已；皆知善之为善，斯不善矣。故有无之相生也，难易之相成也，长短之相形也，高下之相盈也，音声之相和也，先后之相随也，恒也！①

（分论："敬畏"原因之一是万事"相生相成"）

是以圣人居无为之事，行不言之教；万物作而不始也，为而不恃也，成功而不居也。夫唯不居，是以不去。持而盈之，不若其已；揣而锐之，不可常保之。金玉盈室，莫之守也。贵富而骄，自遗咎也，功成身退，天之道也。②

（分论："敬畏"原因之二是万物"相退功成"）

曲则全，枉则生；洼则盈，敝则新；少则得，多则惑。是以圣人执一，以为天下式。不自视，故明；不自见，故彰；不自伐，故有功；弗矜，故能长。夫唯不争，故天下莫能与之争。古之所谓曲全者，岂虚言哉？诚全归之。③

（分论："敬畏"原因之三是自古"相曲全成"）

勇于敢则杀，勇于不敢则活，此两者或利或害，唯不敢也！天之所恶，孰知其故？是以圣人不敢为也。天之道，不战而善胜，不言而善应，不召而自来，安而善谋也！天网恢恢，疏而不失。④

（总括：人不能没"敬畏"，因为"天网恢恢，疏而不失"）

2.《道理卷》第二节经文揭示——悟道修德"敬畏"之原理

本节经文集中论述了悟道修德应该明白的"敬畏"原理：即"人之所畏，不可不畏"之理。

经文通过对万事万物"相生相成"，或"相退功成"，或"相曲全成"（合称"三相三成"原理）的分析阐述，揭示出"人之所畏，不可不畏"这是全人类需要牢记的基本道理。

---

① 姬英明：《姬氏道德经》，第38页。
② 同上。
③ 同上。
④ 姬英明：《姬氏道德经》，第38—39页。

开示人们：人类作为地球上最高级的生命体也不可无法无天，因为"天网恢恢，疏而不失"，悟道修德不但要常怀"敬畏之心"，还要时刻遵守"敬畏之理"。

三、悟道修德第三大原理——"善始"之原理

1.《道理卷》第三节经文及论点

上士闻道，勤而行之；中士闻道，若存若亡；下士闻道，大笑之。不笑，不足以为道。①

（引论：论上中下三类闻道态度，引出悟道修德在于"善始"原理）

故建言有之曰：明道若昧，进道若退，夷道若纇；上德若浴，大白若辱，广德若不足，健德若输，质真若渝。大方无隅，大器晚成，大音希声，天象无形，道隐无名。夫唯道，善始且善成。大成若缺，其用不弊；大盈若空，其用不窮；大直若曲，大巧若拙，大辩若讷。炅胜寒，静胜躁，清静可以为天下正。②

（论点一：论"善始"才能"善成"）

善行者无辙迹，善言者无瑕谪，善数者不以筹策，善闭者无关籥而不可启也，善结者无绳约而不可解也。是以圣人常善救人而无人弃，善物故无弃才，是谓神明！故善人，善人之师；不善人，善人之资。不贵其师，不爱其资，虽知乎大迷，是谓妙要。③

（论点二：论"善始"才会"善用"是神明妙要）

人之生也柔弱，其死也梗韧坚强；万物草木之生也柔脆，其死也枯槁。故曰坚强者死之徒也，柔弱微细生之徒也！兵强则不胜，木强则梗；强大居下，柔弱微细居上。信言不美，美言不信；知者不博，博者不知；善者不多，多者不善。圣人无积，既以为人，己愈有，既以予人矣，己愈多！故天之道，利而不害；人之道，为

① 姬英明：《姬氏道德经》，第42页。
② 同上。
③ 同上。

而不争。①

（论点三：论"善始"才会"善终"，正符合天道和人道）

2.《道理卷》第三节经文揭示——悟道修德"善始"之原理

本节经文集中论述了悟道修德应该坚守的"善始"原理：由"善始善成"，（即只要善于坚守初始善德，就会善于成就一切）、"善始善用"（即只要善于始终如一尊道贵德，就会善于运用客观规律去办事）、"善始善终"（即只要善于保持初始"柔弱谦恭"，就能始终保持上升趋势）三方面组成。

"善始"原理揭示了：只要善于把握和坚守事物的原始属性即"善始"，就能够善成、善用和善终。

"善始"原理开示人们：悟道修德只要坚守"初始善德"，并遵照天道"利而不害"和人道"为而不争"去做事，就能达到"天人合一"的境界。

第四章　《道政卷》为政治国三大公理解析

《道政卷》由三节经文组成，依次论述了为政治国应该懂得"以道为柱""深根固柢""慈俭谦虚"三大公理。

一、为政治国第一大公理——"以道为柱"之公理

1.《道政卷》第一节经文及论点

道呵！万物之柱也，善人之宝也，不善人之所保也。美言可以市尊，正行可以贺人；人之不善，何弃之有？故立天子，置三公，虽有拱之璧以先而驷马，不若善而坐进此道。古之所以贵此道者何？不曰，求以得，有罪以免予？故为天下贵。②

（总论：为政治国要"以道为柱"）

希言自然。飙风不终朝，暴雨不终日，孰为此？天地尚不能久也，又何况于人乎？故从事于道者，同于道；德者，同于德；失者，同于失之。同于德者，道亦德之；同于失者，道亦失之。天下有道，却走马以粪；天下无道，戎马生于郊。罪莫大于不可欲，祸莫大于不知足，咎莫惨于欲得。故知足之足，恒足矣！其安也，易

---

①　姬英明：《姬氏道德经》，第42—43页。

②　姬英明：《姬氏道德经》，第48页。

持也；其未兆也，易谋也；其脆也，易判也；其微也，易散也，为之于其未有也，治之于其未乱也。合抱之木，生于毫末；九层之台，作于垒土；百仞之高，始于足下。民之从事也，常于其成事而败之，故慎终若始，则无败事矣！①

（分论："以道为柱"的三大措施，即"同道同德""知足恒足""慎终若始"）

是以圣人欲不欲，不贵难得之货，教不教，复众人之所过，以复万物之自然，而不敢为也。治大国，若烹小鲜，以道临天下，其鬼不神。非其鬼不神也，其神不伤人也；非其神不伤人也，圣人亦不伤也。夫两不相伤，故德交归焉。②

（分论："以道为柱"三大方略，即"欲不欲""教不教""为不为"可使"德交归焉"）

2.《道政卷》第一节经文揭示——为政治国"以道为柱"之公理

本节经文集中论述了为政治国应该明白的第一大公理："以道为柱"，即万事万物都要把道当作"支柱"。

经文揭示了："以道为柱"就是天下最珍贵的为政公理，具体包括三大执政措施"少说多做，同道同德""守道寡欲，知足恒足""慎终若始，则无败事"，还有三个圣人的执政方略"欲不欲"（想办法不产生贪欲）、"教不教"（以身作则的不言之教）、"为不为"（强化制度让人不敢妄为），只要做到了这两方面，即可"治大国，若烹小鲜，道临天下……德交归焉"。

开示人们：不管你是"善人"还是"不善人"，你纵使"天子"或"三公"，都要追求平安无难，而只有"以道为柱"才能确保无灾无难，国泰民安。

二、为政治国第二大公理——"深根固柢"之公理

1.《道政卷》第二节经文及论点

太上，不知有之；其次，亲誉之；其次，畏之；其下，侮之！信不足焉，则有不信。犹呵，其贵言也，成功遂事而百姓谓我自然。③

（论点：列举四种为政状态，指出取信于民是为政之根底）

---

① 姬英明：《姬氏道德经》，第48—49页。
② 姬英明：《姬氏道德经》，第49页。
③ 姬英明：《姬氏道德经》，第53页。

以正治邦，以奇用兵，以无私取天下。吾何以知其然也哉？以此：夫天下多忌讳，而民弥贫；民多利器：而邦家滋昏；人多智伎，而奇物滋起；法令滋章，而盗贼多有。是以圣人之言曰：我无为，而民自化；我好静，而民自正；我无私，而民自富；我无欲，而民自朴。①

（分论：深根固柢取信于民的第一项方略"公正无私、无为无欲"）

其政悯悯，其民惇惇；其政察察，其邦缺缺。祸兮，福之所倚！福兮，祸之所伏！孰知其极？其无正也；正复为奇，善复为妖，人之迷也，其日固久矣！是以圣人教之也，方而不隔，廉而不刺，直而不肆，光而不耀。②

（分论：深根固柢取信于民的第二项方略"为政慈悯、方正廉洁"）

智者不言，言者不智。塞其欲而闭其闷，和其光而同其尘，锉其锐而解其纷，是谓玄同。故不可得而亲，亦不可得而疏；不可得而利，亦不可得而害；不可得而贵，亦不可得而贱。故为天下贵。③

（分论：深根固柢取信于民的第三项方略施"实干谦和，和光同尘"）

治人事天，莫若啬。夫惟啬，是以早服；早服，是谓重积德；重积德，则无不克；无不克，则莫知其极；莫知其极，则可以有国；有国之母，可以长久。是谓深根固柢，长生久事之道也！④

（分论：深根固柢取信于民的第四项方略"勤俭积德"）

2.《道政卷》第二节经文揭示——为政治国"深根固柢"之公理

本节经文集中论述了为政治国应该明白的第二大公理："深根固柢"，即人民是社会和国家的根基，"取信于民"是为政之根底，一切为政措施都要围绕深化社会根本，巩固国家基础开展。

经文通过列举为政四种状态，揭示了："取信于民"是治国理政之根底，并论述

---

① 姬英明：《姬氏道德经》，第53页。
② 同上。
③ 姬英明：《姬氏道德经》，第53—54页。
④ 姬英明：《姬氏道德经》，第54页。

了取信于民深根固柢的四项方略"公正无私，无为无欲""为政慈悯，方正廉洁""实干谦和，和光同尘""勤俭积德"等，只有这样才能使国家"深根固柢，长生久事"。

开示执政者：人民是国家的"根底"，只有"全心全意为人民"才能长治久安。

三、为政治国第三大公理——"慈俭谦虚"之公理

1.《道政卷》第三节经文及论点

天地不仁，以万物为刍狗；圣人不仁，以百姓为刍狗。天地之间，其犹橐龠乎？动而愈出，虚而不竭。多闻数穷，不若守于中！①

（前论：天地间"虚心"能产生用之不竭的能量，引出"慈俭谦虚"的论题）

天长地久，天地之所以能长且久者，以其不自生也，故能长生。是以圣人退其身而身先，外其身而身存，不以其无私欲，故能成其私！我恒有三宝持保之：一曰慈，二曰俭，三曰不敢为天下先！夫慈，故能勇；俭，故能广；不敢为天下先，故能成为物长。今舍其慈且勇，舍其俭而广，舍其后且先，则必死矣！夫慈，以战则胜，以守则固；天将建之，如以慈垣之。②

（主论：永保为政三宝"慈俭谦虚"风德是真正的长生之道）

古曰：善为道者，非以明民也，将以愚之也。民之难治也，以其智也。故以智治邦，邦之贼也；以不智治邦，邦之德也。恒知此两者亦稽式也，恒知稽式，此谓玄德。玄德深矣，远矣！与物反矣，乃至大顺。③

（补论：培养纯朴善良的民众风德意义深远）

2.《道政卷》第三节经文揭示——为政治国"慈俭谦虚"之公理

本节经文集中论述了为政治国应该明白的第三大公理：为政三宝"慈俭谦虚"。

经文揭示：天地间"虚心"能产生用之不竭的能量，为政之妙在于遵循天道，要始终保持无私之"虚心"，永恒把"慈爱、勤俭、谦虚"优良品德作为为政和生活之三宝。

---

① 姬英明：《姬氏道德经》，第58页。
② 同上。
③ 同上。

开示执政者：善于治国理政的人会戒除逞强贪财恶习，培养慈爱、勤俭、谦虚之美德，让老百姓消除智巧奸诈恶习，培育愚朴善良美德，这就是以德治国培养优良"官风"和纯朴"民风"的玄妙所在。

第五章 《道法卷》处世安身三大法则解析

《道法卷》由三节经文组成，分别论述了处世安身应该懂得"得一奠基""柔之胜刚""果而不强"三大法则。

一、处世安身第一大法则——"得一奠基"之法则

1.《道法卷》第一节经文及论点

昔之得一者：天得一以清，地得一以宁，神得一以灵，浴得一以盈，侯王得一以为天下正，万物得一以生。其至之也，谓天毋以清，将恐裂；谓地毋以宁，将恐发；谓神毋以灵，将恐歇；谓浴毋以盈，将恐竭；谓侯王毋以正，将恐蹶；谓万物无以生，将恐灭。[①]

（总论：万物得到并保持"混元一炁"（即自然属性）不失，就可以长生，失去将灭）

故必贵而以贱为本，必高而以下为基。是以侯王自谓孤、寡、不穀，此其以贱之本乎？非乎！故至誉无誉，是故不欲禄禄若玉、珞珞若石。天下之所恶，唯孤、寡、不穀，而王公以自名也。物或损之而益，或益之而损。上所教今，易而教后，故强梁者不得死，吾将以为学父。[②]

（分论：贵贱高低互为本基是"统一体"，强行脱离这个本基"统一体"将死亡，要把这当作"学父"，即学习的法则）

宠辱若惊，贵大患若身。何谓宠辱若惊？宠之为下，得之若惊，失之若惊，是谓宠辱若惊。何谓贵大患若身？吾所以有大患者，为吾有身也，及吾无身，又何患？

---

① 姬英明:《姬氏道德经》，第64页。
② 同上。

故贵以身为天下，若可以寄天下；爱以身为天下，可以托天下矣。[①]

（分论：忘掉吾身与天下为"一"，就不患得患失，就能宠辱不惊）

2.《道法卷》第一节经文揭示——处世安身"得一奠基"之法则

本节经文集中论述了处世安身要明白的基本法则——"得一奠基"。"一"是"混元一炁"，或"元炁"，简称"一"，泛指事物的"自然属性"；"基"是"生长根基"，简称"基"，泛指事物的"本源基础"。"得一奠基"就是指，一切事物得到并保持"元炁"（即自然属性）才能奠定长久生长的基础。

"得一奠基"法则揭示：一切事物的发展都不能离开本身自然属性（"元炁"），否则就会失去根基而动荡不安，会很快死亡。

开示人们：处世安身不能因外在条件的变化而失去内在本性，要心静如"一"、谦卑低调、忘掉自身，就能宠辱不惊。

二、处世安身第二大法则——"柔之胜刚"之法则

1.《道法卷》第二节经文及论点

天下之至柔，驰骋于天下之至坚，无有入于无间。吾是以知无为之益，不言之教。无为之益，天下希能及之矣！天下莫柔弱于水，而攻坚之强者，莫之能胜也，以其无以易之也！柔之胜刚也，弱之胜强也，天下莫不知也，而莫之能行也。[②]

（总论：处世安身"柔之胜刚"法则易知难行）

故圣人之言损曰：受邦之诟，是谓社稷之主；受大邦之不祥，是谓天下之王。正言若反。重为轻根，静为躁君。是以君子终日行，不离其辎重；虽有华馆，燕处昭若。若何万乘之王，而以身轻于天下？轻则失本，躁则失君。[③]

（分论：圣人君子的忍辱负重、稳重沉静等品格也能"柔之胜刚"）

为无为，事无事，味无味。大小，多少。图难于其易也，为大于其细也。天下之难作于易，天下之大作于细。是以圣人终不为大，故能成其大。夫轻诺必寡信，

---

① 姬英明：《姬氏道德经》，第64页。
② 姬英明：《姬氏道德经》，第68页。
③ 同上。

多易必多难。是以圣人犹难之，故终于无难矣！①

（分论：看似无为的小、少、易、细等事物也能"柔之胜刚"）

2.《道法卷》第二节经文揭示——处世安身"柔之胜刚"之法则

本节经文集中论述了处世安身要明白的基本法则——"柔之胜刚"。

"柔之胜刚"法则揭示："至柔"无坚不摧、无间不入的威力来自"无以易之"的韧性，"无为"本质就是"至柔之道"，发挥着"不言之教"的作用。

开示人们：忍辱、负重、稳重、沉静等品格和性格也属于"至柔"；小、少、易、细等事物也属于"至柔"，这些都能"柔之胜刚"。

三、处世安身第三大法则——"果而不强"之法则

1.《道政卷》第三节经文及论点

以道佐人主，不以兵强于天下，其事好还。师之所居，荆棘生之；大军之后，必有凶年。善者果而已矣，毋以取强焉。果而毋骄，果而毋矜，果而毋伐，果而毋得已居，是谓果而不强。②

（论点：以军事为例提出"果而不强"法则）

物壮而老，是谓之不道，不道早已。使我介有知，行于大道，唯矣是畏。大道甚夷，民甚好径，朝甚除，田甚芜，仓甚虚；服文采，带利剑，厌食而资财有余，是谓盗夸。盗夸持之，非道也哉！③

（分论：不能遵行"果而不强"法则就会过早灭亡，是"盗夸"行径）

和大怨，必有余怨，以德报怨，焉可以为善？是以圣人执左契，而不以责于人。故有德司契，无德司彻。夫天道无亲，常与善人。④

（分论：圣人"有德司契"就是遵行"果而不强"法则）

---

① 姬英明：《姬氏道德经》，第68页。
② 姬英明：《姬氏道德经》，第71页。
③ 同上。
④ 同上。

天下之道，犹张弓者也，高者抑之，下者举之，有余者损之，不足者补之。故天之道损有余而益不足，人之道则不然，损不足而奉有余。孰能有余而又以奉于天下？唯有道者乎？是以圣人为而弗有，功成而弗居也，若此？其不欲见贤也。[①]

（分论：圣人"功成而弗居"也是"果而不强"法则的体现）

道恒无为而无不为。侯王若守之，万物将自化。化而欲作，吾将镇之以无名之朴；镇之以无名之朴，夫将不欲；不欲以静，天地将自正。[②]

（总论：天道"恒无为而无不为"正是"果而不强"法则的运用，侯王如果遵守"万物将自化"）

2.《道政卷》第三节经文揭示——处世安身"果而不强"之法则

本节经文集中论述了处世安身要明白的基本法则——"果而不强"。"果"即结果、目标，"而"即而后，"不强"即不逞强。"果而不强"就是说达到目标后不逞强好胜。

"果而不强"法则揭示：干任何事情达到目的后就收手，不可忘乎所以继续逞强，否则将导致灭亡。这对国家的军事、行政、外交以及个人的处世安身都至关重要。

开示人们：处世安身要多积德行善，"天道无亲，常与善人"，不守天道而贪得无厌、恃强凌弱就会过早结束生命（即"不道早已"）。

第六章 《道术卷》处事立命三大技术解析

《道术卷》由三节经文组成，分别论述了处事立命应该懂得"见素抱朴""无为无执""配天微明"三大技术。

一、处事立命第一大技术——"见素抱朴"之术

1.《道术卷》第一节经文及论点

不尚贤，使民不争；不贵难得之货，使民不为盗；不显可欲，使民心不乱。是以圣人之治也，虚其心，实其腹，弱其智，强其骨。常使民无智无欲也，使夫智者不敢为也；为无为也，则无不治矣！故大道废，则有仁义；智识出，则有大伪；六

---

① 姬英明：《姬氏道德经》，第71页。
② 姬英明：《姬氏道德经》，第71—72页。

亲不和，则有孝慈；邦家昏乱，则有贞臣。绝智弃辩，民利百倍；绝伪弃诈，民复孝慈；绝巧弃利，盗贼无有。此三言也，以为文未足。故令之有所属，见素抱朴，少私寡欲，绝学无忧！[①]

（论点：总结治理社会弊端的各种方法，提出"见素抱朴、少私寡欲、绝学无忧"之术）

小邦寡民，使十百人之器而不用，民重死而不远徙。虽有车舟，而无所乘之；虽有甲兵，而无所陈之。使民复结绳而用之，使民甘其食，美其服，乐其俗，安其居；邻邦相望，鸡犬之声相闻，民至老死不相往来。[②]

（分论："见素抱朴、少私寡欲、绝学无忧"之术对小邦国的教化作用）

大邦者，下流也，天下之牝也，天下之交也。牝常以静胜牡，为其静也，故宜为下。大邦以下小邦，则取小邦；小邦以下大邦，则取于大邦。故或下以取，或下而取。故大邦者不过欲兼畜人，小邦者不过欲入事人。夫两者皆得其欲，则大者宜为下。[③]

（分论："见素抱朴、少私寡欲、绝学无忧"之术对大邦国的教化作用）

2. 《道术卷》第一节经文揭示——处事立命"见素抱朴"之术

本节经文集中阐述处事立命要掌握运用的第一组技术："见素抱朴，少私寡欲、绝学无忧"。其中"见素抱朴"为总目标，见即现，呈现。素即没有染色的生丝，比喻朴素、本真。抱即怀抱，拥抱。朴即没有加工的原木，比喻朴实、本原。"见素抱朴"合在一起就是：外在呈现本真，内在怀抱本原。"少私寡欲、绝学无忧"是总要求，"少私"即减少私心，"寡欲"即寡淡欲望；"绝学"即杜绝学诈，"无忧"即不生忧虑。

"见素抱朴"之术揭示：抓住本真本原、减少私心、寡淡欲望、杜绝学诈、不生忧虑，这无论是在小国还是在大邦，都是处事立命的上等战略战术。

卅卝人们：处事立命做到内外兼顾，"性命双修"即可立于不败之地。

---

① 姬英明：《姬氏道德经》，第 76 页。
② 同上。
③ 姬英明：《姬氏道德经》，第 76—77 页。

二、处事立命第二大技术——"无为无执"之术

1.《道术卷》第二节经文及论点

为学者日益，闻道者日损，损之又损，以至于无为，无为而无不为。取天下恒以无私，及其有私也，不足以取天下。将欲取天下而为之，吾见其不得已。天下神器也，非可为者也，为者败之，执者失之。是以圣人无为也，故无败也；无执也，故无失也。故物，或行、或随，或炅、或嘘、或强、或挫、或载、或堕，是以圣人去甚、去大、去奢。①

（总论："无为无执"就能无败无失）

民之不畏威，则大威将至矣！毋狎其所居，毋厌其所生；夫唯弗厌，是以不厌。是以圣人自知而不自见也，自爱而不自贵也，故去彼取此。若民不畏死，奈何以杀惧之也？若民常畏死，则而为奇者，吾将得而杀之，夫孰敢矣？若民常且必畏死，则常有司杀者。夫代司杀者杀，是代大匠斫也；夫代大匠斫者，则希不伤其手也。②

（分论："无为无执"之术对民生安定及司法公正方面的警示意义）

民之饥也，以其取食税之多也，是以饥；百姓之不治也，以其上有以为也，是以不治；民之轻死，以其上求生之厚也，是以轻死。夫唯无以生为者，是贤贵生。③

（分论："无为无执"之术对压榨民权的徭役赋税方面的警示意义）

2.《道术卷》第二节经文揭示——处事立命"无为无执"之术

本节经文集中阐述处事立命要掌握运用的第二组技术："无为无执"之术。"无为"出自经文"无为也，故无败也"，即公正不妄为就不会失败。"无执"出自经文"无执也，故无失也"，即无私不偏执（不强行执政和不越权执政），就不会丢失权力。

"无为无执"之术揭示：处事立命只要不妄为、不偏执就不会失败。

开示人们：统治者只要"无为无执"，百姓就能安分守己、安居乐业。

---

① 姬英明：《姬氏道德经》，第 80 页。
② 同上。
③ 姬英明：《姬氏道德经》，第 80—81 页。

三、处事立命第三大技术——"配天微明"之术

1.《道术卷》第三节经文及论点

出生入死，生之徒十有三，死之徒十有三，而民生生，动皆之死地亦十有三！夫何故也？以其生生也。盖闻善执生者，陵行不避兕虎，入军不被甲兵；兕无所椯其角，虎无所措其爪，兵无所容其刃。夫何故也？以其无死地焉！ ①

（分论：在养生上顺应天道法则和掌握事物习性规律就能避免死亡）

夫兵者，不祥之器也！勿或恶之，故有欲者毋居。君子居则贵左，用兵则贵右。故兵者非君子之器也，兵者不祥之器也，不得已而用之。恬淡为上，胜勿美也；若美之，是乐杀人也。夫乐杀人，则不可以德志于天下矣！是以吉事上左，丧事上右。是以偏将军居左，上将军居右，言以丧礼居之也。杀人众，以悲哀莅之；战胜，以丧礼处之。古用兵有言曰：吾不敢为主，而为客；吾不进寸，而退尺。是谓行无行，攘无臂，执无兵，乃无敌矣！祸莫大于轻敌，轻敌几亡吾宝矣！故称兵相若，则哀者胜矣！ ②

（分论：在军事上兵器、兵法的运用方面，顺应天道法则和掌握事物规律就能天下无敌）

善为士者，不武；善战者，不怒；善胜敌者，不争；善用人者，为之下。是谓不争之德，是谓用人之法，是谓配天之法，古之极也。将欲翕之，必固张之；将欲弱之，必固强之；将欲废之，必固兴之；将欲取之，必固予之：是谓微明。柔弱胜强，鱼不脱于渊，国之利器，不可以示人。 ③

（总论：这些方法技术就叫"配天微明"之术，是制胜法宝不可泄露）

2.《道术卷》第三节经文揭示——处事立命"配天微明"之术

本节经文集中阐述处事立命要掌握运用的第三组技术："配天微明"之术。"配天"取自经文中"是谓配天之法"，即根据事物自然属性特征，配合天道法则去处理事情，倾向于战略指导。"微明"取自经文中"是谓微明"，即微妙通明的技术，指把握住

---

① 姬英明：《姬氏道德经》，第 84 页。
② 同上。
③ 姬英明：《姬氏道德经》，第 84—85 页。

事物特性，扬长避短、沉静慎重、随机应变就会得到想要的结果，倾向于战术运用。

"配天微明"之术揭示：处事立命只要善于配合天道法则和把握事物特性就能取胜。

开示人们："配天微明"之术不只是用于"养生"和"军事"，对我们工作和学习等都很有帮助。

结语

《姬氏道德经》六卷的顺序虽然是道经、德经、道理、道政、道法、道术，但传承人姬英明在前言中强调传授"一定要从道理卷开始，再到德经卷，等到子嗣十五岁后，再慢慢地将道经卷导入，让他们逐渐融会贯通"[①]。然后，再传授道政卷、道法卷、道术卷。为何要强调从道理卷开始学习呢？

笔者通过对经文的解析，认为道理卷论述的"三知"（即"知无得有""知止长久""知病不病"）、"敬畏"（即万物"相生相成""相退功成""相曲全成"）、"善始"（即万事"善始善成""善始善用""善始善终"）三大原理，是悟道修德首先要懂得的基础原理。它既是领悟形而上的道之规律（即"三无""三返""三守"）、德之规律（"三无""三善""三心"）的妙门，又是掌握形而下的道政三大公理（即"以道为柱""深根固柢""慈俭谦虚"）、道法三大法则（即"得一奠基""柔之胜刚""果而不强"）以及三组道术（即"见素抱朴""无为无执""配天微明"）的要领。因此，修习《姬氏道德经》必须先从道理卷开始学习，才能登堂入室进而将全经融会贯通。

结构顺序上的不同是《姬氏道德经》与通行本《道德经》之间最大的不同之处，因此也是最值得研究和琢磨的部分。通行本由于经历了长时期的流传，部分内容散佚，又被增删改动，各章之间并无过多的逻辑联系，极为散碎，只言片语极易导致断章取义，因此历代解析《道德经》内容含义的版本数不胜数。而《姬氏道德经》能够有自己的一套完整严谨的逻辑体系来传承老子思想，单此一点已可为当今学界研究《道德经》提供新思路和新方向。笔者才疏学浅，唯愿以此篇文章做抛砖引玉之功，盼能激发学界同仁研究《姬氏道德经》之兴趣和热情，共同推动老学研究的发展和进步。

---

① 姬英明：《姬氏道德经》，"前言"，第 8 页。

老子与西方哲学比较研究

论语言的局限性

——以《老子》与《逻辑哲学论》为中心

吕韬频 *

内容提要： 语言的局限性意思是指语言无法对某些对象进行描述。《老子》通过对"道"进行论述，认为道是无形无象的，只能以直觉体悟的方式来把握它，"道"是无法被语言言说的存在，因此语言的局限性在这里显现出来。在《逻辑哲学论》中，维特根斯坦则直接以语言为对象进行论述，先用概念设定和逻辑推理的方式来说明哪些对象是可以被言说的，然后指出"上帝""艺术"等形而上的概念不在这些对象的范围内，以此来说明语言无法描述部分对象，进而指出语言的局限性。两者通过不同的方式来表达语言的局限性，对此进行比较分析既有利于认识语言的性质与作用，也有利于把握这两部经典著作的思想。

关键词： 语言的局限性《老子》《逻辑哲学论》

《老子》是道家思想的代表性著作，《逻辑哲学论》是西方哲学的经典著作，在这两本跨越时间和空间的著作中，能够发现惊人的相似之处——都认为语言具有局限性，换而言之，就是二者都发现了语言把握本体时存在的缺陷。《老子》中关于语言局限性的讨论相对较少，但从其提出的"希言""贵言"等概念来看，其对语言的局限性是有一定的认识的。《逻辑哲学论》作为西方语言哲学的经典著作，其对语言的论述极其丰富。对这两本不同文化和时代背景下产生的哲学经典进行对比分析，既有利于认识语言的性质与作用，也有利于把握这两部经典著作的思想。

---

* 吕韬频（1998—），宁夏银川人，湖南师范大学公共管理学院哲学系硕士研究生，研究方向为中国哲学。

一、《老子》文本体现的语言局限性

《老子》在用语言描述道的时候显现出了语言的局限性，但语言局限性的显现有一个过程。语言的局限性在《老子》中的显现，是通过《老子》对道进行分析的过程中实现的。

《老子》用语言描述的对象是道。"有物混成，先天地生，寂兮寥兮，独立不改，周行而不殆，可以为天下母。吾不知其名，字之曰道，强为之名曰大。"① 道是浑然一体的，它在天地之前就已经存在，没有形体却独立长存永不停息，可以作为天下万物的根源。不知道这个物的名字是什么，只能称呼它为"道"，勉强给它命名为"大"。"寂寥"一词，王弼注曰："无形体也。"② "天地"是有形的，道是无形的，人们可以通过形体去认识天地，但却不可以通过形体去认识道。对于这样一个没有形体的特殊存在，无论是用"道"还是用"大"去称呼它，都只是人们在人的认知体系中去尝试规定它，并不能讲出这个特殊存在到底是什么，唯一能确定的是确实有一个特殊的对象存在，它被称为"道"或"大"。道的存在属性被确立，道的具体的其他属性还是未知，要想对道进行深入认识，还需要对"道"进行进一步分析。

可以通过对道的形象进行分析，以此来实现对道的认知。但是《老子》认为道是没有具体形象的。"孔德之容，惟道是从。道之为物，惟恍惟惚。惚兮恍兮，其中有象；恍兮惚兮，其中有物。窈兮冥兮，其中有精；其精甚真，其中有信。"③ 把道当作物来看，就可以使用对物进行分析的方法来分析道。物具有一定的形象，如果把道当作物来看，那么道也应该具有独特的象，但是《老子》对道的象进行描述时使用的是"恍惚"这个词。"恍惚"是不确定、似有似无的意思，用恍惚来形容道的象，只能说明道好像有一个象，但这个象具体是什么形状却无法得知。人们可以通过对物的象进行分析从而实现对物进行认识，但是对于道的恍惚的象，人们无法界定出这到底是什么象，所以不能通过这种方法来认识道。

《老子》认为人也无法通过感官来认识道。"视之不见名曰夷，听之不闻名曰希，搏之不得名曰微。此三者不可致诘，故混而为一。"④ 人的眼睛看不见道的样貌，人的耳朵听不见道的声音，人的手也触摸不到道的形体，人的视觉、听觉、触觉都不能确切地感知到道的存在，只知道道在似有似无之间，是个混沌一体的存在。

通过对道的形象进行分析不能实现对道的认识，人的感官也难以把握道，然后《老子》认识到人的语言也难以对道进行确切的描述。"道可道，非常道；名可名，

---

① 楼宇烈：《老子道德经注校释》，北京：中华书局，2008年，第62—63页。
② 楼宇烈：《老子道德经注校释》，北京：中华书局，2008年，第63页。
③ 楼宇烈：《老子道德经注校释》，北京：中华书局，2008年，第52页。
④ 楼宇烈：《老子道德经注校释》，北京：中华书局，2008年，第31页。

非常名。无名，天地之始；有名，万物之母。"[1]第一个道字是指具体的一个对象，第二个道字是言说的意思，因此"道可道"的意思是这个对象可以被言说，即可以被概念定义；第一个名也是指具体的一个对象，第二个名是命名的意思，因此"名可名"的意思是这个对象可以被命名。确切的事物可以被言说和命名，《老子》中的那个"先天地生"的道则是不可被言说与命名的。《老子》讲的道是"常道""恒道"，即永恒的道，这个道是永恒不变的。普通的事物可以被言说与命名，常道与常名指向的那个永恒的存在则是无法言说与命名的，对这个道的言说与命名都是人的"强"为，是暂时的预设性描述。人的语言无法限定道，因此道对于人来说就具有"不可言说"的性质，或者说道是不可言说的。语言的局限性在此处显现出来。

《老子》虽然认为语言无法界定道，但它强调的不是语言的有限性，而是强调道自身的特性。"通过经典诠释指向地对圣人之道的理解和实际，不过是指向并融入'超越语言'的天地之道的持续尝试"[2]，语言从来都不是《老子》关注的重点。《老子》又称为《道德经》，分为上下两篇，上篇三十七章，下篇四十四章，其上篇被称为《道经》，主要是对道进行论述。在这三十七章中，以语言为中心对道进行论述的只有第一章。《老子》下篇四十四章被称为《德经》，在这四十四章中，没有一篇是以语言为中心对德进行论述。《老子》认为人们无法通过语言来认识道，就像人们无法通过形象与感官来认识道一样，《老子》只是通过对语言的运用来表达道的不可知性，没有强调语言的局限性。

语言的局限性在《老子》中是被间接地表现出来的。《老子》通过对语言的使用来表达出道的不可知性，在这一过程中间接地暴露出了语言的局限性。在《老子》中，语言首先是被用来表示普通的事物，即普通的事物可以被语言言说。在讲到特殊的道时，语言不能把常道表达出来，此时语言暴露出了自己的局限性。通过对普通事物和特殊的道的论述，显现出语言的能与不能。并且，《老子》是政治哲学著作而不是语言哲学著作，它的论述重点在于通过对道进行论述来表达出自己的政治思想，《老子》既没有用大幅篇章对语言进行论证，也没有直接讲出语言能做什么和不能做什么，语言的局限性也只是在它无法界定道的时候才表现出来。

二、《逻辑哲学论》之"不可言说"

维特根斯坦在认识到"本体"这种哲学范畴不可言说后，依然遵循着西方哲学语言论证的传统——在逻辑上用语言言说世界上一切可以言说之物，当语言把可以言说的对象规定后，那么剩下的部分就是不可言说的。在这里不可言说的部分指的

---

[1]　楼宇烈：《老子道德经注校释》，北京：中华书局，2008年，第1页。

[2]　程乐松：《"子不语"与"道可道"》，《哲学动态》2019年第9期。

是"形而上学""本体""艺术""伦理"等内容，是在世界之外的无法被人把握的，"不可言说"之物是只能通过生活体悟所得。可以言说的则指的是人的整个思想：从"水杯""桌子"这样的简单词语到讲故事、复述以前发生的事情再到科学语言等等实际存在的事物。

首先，《逻辑哲学论》提出"语言是世界的图式"，以此解释哪些内容是可以言说的。《逻辑哲学论》认为语言和世界具有同构关系，不仅在是"名称"和"实物"之间的一一对应，更具有一种逻辑上的同构，一个命题就对应着一个事实图像，从而人能通过语言再现过去发生的事件，这种语言与世界的同构逻辑就是逻辑形式。语言在言说世界时，就需要这种同构的逻辑形式作为支撑。其实语言与世界具有同构逻辑的思想由来已久，维特根斯坦引用了奥古斯汀的话来表达这个观点："当成年人称谓某个对象，同时转向这个对象的时候，我会对此有所察觉，并明了当他们要指向这个对象的时候，他们就发出声音，通过这些声音来指称它。"[①] 这段话中从一个简单情景中指出了语言的作用——就是为了言说世界。《逻辑哲学论》在语言之间建立了一个秩序的王国，规定清楚每个词语的含义和运用法则。使语言的基本命题与世界的基本事态一一对应，词语是对象的名称，句子是名称的排列，语言解说着、叙述着世界上的一切。世界的一切都有与之相对应的语言的内容，语言可以对世界上的所有事情进行言说。

其次，《逻辑哲学论》为"可说"和"不可说"划界。语言能以句子的方式反映可说世界之内存在物的关系，语言是世界的摹本，而有意义的语言是世界或真或假的摹本。当提出一个命题及其函项，如 A、B、C 三个命题，当所有函项都为"真"时，这个命题才能成立。但同时此命题的所有结果都已经包含其中，如 A、B 为真，C 为假；或如 A、C 为真，B 为假等，在这个命题中一共有七种可能，就如同我们思想的空间就只在这个命题及其逻辑之内，超越其外的东西是我们无法想象的。龚兵在比较维特根斯坦和禅宗哲学时说："维特根斯坦的'不可说'主要洞悉逻辑、科学语言的界限。"[②] 语言是思想的全部，包括逻辑和科学。数学演算、几何推理，就像是逻辑推理一样，都是重言式推理，解出几何题的成就感来自独立找出推理过程和步骤，并不是来自发现了新的东西，推理的结果一开始就包含在前提当中，这些都是可说的内容。同时语言为思想划界（逻辑空间），为想象划界，"形而上学""伦理""本体""艺术"等内容都是处于逻辑之外、世界之外无法被言说的。维特根斯坦用这种方式为"可说"和"不可说"划清界限，直接指出了语言的局限性，在语

---

① 维特根斯坦：《哲学研究》，陈嘉映译，上海：上海人民出版社，2001 年，第 3 页。
② 龚兵：《维特根斯坦哲学与禅宗哲学比较》，《宜春学院学报》2017 年第 5 期。

言可以作用的范围内，语言无所不能说，一旦言说的对象超越了语言，它就失去了言说的功能。

用语言说出一切"可说"之后，"不可言说"之物就自然显现了，这是《逻辑哲学论》表达的核心内容。维特根斯坦在写给朋友的信中说："我的书有两部分组成，这里描述的部分加上所有我还没有写的东西，确切地说这没有写的部分，就是第二部分，相当重要。"① 这一部分维特根斯坦没有写，但已经自然地显现出来了。不可言说的这个思想，和中国禅宗主张的"教外别传，不立文字，直指人心，见性成佛"非常像，都主张凡是文字或语言等能表述出的东西，在一定程度上，都会在削弱或歪曲内心的本意。而当你把所知道的信息排列在一起时，意义就会自己显现出它的本来面貌。那些"不可言说之物"，统统只能被显现，我们只需要在表达一个命题时，同时对这个命题中不可言说之物保持"沉默"，不可言说之物就会通过"显示"的途径和我们接触，而语言在这里已经失去了作用。

《逻辑哲学论》是以语言为中心展开论述的。"他认为，我们大量的哲学上的问题，其症结关键其实都在于思想的传播媒介上——语言。与其讨论语言背后不可捉摸的内容，还不如实际的讨论和肃清哲学语言上的问题。"② 大量的哲学内容因为语言的误用或者在语言使用范围外的强行言说，一定程度上导致了哲学问题的产生。《逻辑哲学论》认为超越了语言使用范围的讨论毫无意义，如果能厘清语言的意义和逻辑，就已经能解决大部分哲学问题了。所以，《逻辑哲学论》全篇对于"不可说"时描述屈指可数，更多围绕厘清语言的逻辑进行论述。"在这里我们误会了维特根斯坦给思想划界，更确切地说是给思想的一个表达式划定一个界限。"③《逻辑哲学论》不是给思想划界，而是给思想的表达方式——语言划界。语言能够作用的范围就是思想可以表达的范围，语言不能作用的范围只能保持沉默，让意义通过"显现"的方式被接收。书中用大量篇幅先后探讨了语言与世界具有同构性，语言可以言说思想和世界的一切，最后语言为"可说"与"不可说"划界，这一系列对于语言的讨论都是为了证明语言的局限性。

《逻辑哲学论》直接指出语言的局限性。《逻辑哲学论》最后说："一个人对于不能谈的事情就应当沉默"，直接了当地说"不能谈"，强行表达的句子都是没有意义的。语言只是一种作为交流和陈述的工具，当言说的内容不是现实的存在，而是难以把握的"感觉"，语言的功能就无法作用。《逻辑哲学论》清晰地认识到了语言使用的边界，并直接地表达出来，在语言中寻求意义是徒劳的。

---

① 巴利特：《维特根斯坦传》，杜丽燕译，北京：东方出版社，2000 年，第 86 页。
② 王建清：《试论维特根斯坦的语言观》，《汉字文化》2019 年第 19 期。
③ 苏鑫：《维特根斯坦逻辑哲学论基本思想的探究》，《大众文艺》2019 年第 12 期。

《逻辑哲学论》用逻辑推定的方式证明了语言的局限性。《逻辑哲学论》认为语言是"重言式"的，就像"1+1=2"，"1+1"是逻辑推理的命题，"2"则是推理的结果。逻辑推理所要证明的结果早就包含在命题之中，语言不过是把它说出，但实际上没有任何新的东西产生。语言只是用来表达已经存在的东西，对于不实存于世界的"意义""伦理""本体"等内容，语言就失去了原本的效用。《逻辑哲学论》的最后一句："一个人对于不谈的事情就应当沉默"①，其实也是一个重言式表达，这个句子本身并没有任何新的内容，只是陈述了一个事实。陈述事实的句子只是世界的表达和反映，语言自身就是作为一个具有局限性的工具在使用，语言的句子都是没有意义的陈述。语言的局限性决定了它既无法对真正有意义的"形而上学"做出陈述说明，也无法在陈述事实的时候产出新的内容。

《逻辑哲学论》直接指出了语言的局限性，除了能让人们对语言的运用更加重视和谨慎以外，还对西方传统的形而上学讨论进行了否定和颠覆。形而上学在《逻辑哲学论》是处于语言作用范围外的"不可说"部分，既然不可说，那西方哲学近千年的形而上学哲学历史都变成了无意义的强行言说，这个结论无疑是差强人意的，所以维特根斯坦在后期哲学中也对《逻辑哲学论》进行了批判反思。但无疑对语言的滥用会造成很多生活和学术研究上的不便，语言的规范运用是需要被重视的。

总结

《老子》在使用语言对道进行论述的时候显现出了语言的局限性，《逻辑哲学论》在指出语言能做什么之后表达出语言不能做什么，以此显现语言的局限性。这两部经典著作成书于不同的思维模式与不同的时空，但都显现出了语言的局限性，这对语言哲学的研究和"接着讲"的哲学诠释都具有启示意义。

---

① 维特根斯坦：《逻辑哲学论》，郭英译，北京：商务印书馆，1985年，第96页。

老子"道论"与柏拉图"理念论"的逻辑范畴会通

内容提要：本文在比较哲学的视域下把老子和柏拉图各自的形上论思想还原到四个逻辑范畴的考察，针对哲学的四个逻辑范畴，即总分关系、本末关系、先后关系和运动原理，分别对照和会通老子的"大与小"与柏拉图的"一与多"、老子的"无与有"与柏拉图的"理念与摹本"、老子的"父母子"与柏拉图的"父母子"、老子的"万物负阴而抱阳，冲气以为和"与柏拉图的"事物的四种组成"，以此完成对老子与柏拉图比较哲学的一次导论性研究。

关键词：老子 柏拉图 道论 理念论

老子，作为先秦最伟大的哲学家之一，第一次把"道"以哲学概念确立下来。他以精炼的五千言通过八十一章的篇幅论述了"道"的具体内涵，从而铺陈开来一个完整且系统的哲学体系。现代英国哲学家怀特海曾说"全部西方哲学史不过是为柏拉图的思想做注脚。"柏拉图通过四卷的对话录，在一个又一个具体场景中展开对各个哲学主题的论述，从《蒂麦欧篇》的自然哲学到《斐德罗篇》的灵魂学说，再到《国家篇》的政治哲学……柏拉图以"理念"为思想基点同样延展开来一个深邃且浩大的哲学体系。

本义以四个逻辑范畴为切入点，分别从总分关系、本末关系、先后关系和运动原理展开老子"道论"和柏拉图"理念论"的思想内涵。

---

* 孙悦（1990—），南京大学哲学系博士研究生，研究方向为老庄道家、比较哲学。

《老子》文本引自（魏）王弼注：《老子道德经注》，北京：中华书局，2011年；《庄子》文本引自陈鼓应：《庄子今译今注》，北京：中华书局，1983年；《柏拉图》对话录引自[古希腊]柏拉图：《柏拉图全集》，王晓朝译，北京：人民出版社，2003年。

一、总分关系：老子的"大与小"与柏拉图的"一与多"

（一）道之"大与小"

审视《老子》全文，老子在论述道的内涵时提到了一对相对的概念："大"与"小"，而这对概念是老子辩证思想的核心。

首先，在文本中直观"大""小"的内涵，道之"大"的关键句如下：

第25章：有物混成……吾不知其名，字之曰道，强为之名曰大。大曰逝，逝曰远，远曰反。故道大，天大，地大，王亦大。

第34章：大道泛兮……常无欲，可名于小；万物归焉而不为主，可名为大。以其终不自为大，故能成其大。

第63章：图难于其易，为大于其细。天下难事必作于易，天下大事必作于细，是以圣人终不为大，故能成其大。

第67章：天下皆谓我道大，似不肖。夫唯大，故似不肖。若肖，久矣其细也夫。

道之"小"的关键句如下：

第32章：道常无名，朴虽小，天下莫能臣也。

第34章：大道泛兮……常无欲，可名于小；万物归焉而不为主，可名为大。

第52章：见小曰明，守柔曰强。

如果把道之"大"的境界论含义与形上论含义相区别，仅从形上论的视角来看，道之"大"，有两个内涵，其一，指的是道的本原价值，即道作为宇宙万物的源头和本质规定性；其二，指的是道不离物，也就是"道者万物之注"，所以，道之"大"象征道的广大。

道之"小"有两个含义，一个是指道存在于每一个物中，没有任何物中是没有道的；另一个含义是道以一种无形的方式发挥作用，"视之不见，听之不闻，搏之不得"。由此，象征道的精微。

综合地看，道之"大"和"小"统一起来就是庄子所言的"至大无外，至小无内"。同时也构成了"致广大而尽精微"的修养论基础，而由老子思想中的"大与小"关系可以生发出一个相关的思想：事物的复合与积累。

第28章：朴散则为器，圣人用之则为官长。故大制不割。

第39章：故贵以贱为本，高以下为基。

第63章：图难于其易，为大于其细。天下难事必作于易，天下大事必作于细，是以圣人终不为大，故能成其大。

第64章：合抱之木，生于毫末；九层之台，起于累土；千里之行，始于足下。

"为大于其细"讲的是每一个"大"都是由大量的"细"（小）组成的。在这个思想基础上，真正的圣人是能够始终体道和修道的人，他们"恒"于道，且"抱道不脱"。"大制无割"讲的是每一个自然物都是"大"，都是一个有内在秩序和系统的存在。这样的存在是不能靠强力处理，必须依凭它自身的本性，也就是它的道来对待它，而这也就是"无割"，即不以蛮力和人的意志强为，《庄子》的《养生主》中的庖丁解牛则是关于这个道理最好的说明。综上，《老子》语境中大与小的关系有两种：其一，大是小的机械相加之和；其二，大由小的系统组合而成。

（二）柏拉图的"一与多"

柏拉图在《斐莱布》篇中应对"善是快乐的生活还是理智的生活？"这一问题时，首先探究的是快乐的本质。在确定快乐具有不同的种类（快乐是复数）后便发问：既然快乐既是一又是多，那么一和多的内涵、区别和关系是什么呢？由此便引入了对于"一与多"主题的讨论，"一"的内涵如下：

我们是否必须相信这样的一具有真正的存在……它们永远是一又是相同，既不会产生也不会消灭，它一经开始就永远存在，它是最确定的单一，然而它后来可以存在于有产生的无限多的事物中——它是一种可以同时在一与多中发现的相同的一。[1]

"一"具有独立、不朽的特质。在柏拉图的整个语言体系中，"一"的内涵可以与理念、心灵、灵魂相呼应。可以说，"一"关乎事物的本质；而与之对应的"多"指的是这个"一"的本质可以具体表达在多个事物上，也就是呈现多个事物的多个本质。在文本中，柏拉图举的例子是声音与字母的数量，"一"对应"声音"这一集合概念，而"多"对应的是字母的种类和数量。所以，使一个人"学会字母"就是他知道声音的数量和种类。[2]另外，可以以"人"和"多个个体人"为例来理解这个

① 柏拉图：《斐莱布篇》，《柏拉图全集》第三卷，第182页。
② 柏拉图：《斐莱布篇》，《柏拉图全集》第三卷，第185页。

思想。"人"这个集合概念就是"一"，它关乎的是人可以命名为"人"的本质，而这个本质可以投射到不同的人身上，每一个人在具备人的许多共同禀赋的同时也分有人的本质的不同方面，因此就具有独立性和独特性。在此基础上，综合多个人的独特的本质就构成了"多"，准确地说就是人的本性的多，即一的多。

所以在辨析"一"和"多"的内涵后，柏拉图继续论述"一"与"多"的关系：

> 一切事物据说都是由一与多组成的，在它们的本性中有一种有限与无限的联系。他们又说，我们无论处理什么事务，都必须用它来整理事物的秩序，假定有某个单一的相，然后寻找它，因为我们将发现它被包含在某处；然后如果我们掌握了它，我们还必须继续从一的相出发寻找二的相，如果找到了二的相，就可以接着找三的相或其他数目的相：我们必须对每个"一"做这样的工作，直到我们不仅明白我们开始时的一既是一又是无限的多，而且也明白有多少个这样的一。①

柏拉图在解释一与多的关系问题时引入了三个概念："有限""无限""数"（尺度）。这三个概念之间的关系是什么呢？柏拉图以"认识论"的进路进行了解释。在此以"人的哲学认知"为例来解读这三个概念。首先需要澄清的是：对任何事物的哲学认知，指的是在本质层面而非有形层面的真理性认知。正如柏拉图所言："理智是以真正的存在为对象的准确的、适宜的思想。"

当我们想要认识人的本质的时候，首先"人"是一个集合概念，表示一类存在，这是人的"有限"。同时，有形世界中在时空维度下有未知数量的实体"人"与之对应，每一个具体的人都分有了人的本质，但表现出来的行为和特质千差万别，这种对人的"本质"千万种的演绎就是人的无限。在这个层面上，有限类似于"一"，而无限类似于"多"。到此，只能算是哲学认知的开端，真正的真理爱好者就要继续追问和探究：那么连接人的本质和人的特质演绎之间的理和数是什么？

所以，柏拉图把一与多的关系看作"考察和认识的工具"他说：

> 既显示它们各自如何是一与多，又显示它们各自如何在抵达无限多样性之前拥有某个确定的数——提醒你一下，我们不能直接抵达无限多样性。②

另外，柏拉图把这种探究一与多关系的思维能力和记忆看作"基本精准的技

---

① 柏拉图：《斐莱布篇》，《柏拉图全集》第三卷，第184页。
② 柏拉图：《斐莱布篇》，《柏拉图全集》第三卷，第187页。

艺""数的技艺""哲学家的算术"。并说：

> 这些技艺高于所有其他技艺，这些技艺中包含着真正的哲学家的努力，他们使用起尺度和数量来在精确性和真实性方面具有巨大的优越性。[1]

与用理性测量一与多关系的思想相类似的观点也出现在《斐德罗篇》，柏拉图在论述真正的修辞学是"反思事物的本质"时提到了一个认识的方法论：如果对象是复合的，就要列举它的组成部分，对每个部分进行考察，就像我们对单一事物进行考察一样。要弄清它的自然能力，弄清它是被动的，还是主动的，弄清它的构成。[2]

总分的逻辑关系，涉及宇宙的结构问题，当下科学哲学的系统论和社会学科的科学研究法正是在做这方面的工作。也就是阐述宇宙的有机体模型，以及这一模型在各个独立结构上的实现。这种系统论提供的假说，具体说来就是：宇宙是一个有机体，科学是一个有机体，建筑是一个有机体，国际关系是一个有机体，国家是一个有机体，人体是一个有机体……而它们之间的差别就是总与分的关系、大有机体与小有机体的关系。而它们的共同点就是：共享一个有机体观念。

基于这种理解的道体则像是一个编织好了的真理之网，不予以道体主体存在的内涵，只予以其秩序和规范的价值意义——道在物中，须臾不可离也，离而非道也。所以道之大，就是道之小的叠加。道的这种含义范围的不同，有点像"一"，一既表示个体，也表示全体。

具体说来，总分关系本质上有两个维度的指向，其一是在无形层面，其二是在有形层面。

总分关系在无形层面指的是世界是有规律的，规律的复杂性和有序性在理一分殊的原则下展开。这个思想在老子的语言体系里，被叫作道的"大"与"小"；在柏拉图的语言体系里，被叫作理念的"一"与"多"。总分关系在有形层面指的是事物是有系统的，系统的结构性和复杂性在有机体的统一中实现。这个思想在老子的语言体系里，被叫作"有，无之相生也。"在柏拉图的语言体系里，被叫作"一切事物据说都是由一与多组成"。

所以，每一物，作为"一"是因为它具有独立性，这是它的整体、它的"大"。同时，每一物都是有结构、有系统的，这是它的"多"，而构成系统中的每一个部分就是"小"。

---

① 柏拉图：《斐莱布篇》，《柏拉图全集》第三卷，第 249 页。
② 柏拉图：《斐德罗篇》，《柏拉图全集》第二卷，第 191—192 页。

二、本末关系：老子的"无与有"与柏拉图的"理念与摹本"

（一）道之"无与有"

无与有，可以说是老子道论的思想核心。围绕这对概念有三个问题：无是什么？有是什么？无与有的关系和相互作用是什么？

首先，在文本中直观"无""有"的内涵，"无"的关键句如下：

第14章：其上不皦，其下不昧。绳绳不可名，复归于无物，是谓无状之状，无物之象。

第28章：常德不忒，复归于无极。

第43章：天下之至柔，驰骋天下之至坚，无有入无间……

"有"、"无"关系之关键句如下：

第1章：无名天地之始，有名万物之母。

第2章：故有无相生，难易相成，长短相较，高下相倾，音声相和，前后相随。

第11章：故有之以为利，无之以为用。

第40章：反者，道之动；弱者，道之用。天下万物生于有，有生于无。

在此基础上，沉思"有""无"的内涵。无与有的关系可以概括为三个维度：无形与有形、规定者与被规定者、无限与有限。其中，无，指的是每一物的本性，即本质规定性。无可以统称为物性，其中在人的表达就是人性，而有指的具体的有形存在，且是可以彰显和表达无的有形存在。

只有理解了"有""无"的内涵，才能找到《老子》文本中这两个关键字的同义字与同义词。与"无"的含义相近似的是：古、朴、天、眇、始、弱、阳、沕、至柔。而与"有"的含义相近似的是：地、噭、母、强、阴、望、致坚。总之，无与有的关系，就是"无"必须通过"有"而彰显自身的存在与价值，同样，"有"必须实现"无"的规定性才能完成自己的使命。

天地万物有其自然状态，这种不以认知主体的差异而呈现的和谐样态不仅以客观的规律性、有序性为基础，同时也以形态的丰富性和无限性呈现出来，所以道对物的作用是没有穷尽的。在这个无限义上，老子把道描述成"无穷无止"，同时又"不盈""不满""不竭"。

（二）柏拉图的"理念与摹本"

柏拉图在《国家篇》中把世界分为两部分，一个是可知世界，一个是可见世界。并且通过"洞喻模型"展开了对这一思想的论述。

把真理赋予知识对象的实在，使认识者拥有认识能力的这个实在，就是善的型，这是一切真理所知的原因。[①]

柏拉图在文中对认识对象和认识层次的划分可以梳理如下，而排列顺序在于：它们的对象分有真理和实在的程度。[②]

可知世界		可见世界	
理念（型）	数学	原本	摹本（阴影、反射）
理性	理智	信念	思考和猜测

理念与摹本的关系也可以还原为柏拉图思想语境的另一对范畴：原因与条件。柏拉图在《斐多篇》提出要区别事物的原因和条件：某事物之所以是美的，乃是因为绝对的美出现在它之上或者该事物与绝对的美有某种联系，而无论这种联系是什么。[③]其中，心灵是事物的原因，而条件只是使得原因得以展现的诸多因素。所以，一个事物的本质关乎的是它的原因。文中以美之所以为美为例来展开如何区别心灵和条件。

本末关系在本质上论述的无形存在和有形存在之间的关系，也就是在同一事物上，它的本质和它的表象之间的关系。

在具体一个物上，针对这个物的本质规定性，老子称之为这个物的"无"，柏拉图称之为这个物的"理念"（型）、"心灵"或者"灵魂"。针对这个物的外在显像，老子称之为这个物的"有"，而柏拉图称之为"摹本"和"条件"。

二、先后关系：老子的"父母子"与柏拉图的"父母子"

（一）老子的"父母子"
整体上，结合庄子的文本，父母，或者父、母，都可以指万物的规定性。

达生：天地者，万物之父母也。合则成体，散则成始。形精不亏，是谓能移。

---

① 柏拉图：《国家篇》，《柏拉图全集》第二卷，第505—506页。
② 柏拉图：《国家篇》，《柏拉图全集》第二卷，第510页。
③ 柏拉图：《斐多篇》，《柏拉图全集》第一卷，第109—110页。

精而又精，反以相天。

"母"的内涵比较清晰，"有，名万物之母也"。母在内涵上对应的是"有"，也就是万物的物质源头。当然，在《老子》的其他篇章众母也有道的象征和指代含义，毕竟"有"出自"道"。

第 1 章：无名天地之始，有名万物之母。

第 20 章：我独异于人，而贵食母。

第 25 章：有物混成，先天地生。寂兮寥兮，独立不改，周行而不殆，可以为天下母。

第 59 章：有国之母，可以长久。是谓深根固柢，长生久视之道。

其次，理解"父"的内涵。"父"这个概念在《老子》八十一章的文本中只此一处，还是在帛书本中，文本第 21 章这句话之前是："道之物，唯望唯沕。沕呵望呵，中有象呵。望呵沕呵，中有物呵。窈呵冥呵，中有情呵。其情甚真，其中有信。"由此可见"自今及古，其名不去，以顺众父"的主语是"道之物"，可以译成"道这个物"，也就是道。所以，"道顺众父"的表意可以从文本结构中提炼出来。另外参考"母"对应"有"，父其实可以对应"无"，而无的内涵其实和德一致。如果结合《庄子》的文本，"父"的含义可以定位在两处，更见父就是万物的本质源头。

大宗师：死生，命也。其有夜旦之常，天也。人之有所不得与，皆物之情也。彼特以天为父，而身犹爱之，而况其卓乎！

天地：夫何足以配天乎！虽然，有族有祖，可以为众父而不可以为众父父。

母与子的关系在文本中只有第 52 章一处："天下有始，以为天下母。既得其母，以知其子；既知其子，复守其母，没身不殆。"子的内涵要和母对应，母的含义是指物在有形的物质层面的源头，那么子也就是物在有形层面的发展和变化。

如果从父、母、子关系的细微处分辨，对每一物而言，它的父就是它的本质，是这一物逻辑意义上的先，而物就是父逻辑意义上的后；它的母就是它的物质源头，是这一物时空意义上的先，而物就是母时空意义上的后；至于它的子，就是它的变化发展过程。这个变化发展有个起始点，就是母，而变化发展的规律性，就是父。

（二）柏拉图的"父母子"

《蒂迈欧篇》是柏拉图论述自然哲学思想的集中篇目，其中柏拉图在论述宇宙的性质这一核心主题时提出宇宙的原因，在其中可以定位"父、母、子"这一组概念。

首先，柏拉图区别了两类事物。其一是永恒存在，没有生成的东西，其二是永恒生成，无时存在的东西。[①] 在柏拉图的思想体系里，这两类事物就相当于理念（型）与物。其次，提出四个概念：永恒自持者、创造者、模型和摹本。

凡是生成的东西必定由于某种原因方才产生，因为若无原因，没有任何东西能被创造出来。当创造者用他的眼光注视那永恒自持者，并且用它作为模型，构成事物的外形和性质……摹本是按照模型被造出来的……关于一种摹本与模型，我们必须认定所给予的说明本身必须与被说明的东西有着同样的性质。

接着，柏拉图对这四个概念的内涵进行阐释，梳理如下：

永恒自持者：模型的源头
创造者：按照模型创造摹本
模型：宇宙最完美的创造和设计
摹本：有形的宇宙、物质世界

其中，创造者被看出是善的，"他没有妒忌，希望一切尽可能像自己"。在这个思想基础上，模型被比喻成"父"，摹本被比喻成"子"，而母则是连接二者，使模型得以在摹本中实现的中介。文本如下：

父亲：被模仿者，被生成的事物天然地模仿的东西。
母亲：接受者，生成过程发生在其中的东西。
子女：生成者，处于生成过程中的东西。[②]

先后的逻辑关系包含两种：逻辑先后与时间先后。涉及道的本体论问题时，也就是是否在万物、宇宙之外和万物、宇宙生成之前，有一个道体。纵观哲学史对于这一问题的阐释，可以归纳出道体的两种存在方式，一种是作为宇宙的完美模型存在，也就是真理的源头和归宿。一种是作为宇宙的创造者存在，即按照完美模型把真理注入宇宙的生成者。宗教进路的理解倾向于把两种存在统一，即耶稣既是智慧

---

① 柏拉图：《蒂迈欧篇》，《柏拉图全集》第三卷，第279—282页。
② 柏拉图：《蒂迈欧篇》，《柏拉图全集》第三卷，第302页。

的拥有者也是宇宙的创造者。

涉及一个物时，逻辑层面，本先末后，时空层面，末先本后。先后关系在物的层面上实际上论述的是一个物从无到有的原理和过程。因为，在原理的维度上，任何一个"子"都有"父"（无形的本质规定性），也都有母（统一无形的本质规定性和有形的物质规定性的综合设计）。在过程维度上，每一个"子"都是一个种子，它的生长和发展需要一个过程，而它能够长成的最好的样子就是它原本被设计的样子。

涉及一件事时，理念层面，终先始后，操作层面，始先终后。也就是说，一件事情在动机层面一定有一个目的和实现这个目的的可行性方案，而在行为层面一定要从无到有、从小到大。

四、运动原理：老子的"万物负阴而抱阳，冲气以为和"与柏拉图的"事物的四种组成"

（一）老子的"万物负阴而抱阳，冲气以为和"

《老子》中有两章全面且系统地阐释了道对物的作用原理，也就是阐释了无、有与物动态的关系问题。

第40章：反者，道之动；弱者，道之用。天下万物生于有，有生于无。

第42章：道生一，一生二，二生三，三生万物。万物负阴而抱阳，冲气以为和。

"反"，即对立面的对立统一。反就是有与无的反，即有跟无，各自自动向对方运动。"弱"，在《老子》中列举如下：

第3章：是以圣人之治，虚其心，实其腹；弱其志，强其骨。

第36章：柔弱胜刚强。鱼不可脱于渊，国之利器不可以示人。

第76章：强大处下，柔弱处上。

第78章：天下莫柔弱于水，而攻坚强者莫之能胜，其无以易之。弱之胜强，柔之胜刚，天下莫不知，莫能行。

弱的含义可以与"用"的含义相关，《老子》第11章有"有之以为利，无之以为用"。所以，弱可以和无相关。无，指万物之始，即万物无形的规定性。所以，道的"弱"就是道的"无"。接下来，"天下之物，生于有"。是指一切具体的个体的物，都是由全体中的其他的具体的物转化而来。按庄子在《寓言》中的说法，就是"万物皆种也,以不同形相禅,始卒若环,莫得其伦"。"有生于无"说的是,一切的有,来自无。

"万物负阴而抱阳,冲气以为和"则是道对物作用原理的总结。"阴"与"阳"的概念必须还原到老子的语言体系中。也就是说,无,就是天,就是柔,就是弱,就是静,就是阳。有,就是地,就是刚,就是强,就是躁,就是阴。"冲气"的"冲"就是第4章"道,冲而用之,有弗盈也"的冲,就是有向无冲,无向有冲,就是反,就是道之动。"和"在这里的含义,就是阴与阳通过气冲而和在一块。就是阴中有阳,阳中有阴,阴阳合抱。

(二)柏拉图的"事物的四种组成"

柏拉图在《斐莱布篇》中由善的生活应该是一种混合的生活这一判断出发,提出"事物的四种组成",这个思想可以和老子的"有、无、冲、和"思想进行对话、实现会通。这四种组成分别是无限、有限、产生于二者混合的事物、混合与产生事物的原因。

首先在文中直观这四个概念的内涵。

无限:涉及相对比较——"较多"和"较少"[1]

有限:涉及尺度——首先,是"相同"和"相等",其次是"两倍"和其他任何表示倍数的术语,或表示尺度之间关系的术语。

混合:在尺度标准下的确定数量的物——通过引进一个定数使对立双方的冲突终结,使之成比例或处于和谐状态。一切美好事物的源泉。

原因:创造者、心灵、智慧——心灵属于被我们称作万物之原因的这个家族。

宇宙中存在着许多"无限"、丰富的"有限"和主宰性的原因,它产生了秩序,规定了年、季节、月份,完全配得上称作智慧和理性。[2]

在文本中,把如上的原理应用在对快乐、理智和善的考察则可以得出结论:善的生活是一种"混合"的生活。其中,理智属于"原因",快乐属于"无限",可以合理假设的是,理智的依据和标准则属于"有限"。

如果道对物(埋念对物)的作用原理按照上述阐述得以正确还原,那么,依据原理的普适性可以确定:它既经得起逻辑的考察,也经得起事理的验证。老子对与

---

① 柏拉图:《斐莱布篇》,《柏拉图全集》第三卷,第191—205页。

② 柏拉图:《斐莱布篇》,《柏拉图全集》第三卷,第194—200页。

道作用原理的阐释，也类似于亚里士多德的四因说："无"是"形式因"，"有"是"质料因"，"冲"是"动力因"，"和"是"目的因"。

不同的哲学家对于一个问题的共识正是对真理的证明。对与错，不是一种相对的主体判断，而是基于一个客观的标准，即：各自都是对一个事物本来面目的近似，谁最近谁就最对。所以，哲学家不是发明家，他只是一个发现者，一个用语言符号很好地表达了真理的发现者。

结语

文化，具有地缘性，构建在不同文化基础上的语言之间自然就具有差异性。但"名者，实之宾也"。语言作为表达实意的工具，不同的语言内容可以超越语言学差异在内涵的维度予以会通，正如人性可以超越不同的地缘文化予以会通一样。哲学，作为各文化体共有的探究真理的学科，需要这样超越语词的思想会通的工作，本文就从总分关系、本末关系、先后关系和运动原理四个逻辑范畴的角度对老子和柏拉图的思想会通做出以上导论式的努力。

从黑格尔哲学看老子《道德经》中的"道"

卓惠玲　王　婷*

内容提要： 德国古典思辨哲学中的"绝对精神"是一种抽象的、独立的、指向第一实体的概念，与中国道家哲学中的"道"颇可以比较视之。在黑格尔那里"绝对精神"是一切存有共同的本质和根据。从德国古典思辨哲学的视域看老子《道德经》中的"道"，二者颇有相通之处。借此颇可以看清楚黑格尔在《历史哲学》中为什么抑孔扬老，对老子及其哲学赞不绝口。通过对黑格尔"绝对精神"自我发展经历的三个阶段的回顾，我们对于中国"道"的理解能够看到另外一番不一样的风景。

关键词： 道《道德经》黑格尔　绝对精神

一、从黑格尔"绝对精神"看老子《道德经》中的"道"

黑格尔（Georg Wilhelm Friedrich Hegel，1770—1831）曾用花朵来隐喻思辨过程，他说："花朵开放时花蕾便消逝，人们会说花蕾是被花朵否定掉了；当结果的时候，人们又认为果实是作为植物的真实形式出现而代替了花朵。这些形式彼此不相同，互相排斥。但是，它们的流动性却使它们成为有机统一体的环节，构成整体的生命"。[1] 黑格尔用花蕾、花朵和果实比喻人的思维运行的各个不同阶段，包括正反合三个过程，最终又回到自身，一个包含全部过程的原点。其中蕴含了丰富的辩证的否定，即否定之否定——扬弃的思想，这种辩证法和老子中"道"有异曲同工之妙。

《道德经》第一章就开宗明义："道可道，非常道；名可名，非常名"。[2]（一）从

---

* 卓惠玲（1994—），厦门大学人文学院硕士研究生，研究方向：道学与传统文化。

王婷（1984—），厦门大学新闻传播学院博士研究生，贵州师范大学国际教育学院，研究方向：传播思想史、政治传播、隐喻传播研究。

① 黑格尔：《精神现象学》，北京：商务印书馆，1979年，第2页。

② 王弼注：《老子道德经》，魏源注，上海：上海书店出版社，1986年，第1页。以下《道德经》引文皆出自该版本。

某种意义上来说，道的研究是一门很难的事情，因为道本身玄之又玄，它所处理的对象不是直观的看得见的题材，"道之出口，淡乎其无味，视之不足见，听之不足闻，用之不足既"（三十五）。它不是感性的表象，而是一种纯粹抽象的存在 ①，既然是抽象的概念，就能通过思辨的方式对其进行研究，"道生一，一生二，二生三，三生万物"（四十二），道是"一"，是万物之始。这一古代中国的思维方式成为中华文明理论的渊薮，是东方辩证思维来源的文化宝藏。

（一）"绝对精神"与"道"之独立抽象性

黑格尔的"绝对精神"（Absolute Spirit，又译作绝对理念）是客观独立的抽象名词，他认为精神具有客观性，客观性有三种含义，"第一为外在事物的意义，以示有别于只是主观的、意味的或梦想的东西。第二为康德所确认的意义，指普遍性与必然性，以示有别于我们感觉的、特殊的和主观的东西。第三，刚才所提出的意义，客观性是指思想所把握的事物自身以适于有别于只是我们的思想，与事物的实质或事物的自身有区别的主观思想"。②"真正的思想应该是：思想不仅是我们的思想，同时也是事物的自身，或者对象性的东西的本质。"③绝对精神作为纯粹抽象的逻辑概念，最开始的运动和发展只在纯粹思维的范围内进行，这也就是说黑格尔认为绝对精神是世界的本质和基础，是作为客观的、独立的、抽象的概念而存在。

老子的"道"亦是独立抽象的。道是一种抽象的存在，是作为一种概念的可能性与这个概念的实现的现实性相结合的一种统一。这个"道"的概念是为何？且是如何在现实性中体现的呢？《道德经》载："有物混成，先天地生。寂兮寥兮，独立不改，周行而不殆，可以为天下母。吾不知其名，字之曰道"。（二十五）从本章分析可知，其一，老子的道，是作为一种被设定之物，是一种先在的事物的结果，从本原的角度来看，道是一种时间上的最先，在万物之前；道是万物之母，万物从道中来。④ 其二，道是一种先于万物的必然，老子对于道没有给出正面的定义，道是先在物的衍生，从道的特征无法给道下一个定义，道是无形无踪等特征，但是仅仅停留在这个层面，我们就没有真正了解到这个道的含义。

其三，通过老子对道的特征的描述可知，道是"独立而不改，周行而不殆"，道

---

① "有些地方，'道'是指形而上的实存者。"参见陈鼓应：《老子今注今译》，北京：商务印书馆，2003 年，第 31 页。

② 黑格尔：《小逻辑》，北京：商务印书馆，2018 年，第 120 页。

③ 黑格尔：《小逻辑》，第 121 页。

④ "'道'是老子哲学体系的最高范畴，甚至可以说老子的整个哲学体系都是由'道'而展开的……道是万物之所以成为万物的'本根之物'。"选自张延国：《"道"与"逻各斯"：中西哲学对话的可能性》，《中国社会科学院》2004 年第 1 期。

的运行不依赖于外物,可见如果是偶然的道,它是取决于他物,而不是其自身,就犹如引力和斥力的关系一样,如果失去其中的任何一方,另一方将荡然无存。只有必然的道,它的存在才取决于自身。正如张岱年先生说:"道以自身为法。"①

其四,道不依赖于外物,道仍必须将其所从中派生出来的万事万物当作一个消失的环节包含在自身之内,必然的道是一种存在,它是单纯的自身联系,在其中一切对于他物的依赖性都被消除了,道是无所待的,是独立的,就如任继愈说:"道效法它自己。"②

(二)"绝对精神"与"道"之运动规律性

黑格尔的"绝对精神"是现实世界必然进程的内在根据,思维运动不同阶段,都有一个不断运动变化的过程,这个变化始终在进行着,是具有规律性的。

在《小逻辑》一书中,黑格尔阐述了存在的概念是间接的、反思的。它们成对出现,并相互否定,结果双方都被扬弃,表现为直接性与间接性的对立统一。包括本质自身、现象和现实三个环节,阐述了现象与本质间的关系及对立统一的矛盾思想。③黑格尔认为必然性的真理是自由,实体的真理是概念,"绝对精神是一种独立性概念,其独立性,在于自己排斥自己使成为有区别的独立物,而自己作为这种排斥却与自身相同一,并且,这种始终在自己本身之内进行的交替运动,只是与自己本身相关联"④。

老子的"道"的各个阶段和环节是现实的事物,这些现实的事物有时也被认为是断裂的和暂时的,其包含于道的实质内容之中。"天地之间,其犹橐籥乎?虚而不屈,动而愈出"(五),天地万物运动无时不刻地进行着,"飘风不终朝,骤雨不终日。孰为此者?天地尚不能久,而况于人乎"(二十三)?现实的万物的存在是短暂的,不论是狂风暴雨还是人,都不能长久。那么道是如何与那些散乱的似乎没有内在联系的、现实的、分散的事物相关联?

"道冲而用之或不盈,渊兮似万物之宗"(四),道是不可见不可触,但玄深莫测的道却是万物之宗,这从道的内容来看,道的对象好像遥不可及,又似乎近在咫尺。道的内容不是别的,一种是作为实质的内容,另一种是作为散乱的内容,道的散乱的内容就是现实的事物,其本身就是空无,它按照道的方式运行,因而转化为其否定物。这样,现实的短暂的事物和情况转化为一种条件,这种条件成了实现的实质

---

① 张岱年:《中国古典哲学概念范畴要论》,北京:中华书局,2017年,第79页。
② 任继愈:《老子绎读》,北京:北京图书馆出版社,2006年,第56页。
③ 赵敦华:《西方哲学简史》:北京:北京大学出版社,2000年,第471—478页。
④ 黑格尔:《小逻辑》,第324页。

的道的内容，但是同时又被保持为最高的道的实质的内容。张松如认为："事物的表面现象和内在实质往往不一致。这中间包含着丰富的辩证法思想。"① 童书业亦说："老子至少已经知道矛盾统一的规律……每件事物之中，都包含有否定本身的因素……这种观察事物的辩证方法，是老子哲学上的最大成就。"②

"道之为物，惟恍惟惚。惚兮恍兮，其中有象；恍兮惚兮，其中有物。窈兮冥兮，其中有精；其精甚真，其中有信。"（二十一）道恍惚迷离，深远幽暗，道似乎是有物体有形象，但道中的精华的存在是肯定的，这种精华就是道的实质的内容。可见，万事万物是在道的最高原则支配下进行否定的转化，这个转化的过程将断裂的现实的事物包含于道的各个阶段之中。

（三）"绝对精神"与"道"之整全概括性

绝对精神是黑格尔哲学的唯一对象和内容，是黑格尔哲学的最高范畴，不仅是能动的主体而且也是客观性的实体性因素。精神超出自身的过程实际上也是精神成为它自身的过程，其结果就是精神涵盖一切而成为绝对精神，宇宙万物，无论是自然的、社会的以及人类的思维的现象，都是"绝对精神"实现自己、认识自己的辩证发展过程的外部表现，都是"绝对精神"自己产生和存在的，经历逻辑阶段、自然阶段、精神阶段，绝对精神又回复到它与自身相适应的精神形式，最后返回到自身。可见，"绝对精神"是一个整全的实体。③ 黑格尔在《小逻辑》的概念论部分，把终极存在归结为概念，它从概念的特殊化和客观化所发展展开的概念和客观的关系来论证概念是存在的本质，是现实世界必然进程的内在根据和实体性力量，是唯一的全体，以此消解主客体的二元分裂。包括主观概念、客观概念和理念三个环节。④

老子的"道"包含的各个环节阶段的事物的内容和条件遵循稳定的、必然的规律运行。"道生之，德畜之，物形之，势成之。是以万物莫不尊道而贵德。道之尊，德之贵，夫莫之命而常自然。故道生之，德畜之。长之、育之、亭之、毒之、养之、覆之。生而不有，为而不恃，长而不宰，是谓玄德。"（五十一）道是万物的本原，现实的事物所得道的一部分称为德，万物虽然形态各异、内容万千，但现实的事物各自之德有其自身的变化和发展的规律，都依赖于德的蓄养，遵循着道的规律，有一个从出生到成熟的变化过程。道生万物却不占有万物，蓄养万物却不以此自恃有

① 张松如：《老子解说》，济南：齐鲁书社，1998年，第420页。
② 童书业：《老子思想研究》，《东岳论丛》，1980年第1期。
③ 赵敦华：《西方哲学简史》，第590—505页。
④ 赵敦华：《西方哲学简史》，第487页。

功。可见，现实的万物从短暂内容到实质的内容的转换，再从实质的内容向形式的条件运动，这些过程就是潜在的有规律的，是通过扬弃各种变化所拥有的实质而得到必然的运动，这个万物运动的规律就是"常"①。张岱年说："中国哲人都认为变化是一根本的事实，然不止如此，更都认为变化是有条理的。变化不是紊乱的，而有其不易之则。变化的不易之则，即所谓常。常即变中之不变之义，而变在身也是一常。常的观念，初发自老子。"正如"夫物芸芸，各复归其根。归根曰静，静曰复命。复命曰常，知常曰明"（十六）。

二、从黑格尔哲学看老子《道德经》之"道"的形质

黑格尔是德国古典主义哲学的集大成者，他的哲学的基本出发点是思维存在的统一论。精神运动的辩证法以及发展过程的政法和三段式，认为思维与存在统一于绝对精神，绝对精神是独立的实体一级主体。作为万事万物的本原和基础，它的辩证发展经历了逻辑、自然，精神三个阶段。黑格尔认为"思维作为能动性，因而便可称为能动的普遍。而且，既然思维活动的产物是有普遍性的，则思想便可称为自身实现的普遍体"②，又因为"思维和对象的关系是主动的，是对于某物的反思，因此思维活动的产物、普遍概念，就包含有事情的价值，亦即本质、内在实质、真理"③，并且"经过反思，最初在感觉直观表象中的内容，必有所改变，因此，只有通过以反思作为中介的改变对象的真实本性才可呈现于意识前面。反思可以揭示出事物的真实本性，而这种思维同样也是我的活动。如是则事物的真实本性也同样是我的精神的产物。思想是能够表达事物本质性的。客观思想一次能够表达真理"④。

道虽然难觅其踪，但却与人息息相关。一方面，只要生而为人，我们就有对精神层面的高度热忱的追求，但是熟知并非真知，因为我们习以为常的东西，轻而易举得到的认知可能会阻碍我们进行进一步的探索研究。"五色令人目盲，五音令人耳聋，五味令人口爽，驰骋畋猎令人心发狂，难得之货令人行妨。"（十二）如果顺从眼耳鼻舌身意的欲望，习惯性地过度沉迷于物质层面的占有，对于生活缺乏应该有的洞察和反思，就必然不会去思考精神层面的运行。

另一方面，由于道的形而上的特质，只能通过抽象的、辩证的思维来探究。笔者认为研究的进路可以从道的内容和道的形式着手。

第　，从道的内容来说，可以通过对思辨之道的研究获得认知世界的本原及其

---

① 陈鼓应：《老子今注今译》，第 138 页。
② 黑格尔：《小逻辑》，第 68 页。
③ 黑格尔：《小逻辑》，第 73—74 页。
④ 黑格尔：《小逻辑》，第 76—79 页。

运行的方式，尤其是拨开迷雾现象之后达到对于事物真实本质的洞悉，并且能对现实的世事予以一定的指导。陈鼓应说："老子解释宇宙现象时，破除人格神创造的说法，而重视万物的自生自长，纯任自然。从这方面来看，他的形上学是有重大意义的。"[①] 一方面，"将欲歙之，必固张之；将欲弱之，必固强之；将欲废之，必固兴之；将欲夺之，必固与之，是谓微明。柔弱胜刚强"（三十六）。对道的运行规律有了一定的了解之后，知晓社会斗争中相互转化的必然，见微知著，以柔克刚，方能处于有利之势。另一方面，为人处世依道而行能复归自然。人不能有过多的贪欲"名与身孰亲？身与货孰多？得与亡孰病？是故甚爱必大费，多藏必厚亡。知足不辱，知止不殆，可以长久"（四十四）。学会知足，就不会受到屈辱，适可而止就不会有危险，一个人若是想要的太多，"反者道之动"，结果比完全没做还坏，只有一个人严格限制自己的过度的行为，"见素抱朴，少私寡欲"，以朴作为生活的指导，朴就是璞，通过涤除玄览，能返璞归真，复归于婴儿。为政治国依道而行能天下太平，"道常无为而无不为，侯王若能守之，万物将自化。化而欲作，吾将镇之以无名之朴。无名之朴，夫亦将无欲。不欲以静，天下将自定"（三十七）。在上位者若能洞悉世间万物的运行之道，依道而无为，最终能达到无所不为。道生万物不受任何的意志支配，是自然而然的，故此顺应天道不妄为就能够有所成。

第二，从道的形式来说，它不仅仅是某种现实层面有用的指导，如果作为最高尚、最自由、最独立的东西就是一种世事的现实指引，那么道确实可以被认为是一种有用的东西，不过道的用处，必须另加评估。一方面，道是抽象具有实质的名词，道的实质内容——道的形式，是一种思辨的威力，对道的探索就是精神层面上的对世界的本质的追问。道是独立的、必然的，道又是其所是，不掺杂主观性的东西，脱离了现实种种羁绊，对现世的感性材料加以剔除，舍弃内外的感觉和特殊的兴趣，探索自由自在的未知的世界，"载营魄抱一，能无离乎？专气致柔，能婴儿乎？涤除玄览，能无疵乎？爱民治国，能无知乎？天门开阖，能无雌乎？明白四达，能无为乎？"（十）

另一方面，万物遵从道的规律而运行，"从事于道者，道者同于道，德者同于德，失者同于失。同于道者，道亦乐得之；同于德者，德亦乐得之"（二十三）。老子认为道的形式的必然性与神圣的理智的原则并不是相互排斥的，这种必然性的观点使人的情感和行为都表现出更加坦然和豁达的方式面对世间一切的变化，没有任何内心的波澜，因为某物所发生的事也是应其所是，没有对立、痛苦、悲伤，以一种极其冷静的态度和理智的思辨追探万物和道本身。

---

① 陈鼓应：《老子今注今译》，第 63 页。

结语：老子之"道"与黑格尔"绝对精神"的形而上融合

如何认识"绝对精神"和"道"？从态度来说，可能有人会说："人是否有能力去认识'绝对精神'和'道'"？在有限的人和无限的"绝对精神"与"道"之间如何架起沟通的桥梁？这种对"绝对精神"和"道"的认知的渴望和谦虚的态度相矛盾，还有一些人超乎寻常地自信，认为"绝对精神"与"道"就存在于呼吸之间，一开始就相信与生俱来的"绝对精神"与"道"，这种认为"绝对精神"与"道"是达到生活目的的一种工具，这也妨碍了对世界的本质的研究。此外还有一种漠视对"绝对精神"与"道"的研究，认为这类名词的研究不过也是一些没有意义的东西，一切都是虚幻的，"绝对精神"与"道"的研究也仅仅是主观的幻想。更有一种懒惰的心灵阻碍对于"绝对精神"与"道"的研究，这些人认为生活本身就是具体的经历，没有需要超出现象的本身对此加以思考，想太多只是多余的冗杂，只要学习具体的知识和技能，可以自力更生，循规蹈矩地生活就行。但是人，具有自己精神上的追求，有思辨的潜力和能力而愿意去从事探索神圣事物的事业，不仅仅满足于具体的堆积起来的外在知识。

从途径来说，黑格尔认为："精神的内容，上帝的本身，只有在思维中，或作为思维时，才有其真理性。"[①] 绝对精神的概念是主观性和客观性的统一，"真理"应当是"客观性与概念的同一"或"客观性根概念的符合"，这既克服了片面的、抽象的主观性，又扬弃了片面的、抽象的客观性。在真理的追求过程中，只有精神才能与精神对话沟通。通过正面的思维运动的三个正反合三个阶段，绝对精神才有可能返回自身，极大地丰富自身的内容，并且实现自己，证明自己，完成自己。

陈鼓应说："老子的形上之'道'，固然有人说只是满足人们概念游戏的乐趣，但是正因此而拉开了我们思维活动的范围，并且将我们为眼前事物所执迷的锁闭的情境中提升了一级。"[②] 道虽然是作为一个思想层面上的概念，本身是一种主观、任意和偶然的思想，不是现实和真实的东西，但也只有是作为思想性的道才能到达纯粹的、至高无上的精神实质，因此，只有通过思想的思辨才能认识道，虽然有人说凭借感觉就可以认识道，但是感觉的内容和感觉的形式又是另外一回事，[③] 具体的感觉的内容达不到感觉的形式的高度，因此，道的实质的内容只有在精神的思辨中才能够更好地把握规律的真谛。思辨的思想是把握独立的永恒的绝对的道的绝佳方式。正所谓"人法地，地法天，天法道，道法自然"（二十五），人们只有先对天地自然本身

---

① 黑格尔：《小逻辑》，第 66 页。

② 陈鼓应：《老子今注今译》，第 63 页。

③ 蒙培元认为"道"只能体认、体验，也就是由自我的"反现"、修养而实现心灵的超越，达到"同于道"的境界。参见《'道'的境界研究——老子哲学的深层意蕴》，载《中国社会科学》1996 年第 1 期。

及其关系有一个思辨的、逻辑的、严谨的、系统的认知之后，然后才能有所遵从。

思辨中的思想或许在某些科学看来，可以具有阳春白雪的高贵，也可以是像下里巴人的平庸，有人认为人稍加思考就能达到"绝对精神"与"道"的境界，就宛如人无需研究生理学也可以消化一样，对于"绝对精神"与"道"的思考不需要经过特殊的训练，就算是经过了特定的思辨的训练，也只不过是解决问题的方式多了一些，但也不会有实质的进展。但是思辨作为研究"绝对精神"与"道"的方式，具有很高的地位，只有在思辨中才能产生思想及其思想的产物，脱离具体的感性世界，达到"绝对精神"与"道"的自由高远、玄之又玄的超感官境界。这样，才回到"绝对精神"与"道"的最真实的状态，也如金岳霖说："我以为哲学是说出一个道理来的成见。哲学一定要有所'见'，哲学的见，其论理上最根本的部分，或者是假设，或者是信仰；严格地说起来，大都是永远或暂时不能证明与反证的思想。"[①] 正所谓"道可道，非常道；名可名，非常名。无名天地之始，有名万物之母。故常无欲，以观其妙；常有欲，以观其徼。此两者同出而异名，同谓之玄，玄之又玄，众妙之门"（一），但此时经过思辨的"绝对精神"与"道"已经是一个螺旋式的上升之后的"绝对精神"与"道"。

---

① 引自金岳霖：《冯友兰〈中国哲学史〉审查报告》，载冯友兰：《冯友兰文集第 3 卷·中国哲学史·上》（修订版），长春：长春出版社，2017 年，第 297 页。

老子与文学、艺术研究

《道德经》与艺术：晋唐正史"艺术传"与道术、玄学的关系研究

谢九生[*]

内容提要：《道德经》作为道家思想和哲学的经典文献和重要来源，对于中国古代艺术有着决定性的影响。因而通过研究晋唐正史"艺术传"与道术的关系以及《道德经》与中国艺术精神的"一体"关系，与分析晋唐正史"艺术传"与魏晋玄学的密切关系也可以体现出《道德经》与玄学的"表里"关系，从而说明晋唐正史"艺术传"在研究《道德经》文化方面的史学价值，并强调其作为中国艺术学的古代传统在当今文化和艺术研究中的意义。

关键词：道德经 艺术传 道术 玄学 艺术

《道德经》作为道家思想和哲学的经典文献和重要来源对于中国古代艺术有着决定性的影响。而在晋唐正史《晋书》《隋书》《周书》《北史》之中所出现的"艺术传"[①]与道家、道学和道术等有着密切的关系，而且在这些"艺术传"中记载了许多今天所说的艺术与方术、方技（伎）[②]以及其他杂艺的人物传记，其中"艺术"是今天所说之艺术的早期形态。而且魏晋以来，各种方术、方技（伎）与"道术"多是一体的关系，因而晋唐正史"艺术传"中的"术艺之士"也多以有"道术"之上的

---

* 谢九生（1975— ），男，出生于江西庐山，祖籍江西南康，艺术学博士，江西师范大学美术学院讲师，主要从事美术学、音乐学、美学、文艺学和艺术学理论研究。

① 所谓"艺术传"有狭义与广义之分。从狭义的角度，在初唐贞观年间及之后编撰的《晋书》《周书》《隋书》《北史》等正史史传之类传中存在"艺术传"（或艺术列传）及北齐时期的《魏书》中"术艺传"，其中记载了今天所说的书画、音乐和工艺等艺术与相当多的有关古代方术、方技（伎）方面的人物传记。因此，可知古代"艺术"比今天所说的艺术的范围要大。而从广义的角度，与艺术相关的人物传记就是"艺术传"，既包括正史史传、列传和类传，又包括正史之外的杂传、别传和自传等，主要是书画、工艺、建筑、音乐和戏剧等方面的人物传记。

② 主要是古代方术、方技（伎）。方术、方技、方伎等在古代是含义与内容相近的词组，而"术"与"数"比较相近，"方术"与"方数"是相近的词，只是"方数"相对用得很少，因此，以"方术"统称。古代"伎"与"技"也基本通用，因此，"方技"与"方伎"合为"方技（伎）"。

形式表现出来，也即是道士。而中国艺术精神则以"道"为理论核心与最高准则，而"道"则是中国传统艺术的本体，因而通过研究晋唐正史"艺术传"与道术的关系也可以探讨《道德经》与中国艺术精神的"一体"关系，以及分析晋唐正史"艺术传"与魏晋玄学的密切关系也体现出《道德经》与玄学的"表里"关系，从而说明晋唐正史"艺术传"在研究《道德经》文化方面的史学价值，并强调其作为中国艺术学的古代传统在当今文化和艺术研究中的意义。

一、《道德经》与中国艺术精神：晋唐正史"艺术传"与道术的关系

中国精神在艺术领域的表现就可以称为中国艺术精神，而"道"就是最高的艺术精神和本体特征。徐复观先生在《中国艺术精神》的自叙中认为，以老庄为代表的道家思想及由道家思想衍生出的思想构成了中国艺术精神的主体。

中国文化中的艺术精神，穷究到底，只有由孔子和庄子所显出的两个典型，……由庄子所显出的典型，彻底是纯艺术精神的性格，而主要又结实在绘画上面。此一精神，自然也会伸入到其他艺术部门。例如魏晋时代的音乐，也可以看作是玄学的派生子。而宋代形象素朴、柔和，颜色雅淡、简素的瓷器，在精神上是与当时的水墨山水画相通的。[①]

对"道"的体悟与追求是中国传统文化与艺术的本体和审美的最高取向。也就是说，中国艺术精神与《道德经》为代表的道家思想有着很深的渊源，而"道"就是最高的艺术精神。徐复观先生认为，中国艺术精神的主要代表是老庄，而其中《道德经》则是道家思想及由道家思想衍生出的思想的总体纲领。因此，古代"艺术"的本质特征也来源于《道德经》。

"道冲，而用之有弗盈也。渊兮，似万物之宗。挫其锐，解其纷，和其光，同其尘。湛兮，似或存。吾不知其谁之子，象帝之先。"[②]"道"所具有的"神秘性"特征对于中国传统艺术影响是深刻的，一方面是"澄怀观道"和"气韵生动"的整体要求，使得中国传统艺术对于"真"的追求，特别是绘画艺术，"搜妙创真"的结果就是栩栩如生、如睹活物。比如，早期画论中的"通神"，或腾龙出壁，或美女下墙，这其中带有许多的方术、方技（伎）的色彩，也称为"术画"。这也是古代"艺术"包括方术、方技（伎）的原因。另方面文人艺术对于"似与不似"的意境的追求。在绘画艺术领域就是郭若虚所说的以及黄荃所追求的"艺画"，也是"写意"的先兆。

---

① 徐复观：《中国艺术精神》，上海：华东师范大学出版社，2001年，"自叙"，第4页。
② 李耳：《老子》，汤漳平、王朝华译注，北京：中华书局，2014年，第16页。

而写意作为中国传统艺术不断精进的表现，是文人艺术发展下的产物。并且，在"似与不似之间"具有无限的可能性，它强调中国艺术家们，要有深厚的文化修养和丰富的人生经历，即"读万卷书，行万里路"。又要深研传统绘画艺术的技巧，深入把握中国艺术精神的载体，即笔墨。而笔墨既是形而上的，又是形而下的，既需要艰苦的技法锤炼，又要"坐忘""心斋"般的静思体悟。"致虚极；守静笃。万物并作，吾以观复。夫物芸芸，各复归其根。归根曰静，静曰复命。复命曰常，知常曰明。不知常，妄作凶。知常容，容乃公，公乃全，全乃天，天乃道，道乃久，殁身不殆。"① 对于绘画艺术来说，"以形媚道"须静观可得，而且"涤除玄鉴""澄怀味象"都是在"入静"后对于"道"的深刻体味，不管是外在的"窗明几净"，还是内在的"心斋""坐忘"，都是为了"道"这个根本。但是，道家思想对于艺术却多持"否定"的态度。如《道德经》中曰："五色令人目盲，五音令人耳聋，五味令人口爽，驰骋畋猎令人心发狂，难得之货令人行妨。是以圣人，为腹不为目，故去彼取此。"② 古代"艺术"的范围不同于今天所说的艺术，它包括方术、方技（伎），是由"六艺"和"五术"所构成的，也就与道术有着密切的关系。道家所反对的是奢侈的代表统治阶级的艺术，而非普罗大众、下里巴人的民间艺术。

而虽然中国艺术精神与《道德经》是"一体"的关系，但是"道"的不可捉摸的特性，使得中国古代艺术具有方术、方技（伎）的色彩。"视之不见，名曰夷；听之不闻，名曰希；搏之不得，名曰微。此三者，不可致诘，故混而为一。其上不皦，其下不昧，绳绳兮不可名，复归于无物。是谓无状之状，无象之象，是谓惚恍。迎之不见其首，随之不见其后。执古之道，以御今之有。能知古始，是谓道纪。"③ 在中国传统艺术之中，由于"无状之状，无象之象"的"道"的规律的导引，逐步走向了"不似之似"的写意之路，尤其是魏晋玄学在传统艺术中的作用，"艺术觉醒"就是审美的逐渐独立或成为主体的新声。而且，魏晋以来，属于古代"艺术"之一种的方术、方技（伎）多以"道术"的形式表现出来，尤其是晋唐正史"艺术传"的出现也提示古代"艺术"的范畴在初唐时期就基本确定了。

而且，晋唐正史"艺术传"中的"术艺之士"也多以有"道术"之士的形式表现出来，而其中许多就是道士。因此一方面晋唐正史"艺术传"与《道德经》及道家思想有着密切关系，另一方面晋唐正史"艺术传"中的方术、方技（伎）有许多是道教方术、方技（伎），即道术。

---

① 李耳：《老子》，第 61 页。
② 李耳：《老子》，第 45 页。
③ 李耳：《老子》，第 53 页。

戴洋，字国流，吴兴长城人也。年十二，遇病死，五日而苏。说死时天使其为酒藏吏，授符录，给吏从幡麾，将上蓬莱、昆仑、积石、太室、恒、庐、衡等诸山。既而遣归，逢一老父，谓之曰："汝后当得道，为贵人所识。"及长，遂善风角。为人短陋，无凤望，然好道术，妙解占候卜数。①

孟钦，洛阳人也。有左慈、刘根之术，百姓惑而赴之。符坚召诣长安，恶其惑众，命符融诛之。俄而钦至，融留之，遂大宴郡僚，酒酣，目左右收钦。钦化为旋风，飞出第外。顷之，有告在城东者，融遣骑追之，垂及，忽然已远，或有兵众距战，或前有溪涧，骑不得过，遂不知所在。坚末，复见于青州。符朗寻之，入于海岛。②

《晋书·艺术传》中记载的戴洋作为方术、方技（伎）人士在当时是从民间逐步进入到帝王与官僚之中为他们占卜与预测，而孟钦则具有类似于"左慈隐身"和"刘根召鬼"的"道术"，这两则类似于巫术的神怪与异术，今天看来可能荒诞不经与谬以千里，然而，在古代却是经常被记录在各种史料之中，正史也不例外。

由吾道荣，琅琊沐阳人也。少为道士，入长白山、太山，又游燕、赵间。闻晋阳有人大明法术，乃寻之。是人为人家佣力，无名者，久求访始得。其人道家，符水禁呪、阴阳历数、天文药性，无不通解。以道荣好尚，乃悉授之。岁余，是人谓荣云："我本恒岳仙人，有少罪过，为天官所谪。今限满将归，卿宜送吾至汾水。"及至汾河，遇水暴长，桥坏，船渡艰难。是人乃临水禹步，以一符投水中，流便绝。俄顷，水积将至天。是人徐自沙石上渡。唯道荣见其如是，傍人咸云："水如此长，此人遂能浮过。"共惊异之。如此法，道荣所不得也。③

綦母怀文，不知何许人也，以道术事齐神武。……每云："昔在晋阳为监馆，馆中有一蠕蠕客，同馆胡沙门指语怀文云：'此人别有异算术。'仍指庭中一枣树云：'令其布算子，即知其实数。'乃试之，并辨若干纯赤，若干赤白相半。于是剥数之，唯少一子。算者曰：'必不少，但更撼之。'果落一实。"④

《北史·艺术传》中这两位道士的"道术"虽然比《晋书》中的记载要平和得多，但是，仍然是道听途说般的夸大其词与不可理喻，与神话无异。在晋唐正史"艺术传"之中记载这些具有"道术"的方术、方技（伎）之士，多是与宫廷或臣僚有着

① 房玄龄等：《晋书》，第八册，北京：中华书局,1974 年，第 2469 页。
② 房玄龄等：《晋书》，第 2495 页。
③ 李延寿：《北史》，第九册，北京：中华书局,1974 年，第 2930 页。
④ 李延寿：《北史》，第 2940 页。

密切的关系，也就是属于宫廷方术、方技（伎）。而所谓"道术"有两种解释。其一，就是"道"或"大道"的别称。

> 古之所谓道术者，果恶乎在？曰"无乎不在"。曰："神何由降？明何由出？圣有所生，王有所成，皆原于一。"①
> 以本为精，以物为粗，以有积为不足，澹然独与神明居。古之道术有在于是者，关尹、老聃闻其风而悦之。②

其二，是道士修炼与养生的方法。其中包括道教作为一种宗教组织产生以后的道教科仪等。又称为仙术，道教中人多认为"道寓于术"，如果没有"术"，"道"就无从演意而成为形而上的空谈。

"道术，即'方术'。又为道教法术的概称。包括占卜、符箓、祈禳、禁咒、炼丹等。"③自道教产生以后，道术又可称为道教方术、方技（伎），而方术、方技（伎）的范围要比道术要大，因为还有佛教方术、方技（伎）等。

> 道者万物之奥。善人之宝，不善人之所保。美言可以市尊。美行可以加人。人之不善，何弃之有。故立天子、置三公，虽有拱璧以先驷马，不如坐进此道。古之所以贵此道者何。不曰：求以得，有罪以免邪？故为天下贵。④

道家也不是仅仅空谈，要有道必要有所行术，这也是道术产生的原因。道教之术一般包括内丹、外丹、服饵、房中等等。道术与方术、方技（伎）是一脉相承地来自中国原始巫术。而以老庄为代表的道家思想构成了古代"艺术"的精神内核。

> 道家无为，又曰无不为，其实易行，其辞难知。其术以虚无为本，以因循为用。无成势，无常形，故能究万物之情。不为物先，不为物后，故能为万物主。有法无法，因时为业；有度无度，因物与合。故曰："圣人不朽，时变是守。虚者道之常也，因者君之纲也。"⑤

---

① 庄周：《庄子》，第2版，方勇译注，北京：中华书局,2015年，第567页。
② 庄周：《庄子》，第580页。
③ 陈永正主编：《中国方术大辞典》，广州：中山大学出版社,1991年，第45页。
④ 李耳：《老子》，第247页。
⑤ 司马迁：《史记》，第十册，北京：中华书局,1959年，第3292页。

因此，"谷神不死，是谓玄牝。玄牝之门，是谓天地根。绵绵若存，用之不勤"①。而"道术"也以虚无为本，以和合为度。这些也就构成了古代艺术对于"虚实相生"的美学追求。而"虚无"又与"空"有着直接的关系，"寒江独钓"的空境并不是所谓"极简主义"可以概括的。"道家者流，盖出于史官，历记成败存亡祸福古今之道，然后知秉要执本，清虚以自守，卑弱以自持，此君人南面之术也。合于尧之克攘，《易》之嗛嗛，一谦而四益，此其所长也。及放者为之，则欲绝去礼学，兼弃仁义，曰独任清虚可以为治。"②《史记》与《汉书·艺文志》对道家的论述十分中肯，任何事物都是相对的，完全的"离形去知"就是绝对的虚无，此时，谈何治天下。其次，"无道而术"就可能"去礼乐、弃仁义"。而"道"与"术"的关系应该是"道无术不行，术无道不久"也。因此，以《道德经》为代表的道家思想已经成为中国传统文化与艺术的主要特征，而晋唐正史"艺术传"在初唐时期的出现，一方面是魏晋南北朝以来古代"艺术"，包括方术、方技（伎）发展的历史积淀，也证明了古代"艺术"其范畴的基本确定。另方面中国艺术精神的主体构成就是以《道德经》为总纲而不断衍化与完善的结果，而"艺术传"与道术的紧密关系就是很好的证明。

二、《道德经》与玄学：晋唐正史"艺术传"与魏晋玄学的关系

魏晋南北朝时期玄学的兴起，"三玄"中老庄作为主体与《易经》之间也已经形成了和合的关系。而在晋唐正史"艺术传"中也与《易经》有着密切的关系。

韩友，字景先，庐江舒人也。为书生，受《易》于会稽伍振，善占卜③。

淳于智字叔平，济北卢人也。有思义，能《易》筮，善厌胜之术。④

杜不愆，庐江人也。少就外祖郭璞学《易》卜。屡有验。⑤

隗炤，汝阴人也。善于《易》。⑥

卜珝，字子玉，匈奴后部人也。少好读《易》。⑦

黄泓，字始长，魏郡斥丘人也。父沈，善天文秘术。泓从父受业，精妙逾深，兼博览经史，尤明《礼》《易》。⑧

① 李耳：《老子》，第 24 页。
② 班固：《汉书》，第六册，颜师古注，北京：中华书局,1962 年，第 1732 页。
③ 房玄龄等：《晋书》，第 2476 页。
④ 房玄龄等：《晋书》，第 2477 页。
⑤ 房玄龄等：《晋书》，第 2479 页。
⑥ 房玄龄等：《晋书》，第 2480 页。
⑦ 房玄龄等：《晋书》，第 2481 页。
⑧ 房玄龄等：《晋书》，第 2492 页。

郭黁，西平人也。少明《老》《易》。①

台产，字国俊，上洛人，汉侍中崇之后也。少专京氏《易》，善图谶、秘纬、天文、洛书、风角、星算、六日七分之学，尤善望气、占候、推步之术。②

在《晋书·艺术传》中共记载约二十四人，其中通《易》者就有八人，已占三分之一。而《易》为古代"六艺（籍）"之一。《周易》与方术、方技（伎）有着密切的关系。而且，西汉以来，《易》被推为六经之首而影响广泛。因而，包括《晋书·艺术传》等史传与魏晋玄学之间有着紧密的关系。

道者，天地之始，一其纪也，物之所造，天之所生，包宏无形，化气，先天地而成，莫见其形，莫知其名，谓之神灵。③

"道"是"玄之又玄"的"神灵"。而玄学就是"新道家"，又称魏晋玄学，以"三玄"为研究与清谈的核心，产生在魏晋南北朝隋唐这个特定的历史时期，也是晋唐正史"艺术传"出现的时期，至宋代而止。"玄学与道教的关系密不可分，除了历史环境等影响因素以外，同一历史渊源也是二者紧密相连的重要因素所在。从表面上看，玄学与道教都源于东汉后期黄老道家的复兴，但二者却走上了两条截然不同的路线：前者沿着道家的哲学理性道路发展，后者则通过吸收大量古代民间巫术和神仙方术，沿着宗教信仰方向延伸。"④玄学与道教都渊源于《道德经》，它们之间是"一体两面"的关系，而艺术与两者都有紧密的关系，既有形而上的哲学和美学特征，也与方术、方技（伎）一样强调技巧或技术等"术"的重要性，而由于中国艺术精神的主体思想内核就是老庄之"道"。因此，道教与艺术的契合而形成的道教艺术也在中国传统艺术的发展过程中占有重要的地位。道教艺术之中主要包括道教美术与道教音乐，而道教美术则主要由道教建筑、道教书法、道教绘画和道教雕塑等所组成。就艺术创作的角度来说，道教美术的创造者多是以民间工匠为主，这些人不一定是道教人士，而道教音乐又称为道乐，则其主要参与和创作者多是道教人士，这也许是道教美术与道教音乐的比较重要的区别之一。

而晋唐正史"艺术传"中有关"艺术"的记载多是显得玄远而神奇的"道术"，既与魏晋玄学有着千丝万缕的关系，也对古代艺术产生了深远的影响。而古代艺术、

---

① 房玄龄等：《晋书》，第 2497 页。
② 房玄龄等：《晋书》，第 2503 页。
③ 鬼谷子：《鬼谷子》，许富宏译注，北京：中华书局，2014 年，第 143—144 页。
④ 刘依林：《魏晋玄学与道教关系研究》，《美与时代（下）》2018 年第 1 期，第 51 页。

隐逸和玄学之间有着许多"表里"关系，因为"持而盈之，不如其已；揣而锐之，不可长保。金玉满堂，莫之能守；富贵而骄，自遗其咎。功成身退，天之道也"①。

知者不言。言者不知。挫其锐，解其纷，和其光，同其尘，是谓玄同。故不可得而亲。不可得而疏。不可得而利。不可得而害。不可得而贵。不可得而贱。故为天下贵。②

"玄同"之境是道家的无上境界，"无言"的可贵就是"道可道，非常道"。推及至今也可能不会过时。而广义的玄学，就是指对一切不可知的、不能解释的本体的研究与学说。这种探究多是与科学相对的，同时，科学也可能在此中产生。而且，中国传统艺术也具有这种"玄之又玄"的特性。因此，道家思想把"道"作为其哲学思想的最高意旨，强调"道法自然"和"无为而治"的出世与隐逸思想和自由精神，道家认为宇宙万物由"阴"和"阳"等相对立的元素而构成，万物的变化都是不断相互转化的过程，而由"道"的外化形态的"气"而实现统一与和谐。

孔德之容，惟道是从。道之为物，惟恍惟惚。惚兮恍兮，其中有象；恍兮惚兮，其中有物；窈兮冥兮，其中有精；其精甚真，其中有信。自今及古，其名不去，以阅众甫。吾何以知众甫之状哉？以此。③

对"道"的体悟与追求是中国传统文化与艺术的本体和审美的最高取向。也即中国艺术精神与道家思想有着很深的渊源，而"道"就是最高的艺术精神。"大道泛兮，其可左右。万物恃之而生而不辞，功成不名有。衣养万物而不为主，常无欲，可名于小；万物归焉而不为主，可名为大。是以圣人之能成大也，以其不为大也，故能成大。"④

在中国传统艺术中，特别强调人与自然的和谐与统一，并且"道"是中国传统艺术与审美的本体和本质。而"魏晋玄学受道家影响，崇尚'自然'。他们所说的'自然'，与自然界有着根本的区别。自然界是脱离世事纷扰，是世界的本来面目，因此，从表象来看，玄学诸人大都醉心于田野乡村、名山大川等自然景观也就不足为奇了。受这种'自然'观的影响，肯定万事万物的本性，着力阐发个体的特性。这种理论

---

① 李耳：《老子》，第33页。
② 李耳：《老子》，第226—227页。
③ 李耳：《老子》，第82页。
④ 李耳：《老子》，第129页。

源自老子"①。《道德经》及道家思想对于传统艺术的影响则在古代艺术发展过程中，多表现出"潇散简淡"的审美追求与独抒性灵的"自由向度"，并呈现出"游心太玄"和"天人合一"的"艺术意境"，"人法地，地法天，天法道，道法自然"②。而"魏晋玄学所崇尚的自然主义的核心就是推崇人的性情之自然。不管在任何情况下，人都是最重要的一个因素，从现代"以人为本"的思想观念就能够看出，'人'这个因素在经济、文化甚至是哲学发展与研究的过程中的重要性。在魏晋时期的玄学家们看来，人的因素是否能够达到自然的状态是整个社会能否实现理想的自然状态的至关重要的一点，在他们的观念里，自然主义要求下的'天人合一'，既包括天的自然性，更加包括人这个因素的自然性"③。因而晋唐正史"艺术传"也体现出艺术史书写的以"人"的传记为中心的阐述方式，当然也不仅是外在的形式，而是渗透到骨子里的根本特征。所以，中国传统艺术多追求的不是眩惑的"术之艺"，而是"意象"与"写意"的艺术形态，因为其中有"道"。

而"道教在汉魏以来的社会生活中最具有影响力的，还是如何解决生命的永恒和生活的困厄，于是，那些实际可以运用的知识和技术也许更应当作为思想史中具有支配力的背景来对待"④。这其中所说的"实际可以运用的知识和技术"就是指的道术、方术、方技（伎）等，而这些都是构成古代"艺术"的重要部分，把这些"技术"中所包含的知识与思想称为"一般知识和思想"⑤，这种提法相对于"精英和经典的思想"来说是有一定的道理。而对于中国传统文化与艺术来说，"道"与"艺"的关系既有"体用关系"，又有"道艺合一"的说法。也即硬性的区分似乎有些不妥，因为中国传统文化与艺术表现出的多是综合性、宏观性和交叉性的特征，而且也多是"你中有我，我中有你"的繁复的关系。

结语

就晋唐正史"艺术传"中对于古代艺术、方术、方技（伎）的记载，与《道德经》及道家思想有着紧密的关系，而魏晋玄学也与传统艺术有着密切的关系，并且这些也是中国艺术精神的主体建构，当然也都是来源于《道德经》，"道生一，一生二，二生三，三生万物。万物负阴而抱阳，冲气以为和"⑥。因而通过研究晋唐正史

① 牛秋实：《玄学对魏晋书画艺术之影响》，《洛阳理工学院学报》（社会科学版）2016年第31卷第1期，第86页。
② 李耳：《老子》，第95页。
③ 詹艳：《浅析魏晋玄学中的自然主义》，《佳木斯职业学院学报》2017年第8期，第101页。
④ 葛兆光：《中国思想史》，上海：复旦大学出版社，2017年，"导论"，第12—13页。
⑤ 葛兆光：《中国思想史》，第一卷，第68页。
⑥ 李耳：《老子》，第165页。

"艺术传"与道术的关系以及《道德经》与中国艺术精神的"一体"关系，与分析晋唐正史"艺术传"与魏晋玄学的密切关系也可以体现出《道德经》与魏晋玄学的"表里"关系，从而说明晋唐正史"艺术传"在研究《道德经》文化方面的史学价值，并强调其作为中国艺术学的古代传统在当今文化和艺术研究中的意义。

日本侘寂美学与《道德经》器物思想刍议

——以日本陶瓷柴窑烧成为中心

宋崇道[*]

内容提要： 侘寂美学是日本三大传统美学之一，于15世纪开始存在于日本审美意识中，以简朴自然、去物质化、一期一会、宁静空无、人器并重、相对完美等"禅"特征而闻名于器物审美意识形态中。侘寂美学的诞生和兴盛跟茶器有子母关系，后来发展到艺术、空间、园艺等多个领域，本文分别从 CHINA 与中国陶瓷考略、日本侘寂美学器物思想考略、日本侘寂美学下的柴烧、日本侘寂美学与《道德经》思想四个部分论述，并侧重以侘寂诞生形成的原发地——日本陶瓷柴烧作为论述思想的中心，从侘寂美学器物载体——茶器的陶瓷原发地——中国陶瓷的起源和发展，到从日本陶瓷柴烧技术的工艺、流程中所蕴含的侘寂美学思想内涵，由讨论侘寂美学的形成、发展和特征进而与《道德经》思想进行横向对比，阐述"物之禅"实质是"道之器"的另一个版本，阐述侘寂美学的"人器一体论"总思想、"美之寂灭"世界观、"天人合一"价值观、"上善若水"人生观、"尊道贵德"精神价值，秉承"道治"最高器物思想实质都是《道德经》思想的集结体现。进而总结自己对《道德经》文化与应用的观点：当下，文化的自信，是亟待大力弘扬的头等大事；文化应用，是急需理性科学对待的头等大事；文化创新，是务必积极推崇的头等大事。

关键词： 侘寂 道德经 陶瓷柴烧 器物艺术

---

* 宋崇道（1974—），工商管理博士，全真道士，全真龙门派天仙得戒弟子，戒号上元子，中国宗教学会理事，国家"十三五"规划文化重点工程——《中华续道藏》监委，道德经文化国际交流促进会会长，华夏老学研究会常务副会长，《中华老学》主编，宜春学院兼职研究员，宜春市袁州区道教协会会长，宜春市崇道宫住持，南昌道协顾问。

本文所引用《道德经》为《道德经》河上公本。

一、CHINA 与陶瓷考略

"China"，英文有"中国"和"瓷器"之译，先且不论"China"到底是否来源"秦"还是来源"chini"的寻源问题，但中国和瓷器之间倒是实实在在已经联系在了一起，甚至互成代名词。

"瓷器"一词，最早见许慎《说文解字》："瓦器，从瓦次。"

据可查文献记载，"原始瓷器从陶器发展而来，最早见于郑州二里岗商代遗址"①。"最早的陶器，到现在时间已经相隔一万年左右"②，"在陶器之前，还有一种土器，只是利用黏性较强的泥土，捏成了器皿，经过猛烈的太阳光把它晒得坚硬了，便用它来盛食品，煮东西"③，"陶器是到黄帝时候，才约略有点记载，像通鉴上所说：'黄帝命宁封为陶正'。陶正是个官名，可见那时候不但有了陶器，而且有了管理陶器的官了"④。考古学家，就把陶器的发展分成三个阶段："仰韶文化（彩陶文化）、龙山文化（黑陶文化）、小屯文化"⑤。

陶和瓷，不是完全一样的，"它们的基本原料，虽然同是泥土，其中主要的成分又都是矾土、矽和组合水分，但是，简单地分别起来，做陶器的泥土，质地都是非常粗松的；做瓷器的泥土，却是非常坚硬细腻的。同时，陶器是用低火烧成，品质脆弱；瓷器用高火度烧成，品质细致。精密地说起来，一般廉价的陶器，它烧成的火度⑥，有低到800℃的；最坚硬的上等瓷器，却往往要烧到1450℃⑦"⑧。

"陶瓷器都是用泥土做成的，一向大都采用分工合作制，所以做陶器工人，分门别类，各人只能做各人的事"，"做碗的叫作'圆器类'"、"做粗的"、"做大件的"。"瓷器中，做细瓷碗的，叫作'脱胎业'；做茶壶、瓶、罐的，叫作'琢器业'。'琢器业'中再分派别，例如做瓶、壶……等类的，叫作'定粉业'，做人物、鸟兽模型的，叫作'雕削业'。"⑨"陶瓷从泥土做成坯，一直到烧成器物，至少要经过十多次手续"⑩：淘土、做坯（印坯、车坯、手坯）、修坯、装饰（刻坯、堆花、绘写）、烧炉、上釉等。

---

① 《瓷器》：百度百科，https://baike.baidu.com，引用时间：2020 年 8 月 3 日。

② 吕伯攸：《祖国的陶瓷器》，上海：大中国图书局，1953 年，第 3 页。

③ 同上。

④ 同上。

⑤ 同上。第 3—4 页。

⑥ 火度，即是当下说的"温度"。

⑦ 这一温度提法应该是理论最高温度，从实际烧制经验，瓷都景德镇能烧到的温度最高平均约在1330℃。

⑧ 吕伯攸：《祖国的陶瓷器》，第 1 页。

⑨ 同上。第 5 页。

⑩ 同上。第 5—10 页。

至于瓷器，是到汉朝才发明的。[①]

中国是瓷器的故乡，这一点毋庸置疑，它是我国古代劳动人民的重要创造，也是中华民族对世界文明的重要贡献。据载，迄今发现最早使用"瓷器"称谓的史料是谢肇淛在《五杂俎》中记载："今俗语窑器谓之磁器者，盖磁州窑最多，故相延名之，如银称米提，墨称腜糜之类也。"[②]

东汉出现青釉瓷器。隋唐时代，发展成青瓷、白瓷等以单色釉为主的两大瓷系，并产生刻花、划花、印花、贴花、剔花、透雕镂孔等瓷器花纹装饰技巧。[③]

"我国著名的瓷器，年代最久远的，要算后周柴世宗的柴窑出品。"[④] 五代瓷器制作工艺高超，属北瓷系统的河南柴窑有"片瓦值千金"之誉。柴窑是后周柴世宗官窑，传说周世宗要求柴窑生产瓷器"薄如纸、明如镜、声如磬，雨过天青云破处，这般颜色作将来"。但至今尚未见到柴窑传世品或发掘实物。[⑤]

"到了宋代，是我国瓷器最兴盛的时期，因此，最著名的瓷器也都在这时期产生"[⑥]，如，著名的五大窑分别是：定窑——河北定州，叫北定；江西景德镇，叫南定。汝窑——河南汝州。官窑——宋徽宗在汴京设窑烧瓦，称为官窑。哥窑和弟窑——浙江处州。均窑——河南禹县。

"我国陶器的产地，首推江苏的宜兴"[⑦]，"还有，像浙江的长兴、武康，山东的博山"[⑧]，而瓷器最著名的出产地，要数江西的景德镇"。

当然，我国陶瓷的出品多是以陶瓷土产地而设窑烧成的，除上述著名的陶瓷窑产地之外，也有很多陶瓷产地也是非常知名的，但"大概不外乎在下列各省市区：江西、湖南、江苏、浙江、山东、河北、安徽、福建、广东、广西、四川、河南、山西、陕西及沈阳市"[⑨]。

我国瓷器输入欧洲，据考，是在唐代[⑩]。亚洲日本，"据说：南宋时候，他们曾经派了一个叫作加藤四郎的，到我国福建的德化窑，学习制造瓷器。他回国后，就在濑户地方，烧制了一种黑釉瓷器。不久，又派了一个叫作伊势五郎的，到景德镇学习制造瓷器。所以，日本人到现在还称他们的瓷器为濑户物，而且奉加藤氏为陶

---

① 吕伯攸：《祖国的陶瓷器》，第5页。
② 磁器，同瓷器，是当时以命名的，
③ 百度百科：《瓷器》，https://baike.baidu.com，引用时间：2020年8月3日。
④ 吕伯攸：《祖国的陶瓷器》，第17页。
⑤ 百度百科：《瓷器》，https://baike.baidu.com，引用时间：2020年8月3日。
⑥ 吕伯攸：《祖国的陶瓷器》，第17页。
⑦ 同上。第15页。
⑧ 同上。第17页。
⑨ 同上。第25页。
⑩ 同上。第25页。

祖"①。

随着历史的推进，陶瓷器从实用的器物慢慢延伸承载了艺术思想，但如果从器物艺术的角度，我国陶瓷器的艺术发展并不理想，清代蒋绍基先生在《中国陶瓷工业之演进与复兴》一文论及我国陶瓷业一度衰落的原因，其中之一原因就是器物艺术思想不足。他说："瓷器装饰不当——从艺术品的立场来说，浮梁②的彩绘，还有很好的画工，不过往往过度地装饰，使人感觉到不自然。"③

二、日本侘寂美学器物思想考略

器物艺术思想，是一个民族、朝代、国家一定时段对器物审美情趣的集中体现，"是人类造物过程中的指导思想，它不仅包含着造物过程中作为造物者的人所体现出来的原则、依据和预想，同时也表现为被造物者所创造出来的'物'所折射出来的社会思潮、科技文明、历史文化"④以及所折射出来的精神境界。"造物艺术思想的内容包含两个方面，一是造物过程中所体现出的生产者和使用者的设计思想，一是人造物制造完成以后所体现和影响的人文思想内涵。"⑤

民族不同，国家不同，抒情传统和审美模式也是各有不同的。谈日本美学，不得不提诺贝尔文学奖获得者川端康成，他不仅是著名的作家（1968年获诺贝尔文学奖，代表作有《雪国》、《千只鹤》《古都》等），而且他还是著名"文物收藏家（日本国宝级藏品就有三幅)"⑥，"尤其对绘画和陶瓷艺术亦独具慧眼"⑦。川端康成非常赞赏日本和尚良宽⑧，他认为良宽"身上流露出日本人自古以来的心情意绪"⑨，"故自己在诺贝尔文学奖颁奖典礼演说中引用良宽的辞世歌'身后遗物何所有，春花夏莺秋红叶'"⑩，辞世歌这两句诗中"既含有日本自古以来的真情，又可听得良宽的宗教情怀"。从日本美学角度，诗里所反映的"真情和宗教情怀"，一指"侘寂"，二指

---

① 吕伯攸：《祖国的陶瓷器》，第26页。

② 指的即是"景德镇"。

③ 同上。第32页。

④ 朱广宇：《论中国古代陶瓷所体现的造物艺术思想》，东南大学博士学位论文，2005年，绪论第1页。

⑤ 朱广宇：《论中国古代陶瓷所体现的造物艺术思想》，摘要。

⑥ 川端康成等著：《侘寂之美与哀物之美：川端康成和安田靫彦》，林少华译，青岛：青岛出版社，2018年，第1页。

⑦ 同上，第2页。

⑧ 同上，第3页载：良宽，1758年出生于越后（新潟县），早年剃度出家，皈依佛门，作为禅僧苦修十二年，其后云游四方。39岁回乡，在故乡山中名为"五合庵"的茅屋隐居二十年。最后寄居朋友家。终生清贫，1831年辞世，享年七十四岁。有诗歌存世。汉学造诣深厚。擅写汉诗，信手拈来，平明晓畅。亦工书法，独具一格。日本著名画家安田靫彦对其书法佩服得五体投地，称赞良宽的书法"乃是自然流露艺术"。

⑨ 川端康成等著，林少华译：《侘寂之美与哀物之美：川端康成和安田靫彦》，第3页。

⑩ 同上。

"物哀"。

日本有三大传统美学概念："物哀""侘寂""幽玄""物哀"被视为日本文学、美学的根本精神和最高理念。北师大王向远教授曾形象地将传统日本美学的形成做了一个很恰当的生动容易理解的比喻："'物哀'是鲜花，开放于平安王朝文化五彩缤纷的春天；'幽玄'是果实，成熟于武士贵族与僧侣文化盛极一时的夏秋之交，'侘寂'是落叶，飘零于日本古典文化向近代文化过渡的秋末冬初。"① 本文限于篇幅，只讨论"侘寂"，其他不展开赘述。王教授特别指出，"侘寂"美学概念，"在哲学上，同中国老庄哲学返璞归真的自然观，同佛教禅宗简朴洒脱的生活趣味具有深层关联"②。

如果要准确给"侘寂"美学下定义，恐怕很难做到，但我们知道"侘寂"这个名词起源于日本文化术语 WABI-SABI，中国将其直译为侘寂一词③。"'侘'最早见于屈原《九章》，'惨郁郁而不通兮，蹇侘傺而含戚'，一般与'傺'连用，大多用以表达政治上怀才不遇等种种人生遭际造成的失意、凄苦、悲凉、哀怨、郁闷等负面情绪"，"被日本人渐渐在原有意义基础上发展成了一种旨在追求空寂、枯淡、低调、内敛、真诚、简朴、清静等心灵处境的审美理念④。"寂"为安静、无声、沉默、低调、谦卑，合称为"侘寂"。"它是对某种缺憾状态的积极接受，是对'欲界'的超越和解脱，是洞悉宇宙人生后的睿智与机趣，是'随缘自在、到处理成'的宗教性达观。"⑤

也有人认为："'侘'代表简朴素雅之美，'寂'代表时间易逝和万物无常，人性的孤独寂寥之感，是一种贫、寒、出世离群与自然独居的生活方式，也可以说是远离尘世、索居禅林的禅寂，对自然的敬畏。后与日本本土文化结合而形成独特的审美思想而延续至今。"⑥

"侘寂"之美一开始是广泛用于日本文学中，比如前文说到的诺贝尔文学奖获得者川端康成在获奖典礼上所用的"良宽"的辞世歌就是如此，后来被更多使用在日本茶道里，再后来延伸到陶瓷器物中，尤其是柴窑烧成。

在实地走访时，景德镇柴烧陶瓷器物先锋示范者——九烧工作室创始人孙翊朔研究柴烧已经近 10 年，他的硕士研究生方向是艺术设计，自己研究柴烧也是受西方和日本，尤其是受日本的柴烧器物思想所影响，才一路坚持走到今天，他对"侘寂"美学器物思想的看法是，侘寂美学形成没有确切的时间，大约也就是几百年，日本

① 川端康成等著，林少华译：《侘寂之美与哀物之美：川端康成和安田靫彦》，第 4 页。
② 同上，第 5 页。
③ 赵蓉、蔺星宇：《浅析日本陶瓷器中的侘寂美学》，《工业设计》2019 年第 9 期，105 页。
④ 川端康成等著，林少华译：《侘寂之美与哀物之美：川端康成和安田靫彦》，第 6 页。
⑤ 同上。
⑥ 赵蓉、蔺星宇：《浅析日本陶瓷器中的侘寂美学》，第 105 页。

本来也是崇尚工业文明的精致和鲜艳的，但因为日本几千年一直是以陶器为主的国家，又缘于岛国的"惜物精神"，虽然也在用工业文明的瓷器，但他们骨子里还是有陶器情怀，"16 世纪由茶艺大师村田珠光、千利休创立的一种茶道形式，两位茶道大师选择普通的日本陶器而不是当时主流的、技术精湛的中国陶器，对固有的审美法则提出创新，不再选择鲜艳的色彩和精巧的工艺"①，这和东京大学美学研究所的小田部胤久教授的看法也是一致的。应该说，"侘寂是一个以自然为基础的美学范式，一定程度上恢复了生活艺术的理智与均衡"②。

其实，"侘寂"美学器物思想有两个重要的地缘和历史原因，"日本位于亚欧板块和太平洋板块之间，多自然灾害，所以他们长期以来保持对自然的敬畏以及危机感，从而形成了自己独特的审美观念"③，这是侘寂形成的一个主要成因，另外就是，日本人一直以来天生有资源最大化利用的情结，虽然人们追求完美，但世界上任何事或人没有绝对完美的，既然没有绝对完美，所以就应该主动、积极接受不完美、允许有不完美，在不完美中发现完美，"侘寂"是审美疲劳之后所产生的一种审美情趣。小田部教授也解释说："侘寂留下了一些未完成或残缺的东西，可供人们发挥想象力。"④

世界上有很多国家都有专门的著述讲解侘寂美学，讲解蕴含于其中的文化、美学、哲学和精神内涵。德国著名日本学专家荷斯特·汉弥恪（Horst Hammitzsch）在其著作《茶艺中的禅》一书中对侘寂美学进行了深入剖析："'寂'绝非是一种浅显层面上的美，这种美包含忧郁、纤弱、含蓄和沧桑的意味。不同于常规的审美规范，它崇尚朴素而非华丽、崇尚消亡而非兴盛、崇尚洞察人生的晚年而非不省世事的青春。'寂'字中所隐含的怀旧情结也不单单是指事物的阅历、经验的积淀以及岁月的雕琢，它更注重那份独处中的宁静致远。"⑤

而诠释"侘"，他则"引用在日本茶道诸流派中享有'千家中兴之祖'美誉的千宗旦的著作《禅茶绿》中的章节"⑥："从一个人领悟'侘'的意义的那一刻起，他的很多态度都将有所转变：贪婪转变为博爱、藐视法纪转变为遵纪守法、任性转变为自制、放任转变为努力、反复无常转变为深思熟虑、愚蠢转变为睿智。"⑦

---

① 赵蓉、蔺星宇：《浅析日本陶瓷器中的侘寂美学》，第 105 页。
② 雷纳德·科伦：《侘寂》，谷泉译，北京：新星出版社，2019 年，第 7 页。
③ 赵蓉、蔺星宇：《浅析日本陶瓷器中的侘寂美学》，第 105 页。
④ 赵蓉、蔺星宇：《浅析日本陶瓷器中的侘寂美学》，第 105 页。
⑤ 日下部正，兰塞特（Lancet,M.）：《日本柴窑烧成揭秘》，王霞译，上海：上海科学技术出版社，2011 年，第 16 页。
⑥ 同上，第 17 页。
⑦ 同上。

"伦纳德·科伦（Leonard Koren）在其著作《侘寂美学：献给艺术家、设计师、诗人和哲学家》一书中全面地阐述了他对侘寂美学的理解，并得出以下结论：'侘寂美学可以简单地表述为：由优雅心态所达到的融合冷静、谦虚、真诚于一体的智慧。这种智慧的最直接体现就是单纯。"①

三、侘寂美学思想下的日本柴窑烧成

既然侘寂美学与日本柴窑烧成陶瓷器物（简称"日本柴烧"），有不可分割的渊源关系，那我们谈谈"侘寂"美学思想下的日本柴烧。

前文所述，日本柴烧发展也不过几百年的历史，据陈威恩《柴烧》记载，中国台湾陶艺家受日本柴烧影响开始盛行柴烧也是在近十几年前，中国大陆则更晚，因为陶瓷工业已经发展到非常精致的地步，已经在电窑和气窑等燃料上发展得非常成熟，柴窑的燃料成本太高，所以基本在高度发达的工业陶瓷的中国不被重视了。另外一个不被重视的原因是，中国人工业陶瓷技法和工艺、釉药都非常完善和成熟，而且中国人的审美思想是"圆满文化"，和柴烧这种极为残缺的、不完美的、原始的"裸烧"烧制技法是完全背离的。

九烧创始人孙翊朔说："直到 2014，中国有一部分陶瓷艺术家，受西方和日本，尤其是日本的器物艺术思想影响，才兴起柴烧。"因为"柴烧技法完全突破过去对陶瓷的审美观，作品的表现不再着重于釉药的发色与土坯的呈色，反而汲汲追求落灰的变化与陶土的肌理，以往视为洪水猛兽的瑕疵，如今成为美丽的焦点"②。在当下的中国，总有陶艺家和陶瓷品鉴者，在推崇均匀、精致、完美陶瓷审美官窑文化的中国，总会出现审美疲劳，于是有的陶艺家们开始追求柴窑烧成"裸烧"的变化和偶发、不确定性，这种对自然敬畏、有取法自然、在残缺中积极去探索和发现美，与灵魂共鸣、天人合一产生的悲喜，是大家所追求的，这正即是"侘寂"美学所宣导的精神内核，也是柴烧之所以开始兴盛的独特魅力所在。柴烧先锋者、景德镇九烧工作室的创始人孙翊朔介绍自己从事柴烧研究的初心正是受这种柴烧"侘寂之美"吸引，他还介绍说，建筑大师贝聿铭也是忠实的柴烧粉丝，家中的陈设器物中也珍藏有柴烧作品。

因为"侘寂"美学概念是日本主流审美思想，柴烧的发展在日本经历了一个相对比较长的时间，代表了地域相对凸显陶瓷烧制技术的一个流派，故而陶艺界将之冠名为"日本柴烧"。

但强调一点，日本"柴烧"和前文所述的中国五代后周的"柴窑"虽然只有一

---

① 日下部正，兰塞特（Lancet, M.）：《日本柴窑烧成揭秘》，第 17 页。

② 陈威恩：《柴烧》，台北：水牛图书出版事业有限公司，2003 年，前言第 1 页。

字之差，但不是一回事，所以不能混淆，其根本区别在原材料的运用和不同的审美追求，后周柴窑特点前述章节也有提到，限于篇幅，本文不做深入的对比论述。

日本柴烧最大的特点，"入窑一彩，出窑万彩，灰落自然，返璞归真"，柴烧陶艺家们注重落灰和火焰肌理效果的"侘寂之美"，固然都很看重"黏土的类型、燃料、烧成方式、温度、气氛、烟囱的设置、季节、气候以及烧窑者的态度"[①]这些影响效果的因素，所以，在这些因素上最大化"取法自然，天人合一"就是非常重要的手段，看似"天然"，不是杂乱无序的散乱，而是遵循一定程式，在敬畏自然的力量和以自然而然的追求过程中，烧成"天人合一"的柴烧"神品"。这种"天然"侧重表现在以下几个方面：

（一）原料组成。众所周知，构成世界的五种物质是金、木、水、火、土，以土、水、木为自然原材，通过火，让落灰里的金通过自然的力量来雕琢成"天人合一"的神品。另外，为了保证落灰效果，生火的木柴也要遵循自然法则，自然纯净，首先还要是自然风干至透，不能含有水分，另外木柴上不能有其他附着物，比如铁钉、泥土等。

（二）建窑选址。坯土是日本柴窑最核心要素。全世界都基本以坯土以产地为重要建窑的依据，比如日本的备前烧、信乐烧、越前烧、丹波烧、常滑烧等因为黏土的地域特色，六大古窑区都是建在自己窑的坯土产地，这也是取法自然，终于原味的表现之一。

（三）窑体建造。九烧工作室孙翊朔告诉笔者，在柴窑烧成的过程中，日本设计师以前所倡导的无烟窑，烧制效果并不是特别完美，经过陶艺界不断的实验，既然是取法自然通过火的煅烧，那么窑体内部建造设计成依据"火焰"形状平放的"穴窑"更有利于落灰的发挥和"还原气氛"[②]。

（四）落灰与肌理。孙翊朔告诉笔者，柴烧分为两类，一类是古法柴烧，就是在器皿只做好泥坯后施釉放入匣钵中再入窑烧制，木柴只作为燃料，提供热量和制造还原气氛，匣钵的作用是在烧制过程中阻隔木柴的落灰，从而不影响器皿表面的干净和光泽。另一类是现代柴烧，也就是我们讨论的日本柴烧法，最大的原理是，无人工釉、无匣钵的裸烧，靠火焰在器皿上留下痕迹和落灰发挥在还原气氛中自然熔融成天然釉色附着于器皿，这种以前被当作落灰为"瑕疵"，正是"侘寂"追求的天然。

① 日下部正、兰塞特（Lancet,M.）:《日本柴窑烧成揭秘》，第18页。

② 百度百科解释还原氛围，是指陶瓷土原料含有一定量的三氧化二铁，在烧制过程中温度达到1100度—1300度的时候认为使窑里面充满了强还原性的一氧化碳，使陶瓷中的三氧化二铁还原成氧化亚铁。还原焰是不完全燃烧的火焰。这时窑中所产生的一氧化碳和氢气多，没有或者极少游离氧的存在。由于还原焰能使坯体内的高价铁（Fe_2O_3）得到充分还原变为氧化亚铁（FeO），而变成青色，消灭瓷色发黄的现象，因此在日用瓷的烧窑过程中，多采用还原焰烧成。

（五）窑体降温。侘寂的天然，还体现在降温方式，窑体烧到指定的温度^①，也得将窑体气孔全部封死，让其慢慢降温，完整的降温过程基本在三天到四天。之所以采取自然降温，是因为需要这种"还原气氛"，使釉面产生亚光、温润效果，来成就低调、朴素的"天人合一"的神品。

（六）柴烧者态度。既然强调"天人合一"，人在柴烧中是主角，很关键，烧窑者保持乐观、宽容、互敬外，还要求认识到，既然"侘寂"神品本身就是为残缺不完美而生，满足的就是感官的鉴赏需求，既然成功与失败并存的无常，首先要在柴烧效果心态上保持"侘寂"。其次，我们知道，柴烧充满神秘感、机缘巧合以及运气成分，通常烧窑者把这些归结到一个简单的宗教定义的神明——"窑神"来主宰，但祂的慈悲也是"留给有准备的人"。"作家安妮·拉莫特（Anne Lamott）说过，窑神眷顾所有烧窑的人，但是他更眷顾那些刻苦钻研烧成秘密的人。那些从每一次烧窑实践中积极总结烧成经验的人，他们研究火焰的运行规律，研究氧气和燃料之间的关系，研究窑炉的设计风格对烧成效果的影响，研究满窑方案和烧窑方案，只有这样的人才能在一次次的烧窑经验的指引下得到理想的烧成效果。"^②当然，柴烧者"还需要有以下态度：心胸开阔、思维活跃、应变性强、有耐心、有责任感、有洞察力、有警觉性、有团队意识以及幽默感"^③。

（七）泥坯制作。日本柴烧非常注重纯手工泥坯制作，这也是"取法自然，天人合一"的境界体现。泥坯的制作过程，是人与坯土发生感情交流的过程，也是在烧成效果理解"侘寂"的重要过程，只有在纯手工的捏制打磨过程里，人、土、灵魂、运气才会真正统一。

（八）器物功能。在器皿的功能设想上，会碰到两种情况，一种是营造"侘寂"氛围，降低人体工学数据的严谨，多增加一些思想或文化的填充。九烧工作室创始人孙翊朔告诉笔者："比如宜兴紫砂壶，在严格的壶容、壶把高度、壶嘴大小高低、出水速度等规定下，的确接近完美，但似乎缺少了人与壶之间的交流，有时就需要制造'侘寂'氛围，与壶之间产生互动、互敬、共荣、共生的情感交流。"另一种是烧成"侘寂"，导致功能残缺或不完美，所以要求烧窑者主动接受这种功能"侘寂"，与烧成作品发生更多灵魂的碰撞，并产生艺术思想的火花。

（九）烧窑仪式。日本人将起源于本土的神道融入烧窑仪式中，因为他们相信"万物皆有灵"，所以在日本神道理论和地缘文化的影响下，日本烧窑者"认为涨潮

① 柴烧中，木灰助溶剂钾纳钙与坯土中的硅发生化学反应，形成釉面，这种熔融成釉的温度在1250℃以上，一般窑体表面温度1200—1250℃左右，实际炉内温度约在1300℃内。
② 日下部正、兰塞特（Lancet,M.）：《日本柴窑烧成揭秘》，第209页。
③ 同上，第299页。

是吉兆，涨潮的时候是烧窑仪式的最佳时机"，"基于对自然力量的崇拜，他们希望这种神秘的力量能够保佑烧窑成功"[①]。

当然，除上述从侘寂美学角度的"取法自然，天人合一"烧成秘法的表现外，日本柴烧，还需要柴烧者"时刻注意燃料的烧成情况、火焰的走向、烟雾的浓度、灰烬的堆积量、热量的传播以及窑炉的抽力等因素"[②]，会大大增加柴窑烧成"侘寂神品"的概率。

"侘寂美学注重材料在自然环境中的变化，接受不完美形态，利用残缺的部分让观众联想，让精神世界去完成剩下的创作，弥补不完整的空间。这种不仅是物理形式"[③]，也有"超越物外的外观并注意内在的精神"[④]，"侘寂美学是去物质性和古朴自然的美学主张"[⑤]，日本柴烧这种"复杂、微妙、不对称、非人力所能为之的自然之美"[⑥]，恰恰应合了这种审美需求，故而能在日本大行其道。

四、日本侘寂美学与《道德经》

日本"侘寂美学"通过前文叙述有以下几个明显特征：

第一，日本侘寂美学是日本三大传统美学之一。

第二，日本侘寂美学是由文学审美延伸到器物艺术思想的。

第三，日本侘寂美学形成于古典文化向近代文化过渡的 15 世纪末 16 世纪初时期。

第四，日本侘寂美学与"自然禅"接近，最重要的核心思想就是：自然、博爱、朴素、谦卑、至简、清静、空无、守一。

第五，日本侘寂美学与柴窑烧成有特定互相成就的关系。

有学者站在中国禅宗传播的角度认为："侘寂"这种日本传统器物美学思想"来源于我国的禅宗思想，结合当地特色开花结果。"[⑦]这话，对，也不对！然，非然也！

（一）既然溯源，那么就得找根源，禅宗思想是印度佛教与中国道家思想深度结合的一个很典型的中国化宗教思想，"早在魏晋南北朝时，就有牟子作《理惑论》论述儒佛思想的一致性；道安用《老子》语阐释《般若经》"[⑧]的故事，当然这也"表现

---

① 日下部正、兰塞特（Lancet, M.）：《日本柴窑烧成揭秘》，第 223 页。
② 日下部正、兰塞特（Lancet, M.）：《日本柴窑烧成揭秘》，第 222 页。
③ 赵蓉、蔺星宇：《浅析日本陶瓷器中的侘寂美学》，第 105 页。
④ 同上。
⑤ 同上。
⑥ 日下部正、兰塞特（Lancet, M.）：《日本柴窑烧成揭秘》，第 267 页。
⑦ 赵蓉、蔺星宇：《浅析日本陶瓷器中的侘寂美学》，第 105 页。
⑧ 王悦：《"三教图"：宗教融合的美术见证》，《中国宗教》，2018 年 11 期，第 68 页。

了中国文化开放、包容、和谐、求同存异的特点"①。北京文化遗产保护中心赵哲伟认为禅宗之"临济宗侧重吸收老庄道学思想"②，而我们都知道，临济宗在日本的发展可以说是空前的，至少代表禅宗思想的一种主流。

（二）禅是日本的灵魂③，日本有"茶道、花道、书道、剑道、武士道等等"④，虽是"禅宗舞台"⑤，但日本东京大学第一任校长、日本美术院院长冈仓天心认为"禅宗是道家的正统后继者"⑥，"茶道是化了装的道教"⑦，"道家的想法，对于我们任何面向的行为理论，都发生巨大的影响，甚至包括了剑道与相扑。日本都有的自卫武术——柔术，即得名自《道德经》"⑧⑨，"禅宗，当可发现它是多么强调道家的教诲"⑩。"早期禅宗理论，似乎一方面与源自龙树菩萨，充满印度色彩的否定论相近，一方面与商羯罗总师建立的智慧哲学有关，至今为人所熟悉，最初始的禅宗教义，则是由六祖惠能所传下的。惠能亦是南宗的始祖，因此派的说法最初盛行于中国南方，因此得名。惠能之后不久，又有马祖道一大师将禅的影响力渗入中国人日常生活中。他的弟子百丈怀海则首创禅宗丛林，并为其定下清规。……禅宗南宗的思想，与老子以及玄学家的说法，实在无法不让人感到似曾相识。《道德经》早就提到收摄心神的重要，也旁及调节吐纳的必要，这些都是坐禅的关键重点。"⑪

所以与其说"通过人、物交流，获得宗教般的审美体验"的日本侘寂美学是"物之禅"，更深层说是"器之道"；与其说侘寂美学的源在"禅"，更深层说根在"道"：

（一）侘寂的载体"器"，即《道德经》的"埏埴之器"，形成"人器一体论"。

侘寂美学由文学审美引申到器物，首站便是陶瓷器，也就是《道德经》中的"埏埴器"，用陶土揉捏而成的器物，"埏埴以为器"⑫。之所以用埏埴器来承载侘寂，笔者认为《道德经》器物思想与侘寂美学的同频有两点，一是埏埴器的原料自然原生态和依托自然力量所成器的；二是埏埴器的有和无，"当其无，有器之用"⑬，"有之以为

---

① 王悦：《"三教图"：宗教融合的美术见证》，《中国宗教》，2018 年 11 期，第 68 页。

② 张敬川：《建设新时代的僧伽教育制度——药山寺首届宗风与丛林教育座谈会综述》，《中国宗教》，2018 年 11 期，第 60 页。

③ 雷纳德·科伦：《侘寂》，谷泉译，第 124 页。

④ 雷纳德·科伦：《侘寂》，谷泉译，第 124 页。

⑤ 同上。

⑥ 冈仓天心：《茶之书》，谷意译，济南：山东画报出版社，2010 年，第 47 页，原文："道家，如同它的正统后继者禅宗。"

⑦ 冈仓大心：《茶之书》，谷意译，序言，第 25 页。

⑧ 冈仓天心：《茶之书》，谷意译，第 54 页。

⑨ 《道德经》第 10 章曰：专气致柔，能如婴儿乎？

⑩ 冈仓天心：《茶之书》，谷意译，第 55 页。

⑪ 冈仓天心：《茶之书》，谷意译，第 55—56 页。

⑫ 《道德经》，第 11 章。

⑬ 《道德经》第 11 章。

利，无之以为用"①，器之"有"形成的空间"无"，五官与心之"有"，与器美之"无"的交流，"有无"，不仅是有形的空，也是为心的留白腾出的思考的空间。侘寂美学的"人器一体论"，也是佛教大师憨山注释《道德经》时关于"器"说的："器者。人物之通称也。"②也是河上公注解的"器，物也，人乃天下之神物也"③。

（二）侘寂崇尚"相对性"，即《道德经》的"玄妙观"，成就"美之寂灭"世界观。

侘寂美学在"人器一体论"的总指导下，以"相对性"思维方式来认识世界，虽然我们崇尚绝对完美，但这世界是没有绝对完美的，只是相对而言。身处当下，来获得积极寻找完美，"美之寂灭"不是美之消亡，而是放弃绝对，用相对思维来发现"万物皆美"的思想。《道德经》的"道之玄妙观"就是这样："道可道，非常道；名可名，非常名。无名，天地之始，有名，万物之母。故常无，欲以观其妙，常有，欲以观其徼。此两者，同出而异名，同谓之玄，玄之又玄，众妙之门。"④万物皆有"道"，有名无名皆可以成为角度，用"无"来发现妙，用"有"来观端倪，道即是玄，玄即是道，故《道德经》说："道生一，一生二，二生三，三生万物。"⑤"天地不仁，以万物为刍狗"⑥，我们用"道契乾坤""道生万物"世界观，不着美之名，才能使美无处不在，"天下皆知美之为美，斯恶矣"⑦，侘寂以"美从丑出""小即是大"的相对性，且这种相对性是运动的，会变化的，随着心情、环境、人物、时间的改变而改变。我们也可以用日本茶艺大师千利休对待侘寂的态度来总结："一期一会。"

（三）侘寂的"敬畏自然"，即《道德经》的"道法自然"，诠释"天人合一"价值观。

"真相来自对自然的察觉。"⑧从日本柴烧中，我们看到的侘寂尊重自然，到引进宗教仪式祭祀窑神来表达自己"敬畏自然"的情怀，无不诠释着"自然至上，生命至美""随缘自在，到处理成"的意蕴。有学者用禅宗的"自然而然，到处理成"来形容侘寂的"自然"，但总觉力度不够，如果从"有物混成，先天地而生。寂兮寥兮，独立而不改，周行而不殆，可以为天下母，吾不知其名，强字之曰道，强为之曰大，大曰逝，逝曰远，远曰反。故道大、天大、地大、人亦大。域中有四大，而

---

① 《道德经》第11章。
② 莫楠：《〈老子〉中"器"的道德意蕴》，海南大学学报（人文社会科学版），第31卷第1期，2013年2月，第31页。引：憨山：《老子道德经解》，《憨山大师法汇初集》，香港：香港佛经流通处，1997年，第9卷。
③ 王卡：《老子道德经河上公章句》，北京：中华书局，1993，第118页。
④ 《道德经》第1章。
⑤ 《道德经》第42章。
⑥ 《道德经》第5章。
⑦ 《道德经》第2章。
⑧ 雷纳德·科伦：《侘寂》，谷泉译，第66页。

人居其一焉。人法地，地法天，天法道，道法自然"①角度看，《道德经》阐述的侘寂似乎更贴切透彻，侘寂所推崇的"自然"，"事物在它们最纯粹、最本源的状态。自然代表了大地之物，像是植物、动物、山川、河流、还有各种力量……风、雨、火之类。它也包含人类的思想，及其所有人工或'非自然'的思想和创造。自然于是表现为所有的存在，包括存在的基本原则"②，"万物皆有灵"就是道，独立不改，周行不殆，我们应该顺应自然，相信自然，更强调"敬畏自然"，"以其终不为大，故能成其大"③，只有"道法自然"，才能达到"天人合一"。所以《道德经》又进一步补充："天下神器，不可为也，不可执也，为之则败，执之则失"④。

（四）侘寂推崇"简朴谦卑"，即《道德经》的"见素抱朴"，塑造"上善若水"人生观。

"'贫物质，富精神'是侘寂的格言。它告诫我们，停止对成功的迷恋——财富、地位、权力和奢华，要享受圆融无障的生活。"⑤侘寂的"至简、朴素、谦虚、低调"，是器物艺术思想中的一种态度，或者说是它积极倡导的人生观，而《道德经》恰恰推崇这种"质真若渝"⑥"见素抱朴"⑦"上善若水"⑧的人生观："我有三宝，一曰慈，二曰俭，三曰不敢为天下先。"⑨"简单是侘寂的核心"⑩，侘寂之器的朴素和低调，"致虚极，守静笃"⑪，"看上去无考究、不精致……并且具有丰富的原始质地和粗糙触感，技艺无从识别"⑫，"俭，故能广，不敢为天下先，故能成器长"⑬。侘寂之所以以盛水的茶之器物中体现，是因为倡导侘寂"处下"如水之品格，"水善利万物而不争，处众人之所恶，故几于道"。⑭

（五）侘寂专注"美之本质"，即《道德经》"德之守一"，内求"尊道贵德"精神价值。

侘寂美学的本质就是：所有事物，皆不完美，皆是暂时，皆未完成，以认同世

---

① 《道德经》第25章。
② 雷纳德·科伦：《侘寂》，谷泉译，第66页。
③ 《道德经》第34章。
④ 《道德经》第29章。
⑤ 雷纳德·科伦：《侘寂》，谷泉译，第84页。
⑥ 《道德经》第41章。
⑦ 《道德经》第19章。
⑧ 《道德经》第8章。
⑨ 《道德经》第67章。
⑩ 雷纳德·科伦：《侘寂》，谷泉译，第99页。
⑪ 《道德经》第16章。
⑫ 雷纳德·科伦：《侘寂》，谷泉译，第98页。
⑬ 《道德经》第67章。
⑭ 《道德经》第8章。

界是相对的，完美没有绝对性，积极寻找不完美中的完美是"道"，"天地不仁，以万物为刍狗"①，坚持强调"去物质性"思维，"绝圣弃智"，"见素抱朴"②，在"物中乐趣，物外自由"之间，搭建起微妙平衡，"大道废，有仁义；慧智出，有大伪"③，只有遵从"道"与"德"，从"物质决定人"到"人定义物质"，尊重残缺，尊重丑陋，尊重简朴，是美之"德"的体现。"上德若谷"④，"上德不德"、"上德无为"，"处其实，不居其华"⑤，"万物得一以生"⑥，侘寂美学追求的精神价值取向正是《道德经》阐述"尊道贵德"的精神内涵，"道生之，德畜之，物形之，势成之，是以万物莫不尊道而贵德"⑦。

（六）侘寂强调"宁静空无"，即《道德经》"清静无为"，贯彻"道治"最高造物思想。

侘寂强调的"空无"，正是《道德经》的"无为"，不着外相、不执物形、不妄为，"为而不恃，长而不宰"⑧，有所为有所不为。放弃绝对完美的遐想，"知其雄，守其雌，为天下谿"，"知其荣，守其辱，为天下谷"⑨，"处无为之事，行不言之教"⑩，积极发现不完美中的完美，"为无为，而无不治"⑪。侘寂强调审美把心放下，把心融进器，但又跳出物质性的"宁静"，只有心彻底宁静空无，腾挪更多的空间，才能不着相于物质，"一期一会"，发现更多心领神会的美。这也正是《道德经》所说的"致虚极，守静笃。万物并作，吾以观复。夫物芸芸，各复其根。归根曰静，是谓复命"⑫，"涤除玄览"⑬"和其光，同其尘"⑭，"不欲以静，天下将自正"，才能做到"清静为天下正"⑮，侘寂美学的"为无为，事无事，味无味"，即是尊崇《道德经》最高的造物思想——"道治"，"道常无为，而无不为"⑯。

综上而言，我们很清楚知道，侘寂美学有很多的特征，与它强调的禅宗思想，

---

① 《道德经》第 5 章。
② 《道德经》第 19 章。
③ 《道德经》第 18 章。
④ 《道德经》第 41 章。
⑤ 《道德经》第 38 章。
⑥ 《道德经》第 39 章。
⑦ 《道德经》第 51 章。
⑧ 《道德经》第 10 章。
⑨ 《道德经》第 28 章。
⑩ 《道德经》第 2 章。
⑪ 《道德经》第 3 章。
⑫ 《道德经》第 16 章。
⑬ 《道德经》第 10 章。
⑭ 《道德经》第 4 章。
⑮ 《道德经》第 45 章。
⑯ 《道德经》第 37 章。

实质同出而异名，根源都在《道德经》，"道者，万物之奥"①，只是"道可道，非常道，名可名，非常名"②。

结语

当然，笔者并非试图要来争辩是非黑白，只是在理解侘寂美学的思想理念、价值观、世界观、人生观、精神价值和艺术思想时，发现它似乎是《道德经》器物思想的另一个版本，故今抛砖引玉，拨冗归原，以便为各界在研究日本侘寂美学、日本陶瓷柴烧艺术思想、日本禅宗和《道德经》的文化及应用上提供一个新方向，多一种可能性。

另外，通过本文的论述，我们需要反思的是：源于中国的柴烧陶瓷技术，却在日本大放异彩？源于中国的《道德经》，为什么换了一个身份在别国的舞台表演？笔者认为，抛开其他历史等因素暂时不谈，当下，文化的自信，是亟待大力弘扬的；文化应用，是急需理性科学对待的，因为，文化也是"国之利器"③，文化兴邦，文化强国，才是摆在中华民族面前的头等大事！

① 《道德经》第 62 章。
② 《道德经》第 1 章。
③ 《道德经》第 36 章。

再论《道德经》的文体及其文学史地位

——从韵律语言学的角度

杨传召 *

内容提要：文本形式上浑然融合的特征，使得以往学界对《道德经》的文体归属问题莫衷一是，由此，更难对《道德经》做出文学史的定位及其地位的认定。在此制约下，使得文史学界对于《道德经》的研究主要侧重其思想价值，而对其文学价值的表述则长期浮泛于表层的感性认知而未有真正深入。在此，我们通过近年来发展迅速的韵律语言学的研究方法，由《道德经》文本的语言节奏形式的角度切入，从而细致考察《道德经》句法上的特质。我们将《道德经》文句归纳为对句、顺承句、复现句、拗句四类句式，并由此发现四类句式在文本中呈现为惊人的平均状态，共同构就了《道德经》诗文之间、骈散之间、韵散之间极为独特的文本特征。这一特征是整个中国文学史中罕有其匹的。此种处于文学发生期的原始均衡状态，也正是《道德经》最为独特的文学史地位之所在。

关键词：《道德经》 文体 节奏 骈散

《道德经》文体形式上韵散交融的特征，使得后来学者在《道德经》的文体界定上大有分歧。这更进一步影响到如何将《道德经》纳入文学史序列中等相关重要问题。

一

后世学者或将《道德经》视为诗歌，如明人钱福评论《道德经》第二十八章时言："此章变文叶韵，反复吟咏，亦与《诗》体相关。"其认为即使并非全文，《道德经》中的部分文句肯定是与"诗经体"存在密切的文体关联。扬之水也认为，《道德经》应当归入诗歌而非散文的发展序列中："若《道德经》，则不仅用排比而且用押韵

---

* 杨传召（1991—），中国人民大学国学院博士后，主要研究方向为先秦文学与文献。

的办法整齐其句，致密其意，虽文的形式，却是诗的风致，或者说，它的文体更近乎比散文为古老的格言，因此也可以说，《道德经》之文，并不在'散文'的发展的线索之上。而一种比较原始的表达形式，本来是它有意的选择。"① 近现代学者多有直截称《道德经》为诗歌。如任继愈认为《道德经》是"用韵文写成的哲理诗"②。陈鼓应说《道德经》五千言，确是一部辞意锤炼的'哲学诗'。"③ 朱谦之讲："以复五千言古本与乎声韵文句之真，并借以窥见古代哲学诗之真面目焉。此则余之新本校释之所为作也。"④ 都将之视为"哲理诗"——包括并不认为《道德经》是诗歌的袁行霈主编《中国文学史》也说："其文章犹如一组辞意洗练的哲理诗""像诗，也像歌谣"⑤。

或将《道德经》归为韵文。如清人邓廷桢讲："诸子多有韵文，惟《道德经》独密；《易》《诗》而外，斯为最古。"（《双砚斋笔记》卷二）今人持此观点的甚多，此不赘举。

或将《道德经》称为骈文。如陈柱《中国散文史》中讲的："文言与老子多对句矣，多韵语矣，然仍不可便谓之韵文，便谓之骈文也，谓为骈文之祖可耳。至于用韵，则诸子之论文亦往往有之，亦仍不得即谓为韵文也。"⑥

或将《道德经》目为散文。这种观点以袁行霈主编《中国文学史》为主要代表，将《道德经》称为"语录体和韵散结合体"的"说理散文"。这一表述更随着袁版《中国文学史》作为教育部"面向 21 世纪课程教材"在高校教学的使用而影响逐步扩大。

或重视《道德经》的"跨文体"特征，将其称为散文诗作品。如赵明主编《先秦大文学史》中说："抽象的哲理内容有时采用形象、对称、有韵的语言形式表现出来，因而全书深蕴着一种朦胧的诗意，具有散文诗的特征。……具体表现为：精炼、形象、对句、协韵。"⑦ 又如赵义山、李修生主编的《中国分体文学史·散文卷》中说："(《道德经》) 其押韵无一定格式，多随文成韵，较为自由，字数不拘，用韵规则不一。这种文体，近似今之'散文诗'。行文韵散结合，在先秦诸子中多有所见，但从总体上看来，《道德经》一书最为突出。"⑧

无论将《道德经》归为何种文体，以上诸家观点确皆揭示了《道德经》文本的

---

① 扬之水：《先秦诗文史》，沈阳：辽宁教育出版社，2002 年，第 131 页。
② 任继愈主编：《中国哲学史》（第一册），北京：人民出版社，1963 年，第 40 页。
③ 陈鼓应：《老子注释及评价》，北京：中华书局，1984 年，第 7 页。
④ 朱谦之：《老子校释》序，北京：中华书局，1984 年，第 5 页。
⑤ 袁行霈主编：《中国文学史》（第二版），北京：高等教育出版社，2005 年，第 92 页。
⑥ 陈柱：《中国散文史》，北京：东方出版社，1996 年，第 30 页。
⑦ 赵明主编《先秦大文学史》，长春：吉林大学出版社，1993 年，第 756 页。
⑧ 赵义山、李修生主编：《中国分体文学史·散文卷》，上海：上海古籍出版社，2001 年，第 33 页。

一些文体特征。但在对《道德经》具体文学表现的描述上，可以看到大多只有梗概，并有因趋同而流于表面的现象。如过常宝教授所说："对于文学史家而言，《道德经》在先秦散文史上是一个另类，很难给予恰当的界定，所以一般的文学史也就将《道德经》略过，或泛泛而谈其思想、修辞。"①这就导致了一个现象：我们已将《道德经》纳入了文学和文学史的研究视野之中，但是尚缺乏对于文本本身文学性的准确描述与定位。②

而对于《道德经》文学性的研究，最为首要和显见的就是从文章体式的角度，认识《道德经》文体的独特之处、形成原因及其在文学史上的代表性意义。

前人指出《道德经》当中含有使其具有"诗歌"特质的内容，这提示我们将研究早期诗歌的研究方法运用到分析《道德经》当中来。其中重要一点，就是不论咏歌或是吟诵，从听觉的语言节奏、韵律的角度而非视觉的案头阅读来分析文本。这里我们拟从韵律语言学的重要研究维度——韵律节奏的特征作为切入点，归纳《道德经》的内在规律及其文体表现。

二

依照韵律节奏形式的表现，我们将《道德经》的句式分为以下四种类型加以区别：

（一）对句

上下两个分句，文意相对，在固定位置有固定字词重复出现，字数（音节）相同或相差较小。如第二章③：

天下皆知美之为美，斯恶已；皆知善之为善，斯不善已。……是以圣人处无为之事；行不言之教。

第六十四章：

为之于未有；治之于未乱。……为者败之；执者失之。

此外，需要再加说明的是《道德经》的对句中的两种特殊情况：

---

① 过常宝、侯文华：《中国散文通史·先秦卷》，合肥：安徽教育出版社，2012年，第111页。
② 不仅通论、通史与教材等对《道德经》的描述如此，不少专门研究《道德经》文学形式、文学价值的单篇论文、学位论文亦停留于表面的粗线条勾勒。
③ 本文举例，以王弼本为主要依据。对比诸本可以发现，不同版本文字上的区别，所主要影响的是对实词与思想的理解（典型如"绝仁弃义"等），以及语气词的脱落与记录。这些异文对于此处所关注的节奏韵律产生的影响极小。

1. 句子主干为典型的对句，但上句的开端有修饰成分：或是主语"君子""侯王""圣人""天下"等；或是表发语或总结的"夫""夫唯""故""是以""是谓"等；或两者皆有。而我们依然将这些句子视为对句，是因为在念诵中，这些部分之后自然会按照节奏形成停顿，保持句子主干的对称。而它们又不具备独立的意义，也不至于作为一个分句与主干分隔开来。如上引第二章就会断为：

天下 / 皆知 / 美之为美 / 斯恶已 // 皆知 / 善之为善 / 斯不善已……是以 / 圣人 / 处无为之事 // 行不言之教

2. 上下两句的字数不完全一致，也可视为对句。因为在文意上两句自然相对、有重复的文辞，这已经将上下句勾连在了一起。读者在念诵中的速度节奏将自然产生调节，使之趋同。字数相差不大的，并不会有明显异常的感觉，如上引第二章中的"斯恶已"和"斯不善已"。《道德经》中最为极端的例子，是第三十四章中：常无欲，可名于小；万物归焉而不为主，可名于大。上下句间字数差异已经很大，但意义上的联系让我们在语言节奏上追求趋同的效果，使得"万物归焉而不为主"在读为更快的一句时显得更加流畅。

（二）顺承句

略似于现代汉语中的排比句。三句或以上，文意平行、顺承或递进，在固定位置有固定字词重复出现。而且由于长度相对对句增加，为了保持节奏的连贯，在字数上的变化大为减少，各分句的字数基本固定。如第四章中：

挫其锐，解其纷，和其光，同其尘。

第二十二章：

不自见故明；不自是故彰；不自伐故有功；不自矜故长。

其中最称繁复的典例，为第十一章、二十八章、七十五章，其重章叠句的形态已与《诗经》相似。如第二十八章中：

知其雄，守其雌，为天下溪。为天下溪，常德不离，复归于婴儿。
知其白，守其黑，为天下式。为天下式，常德不忒，复归于无极。
知其荣，守其辱，为天下谷。为天下谷，常德乃足，复归于朴。

（三）复现句

在以句首、句尾为主的特殊位置重复出现相同字词的连续分句。这样的节奏结构同样可以形成回环往复、绕梁不尽的阅读效果。较之前两种句型，可以出现在更松散的句子中。其中又可析为两种情况：

1. 普通复现句。如第七章：

天长地久。天地所以能长且久者，以其不自生，故能长生。

第五十一章：

是以万物莫不尊道而贵德。道之尊，德之贵，夫莫之命而常自然。

第六十章：

非其鬼不神，其神不伤人。非其神不伤人，圣人亦不伤人。夫两不相伤，故德交归焉。

2. 顶真句。上句结尾即为下句的起笔，环环相扣，较之普通的复现句关联更为紧密，并进而在后世形成固定的修辞格。如第十六章：

夫物芸芸，各复归其根。归根曰静，是谓复命。复命曰常，知常曰明。不知常，妄作凶。知常容，容乃公，公乃全，全乃天，天乃道，道乃久，没身不殆。

第二十五章：

强为之名曰大。大曰逝，逝曰远，远曰反。……人法地，地法天，天法道，道法自然。

第五十九章：

治人事天莫若啬。夫唯啬，是谓早服，早服谓之重积德，重积德则无不克，无不克则莫知其极，莫知其极，可以有国。有国之母，可以长久。

（四）拗句

此处借用格律诗中的概念。指与前三种句式不同，在上下句之间不存在明显节奏关联的句子，亦类似于文章中的"散行"。如第四章的首尾：

道冲而用之或不盈。渊兮似万物之宗。挫其锐，解其纷，和其光，同其尘。湛兮似或存。吾不知谁之子，象帝之先。

又如第六十二章中的大部分：

道者，万物之奥。善人之宝，不善人之所保。美言可以市，尊行可以加人。人之不美，何弃之有。故立天子、置三公，虽有拱璧，以先驷马，不如坐进此道。古之所以贵此道者何。不曰以求得，有罪以免邪？故为天下贵。

至此，我们将《道德经》整个文本分为前后句有明确节奏关联的对句、顺承句、复现句（三者可合称为"齐句"），与没有明确关联的拗句（可称为"散句"）。具体的数量统计见下表：[①]

类型\章数	对句处数	对句句数	顺承句处数	顺承句句数	复现句处数	复现句句数	拗句句数
1	3	10	0	0	1	3	1
2	2	6	2	10	0	0	2
3	0	0	2	10	1	4	0
4	0	0	1	4	1	2	3
5	1	4	1	3	0	0	3
6	0	0	0	0	1	3	3
7	1	2	0	0	2	6	0
8	0	0	1	7	1	0	4
9	0	0	1	8	0	0	2
10	0	0	2	15	1	1	1
11	1	2	1	9	0	0	0
12	0	0	1	5	0	0	2
13	2	6	0	0	2	9	1
14	3	6	1	3	2	4	5
15	1	4	1	7	2	4	4
16	0	0	0	0	1	13	8
17	1	2	1	4	0	0	3
18	0	0	1	8	0	0	0
19	0	0	1	6	0	0	6
20	3	10	0	0	3	7	10
21	0	0	1	6	4	8	3
22	0	0	2	10	1	2	4
23	1	2	2	9	2	4	3
24	0	0	1	6	0	0	4
25	0	0	0	0	3	10	9

[①] 在分句数量的统计中，我们把三字以下，且可以作为相邻句子成分的分句归并到一起，不算作一句。如将"道，可道，非常道；名，可名，非常名"计为四句，即"道可道，非常道；名可名，非常名"。而明显具有独立句意的短句，如"吾何以知其然哉？以此"中的"以此"，不加归并，仍旧计算为独立的一句。这仍然是以实际念诵中节奏的情况为准。

续表

类型 章数	对句 处数	对句 句数	顺承句 处数	顺承句 句数	复现句 处数	复现句 句数	拗句 句数
26	2	4	0	0	0	0	5
27	2	6	1	5	1	2	3
28	0	0	1	18	0	0	4
29	1	2	2	5	0	0	4
30	1	4	1	5	1	2	6
31	3	6	0	0	1	4	13
32	0	0	0	0	2	4	10
33	4	8	0	0	0	0	0
34	1	5	1	3	1	2	2
35	0	0	1	3	1	2	6
36	0	0	1	8	1	2	2
37	0	0	0	0	1	6	4
38	3	12	1	4	1	4	2
39	1	2	2	18	2	2	5
40	2	4	0	0	0	0	0
41	0	0	4	16	1	2	5
42	2	4	0	0	1	5	6
43	1	2	0	0	1	2	3
44	2	4	1	3	0	0	1
45	2	6	1	3	0	0	1
46	1	4	1	3	1	2	0
47	2	6	1	3	0	0	0
48	1	4	0	0	1	5	0
49	1	6	0	0	1	2	4
50	1	2	2	10	0	0	6
51	0	0	2	9	1	3	2
52	2	8	0	0	1	5	6
53	0	0	1	3	0	0	11
54	0	0	3	18	0	0	2
55	1	4	2	7	1	2	4
56	1	2	2	12	0	0	2
57	0	0	3	15	0	0	3
58	3	8	1	4	1	1	3
59	0	0	0	0	1	11	1
60	0	0	0	0	1	5	4
61	3	8	0	0	1	4	3
62	2	4	0	0	0	0	11
63	3	6	1	3	2	4	2
64	4	10	2	10	0	0	6
65	1	4	0	0	2	6	6
66	2	6	0	0	2	4	2
67	1	2	2	7	2	8	4
68	0	0	2	7	0	0	1
69	1	2	1	4	1	2	3
70	3	8	0	0	1	2	1
71	1	2	0	0	1	5	0
72	2	4	0	0	1	2	2
73	1	2	1	4	0	0	8
74	0	0	0	0	2	7	4
75	0	0	1	9	0	0	2
76	4	10	0	0	0	0	0
77	4	11	0	0	1	1	4
78	2	6	0	0	0	0	7
79	1	2	0	0	1	2	5
80	2	6	1	4	0	0	5
81	5	12	0	0	0	0	1
总计：	101	272	69	353	69	204	287

由此可以看到：《道德经》全文共有 1116 个分句，我们划分的四种句式依次占比为 24.4%、31.6%、18.3%、25.7%。

就此需要略做说明的是：一、第二类顺承句的比例略高，有其自然原因：构成顺承句的最基本条件，就是三句或更长，因此其占比会高于其他句式是显而易见的。二、第三类复现句的比例略低，有我们定义方式上的原因：为了保证节奏形式的明确清晰和计量的准确，我们只定义上下句之间有重复出现方为复现句，排除了隔句重复的情况。但在实际阅读念诵中，当隔句重复多次出现时，也可以形成节奏上的回环往复。这种情况在《道德经》行文中表现得丰富多样，如第十四章的后半部分：

……绳绳兮不可名，复归于无物。是谓无状之状，无物之象，是谓惚恍。迎之不见其首，随之不见其后。执古之道，以御今之有。能知古始，是谓道纪。

最典型的当为第二十章：

唯之与阿，相去几何？善之与恶，相去若何？人之所畏，不可不畏。荒兮其未央哉！众人熙熙，如享太牢、如春登台。我独泊兮其未兆，如婴儿之未孩；儡儡兮若无所归。众人皆有余，而我独若遗。我愚人之心也哉，沌沌兮。俗人昭昭，我独昏昏；俗人察察，我独闷闷。澹兮其若海，飂兮若无止。众人皆有以，而我独顽且鄙。我独异于人，而贵食母。

不断地有字词以跨句的形式反复出现。因此可以说，复现现象在《道德经》中的存在显然是比我们此处经过严格定义的统计还要再多一些的。但如果非要将这种不规则的形式也统计出数量来，必定是博而寡要的。

综上可见，《道德经》文本的对句、顺承句、复现句和拗句的数量非常平均，又加之本文未遑论述的韵脚因素，共同构成了《道德经》这种诗文之间、骈散之间、韵散之间极为独特的文本特征。因此不论我们持有《道德经》属于何种文体的论点，都不难发现充足的论据与势均力敌的反例。

三

那么《道德经》这种独特综合的文体样式是如何形成的呢？以上的归纳提示我们从齐句与散句两个方向分别进行推论。

齐句出现的原因为何？首先，关于其中齐整有序、趋于骈文的文句，我们可以排除此为作者本人的有意精心推敲结纂而成的推测。第一，《道德经》在思想上便明确地反对过度文饰的行为：

> 五色令人目盲，五音令人耳聋，五味令人口爽。（第十二章）
> 大巧若拙，大辩若讷。（第四十五章）
> 人多伎巧，奇物滋起。（第五十七章）

在篇末更是明言：

> 信言不美，美言不信。善者不辩，辩者不善。（第八十一章）

第二，细读《道德经》文本我们也可以看到，许多可以更整而未整的句子，如：

> 万物作焉而不辞，生而不有，为而不恃，功成而弗居。（第二章）
> 不尚贤，使民不争。不贵难得之货，使民不为盗。不见可欲，使民心不乱。（第三章）
> 载营魄抱一，能无离乎？专气致柔，能如婴儿乎？涤除玄览，能无疵乎？（第十章）

此外，对比王弼本与帛本老子的语气词还可以看到：存在着帛本中句尾加了"也"字修饰，以构成两句八字四个对称音步，而到王弼本中删去了"也"字，构成不对称音步①的情况，而同时又存在与此正相反的情况。可见在去古不远的传抄者那里，仍然未将整齐铿锵作为一种明确的追求。

关于《道德经》中的齐句，我们在阅读文本之中可以见到大量的表明其为征引、袭用的痕迹，比如第十三章中这种自问自答的形式：

> 宠辱若惊，贵大患若身。何谓宠辱若惊？宠为下。得之若惊，失之若惊，是谓宠辱若惊。何谓贵大患若身？吾所以有大患者，为吾有身，及吾无身，吾有何患。

又如直接表明引述的：

---

① 关于"对称音步"和"不对称音步"的定义，参见冯胜利著《汉语的韵律、词法与句法》第一章《韵律词与韵律构词法》（北京大学出版社，1997 年）及赵敏俐师《咏歌与吟诵：中国早期诗歌体式生成问题研究》（《文学评论》，2013 年第 5 期）。

　　是以圣人云：受国之垢，是谓社稷主；受国不祥，是为天下王。（第七十八章）
　　故《建言》有之①：明道若昧，进道若退，夷道若类。（第四十一章）

　　《道德经》文中也讲到"人之所教，我亦教人"（第四十二章）关于引用内容的存在，前辈学者早已注意到这一点，并进行了梳理，如谭家健、郑君华认为《道德经》"吸收了大量来自人民群众的格言谚语。……把这些东西吸收过来，加以改造融化，纳入自己的体系，论证自己的哲学和政治观点。"②

　　在此基础上，过常宝教授的研究将《道德经》与其他先秦"语"文献进行联系，进一步归纳指出：老子认同祝史文化中以"语"进行训诫的传统，并因此而采用《周祝解》类文体来表达自己的思想。《道德经》在功能和形态上受到"语"类文献的影响。其理想形态可总结为"格言＋解释（一般意义）＋训诫（治国方法）"③。尽管关于《道德经》结构形态是否即为如上所述的标准三层结构还需要更多文献学上的验证，但过常宝教授在前人基础上的研究，使得我们已经可以明言：《道德经》中的齐句主要有两个来源，一为直接引述前人的成句，二为对成句进行学习吸纳基础上的自作。

　　我们可以再进一步追问：那这些格式整齐、形式对仗的"语"类成句是如何形成，并进入文本之中的？这也需要从汉语韵律节奏的角度加以解释。

　　追求语言上的对称，并非汉语中独有的现象，而是从人类语言产生之初就相生相伴的。形式对称、回环的文学语言所具有的特殊节奏，相对于随意的口语具有记诵上的优势，也更加符合美感天性上的追求。因而便逐渐脱离日常口语，凝定为文学语言，并作为一类特殊文本被加以记录和模仿学习。

　　以英语为例，其同样重视齐句的特殊魅力，并在此形式上进行了大量创作，其复现句与对句诸如：

A friend in need is a friend indeed. 患难之中见真情。
Easy come, easy go. 来得易，去得快。

　　但与汉语对比我们可以看到，在字数要求松散的复现句中，英语的"重复出现"

　　① 帛本作"是以《建言》有之曰"。
　　② 谭家健、郑君华编：《先秦散文纲要》，太原：山西人民出版社，1987年，第93页。
　　③ 详见过常宝《〈老子〉文体考论》（《首都师范大学学报》，2011年第2期）、侯文华《〈老子〉与先秦箴体》（《中国文学研究》，2009年第3期）及过常宝、侯文华著《中国散文通史·先秦卷》第三章《春秋君子文化与"语"类散文》（安徽教育出版社，2012年）等。

依旧能和汉语一样，保持其在语言节奏上的力量。而至于对句，则无法取得与汉语同等的表达力量，其原因在于汉语"一字一音一义"的天然特点，这是其他许多语言所不具备的。这使得汉语可以达到完全的严整对称——在视觉和听觉上都更高于其他语言，也是汉语最终能够形成"于诗为格律，于文为四六"的齐整形态的根本原因。

齐句之外，《道德经》文本中又有大量散句出现，则是源于实际表达的需要。

我们详查拗句的分布，可以发现在八十一章中，有五十二章是在章末出现拗句。按照《道德经》的一般结构，章末往往是为自作的推论或总结的部分。可见，在引述与仿写之余，要想充分准确地表达意思，势必要采用接近于自然口语的散句。

为了表述的清楚而采用散行，这并不难理解。但为何与老子相邻的孔子在其语言中就以散行占绝对数量，而与《道德经》大相径庭呢？其实这与两者论述的具体内容的不同相关了。首先《论语》中同样存在同于《道德经》中齐句的语言：

> 志于道，据于德，依于仁，游于艺。（《述而》）
> 知者不惑，仁者不忧，勇者不惧。（《子罕》）
> 知之者不如好之者，好之者不如乐之者。（《雍也》）
> 可与共学，未可与适道；可与适道，未可与立；可与立，未可与权。（《子罕》）

其次，《论语》所论及的内容，深入具体生活现实，几乎无所不有。更有不少对具体人与事的臧否褒贬（如果我们加入《礼记》《孔子家语》中的孔子言语则更是如此）。而《道德经》所论内容始终紧紧围绕道、德、天下等少数的几个话题，其分析方法按照前辈学者的表述则可称为"朴素的辩证法"。[1] 两相对照，自然《论语》少重复而《道德经》多回环往复。即如陈柱所说："《道德经》全书对偶最多，此岂有意作对仗哉？以其学理本如此耳。"[2]

至此，我们可以总结：《道德经》中的齐句来于自觉的继承和学习，其根本动因是对于文学表达之美的追求，其发展方向是节奏严整的文学语言；其中的散句则来于实际表达的需要，其根本动因是对表述准确的追求，其来源是节奏自由的口语。而《道德经》文体形式上的特殊表现，就源于其在"表情"与"达意"两端之间的平衡。

---

① 《道德经》全篇，"圣人"出现 30 次，"天下" 61 次，"道" 75 次；"是以"出现 43 次，"故" 68 次；"无"出现 98 次，"不"出现 246 次。

② 陈柱：《中国散文史》，第 30 页。

四

依照语言的韵律节奏形式，观察齐句与散句消长的视角，可以观照整个中国古代文学史的发展历程。

齐句代表了文学语言的节奏，其优势在于抒情写怀和易于摹写仿效，其代表文体"于诗为格律，于文为四六"；散句则代表了口语的节奏，其优势在于叙事议论和便于个人发挥，其代表文体是散文（古文）和小说。即如明代陆时雍所说："叙事议论，绝非诗家所需。以叙事则伤体，议论则费词也。"过于强调一端，其文体上的边际效应减小，劣势则放大，便开始产生越来越多强调反方向的议论和尝试，乃至形成新的文体。

从中国古代诗歌的发展历程看：由四言而五言、七言，终于形成了典正易学的格律诗体。而后便向着散行与口语的方向发展出了词、曲，产生了韩愈"以文为诗"、稼轩"以文为词"的提倡。最终有了丰富自由、众体并举的诗歌体式供作者选择。

从中国古代文章的发展历程看：先秦文章无论孔孟老庄，实皆以表现己意、宏道天下为第一要务，认识到了文字之重但决不泥于此：

信言不美，美言不信。善者不辩，辩者不善。（《道德经》第八十一章）
巧言令色，鲜矣仁。（《论语·学而》）
质胜文则野，文胜质则史。文质彬彬，然后君子。（《论语·雍也》）
巧言乱德。（《论语·卫灵公》）
我知言，我善养吾浩然之气。（《孟子·公孙丑上》）
予岂好辩哉？予不得已也。（《孟子·滕文公上》）
（庄子）其言洸洋自恣以适己。（《史记·老子韩非列传》）

此一点台静农在其《中国文学史》中表述最为清晰：

要行其道于天下的孔子，很能认识以文为工具的重要，我们不能以后来修辞主义的观念去曲解他。

（孟子）为欲行其道，不惜反复譬喻言之，几至了无含蓄，文学形式论者往往忽视其内容，但赏其"波澜壮阔"，于是要拉大架子寻波澜的作者，便以《孟子》为宗，殊不知孟子文章为当时解放的文体，并非从古书摹拟来的。

要知他（庄子）之所以能够做出那样"汪洋恣肆"（司马迁语）的文章，正因为他的任性自然的思想，有其内容，才有其形式，绝不是形式主义者透过努力所能得其万一者。①

　　至于荀子，致力于钻研文学语言的形式，甚至有如《成相》《赋》这样的作品保留在其著作之中。与形式模式化相呼应的，是论述的模式化：论点 + 论证（组织类比 / 排列史证）+ 引经据典（多数引《诗》/ 少数引《书》）② 正所谓"其教在礼，其功在学"（卢文弨《书荀子后》），荀子之文使人得以学步，开后世骈俪之风，堪称骈文之祖。

　　帝制中国，以儒家思想为宗。后世文章，以孟子荀子为宗师。"孟子之文下开韩昌黎……荀卿之文下开李斯、韩非。"③ 文章过分求齐整便会害义，为人诟病，复青睐于散。骈散之争，以几次"古文运动"为线索而不断拉锯，在两极之间摇摆。另一方面，骈与散，既相斗争又有合流之思。吕祖谦就曾说："一篇之中，须有数行整齐处，数行不整齐处。"（《古文关键》）到了清朝之后愈发成为共识，"乾嘉时期，文人持论，多重骈散互融。即如桐城派之梅曾亮、刘开诸人，亦主骈散融合。梅曾亮对于骈文的观点，比较公允，称骈文'非无可观'，其作文也主骈散融合。"④ 但这一趋势被历史的巨变打断，后难再述。

　　由此看来，《道德经》对于齐散平衡的掌握，可说是中国文学史上罕有其匹的。其文体的特点以及难于定义，正在于并不偏执任何一端。如果非得将《道德经》纳入后来定义的文体之中，不妨说《道德经》为后世赋的远源：一篇围绕"道"与"德"反复铺排讲述的赋作。

　　而更为客观的做法，还应当是尊重文学发展本身的事实，正视先秦时期文学初生、文体含混未分的现实，不强求以后世的概念统摄之前的存在。即如钱锺书《管锥编》所言："盖文章之体，可辨别而不堪执着。""名家名篇，往往破体，而文体亦因以恢宏焉。"《道德经》骈平之间、只偶之间、韵散之间、诗文之间求得平衡的原始形态，正乃其独具的文学史意义所在。

---

① 台静农：《中国文学史》（上），上海：上海古籍出版社，2012 年，第 45、47、49 页。
② 这一表述见于过常宝、侯文华：《中国散文通史·先秦卷》，第 212 页。
③ 陈柱：《中国散文史》，第 60 页。
④ 莫山洪：《骈散的对立与互融》，济南：齐鲁书社，2010 年，第 7 页。

老学与现代社会研究

老子《道德经》"清静"思想及其现代价值

宋　从*

内容提要："清静"是《道德经》中的重要思想。老子立足于战乱的时代弊病，在反思和批评其他思想流派的基础上，提出"清静""无为"作为安养生命、安定社会的根本主张。老子"清静"思想在修身养心、治国理政、追求审美等不同领域当中都具体的表现和广泛的运用。在修身养心方面，"清静"思想要"少私寡欲""知足常足"；在治国理政方面，"清静"思想要求"无为而治""我好静，而民自正""以百姓心为心"；在追求审美方面，"清静"思想要求自然美，反对伪饰，"信言不美，美言不信"。在现代社会，老子"清静"思想在促进身心和谐、构建和谐社会和树立清新自然之美等方面具有积极的意义。

关键词：老子　道德经　清静

"清静"是老子《道德经》中的重要思想。《道德经》[①]第四十五章说"清静为天下正"，第十六章说"夫物芸芸，各复归其根。归根曰静，静曰复命"。王弼注解："归根则静，故曰静。静则复命，故曰复命也。"王弼认为事物返回本根后则处于"静"的状态，而人保持"静"则可复归本性。这指明了"清静"为万物之本根的属性，也就是"道"的属性，也说明"清静"是人重回生命本性、与"道"合一的功夫。"清静"作为连接人与"道"的桥梁，在老子思想的多个方面都有体现，而在现代社会，《道德经》的"清静"思想依然具有积极的价值。要理解"清静"思想的深刻内涵、探索"清静"思想的现代价值，首先需要理清"清静"思想从何而来。

一、《道德经》"清静"思想形成的背景

老子所处的春秋时期，是一个旧的伦理秩序已经崩塌、新的道德体系还未建立

---

* 宋从（1997—），男，江西师范大学马克思主义学院中国哲学专业硕士研究生，研究方向：中国哲学。

① 本文引用《道德经》原文，均参考陈鼓应：《老子注译及评介》，北京：中华书局，1984年版。

的"礼崩乐坏"的时代。在那个时代，人们不再坚守礼仪道德，兄弟相残、臣子弑君的事件比比皆是。老子目睹这一幕幕人间悲剧，想要思考出解决这些灾难的办法，让百姓的生活恢复安宁，于是老子逐渐形成了"清静"思想，希望用以改良社会。老子认为，所有纷争灾祸都来自人的欲望贪念，而社会动荡的主要原因，就是君主的贪欲作祟，要避免灾祸，首先要君王去除自己心中的贪欲，保持清静，从而消除腐败和恶政，再实行"无为而治"，对人民不骚扰、不过度干涉，让他们顺其自然，安居乐业，过好自己正常的生活，这样社会也能够正常地运行。

　　春秋战国时期虽然兵荒马乱，民不聊生，但同时也是中国历史上思想文化最为繁荣的一段时期。为了解决社会问题，各种学术流派层出不穷，呈现出百家争鸣的繁荣景象，然而老子的"清静"思想在当时和其他学说的思想显得格外不同，这也显现出老子思想的可贵。当时的儒家、法家以及后来的墨家等学派都是主张积极有为的思想，与老子主张顺应自然、清静无为的思想一对比，就使得人们放大了老子思想的消极一面，不了解老子思想的人们经常误解老子讲的是无所作为，是愚民政策。但是事实上并非如此，这都是由于人们缺乏对先秦诸子思想的整体把握所造成的误解，只有了解了这些学派主张的异同，才能真正把握他们的切实思想。

　　老子的"清静"思想有着独特的反思和批判精神，不同于当时其他思想流派。和崇尚自然的老子不同，法家眼中的"静"带有工具主义色彩。《韩非子·喻老》中有对老子的"静为躁君"的解释："制在己曰重，不离位曰静。重则能使轻，静则能使躁"，把不离开君位叫作"静"，[1] 将"静"看作帝王安居王位的权术，与老子强调治理原则的原意大相径庭。墨家有着"尚贤"的重要思想，而老子讲"不尚贤"，担心人们把贤能当成追求名利的工具，反而滋生更多的欲望而失去清静。儒家和老子一样看重"静"，把"静"看作"礼"的一种标准，孔子讲："非礼勿视，非礼勿听，非礼勿言，非礼勿动。"（《论语·颜渊》）孔子认为，动是要谨慎的，而与之相反的静，就有了正面的意义。[2] 这便和老子产生了分歧，老子对儒家过于重视礼教的主张持批判态度："故失道而后德，失德而后仁，失仁而后义，失义而后礼。夫礼者，忠信之薄而乱之首。"（《道德经》第三十八章）他认为一味地注重外在的礼仪形式，而非发自内心地尊重他人，会使人变得虚伪造作，假仁假义，况且需要依靠礼数才能迫使人们遵守道德规范，也说明了人的内在道德已经沦丧了。老子希望人们能够抛弃掉繁文缛节，挣脱外在的"礼"的制约，恢复内心的安宁纯洁，回到最质朴、清静的道德天性并自然地流露出来。我们可以说老子"清静"思想同当时的时代背景有着

---

① 张觉：《韩非子全译》，贵阳：贵州人民出版社，1992年，第335—336页。
② 王正：《先秦哲学中的"静"观念》，《云南社会科学》，2012年第4期。

重要密切的联系，它是为了解决当时的社会问题而生，是对流行的"积极有为"理政思想的一种反思和批评。

二、《道德经》"清静"思想的意蕴

"道"是老子哲学体系的核心，也是老子思想体系的理论基础，前文已论述过"清静"是"道"的属性和体会"道"的途径。"清静"作为老子哲学的重要范畴，可以说，是以"道"这一核心概念作为基础而延伸出的一种具体思想。我们对其进行分析研究，可以发现老子"清静"思想在修身养心、治国理政、追求审美等不同领域当中都具有具体的表现和深刻而广泛的运用。

中国人自古以来就非常重视养生之道，而《道德经》中有着丰富的"贵人贵生"养生思想，"清静"思想则是老子养生学中的重要内容。在此，"清静"思想可以体现在两个方面：一是心灵上要淡泊寡欲，二是行为上要自然无为。

淡泊寡欲即减少外在的欲望，返回朴素的自然天性，不受贪欲所控制。老子在《道德经》中反复强调淡泊寡欲的重要性，"见素抱朴，少私寡欲，绝学无忧"（十九章）、"化而欲作，吾将镇之以无名之朴。无名之朴，夫亦将无欲。不欲以静，天下将自定"（三十七章）、"祸莫大于不知足，咎莫大于欲得"（四十六章）、"我无欲而民自朴"（五十七章）。老子之所以反复强调"少私寡欲"这一观点，正是因为他看出了贪图物欲对人的严重危害性。许多人忙忙碌碌一生，就是为了争取功名利禄，今日失一分，明日得一厘，都要斤斤计较，费尽心力只为填满自己的欲望，最终只能沦为欲望的奴隶。人要去除掉私欲，必须从自身做起，除了满足生理最基本的需求外，其他的诸如钱财、名誉、权力等等身外之物都应舍弃。"夫唯无以生为者，是贤于贵生"（《道德经》第七十五章），只有清静恬淡的人，才胜于奉养奢厚的人。[1]甚至进一步说，多余的知识、智慧也都应该去除。"天下皆知美之为美，斯恶已；皆知善之为善，斯不善已"（《道德经》第二章），人们知道了美和善，自然也就认识了相对的丑和恶，世间的价值观念都是由人所设定的，这些设定都充满了主观性和局限性。知识和价值的差异，让人们对亲疏利害做出分别，从而产生对外在事物的欲望，从而背离了内在自然本性。而人们想要返回自然本性，就需要"涤除玄鉴"的功夫，让身体和精神相互融合而不产生偏离，集气到最柔和的境界，将多余的知识、观念从头脑中剔除掉。[2]忘记那些多余的小智慧、小技巧，洗净内心的尘垢，从而使自己的精神变得清灵、敏锐。还要保持内心处于宁静、安定的状态，心如止水一般地去体验、认识万物，返回到生命最原始、最根本的状态，这样才能够真正地认识、

---

① 陈鼓应：《老子注译及评介》，第369页。
② 陈鼓应：《老子注译及评介》，第130页。

体悟到"道"的真正面貌，才能到达人心原本的自然状态，做到与万物合一，与"道"合一。

"道法自然"是老子的核心观点，人的生命活动当然也应遵循"道"所依据的这一根本法则。所谓"自然"，讲的就是顺其自然、自然而然，排除人为主观因素的影响，不对自然肆意妄为、强加干涉，而使事物按照本身的规律运行和发展。"五色令人目盲；五音令人耳聋；五味令人口爽；驰骋畋猎，令人心发狂；难得之货，令人行妨；是以圣人为腹不为目，故去彼取此。"（《道德经》第十二章）老子认为外在的感觉刺激使人激扰不安，①无度地向外索求会给人的身体带来巨大的危害。老子发出感叹："名与身孰亲？身与货孰多？得与亡孰病？"人们总是忽视身体和生命的重要性，而一旦失去了它们却又无法补救，所以人们必须认识到，基本生理需求以外的任何欢愉和生命健康相较而言，都是微不足道的。老子认为人们应该尊重身体机能："企者不立，跨者不行"（《道德经》第二十四章），踮着脚就会站得不稳，跨着走反而走不远。如果人违背了身体自然功能而强行地运作，结果只会适得其反，事与愿违，甚至可能对身体造成损伤。同时，老子也批评那些过于看重长寿，而疏忽了自然之道的人们："人之生，动之于死地，亦十有三。夫何故？以其生生之厚。"（《道德经》第五十章）。人生在世，终有一天会走到尽头，有许多人拼了命地追寻长生之道，吃穿住行无不追求极致，反而会因放纵奢侈而伤害自己的身体，最终走向死亡。只有清静地过着自然无为、朴实无欲的生活的人，才是真正爱惜自己生命的人。

《道德经》清静思想，在治国理政领域里主要体现为"无为而治"。当然，无为而治讲的不是简简单单的不作为，而是要求统治者要效法"道"的清静无为本性，遵循自然规律，简政薄赋，不去"不可为而为之"，才可让百姓各得其所，安居乐业。老子认为，在当时的年代之所以社会动荡、政治黑暗、民不聊生，都是因为当时的统治阶级不够"清静"，贪欲过重。要让国家变得太平稳定，统治者必须保持清静，实行"无为而治"。老子认为，治理大国就像烹饪小鱼一样，意思就是治理国家千万不可反复无常、过多干涉，执政者应该放下积极改造社会的想法，避免一厢情愿地揠苗助长，对于人民要给予高度的自主权，唯有执政者"无为"，社会与人民才能"有为"。《道德经》云："不欲以静，天下将自正"（三十七章），"我好静，而民自正"（五十七章）。老子认为，"清静"是天下安定的治理标准是，若遵循了这一标准，社会自然就会走上正轨。

在实行"无为而治"之后，老子希望能实现的是一个稳定、自然和谐的"小国寡民"社会，这是老子的理想社会。许多人对这一观点都持批判态度，认为这是要

---

① 陈鼓应：《老子注译及评介》，第109页。

回到原始社会，是开历史的倒车。在全球化的今天，这一思想固然有其消极闭塞的地方，但我们更应该认识到这一思想是针对当时战火连天、民不聊生的社会背景提出的。老子所处的春秋时期已经出现了万乘之国，社会各个领域都有高度的发展，但社会秩序反而在逐渐地崩塌，社会的财富虽然不断增加，但财富的社会分配并不均匀。阶级社会产生后，统治阶级对劳苦百姓的压迫便不断加深，在我们今天看来这是劳动异化，当时的老子则认为这是统治者违背了"道"，将自己的意愿强加于社会和人民的结果。老子不是简单地希望人们抛弃社会文明，返回到原始社会，他的真实愿望是通过提出一种理想社会的设计方案，让统治者认识到让社会回归自然秩序的重要性，"小国寡民"透露出的是老子对战争的唾弃和对文明的疑虑[1]，这一思想在当时无疑具有超前性和进步性。

"清静"作为"道"的本质属性，亦是老子所追求的一种生命境界，蕴含着独特的美学风格，一直深深烙印在中国传统文化当中。"清静"作为一种独特的审美风格。老子哲学中的"清静"，被用来形容"道"的本质。如《道德经》第三十九章讲"天得一以清"，这里的"一"即"道"[2]，就是说天遵循着自然之"道"，呈现出一副清澈纯洁的态势，"清"在这里有蕴含本体性质的意味[3]，这种万物初始纯粹的境域是向往与"道"合一、回归自然的老子心中的最高审美追求。继承老子的庄子曾说："天地有大美而不言"，这也说明"静"和"美"是紧密联系在一起的。"致虚守静"是老子认识"道"的途径，在美学领域也是如此，唯有将心沉寂下来，不带有功利等外在因素的干扰，方可真正领略到艺术之美。但要注意的是，"道"的"清静"不是指静止不动，如同一潭死水一般，那样哪里称得上是美呢？"孰能浊以静之徐清？孰能安以静之徐生？"（《道德经》第十五章）说明了自然万物的运动规律[4]，既能在浑浊的环境当中保持宁静，恢复澄清，又能在幽静的环境当中徐徐活动起来，进行创造，这是一个静中有动、动中有静的反复循环的过程，充满了生机勃勃、清新自然的美感。

三、《道德经》"清静"思想的现代价值

千百年来，人类社会的科技文明不断进步。然而，在物质资料迅速扩充的同时，人们对于物质的欲求也是极度的扩张，人逐渐成了物质的奴隶。"清静"作为老子的重要思想，已经渗透在我们中华文化的各个领域当中，成了我们民族精神的一部分。

① 赵玉玲：《重析小国寡民——谈道家的现代意义》，《武汉大学学报》（人文科学版），2006年第1期。
② 陈鼓应：《老子注译及评介》，第241页。
③ 陈聪发：《中国古典美学清范畴研究》，博士学位论文，复旦大学古代文学系，2007年，第9页。
④ 王新霞：《略论先秦诸子的尚"清"倾向》，《文史哲》，2000年第1期。

通过上述对"清静"思想意蕴的阐述，可以了解到"清静"对于修心养生、治国理政、发展审美等都具有积极的意义。老子早在数千年前就向人们呼喊，要抛开物欲，使心灵保持清静，要重视生命。在今天，《道德经》中的"清静"思想仍然有着积极的时代价值和现实意义。

（一）促进身心和谐

现代社会的竞争和压力与日俱增，人们经常处于极度焦虑的状态，新闻报道中各种骇人听闻的自杀他杀案件频出，年轻人熬夜通宵、沉迷酒色甚至使用毒品的现象不断增多，这一切都令人痛心。在物欲纵横的今天，我们更加需要借鉴和学习《道德经》中的"清静"思想，来维护身心的修养，明白财富名誉皆乃身外之物，过度追求只会伤害自身，应该摈除杂念，保持心灵的清静，让生命回归自然本性。

老子的养生观首先教给我们的，就是珍爱生命。西方近代发生了两次改变人类社会的运动——文艺复兴和启蒙运动。文艺复兴解放了人和人性，将人从宗教神灵的束缚中解脱出来，启蒙运动则高居"理性"的大旗，鄙视感性和情感。人在具有独立理性的个体意识之后，便开始在现实世界中追求起物质欲望来，人不断膨胀的物质欲望与内心世界的精神空虚产生巨大的矛盾，再加上有限的资源和无限的欲望形成的巨大矛盾，必然导致人们之间的争斗和冲突，随着而来的是各种负面情绪的不断滋生，让人处于失落痛苦的状态。现代社会，医疗水平越来越高，但心理疾病患者的比例却不断增长，亚健康人群也有持续扩大的趋势，这都源于现代人对于自身生命健康的轻忽。老子希望人们能够摆脱欲望的诱惑，不以名利来衡量生命的价值，而能够返璞归真，注重生命本身，使生命重回自然与清静。人们唯有认识到生命的可贵，方可具备预防疾病和维持身心健康的主观意识。

现代社会大众对于心理健康的认识越来越普遍和深入。森田疗法是近现代的一种著名心理治疗方法，它的治疗宗旨就是顺其自然、为所当为，尊重人的自然本性，不要过于看重得失功过，让心灵沉静下来，这一理念与老子"清静自然"的精神修养法是十分相似的，这也说明了老子的"清静"养生观在今日对于心理健康的维护依旧具有积极的作用。

现代医学的研究成果表明，一个人的免疫功能的强弱与其精神状态的好坏有着紧密的联系。一个人的心性是否能够沉静下来，不被糟糕的外界环境影响，往往决定其能否保持身体的健康。这和老子所主张的养生观念是一致的，养生不仅仅是保养身体，而是性命双修，性即人的自然心性，命即人的身形精气。如宋末元初道教思想家李道纯的《中和集·性命论》所讲"性无命不立，命无性不存"一样，老子认为修身和养心紧密联系，只修身或是只养心都无法使性命变得健康长久，必须二者并重，修炼的目标是在一个动态的过程中使身心不断地和谐完善，最后达到与"道"合一的理想境界。老子的清静养生观与现代医学研究是具有相互呼应之处的，可为我们现代不断出现的身心疾病的治疗提供参考。

（二）构建和谐社会

现代社会存在许多复杂的社会问题，如官员的贪污腐败问题、环境污染问题、"乱作为"问题等等，所有这些问题的根源可以用一个词概括——"妄为"。官员贪污是因为在公众正义和个人利欲之间选择了后者，对公职事务肆意妄为，官员的腐败将影响政府的公信力，带动不良风气，对社会的和谐稳定产生严重的破坏。环境问题，是因为人类向自然无限制地索取，企图征服自然而不是与自然共存，必然遭到自然的报复。这些社会性问题都来源于人的无休止的欲望，要处理这些问题，实现政治上的"清静无为"，《道德经》中的"清静"思想具有很高的参考价值。

打击腐败、建设清廉政治，是中国共产党一贯坚持的政治立场。绝大多数的贪官，一开始都是收取小额的贿赂，抱着侥幸的心理，纵容自己的欲望越来越膨胀，才造成一发不可收拾的后果。要清除腐败行为，必须加强道德思想教育，"少私寡欲"，树立"知足之足常足"（四十六章）的价值观，从而消减掉官员的贪欲，在源头上止水。我们应以"清静"思想作为指导，首先帮助领导干部树立清静寡欲的思想观念，大公无私的价值信仰，提升道德水平和政治觉悟，加强自我约束力，让领导干部深刻领会老子所讲的"知足不辱""多藏必厚亡"（四十四章）的道理，再加以完善的法律制度和监察机制约束，培养官员法制意识，营造出一个清廉公正的政治环境，从而恢复官民之间的信任与和谐。

现在许多地方政府还出现一种"乱作为"的风气。"乱作为"现象，是部分官员为了自己的政绩和仕途，在一些专业问题上"外行指导内行"，不尊重客观事实和自然规律，盲目地下达指示和任务，盲目地举办各种活动项目，造成资源浪费、分配不均、政策混乱，让基层人员和人民群众受苦受累，这样的"乱有为"严重损害了普通老百姓的利益，引发社会冲突和群体事件。《道德经》讲得很清楚，"民之难治，以其上之有为（按：此处的"有为"就"乱作为""妄为"的意思），是以难治。"（七十五章）政府部门的乱作为，必然带来民众的批评和对抗。当然"清静无为"也不是鼓励像部分官员那样"不作为"，如身在其位不谋其职，在遇到困难和任务时，怕担责、怕惹祸，能躲就躲、能推就推，对于需要解决的问题漠不关心，一句话，对于人民的利益漠不关心，结果造成政府与人民之间的矛盾。老子《道德经》"清静无为"的治国理政思想，强调的是老百姓的利益，其"圣人常无心，以百姓心为心"（四十九章）的治国理政理念，无疑对今天社会治理具有重要意义。

改革开放以来，我国坚持以经济建设为中心的基本路线，在维持着高速发展的同时，也不可避免地造成了一部分环境污染的情况发生。为此十九大报告中首次将基本路线中的社会主义现代化奋斗目标扩展为"富强、民主、文明、和谐、美丽"，增加了"美丽"这一目标，旨在解决自然环境问题。在处理人与自然关系的时候，我们要借鉴老子"清静"思想，遵循"道"的要求，如果违背了"道"的"清静"原则，那将如老子所言，"天无以清，将恐裂；地无以宁，将恐废""万物无以生，将恐灭"（三十九章）。加强生态文明建设，维护人和自然之间的和谐平衡，实现可持续发展，更是人类自身生存发展的需要，在"天裂""地废""万物灭"的环境里，人类必然随之而灭！

（三）树立自然审美

现代的生活节奏越来越快，科技带给我们便利的同时，也使得我们失去了质朴的生活方式。在这个日新月异的时代，万事万物都在向前奔进，为了让自己不被时间的洪流淘汰，现代人只能不断努力提高自己的竞争力，这也使得人们产生急功近利的心态，人们渐渐失去了静下心来好好审视艺术作品或是体悟人生的能力。我们希望通过学习老子"清静"思想，能让现代人重拾质朴的审美观。

近些年来有一个词很有讨论度，叫作"贩卖焦虑"。有许多企业家、成功人士出来对年轻人说教：拥有财富后能过上多么光鲜靓丽的生活，贫穷是多么的可怕凄凉，你还不努力工作，你应该感到焦虑，应该觉得羞耻。类似的还有网红店、流量明星，他们的共同点就是通过广告的狂轰滥炸，营造出一种大家都在追捧的假象，人们看到后不是出于自我的需要，而是抱着从众的心理进行消费。一旦人们不再具备自主的价值和审美判断意识，而是接受媒体洗脑的观念灌输，自然就失去了辨别自己究竟需要什么的能力，这样的人无疑是悲哀的，只能沦为受资本支配的奴隶。"清静"思想提醒人们关注内在的精神，使内心安定清静下来，而不是被外在的物质因素所影响，要去追求自己真正的喜好。在社会的竞争压力越来越大的同时，出现了许多为了利益不择手段、道德败坏的行为。现代的人们应坚守住道德本性，不在物欲纵横的社会当中随波逐流，提高生命的价值与境界。年轻人树立正确、健康的审美观，能够消减社会中畸形审丑的不良风气，抵御消费主义等庸俗价值观的干扰，对于个人修养和社会风气都具有很大帮助。

《道德经》中的"清静"思想涵盖养生、治国、审美等丰富内容，我们要充分结合时代要求和时代精神，在建设中国特色社会主义新时代继续传承、弘扬老子"清静"思想，让这一古老智慧绽放出新的时代光芒，继续惠及华夏子孙乃至整个人类。

论析《老子》的"低熵"理念及当今启示

祝　涛　曹小姣　邵　菲

内容提要：《老子》之道和熵增之理分别基于哲学、科学的世界观，昭示了人类物欲膨胀、社会片面发展等潜在风险。它们启发民众超越"人定胜天""GDP 快增长"等偏见，以改变盲目短视的高能耗、高熵增等模式。基于横向对比和纵向梳理，本文认为穷究天人关系、探寻大道隐秘的《老子》，不仅为人类揭示出契合熵增科学的天道世界观，而且对世人的生活、生产活动提供了智慧启迪。它和熵定律都推崇"见素抱朴、少私寡欲"之类的生活理念，也都呼吁"道法自然""天人合一"等发展模式，并为人类社会趋向低熵低碳、绿色发展等生态文明之目标探索出治理方案。可以说，研析《老子》的"低熵"理念，探讨其当今启示，既有助于今人汇通中西，解决现实问题；又可促进推陈出新，实现古为今用，这显然极具理论意义和现实价值。

关键词：熵理论　《道德经》　低熵低碳　绿色发展　生态文明

基金项目：本文系常州市社会科学院盐文化研究中心 2020 重点课题："盐业企业转型发展的一种战略研究：以中盐金坛为例"（项目编号 Ywhyj20203）的阶段性成果；也是四川大学中华研究院 2019 年一般课题（项目编号 ZHWH-11）的阶段性成果。

　　中国道家文化典籍《老子》蕴含有丰富的哲学智慧，因而数千年来，它从思想、语言和行为等层面对中华民族的生存、发展产生了深远的影响。随着科学技术的进步，现代物理学、热力学等学科越来越印证出《老子》哲思的合理性。尤其值得关注的是，在飞速消耗、重度污染的现代社会中，《老子》师法自然的天道观、见素抱朴少私寡欲[①]（《老子·第十九章》）的生活观以及小国寡民的治理观，不光早就契合

　　＊　祝涛（1987—），博士，中盐金坛《贤文化》执行主编，常州社科院盐文化研究中心副主任，主要研究领域：企业管理、科技哲学等；

　　曹小姣（1984—），苏州敦仁文化中心理事长，主要研究领域：古琴文化、区域经济学等；

　　邵菲（1988—），中国古琴协会阳羡琴院院长，主要研究领域：道家哲学、琴筝艺术、新媒体传播等。

　　① 本文所引《道德经》原文，见饶尚宽译注的《老子》（北京：中华书局 2019 年版），只标所在章数。下同。

了科学界的低碳、低熵等环保理念，还为当今人类论证了生态文明、绿色发展这类高瞻远瞩、福泽后世的正确观点。

马克思主义哲学认为，人是一种离不开实践的存在，人类的生存必须藉由实践获得支持。"在实践中，天然自然这个'自在之物'日益转化为体现了人的目的并能满足人的需要的'为我之物'。"[①] 自近代以来，人类认识世界和改造自然的广度与深度空前拓展，数次科技革命为人类创造了丰富的物质财富和优越的生活条件。但随着工程活动数量的增加、规模的扩大、复杂程度的增强，在其促成经济增长、社会进步的同时，也引发了人口剧增、资源消耗、环境污染、贫富分化等问题。如今，人口爆炸式增长导致资源高消耗；废气剧增造成温室效应、海平面上升等生存环境的恶化；核武器、基因技术对人类生命伦理构成威胁。面对严峻的困局，越来越多的人开始综合运用哲学的高度及科学的宽度，更加全面、深入地反省自身。

在诸多反思中，被誉为热力学第二定律的熵增理论引起人们的重视。它发现地球上的能量一直在从有效转变为无效，代表无效能量的熵正在不断增加着。它认为当今社会的高速发展，其实是以加快熵的增长为代价的，而熵值增速的加大，易导致生态系统的全面崩溃，当所有可用能量被消耗完，世界将陷入永恒的死寂。可以说，熵为高消耗、快增长的现代社会敲响了警钟。身为极具警醒价值的新观点，熵增理论长期备受推崇。通过深入反思和细致比较，我们发现中国传统文化的生态思想也有类似观点，尤其是老子在其《道德经》中所述的相关理念非常值得细致审视与参考借鉴。因此，本文结合熵定律分析《老子》生态观的低熵理念及其应用价值，力图将古代中国之道家文化和现代世界的生态文明结合起来，促进中西汇通，推动古为今用，从而强调绿色科学发展，助力生态文明建设。

一、熵增理论契合大道规律

随着社会的发展和认识能力的进步，人类会逐渐发现天地间的大道规律。例如，热力学第一定律使人们发现，能量是守恒的、不灭的。由于自然界中的所有活动都遵循着能量转化和能量守恒定律，能量只会从一种形式转变到另一种形式，因而各种自然资源所蕴藏的能量一直被人类转化着。然而当科技进步、经济繁荣时，能耗速度加快，人们发觉资源日益紧缺，环境污染愈演愈烈。此过程似乎有另一个天道规则在发生作用，它就是"熵"（entropy）。

"熵"（entropy）是热力学第二定律的核心概念[②]，它认为能量转换过程具有不可逆的性质。例如，热量只能从高温物体传向低温物体，但不能从低温物体传到高温

---

① 王丹：《马克思主义生态自然观研究》，大连：大连海事大学出版社，2014年，第54页。
② 贝尔雷：《热物理学（英文版）》，魏春源译，北京：世界图书北京出版公司，2010年，第44页。

物体。① 又如，将一杯开水放在一个房间时，开水的热量就自然而然地向四周散发，直到其温度和室温等同后热量的交换过程才停止，但已散发在室内的热量，却不会重新自动地聚集到杯中，使水再次沸腾。② 鉴于此，有学者指出："熵增是不可逆的力量，它拖拽着一切进入无穷的黑暗，不要抱有幻想。"③

深入研析热力学第二定律可知，熵（entropy）这一概念来源于希腊语 tropie（变化）。就历史渊源而言，最早提出这一理论的是鲁道夫·克劳修斯（R.J.E.Clausius1822—1888），他根据希腊语"tropie"（变化）提出"entropy"这个核心概念来描述热力学第二定律。通过比较可知，以熵为核心概念的热力学第二定律，比热力学第一定律更为深刻。在认同第一定律所说能量守恒、物质不灭等理论的基础上，它进一步发现了能量转化的规则——能量只能遵循从高品位到低品位、从有效到无效的方向转化。④

由于第二定律能解释大至宇宙地球、小到个体生命等各个领域的发展变迁规律，因而它一经问世便在学术界引起巨大震动。1923 年，中国物理学家胡刚复在翻译时，考虑到"entropy"为热量与温度之商，便给"商"字另加火旁，构成新字"熵"。⑤ 因为对于人类来说，第二定律的熵理论发现，自然界能量一直在从有效转变为无效。随着技术进步，代表无效能量的熵不仅在增加，而且其增速日益变大，所以，热力学第二定律也被世人称为熵增定律。自其问世以来，熵理论对人类社会形成重大意义，如今不仅在科技领域，而且在社会科学甚至人文科学领域，都随处可见到熵这一概念。

20 世纪末，美国社会学家杰里米·里夫金和特德·霍华德出版了《熵：一种新的世界观》一书，结合哲学视域对熵这一物理概念展开深入阐释。他们认为在人类居住的地球上，熵值增加是一个不可逆转的自然趋势。尤其是随着人类生产方式和生活方式的无节制发展，熵值的增长会进一步加快，最终导致人类陷入危险。这正如马克思主义所指出的，社会进步总会付出代价，社会代价是人类为社会进步所做出的牺牲或付出以及为实现这种进步而承担的消极后果。⑥ 无独有偶，对于这种规律，老子也早有预判："甚爱必大费，多藏必厚亡。"（《老子·第四十四章》）"五色令人目

---

① 康拉德·莱夫（Konrd Reif）主编：《BOSCH 汽车工程手册》，魏春源译，北京：北京理工大学出版社，2016 年，第 42 页。

② 周睿：《试论社会发展和熵》，《理论学刊》2008 年第 3 期。

③ 吴强：《读〈道德经〉，领导者如何"反熵增"》，《商业文化》2019 年第 30 期。

④ 杰里米·里夫金，特德·霍华德：《熵：一种新的世界观》，吕明、袁舟译，上海：上海译文出版社，1987 年，第 7 页。

⑤ 杰里米·里夫金、特德·霍华德：《熵：一种新的世界观》，第 5 页。

⑥ 李秀林、王于、李淮春：《辩证唯物主义与历史唯物主义原理》，北京：中国人民大学出版社，2006 年，第 324 页。

盲……驰骋畋猎令人心发狂，难得之货令人行妨。"（《老子·第十二章》）可见，早在两千多年前，老子的《道德经》就为人类的高熵活动预警了祸患。

二、"熵不可逆"呼唤"天道无为"

由于熵增现象属于天道规律的一种外在表现，因而究天人之际的老子不仅为人类的高熵模式预警了祸患，而且还在其揭示天人奥秘的《道德经》中，留下了丰富的智慧启迪。深入比较不难发现，老子思想与熵增定律存在着很多相似之处，尤其是《道德经》中的天道观与熵理论所蕴含的有关思想具备异曲同工之妙。"天道无为"观是中国道家认识宇宙自然时的基本思想，它在老子《道德经》中也有诸多表述。这里所说的"天"，不单指天，也指地，泛指自然。天道无为是说自然界有"普济""无欲""不仁""有信"等性质。结合"熵不可逆"等理论来看，二者具有类似的旨趣。

"普济"指天地普施恩泽于万物众生而无所选择的性质。《道德经》指出"天网恢恢，疏而不漏"（《老子·第七十三章》），其意为天道像一张大网，广阔无边，稀疏却不会有一点漏失。"天道赏善罚恶，不失毫分也……可不知所惧乎。"[1] 与之相似，熵理论也认为：自然界虽然广大无边，但也从不疏漏。每当能量从一种状态转化到另一种状态时，我们会"得到一定的惩罚"。这个惩罚就是能量的损耗及熵的增加，每当熵有所增加，有效能量便必然不可逆地会减少。只要人类社会发生一件事情，一定的能量就被转化成了不能再做功的无效能量，被转化成了无效状态的能量便构成了人们所说的污染。

"无欲"指天地施用于万物众生而不求回应的性质，天道"生而弗有，为而弗恃"（《老子·第二章》）。"不仁"指天地规律我行我素，不管你愿不愿意，能不能承受，它照施不误，即天地施为不以人的意志为转移的性质。正如《道德经》所说："天地不仁，以万物为刍狗。"（《老子·第五章》）与之类似，人类社会在发展中，天地自然的各种资源所蕴藏的能量一直被人类转化着，但天地自然并不向人索求回报。但是，天地自然有其内在规律，人类的生活、生产一旦违背了天地规律，就必定会遭遇困境。最明显的便是，天地自然中的能量虽然是守恒的，但熵增定律决定了能量转换过程具备不可逆性，就如热量只能从高温物体传向低温物体一样，[2] 有效的资源、能量将会越来越少，因而不应该肆意浪费。

如果人类不能尊重天道规律，就必然会因为胡作妄为而自食恶果。细心反思便

① 高明：《帛书老子校注（第2版）》上，北京：中华书局，2020年，第264页。
② 康拉德·莱夫（Konrd Reif）主编：《BOSCH汽车工程手册》，北京：北京理工大学出版社，2014年，第42页。

可发现，当今人类社会已面临轻视天道规律、熵增定律所引发的严峻困局：人类大量攫取煤炭、石油等非再生资源用于生活、生产，虽然推动了经济发展，但赖以生存的能源正不断走向枯竭。而且由于工业化进程缺乏周密的环保工作，因而引发诸多生态危机。例如，海平面上升、臭氧层空洞、水质污染、雾霾频发等问题，正使全球各地深受其害。这些现象使人类更加醒悟到熵增定律的警示——当今社会车水马龙的交通、丰富多样的享受都是通过不可逆转的熵增换来的。这些伴随着熵值剧增的社会发展成果，正将生态系统、自然环境推向险境。

从本质来看，熵理论是超越于世界物质性之上的一种认识，从物质到能量是人类认识的巨大进步。以能量贯通人、社会、自然、宇宙，通过能量在宇宙各物质间的转化，从整体上认识世界，有助于引导人们思考人类行为如何找到解决人类发展问题的终极方法。与之类似，《道德经》提炼出了"道"这个核心范畴，以"为道"和"为学"为认识路径的认识论体系，在本体论层面认识和把握世界，以"道"为贯通一切事物的本原，提出"人法地，地法天，天法道，道法自然"。它指出天地运行以"道"为其固有规律，进而倡导人类的行为活动应符合大道无为等天地规律。

从两者的思想体系和认识的系统性来看，老子思想与熵理论保持了一致，两者均是把人、人类社会置于整个宇宙的本然秩序中进行整体思考，而不仅仅只是考虑人类的生存问题。老子还指出天道"有信"，使人明白天地万象，虽然变化万端，但确有规律可循。《道德经》有云："孔德之容，惟道是从。道之为物，惟恍惟惚……其中有精，其精甚真，其中有信。"（《老子·第二十一章》）这些都是说天道有常有信，有规律可循的性质。同样，熵定律也告诉人们虽然熵增不可逆，但它有规律。人类若想长期健康地生存，必须认识并尊重天地规律，以便循"道"而行，获得更长远的利益。

三、低熵理念倡导"天人合一"的生态环保观

穷究天人关系、探寻大道隐秘的老子《道德经》，不仅为人类提出了契合熵增科学的天道世界观，而且对世人的生活、生产活动，也给予了丰富的智慧启迪。众所周知，人类要生存繁衍，必须消耗资源、能量，其本质是人类为追求生命存续及社会进步而付出代价。因为资源的消耗意味熵的增加，熵的增加就意味着有效能量的减少。鉴于人类社会的发展与生态自然的存续之间具有矛盾冲突，老子《道德经》为人类的长久生存提出了一些理论指导。

结合老子哲学与熵增理论来纵观历史，不难发现，人类社会的发展总是以自然界熵值的增大为代价。对此，《道德经》曾归纳为："天之道，其犹张弓欤？高者抑之……天之道，损有余而补不足。人之道，则不然：损不足以奉有余。"（《老子·第

七十七章》）而且随着人类科技的进步，人类消耗能量、积累熵值的能力越来越强大，这导致能耗及熵增的速度也在逐渐增加。人类这种局势若不改变，长此下去，必然耗尽世界上不可再生的自然资源，同时污染环境，最终威胁人类生存。

回顾、总结数千年来人类发展的历史轨迹，我们可看到在不同的历史时期分别出现过"听天由命""征服自然"和"天人和谐"的自然生态观。在生产力十分低下，科技不发达的古代，人们无力同自然灾害抗争，在自然面前"无所作为"只能"听天由命"。当科技生产力高速发展后，"征服自然"这种理念具有一定的社会进步性和历史合理性，但盲目"征服自然"的弊端影响巨大。这正如老子《道德经》第四十六章所言："罪莫大于可欲，祸莫大于不知足，咎莫大于欲得。"它认为罪孽没有再大于任情纵欲，祸患没有再大于不知满足，罪过没有再大于贪得无厌。

比较而言，"听天由命"的原始理念低估了人的主观能动性；"征服自然""人定胜天"等工程理念却高估了人的能力，以致遭到大自然的惨烈报复。这与人类以往的认知局限有关，到了现代，越来越多的人已经意识到其过患，因而可持续发展、天人和谐的生态文明观已日渐成为主流。实践证明，只有顺应天时、地利、人和，天工开物、人工造物，促成"天人合一""绿色发展""和谐环保"等生态理念，人类的生活才能更加安全、美好。

反思当代以来高熵模式所导致的环境污染等生态问题，不难发现，《老子》所倡"道法自然、天人合一""见素抱朴、少私寡欲"等理念，其实是在鼓励低熵、低碳。其核心观点就是要对"天""自然"生起敬畏、保持尊重，这是一种反人类中心主义的哲思。《老子》强调"天人合一"的和谐境界，具体表现为对"一"的崇尚，它指出"圣人抱一为天下式"（《老子·第二十二章》）、"昔之得一者，天得一以清，地得一以宁，神得一以灵，谷得一以盈，万物得一以生，侯王得一以为天下正。"（《老子·第三十九章》）。结合人类发展的问题来看，老子关于生态的主张，就是鼓励以道观物，把天、地、人、道作为一个整体系统，置于整个宇宙的本然秩序中进行整体思考，以促进人天共生，打造出一个天人和谐的命运共同体。

与之同理，在低熵、低碳等生态思想中，人类应该把所有现象都看作相互关联、牵一发辄动全身的全息式系统。低熵理念强调人是自然的一部分，而不是局外人。自然不是可供操纵的工具，而是在全部自然活动中都必须得以保存的生命之源。同时，"在低熵社会里，人类与其他生物以及整个自然和谐相处的思想取代了'征服'自然的观念"[①]。总之，老子哲学和低熵理念建议人类选择"见素抱朴""节能减耗"的生活、生产方式，它拒绝对生态系统的破坏，主张减少资源开发，避免浪费能量，

---

① 周可真：《老子伦理观新探："上德"与"上善"》，《中共宁波市委党校学报》2020 年第 3 期。

谴责污染环境，推崇"道法自然"的生态文明。

四、熵定律推崇"小国寡民"的治理模式

显然，老子哲思与低熵理念具有相同的旨趣，二者都向往"见素抱朴、少私寡欲"的生存方式，也都呼吁"天人合一"的发展模式。但在人类社会的实践活动中，如何推进天人合一，促成低熵、低碳的理想状态？为了解决这一现实问题，老子还在《道德经》中，提出了"寡民小国"的治理模式。对此，当代很多学者从国家治理、科技发展、社会生活等方面对其进行阐释，莫衷一是，但结合熵理论的视角或许可真正了解老子的构想，并对当下的现实提供指导。

《道德经》指出："小国寡民，使有什伯之器而不用；使民重死而不远徙。虽有舟舆，无所乘之……安其居，乐其俗。邻国相望，鸡犬之声相闻，民至老死不相往来。"（《老子·第八十章》）由此可知，老子认为小国更易于充分配置资源，促成集约化管理，实现低熵、低碳的模式。如若不然，好大喜功的粗放模式必然会造成有限资源的严重浪费和宝贵能量的高速消耗。其正如韩非子所言："有五子不为多，子又有五子，大父未死而有二十五孙，是以人民众而货财寡，事力劳而供养薄。"[①] 可见，人类若要规避灭绝，必须改变错误观念，进而探寻最优模式。

结合现代管理学、组织行为学相关理论来看，老子所推崇的"小国寡民"，其本质就是缩小组织的规模，简化组织的结构。从熵理论来看，管理组织层级越多，结构越复杂，产生的无效能量便越多，熵增也就越大。而且，集团越大，需要的有效能量越多，必然会加重对内盘剥，对外战争，使熵值剧增。所以，"小国寡民""无为而治"正是熵理论所倡导的低熵化治理模式。

然而，要注意的是，熵理论并没有片面的反对技术发展。与之类似，在老子描述中，有"什伯之器""舟舆"等先进的技术、工具，只是不随意滥用。可见老子并不反对技术，而是倡导技术的"适用"，技术本身并不创造能量，但技术的使用尤其滥用会加速熵值增变。实际上老子所强调的是要避免对技术的过分依赖，要防止技术对人类的异化作用。以此反观当下，不难发觉当今社会不少民众已经误入歧途太远。对规模效应的偏爱，对科技进步的迷狂，对片面增长的贪求，已使人类陷入环境污染、能源危机、战争威胁等种种困境，因而人们应当尽快转变。

显然，《道德经》虽然是两千多年前的古人著述，但其哲思智慧并未过时。因为它穷究了天人关系、探寻出大道隐秘。它认为："致虚极，守静笃。万物并作，吾以观复……复命曰常，知常曰明。不知常，妄作，凶。"（《老子·第十六章》）如果人

---

① 陈秉才译注：《韩非子》，北京：中华书局，2007年，第92页。

类毫无顾忌地对高能耗、高熵增视而不见，就必会为此受到天地大道的惩罚。所以，在环境污染等生态问题威胁全球的现代，人类将重新发现道家《老子》哲学的合理性。

尤其是结合熵增视角予以解读后可知，人类将会豁然醒悟到，老子所具的低熵理念，在当今时代仍然具有理论启迪意义和现实指导价值。深入分析不难发现，老子《道德经》与熵增定律二者的汇合融通将能告诫今人，致虚守静不妄作，知常复命以避祸。进而教导民众以道法自然的全局观，谨记忧患风险意识，倡导简约知足的低碳生活，营造环境祥和的低熵社会，以便长久有效地保护人类赖以存续的生态系统。

结语

在飞速发展的当今社会，科技的双刃剑效应日益明显。抢进步、谋发展的社会局势，不仅伴随着高能耗、高熵增，而且引发出大浪费、大污染。如今，正站在发展之道十字路口的人类不能再只考虑价值的增加、产值的增长而忽略熵值的飞升了。未来的发展之路必然是对社会如何实现绿色发展、生态环保的不断探索！对此，西方近代学界的熵理论和中国古代道家的《道德经》皆能提供不少启发。

基于纵向梳理和横向比较，本文认为今人必须立足现实、汇通古今中西，与时俱进地将传统与现代相结合。尤其是对于老子哲学所蕴含的生态思想，要做到古为今用，推陈出新。为此，我们有必要发掘其"道法自然、天人合一""见素抱朴、少私寡欲"等理念，在当今时代强调低熵、低碳。倡导"低熵工业"、发展"低熵农业"，普及"低熵生活"，营造"低熵社会"，以便为子孙后代节省有限资源，保护好生态环境。

韧性城市：道家"无为而治"治理理念的现代性转型与实践进路

王　鹭*

内容提要： 在"中国之治"话语转向的背景下，老子在《道德经》中的"无为而治"这一治理理念契合了新时期治国理政的价值内涵，因而备受关注。在道教的话语体系和哲学思域中，"无为而治"这一思想内核受到了内生价值约束和外部秩序重构的"双维规训"，并剖析了从"无为"转向"有治"的治理理念转型轨迹。如果将中国古典"无为"治理思想与西方现代"韧性"公共治理理念相结合，则可以发现其大致经历了从刚性管制时期"有为之'制'"到弹性管理时期"分为之'职'"，再到韧性治理时期"无为之'治'"的耦合历程。基于此，本文基于"韧性城市"的发展理念，提出城市治理应借鉴道家"无为而治"的理念，着力强化技术韧性维度的"智为之治"、环境韧性维度的"谦为之治"、工程韧性维度的"优为之治"、社会韧性维度的"善为之治"、制度韧性维度的"规为之治"和组织韧性维度的"庸为之治"。

关键词： 无为而治　韧性城市　城市治理　道家　现代性

在国家治理能力现代化的语境下，"无为而治"既是城市常态化防灾减灾应追崇的指导理念，也是城市应急化危机管理应遵循的价值内核，因此其也是新时期治国理政不容忽视的治理智慧。只有为"无为而治"赋予现代性内涵，探索其现代性转型路径，才能提升国家治理现代化的能力和水平。

一、问题的提出："中国之治"的话语转向

习近平总书记在第十九届中央委员会第四次全体会议上对中国特色治理经验做出了高度概括，即"一个国家选择什么样的国家制度和国家治理体系，是由这个国

---

* 王鹭（1993—）中国人民大学公共管理学院博士研究生，研究方向：国家治理。

家的历史文化、社会性质、经济发展水平决定的"。① "中国之治"的道路选择与古典的历史传承、文化传统和民俗信仰密切相关，并在新时代呈现出旺盛的生命力。

当置于"中国之治"的视域下对城市治理展开学术洞察时，却难免遗憾地发现"中国话语"的阙如，并陷入"破立维谷"的双重悖论之中：一方面，简单将中国本土城市的治理实践视为西方城市治理经验的翻版和镜像，套用和移植西方话语体系进行现象解释，难免陷入"水土不服"的困局，也难以破除西方公共管理由概念术语、思维方式和逻辑演绎建构的研究窠臼，因此冲"破"西方学术范式的禁锢和西方研究话语的迷思已成当务之急。另一方面，中国古典哲学和传统治理经验庞杂而繁复，既提供了经验探索的总结，也建构了拙朴内敛且大智若愚的学理支撑，因此将这种古典治理智慧加以提炼、引用、吸纳和传播，真正建"立"一套能够进行理论沟通与学术对话的研究范式，也成为本土公共管理学者的应有之义。

如若将城市治理这一议题嵌入发展中国家和超大型社会建设的宏观图景之中，则能窥探出中国的城市治理呈现出与西方域外都市截然不同的治理路径。这种差异性的产生根源，是源于中国的城市正内嵌于快速城镇化和融合全球化这一双重历史坐标系之中，② 因此呈现出时间和空间的高度挤压性和风险的叠加性。③ 与此同时，中国的城市治理受制于职责同构的府际关系和属地管理的避责逻辑，其在治理实践上也因乡土性、流动性和现代性等特性重合与堆叠，形成了不容忽视的治理张力。正因如此，在现代性的语境之下，中国的城市治理必须借鉴传统治理经验、吸纳古典治理智慧、扬弃古代治理理念，为国家治理现代化提供学理镜鉴和方向引领。

二、双维规训："无为而治"道治理念的思想内核

老子在《道德经》中将"无为而治"奉为治国理政之圭臬，而"道"则是其哲学基础。"无为而治"既受到不妄为、不乱为和不强为的内生价值约束，也遵循道法自然、尊重规律、谦退不争的外在秩序重构。从"无为"到"有治"的治理转换，彰显了道治理念的"双维规训"。

（一）"无为而治"的内生价值约束

老子生活于诸侯分裂、群雄争霸的春秋时期，这恰恰又是中国从奴隶社会向封

---

① 习近平：《坚持和完善中国特色社会主义制度 推进国家治理体系和治理能力现代化》，《求是》2020 年 1 月 1 日，第 1 版。

② 乔小勇、张秀吉：《基于资本—政府—社会的中国城镇化空间生产运作逻辑研究》，《公共管理评论》2014 年第 2 期。

③ 景天魁：《中国社会发展的时空结构》，《社会学研究》1999 年第 6 期。

建社会转轨的动荡历史阶段。① 在这一时期，持续不断的战争导致民不聊生和生灵涂炭，而目睹着一切的老子对此感到痛心疾首，但面对分崩离析的周礼制度其无可奈何，只能将目光投射于原始氏族的理想社会，寄望于由"有道"之圣人治天下。对此，老子提出"无为而治"这一朴素的治理思想，倡导统治者放下贪欲和倨傲，而是以守柔和不争的方式治国理政。

"无为而治"并非对任何事物都无动于衷地消极"不为"，也不是漠然等待或任由命运摆布的被动"不为"，而是要以柔弱为用，不逞强好胜，不争名夺利，不劳民伤财，② 方能为社会发展营造安定平和的环境。需要特别指出的是，老子强调"为无为，而无不治"的思想，其实彰显了其拙朴而尚道的政治伦理情怀，即以"无为"的态度而"为"，做到不妄为、不乱为和不强为。

一是政治理念上的"不妄为"。老子认为："无为而无不为。取天下常以无事；及其有事，不足以取天下"。在老子看来，"不妄为"是"有为"的基础和根源。这就如同治理国家一样，应该以不滋扰民众为治国之道，如果反过来以繁重徭役和苛捐杂税侵扰百姓，则不配其位。也就是说，治理者切忌"纵欲妄为"，否则会使人民陷入疾苦之中。真正高明的治理者应该尊重民本民生，不违背人民意志，更不为好大喜功而穷兵黩武，这样才能休养生息，维持社会的稳定发展。

二是政治权力上的"不乱为"。"无为"也体现在治理者不滥用权力恣意乱为。"我无为，而民自化；我好静，而民自正；我无事，而民自富；我无欲，而民自朴"恰恰描述了这种不争不乱的美好图景：治理者无为，则人民自然化育；治理者喜好清静，则人民自然风清气正；治理者不滋扰生事，则人民自然富足；治理者没有私欲，则人民自然淳朴。换言之，治理者不应因掌权而有恃无恐，随意对事物横加干涉，胡作非为。相反，只有按照规则和准绳，在道义性框架内"善为"，才能真正做到权为民所系，利为民所谋。

三是政治意愿上的"不强为"。"无为"也被老子视为一种治理者的人生态度和政治智慧，特别是"为无为，事无事，味无味……是以圣人终不为大，故能成其大"。也就是说，即便是圣人也不会强迫有所作为，而是始终以"不为"的态度为人，以"不滋事"的方式处事，以"无味"视作人生况味。推己及人则能发现，圣人们也是如此，始终不贪大求全，这便是其成就一番大事业的原因。可以看出，这种"不强为"的态度是戒除浮躁和焦虑，摒弃急功近利，不执拗于建功立业的野望，而是怀揣淡然心态泰然处之。

---

① 代璐遥：《老子"无为而治"思想的现实意义》，《西昌学院学报》（社会科学版）2014年第4期。
② 崔苗：《道家"无为而治"思想在现代企业模糊管理中的应用》，《现代商业》2017年第7期。

（二）"无为而治"的外部秩序重构

老子将"道"视为天地万物的本源，认为"天道"是一种理想的、抽象的、超验的精神境界。[①]对于讳莫如深的"道"难以用文字摹状，因为"无色"（夷）、"无声"（希）、"无形"（微）等特性，[②]都暗示了其超脱于感官经验之外难以被触及。但是，"道"虽然是抽象的，却代表了万事发展和运行的潜在规律，也是万物各行其道的法则，甚至是万物存在的根据。从哲学上看，"道"塑造了"无为而治"的规则基础，即治理者如果将"无为"奉行为治理之纲，则达到了求真、求善、求全之境地。

"道"勾勒出治理者治国理政的政治秩序，寻真问道也成为"无为而治"终极的价值追求。在一定意义上，"无为"既是治理智慧，也是"道"的存在方式。正如老子所言"生而不有，为而不恃，长而不宰"，其强调"道"的可贵之处在于其任物自然，既没有暗含目的性的企图，也不会妄加发号施令，更不会试图凌驾和主宰，而是保持着万事万物的自然之态。正因如此，符合"道"这一境界的治理模式崇尚本真和自然，理应顺天道而为，做到道法自然、尊重规律和谦退不争。

一是治理价值上的"道法自然"。《道德经》中强调："人法地，地法天，天法道，道法自然。"老子认为天地万物的运作都以"道"作为内在规律，人取法于地，地取法于天，天取法于"道"，而"道"则纯然生长任取自然。值得注意的是，此处的"自然"并非实体意义上的环境和生态，而是一种抽象而虚无的本性和本态。正因如此，"道"是无法按照世间万物的本态去效法的，确切地说，"道"作为最高准则和境界并无任何可以与之相提并论的实体，因此归根结底只能是"'道'法'道'"，即"道"只能尊崇本性，而非循规蹈矩、逆势而为。

二是治理方略上的"尊重规律"。"道常无为而无不为，侯王若能守之，万物将自化。"这就强调"道"是顺应万事万物的内在规律而不横加干涉，但正是这种尊崇规律的处事方式使得万事万物又是经由"道"而达成的。如果治理者能够遵循这一原则治国理政，那么万事万物都将自我化育。这说明，治理者应该保持谦卑低调的心态，切忌夸大自身的主观能动性，将其强加于事物的内在规律之上，妄图扭转规律或按照个人偏好对其进行任意改造，对此进行横加干预和限制，这都可能导致事物的停滞不前甚至不进反退。

三是治理伦理上的"谦退不争"。老子赞颂："水善利万物而不争，处众人之所恶，故几于道。"在老子眼中，流水即是善行的最高境界，能够滋养润泽万事万物却从不相争，愿意停留在众人都不喜欢之处，因此其最接近于"道"。以水为喻，老子颂扬

---

① 陈霞：《论道家之"道"的信仰特色》，《哲学研究》2017 年第 9 期。

② 姜涌：《老子"无为而治"的政治哲学》，《武汉科技大学学报》（社会科学版）2009 年第 5 期。

"谦退居后"的谦恭态度，但这并不是无端退缩和自我放弃，也不是消极遁世，而是为了避免矛盾激化和争端升级而选择退避，主动放弃占有和贪婪，[①]以"不争不惧"之态令矛盾化于无形。这样的"不争"本质上是抛弃杂念和贪欲，达到不为外物所扰且无欲无求的超然境界。

（三）从"无为"到"有治"：道治理念的规训意涵

"无为之治"强调基于"无为"的态度实行"有治"的治道。[②]所谓"无为"不是消极隐退，也不是厌烦俗世，更不是临阵逃避，而是带有朴素的现实批判主义，[③]认为治理者要充分尊重治理对象的规律性、内生性和自在性，不对其进行过多干预。除此之外，也应该对治理权适度抽离，摒弃"全能政府"包揽全局、一家独大的治理理念，而是通过简政放权的方式还权于市场、还权于社会，形成政府主导、市场调节、社会补位的协力型发展道路，如此方能实现以"有为、有位、有效"为价值内核的"有治"。

对于庞杂而繁复的治理体系而言，城市治理恰恰是一个小切口，能够通过"窥一管而知全局"的方式了解"无为而治"现代性。这是因为，城市是一个高度复合的人造多面体，是人类、制度、器物、规则和资源交织的场域，也是人文环境、自然生态和价值理念交融而成的复合物。与此同时，在乌尔里希·贝克所指涉的"风险社会"的情境下，城市因人类持续改造自然、社会交往和利益纷争而积累了诸多风险和危机，[④]因此城市公共安全和可持续发展又恰恰是国家治理和公共管理关注的焦点。从这个角度看，从城市治理方式中则能够窥探出治理理念、治理价值和治理导向的变迁和迭代。

"无为而治"作为道家的古典治理思想，其蕴含的朴素价值倡导在激越千年后依然闪耀着智慧的光芒，并在现代城市治理中凸显出其可贵的前瞻性和统摄力。在当前的城市治理理念中，"无为"仍是一种简约但不简单、平凡而不平庸的辩证性思维，而这种治理思维的辩证之处主要体现在三个维度：第一，是时间序列维度，其关注的是"先为"和"后为"的关系。城市治理可谓"上面千条线，下面一根针"的精细活动，特别是基层政府面临着千头万绪的工作任务，必然面临着效能评估和价值排序的抉择。在这种情况下，投入少且产出快的任务会被分配优先顺序，而存在政

---

① 鲁金抗：《论老子"无为而治"的政治伦理思想》，《淮海工学院学报》（人文社会科学版）2016年第12期。
② 章仁彪：《从"全能政府"到"无为而治"——论现代城市管理理念的转变》，《同济大学学报》（社会科学版）2002年第3期。
③ 宋志明：《天道学的展开——先秦道家哲学综论》，《学习与探索》2013年第4期。
④ 乌尔里希·贝克：《风险社会》，何博闻译，南京：译林出版社，2004年，第3—5页。

治压力的指令性任务也会被提前安排，形成井然有序的治理秩序。第二，是程度指涉维度，其关注的是"多为"和"少为"的关系。在科层制的纵向控制之下仍存在诸多执行缝隙，为弹性政策和变通执行提供了空间。对任何治理者而言，其能够掌握的治理资源是有限的，此时就难免按照"注意力分配"的原则进行谋划，[①] 在那些"领导高度重视"[②] 的领域给予倾斜性的资源配置和资金拨付，以期放大治理成效。这一过程表面上是治理者行政注意力的多寡之别，但实质上则是后续治理资源投入的稠稀之分。第三，是空间范围维度，其关注的是"敢为"和"不为"的关系。[③] 在"新公共管理"理论席卷全球的当下，"小政府，大社会"的城市管理模式也逐步得到认同。这一理念强调治理者应从"全能政府"转向"有限政府"，将行政权力从部分社会治理领域抽离，将相应的职能进行分离，特别是政府不该管、管不好或管理成本较高的领域交由市场和社会，促成三者的合理分工与高效协作。

综上所述，道家"无为而治"的道治理念并非字面意义上的"无所作为"，而是把握"为"的度和界，减少对公共事务的微观干预和强制介入，给予社会自我发育、自我管理、自我治理的空间和动力，平衡人与社会、人与自然以及人与政府之间的关系。更为重要的是，要统合城市治理的技术性和艺术性，融汇工具理性和价值理性，这样才能达到"无为而无不为"的治理效果。

三、三重变奏："无为而治"施政方略的现代转型

在风险社会和城市治理的双维历史坐标系中，"无为而治"既体现了现代西方经典治理理论框架中"国退民进"的内容，又蕴含了古代中国古典政治思想中"治大国如烹小鲜"的意涵，彰显了中西政治智慧的融合与荟萃。值得注意的是，"无为而治"作为一种政治思想，其并非一成不变，而是随着治国理政情境的变化和历史进程演进，呈现出现代型转型的趋势。这种趋势在城市治理理念中得到彰显，特别是从"刚性管制—弹性管理—韧性治理"这一历程中可以清晰地看出，"无为而治"作为一种价值期许和内涵倡导，正日益深刻地嵌入我国城市治理的政治结构中，成为新时期施政方略中朴素而内隐的政治哲学。

（一）刚性管制：城市治理的"有为之'制'"

饱受战乱之苦的新中国成立后，为了尽快恢复城市基础设施，完成城市营造和建筑新建，我国城市经历了较长时间的粗放发展时期。这一时期呈现出两个显著特

---

① 练宏：《注意力分配——基于跨学科视角的理论述评》，《社会学研究》2015 年第 4 期。
② 庞明礼：《领导高度重视：一种科层运作的注意力分配方式》，《中国行政管理》2019 年第 4 期。
③ 陈大明：《"无为而治"管理命题及其借鉴意义》，《行政科学论坛》2015 年第 3 期。

点：其一是农业社会和工业社会历史进程叠加，但由于工业基础薄弱和战争破坏严重，因此社会生产力发展较为缓慢，城市规模普遍较为狭小，多是基于历史遗留的商贸条件、文化传承和氏族群居而形成特定的城市聚落空间。这使得城市治理可以明确属地划片管理，并依托"单位制"的触手深入管辖。[①] 其二是承袭了苏联高度集中的中央集权制，中央承担无限管理权责并主导了城市的地理选址、资源调配和活动区划，带有浓厚的以"无所不包"为特征的烙印。

在这一时期，城市被认为是封闭的、原子化的、独立的刚性系统。这种"刚性"体现在强化城市的物理防御能力，其评判标准是，当面对风险和冲击时城市的功能、结构和布局能够得到保持，并在短时间内恢复原样。为了达成这一目标，城市治理者往往着眼于建构诸多制度，通过条条框框对城市的发展做出导向和限制，并通过制度对城市的发展进度、发展节奏、发展方向进行控制。从这个角度看，城市是被治理者设计出来的"人造产物"，看似拥有详尽且具体的城市发展规划，但因为政府在土地变动、功能变迁和城市边界等方面具有过于庞大且难以撼动的势力，因此这其实抑制了城市的发展活力和发展潜能。

（二）弹性管理：城市治理的"分为之'职'"

改革开放激活了市场活力，并确立了有中国特色的社会主义市场经济体制，令经济要素取代了政治指挥，一跃成为最活跃的激励机制。经济的活跃促进了流动人口的频繁迁徙，农村人口持续流向城市已经成为一种不可阻挡的历史趋势，而且外来人口的涌入也在不断形塑着城市的形态，这导致同一个城市的不同区域可能呈现出截然不同的发展态势。"北贵南贱""西富东贫"在部分城市已成为一种非货币化而是观念上的衡量标准，也造成了城市居民的在空间和阶层上的区隔。[②] 正因如此，在边界的缩张、人口的迁移、产业的转换和行政区划的变迁的共同作用下，城市不再是"铁板一块"，而是一个存在着张力和弹性的复杂空间系统。

城市弹性的增强也为治理带来了挑战，其中最显著的就是治理目标的模糊化。相较于此前只需要维持基本民生和功能运转的低限度城市治理目标，改革开放后的城市成为一个利益错综复杂、社会关系错节、规模持续扩大的"巨量空间"，考验着政府作为治理者的执政智慧。面对纷繁复杂的治理目标，政府致力于明确自身职能

---

① 范逢春、谭淋丹：《城市基层治理70年：从组织化、失组织化到再组织化》，《上海行政学院学报》2019年第5期。

② 赵晔琴、梁翠玲：《融入与区隔：农民工的住房消费与阶层认同——基于CGSS 2010的数据分析》，《人口与发展》2014年第2期。

和属性，破除"以党代政""政企不分""以政代企"等制度性障碍，[1] 取而代之的是在职能范围内进行落实主体责任，达成"服务型政府"的政治目标。当然，随着治理目标的模糊化，政府不再追求总揽全职，而是在某些领域逐步抽离并实现权责分化，将部分非政府核心职能加以外包，减轻政府治理压力。

（三）韧性治理：城市治理的"无为之'治'"

进入千禧年后，我国抓住加入世贸协定这一历史性机遇得以全面参与全球经贸，并由此卷入了快速城市化和全面全球化的双重历史进程之中。资本的投资和产业分工对我国城市的发展轨迹和优势产生了颠覆性影响，形成了以长三角、京津冀和粤港湾为主要代表的城市群和都市圈。相较于单一而孤立的中小型城市，超大城市在治理上面临着层级多元、利益分化、部门推诿和权限不足等新问题和新情境，[2] 挑战着既有城市治理的经验和模式。除此之外，超大城市凭借着资源优势和机会成本吸纳了数以百万计的流动人口，而这些异质性的群体在利益诉求、教育背景和价值倾向上都存在显著分野，也对城市治理中的共意整合提出了挑战。

无论是急剧扩张的城市规模，还是持续涌入的异质性人口，抑或境外产业转移加剧污染，客观上都增加了城市风险的发生概率，令风险全球化、碎片化和联动化成为一种不可阻挡的趋势。在此情况下，城市开始强调以"韧性"为主导的治理理念，即城市发展与风险是长期共存的，需要接纳这种持续演化和变动的非稳定状态。与此相对，政府不能也不应承揽全部的治理任务，而是强调"多中心治理"理念，与社会、市场、民众协力展开多元共治，通过公私协力、场域融合和功能交叠的方式，实现三者的合理分工和相互补位。如此看来，韧性治理强调政府的"无为"，依托分权和赋权的方式提高资源配比和行政效能，切实提升治理能力。

四、韧性城市："无为而治"现代性治理的实践进路

现代城市治理理应汲取和借鉴"无为而治"的治理智慧，不对城市发展规律做过多干涉，尊重城市发展的自然态势，不同自然环境争夺资源。相反，符合"无为而治"这一道治观念的治理者应将民本民生奉为圭臬，在技术韧性、环境韧性、工程韧性、社会韧性、制度韧性和组织韧性上持续发力，最终让城市成为富含"韧性"的有机生命体。

---

[1] 邱观建、马若龙：《党在社会主义时期的依法执政思想》，《社会主义研究》2006年第3期。
[2] 吕丽娜、赵小燕：《中国城市群府际合作治理困境与对策——基于元治理的视角》，《武汉理工大学学报》（社会科学版）2017年第3期。

（一）技术韧性：城市治理谋"智为之治"

"智为之治"即运用信息技术和数据资源，协助城市管理者展开辅助决策。一是在城市主干道、工业区、居民区、城市公园等公共空间安置智能传感器，搭建物联网平台，依托云计算技术对海量数据进行采集、处理和分析，实现灾害信息实时上报、多渠汇总和互联互通，及时进行灾害信息预警和研判。二是构建"横向到边，纵向到底"的云端指挥系统，确保城市管理者可以通过全息影像、3D 投影、虚拟现实、计算模拟等方式对灾害现场展开远程救援指导，能够依托 5G 网络技术在网络平台上实现实时决策、修改政令、协调调配和远程联络等功能。三是打破部门数据壁垒和信息垄断，建设城市风险灾害信息公示公开平台，实时面向民众更新和推送洪涝水患、极端天气、自然灾害、生产事故等危机状况，[1] 在必要情况下可由运营商对民众的智能终端设备（如手机、电脑、平板等）直接推送防灾知识和逃生方案，缩短信息时间差。四是运用人工智能和全息推演技术，对城市灾害爆发后政府采用不同政策工具和行政手段的灾损蔓延状况进行模拟，[2] 对各救援方案执行计算和推演，对灾害可能对城市的承灾范围、受灾人物、灾难损失进行预判，最终选取成本最小、受益最大的最优解。五是在工业区存在泄漏、爆炸、渗出等危险品仓储地，以及城市周边加油站、加气站、焚烧厂等存在威胁的公共基础设施附近部署 AI 终端设备，架设环境感知网络和异动警报系统，对环境信息展开实时监测，定期比较采集数据，以免各类特种设备出现"超龄服役"和"带病服役"等隐患。

（二）环境韧性：城市治理求"谦为之治"

"谦为之治"即对自然保持谦卑姿态，注重城市脆弱生态的环境承载能力，因地制宜制定绿色环保战略，在发展和保护间维持动态平衡。一是逐步推行退岸还湿、退渔还湖、退耕还林"三退三还"工程，恢复城市野生自然湿地群落，维护自然生态环境的原始性。[3] 在恢复自然生态的过程中也应同步对动物的繁殖进行保护性封闭，引入适宜当地生长环境的植物以保持物种群落的平衡性、立体性和层次性。在谨防生物入侵风险的同时预留与外部生态系统直接联系的自然生态廊道，[4] 保护生物多样性。二是盘活城市周边非建设用地，新建和营造滨江绿地、滨河湿地、郊野乐园、江滩公园等绿色生态区域，因地制宜圈划并营建森林公园、山地公园和景观公园，

① 张锋：《特大型城市风险治理智能化研究》，《城市发展研究》2019 年第 9 期。
② 张明媛、袁永博、白广斌：《基于现代信息技术的城市灾害应急管理系统》，《防灾减灾工程学报》2008 年第 3 期。
③ 王艳：《浅论新农村建设中生态农业旅游的发展——以微山湖红荷湿地风景区为例》，《新西部》（理论版）2013 年第 24 期。
④ 王峤、臧鑫宇：《韧性理念下的山地城市公共空间生态设计策略》，《风景园林》2017 年第 4 期。

在用地规划上注重建筑、绿地、山林、郊野的结构化和均衡性，促进城市与山、水、林、田、湖、草的有机共生和绿色融合，实现自然景观和人文景观共融共生。三是构建城市生态评估指标体系，对城郊的水域面积、地表植被、森林覆盖、生物种类、气候变化设置警戒值并展开跟踪调研，综合运用遥感、卫星、激光探测等科技手段对大气、水源、噪音、土壤、生物等环境要素进行监测，自动对城市环境质量、污染状态和生态指数进行评估和预警。四是限制发展高污染、高耗能和高排放的"三高"产业，将资源消耗型、劳动密集型和生产粗放型产业逐步外迁，实行以"无害化、减量化、资源化"为核心的循环经济策略，[1]推动产业发展生态化。五是在民用建筑和工业生产中，均提倡选用可重复、可再生、可循环的原料，应尽可能使用无毒无害、无环境风险、无超额指标的新型环保材料，令城市贯彻并践行"环境友好型"绿色发展道路。

（三）工程韧性：城市治理寻"优为之治"

"优为之治"即保存城市应灾优势，特别是在基础设施建设过程中确保预留足够冗余量，使之能够在外界冲击之下不会发生重大破坏，能够延续基本功能。一是提高对城市人防设施、防灾建筑和公共避难场所等工程的建设标准，特别是对桥梁、铁路、医院、发电厂、变电站、通信站等关键设施的建设更应执行更为严格的验收指标，确保其能够抵御百年一遇的大灾大难。二是对已经存在安全风险甚至是"超龄服役"的工程设施进行全面勘察，针对已确定无法改造的废弃建筑需组织专业力量立即予以拆除，针对存在威胁公共安全或未达到防灾标准的建筑物优先纳入修整计划并优先匹配工程资金，通过改造、加固和更新等方式消除隐患。三是着重对水、电、气等城市生命线工程进行定期检修，提高系统功能的冗余度，保证弹性容量和备用容量，[2]使之具备安全阈值之内的其他通路，以保证其在遭灾后依然能保持核心功能的运转。对于后期城市建设所规划的通讯光缆、给水管网、燃气管网等民生保障性基础设施，其布局应避开人口稠密区和自然灾害频发区域，远离危险地段，减少其受灾几率。四是以"平灾结合"为基本原则，新建避难建筑、应急指挥中心、紧急疏散掩体等防灾项目，并注重挖掘其在非灾害情况下的功能用途、商业价值和空间利用，[3]使之既具备防灾减灾的人防功能，又蕴含灵活多元的复合效用。五是持

---

① 张韦倩、杨天翔、陈雅敏、赵钢、王寿兵：《基于生命周期评价的城市固体废弃物处理模式研究进展》，《环境科学与技术》2013年第1期。

② 仇保兴：《基于复杂适应系统理论的韧性城市设计方法及原则》，《城市发展研究》2018年第10期。

③ 江俊浩、史劲松、李有旺：《从防灾减灾看城市公园的规划建设——以成都市为例》，《西南交通大学学报》（社会科学版）2008年第5期。

续改进既有防灾设施和防灾工程的配套设施，增设应急淋浴、应急厕所、应急帐篷、应急照明和应急通讯等关键设备，尽可能保障民众在遭灾自救后的生活质量。

（四）社会韧性：城市治理讲“善为之治”

“善为之治”即关注城市中具体而微的个体，善于探查个体群像建构起的微观社会，着力平衡和化解利益博弈、阶层分化和群体流动等隐忧，积极开展社会共识的整合。一是畅通公民利益表达渠道，加大对包括人大、政协、信访和基层党组在内的传统意见申诉机制的宣传力度，健全其上传下达的功用。同时，更需要关注新媒体渠道的舆论声浪，特别是使用舆情分析系统抓取微博、微信、知乎、抖音等社交媒体平台上的投诉和反馈，及时展开有理有据有节的回复。二是构建公平正义的矛盾调和机制，创设平等竞争的市场环境，并通过限制性力量规约行政权力过度干预资源配置，使得各主体都能按照公平、有序和规范的市场规则参与社会生产。一旦出现“市场失灵”导致的矛盾和冲突，也能依托政府的二次分配和社会的三次分配进行协调，合理控制贫富差距和阶层分化。三是逐步打破以户籍限制为标志的城乡二元分割制，破除制度安排带来的先赋性壁垒，而是积极推动城乡一体化、快速城镇化、服务均等化，并在城乡产业结构的调整中合理分流工作岗位和就业机会，以利益为先导拉动社会成员在城乡间实现自由、平等且有序的迁徙流动和向上跃升。四是关注高流动性和高风险发展转型期背景下的社会心态变迁，特别是在“后疫情时代”导致的经济下行、就业困难、增速放缓的社会图景下，更需要强化舆论引导化解“嫉妒”和“怨恨”等社会心态，[1]通过强化正能量内容供给并合理预判舆情走向，巩固主流思想和“四个自信”，织密织牢社会心态之网。五是加快推动教育、医疗、文化、卫生和社会保障等民生领域的改革，聚焦弱势群体的权益保障，特别是解决好快速城市化进程中涌现的“就业难”“看病贵”“上学难”“购房贵”等焦点问题，切实增加底层民众的获得感、参与感和幸福感。

（五）制度韧性：城市治理循“规为之治”

“规为之治”即明确城市危机治理和应急治理的规则，逐步从“人治”过渡到“法治”，通过制度规约的形式，推动安全管理标准化、程式化和规范化。一是健全城市风险排查机制，对风险高发区、人员密集区和灾损敏感区展开风险摸底，对风险源、风险点、风险类型等关键信息进行登记建档，以此构建城市风险地图和风险清单，[2]方便后期对城市风险进行评估和分级。二是编制城市安全应急预案，明确“分

---

① 成伯清：《从嫉妒到怨恨——论中国社会情绪氛围的一个侧面》，《探索与争鸣》2009年第10期。
② 李永清：《城市公共安全风险评估的难点剖析与对策优选》，《上海城市管理》2016年第6期。

级负责，属地管理"的原则，确立预案责任主体、牵头单位和协管部门，并根据危机管理和情境演化等实际状况做出灵活调整，对应急预案进行增补、修订和更新，使之更具针对性和适用性。三是定期展开常态化防灾演练，包括专题演练、仿真演练、单项演练和系统演练等，对城市风险分布和政府应急能力展开情况摸底、情况排查和工作练兵。在演练过程中，应严格把控操作流程、纪律要求和时间限制，力求通过以练促改的模式查缺补漏，辅以科技监测手段对演练效果展开评估，提供改良建议和细节修补。四是明确应急管理报告制度和信息公开制度，在城市公共危机事件发生后，在规定时间内汇报风险地点、持续时间、信息来源、事件性质、影响范围、趋势预判和先期措施，并随着情态发展及时续报后续状况。为保障公众知情权，应通过传统宣传载体和新媒体做好公共风险信息的公开公示，及时发布事件类别、预警机制、避险事项和预防措施等关键内容，便于公众开展自救和互救行动。五是构建一支"统一指挥、专常兼备、反应灵敏、上下联动、平战结合"的城市应急救援队伍，[①] 主要包括负责全灾种处置的综合救援队、负责快速抢险的专业应急队、负责配合协调的群防保障队，着力提高城市应急队伍的职业化水平和专业化程度。

（六）组织韧性：城市治理重"庸为之治"

"庸为之治"即讲求城市治理的中庸之道，在城市面临突发危机或巨灾威胁时，包括政府部门和社会机构在内的组织能够做好"公私互补"，发挥补位效应共御风险。一是政府应提前模拟应急管理和危机处置情境，建立统一的城市灾害信息管理平台，做好突发事件预警、追踪、救援和协防，特别是落实其在物资运输、资金拨付、资源调动、秩序维护和民生保障等方面的职能，发挥好"兜底"作用。二是培育规范而健全的非营利组织，降低其注册门槛和运营成本，明确授权范围和工作范畴，并通过政府购买、项目承接、服务外包等方式，[②] 在具体而微的社会管理项目上提供更为专业且精细的服务内容。三是调集工会、妇联、共青团等群团组织力量，利用其机制活、覆盖广、触角细等天然优势，对接老、弱、病、残、孕等脆弱人群，并承揽对口帮扶和应急施救任务，帮助其融入城市社区生活，消除陌生感和疏离感，强化归属感和安全感。四是依托城市居民互帮互助的社群联盟，特别是同乡会、业委会、商会等具有相同或相似的社会关系、宗族血缘、价值信仰组建而成的利益盟派，通过调动社会资本完成利益整合，形成共同应对风险和协同抵御危机的统一联盟，

---

① 人民网：《应急管理部：国家综合性消防救援队伍共编制 19 万人》，2019 年 9 月 18 日，http://hi.people.com.cn/n2/2019/0918/c231187-33367081.html，2020 年 10 月 5 日。

② 陈为雷：《政府和非营利组织项目运作机制、策略和逻辑——对政府购买社会工作服务项目的社会学分析》，《公共管理学报》2014 年第 3 期。

并通过联盟互助提供心理支持和社会帮扶。五是强化党建引领并激活基层党组织力量，要求党员干部深入城市社区一线，发挥自身先进性和先锋模范带头作用，做好政策执行、务实防控、压实责任、物资保障、情况反馈等工作。此外，以基层"小网格"联通"大党建"，逐步落实"街乡吹哨，部门报到"制度，① 推动党建向楼栋延伸、向基层生长、向末梢扩展，确保即使在风险危机状态下城市社群依然能够在党组织领导下有效运转。

———————

① 孙柏瑛、张继颖：《解决问题驱动的基层政府治理改革逻辑——北京市"吹哨报到"机制观察》，《中国行政管理》2019 年第 4 期。

老子与人生境界

《老子》中的"为""无为"以及欲望

[美] 苏珊·布莱克著　吴文文译 [*]

内容提要：本文对《老子》一书中的"无为"进行了解读，阐述了"无为"这一伦理行为最高阶形态和欲望的关系。《老子》倡导消除欲望（甚至包括那些"导向自我的欲望"），《老子》只是建议，唯有当这些欲望妨碍了处于头等重要地位的清静时，那么就应该直截了当地对其加以减损。为证明我的观点，我对四种阐释《老子》的早期文献进行了考察，通过论证得出，这四种文献和我的观点是一致的。

关键词：老子　无为　欲望　清静

一、导言

《老子》（或《道德经》）的核心思想之一认为，人理想的状态是不受欲望束缚，在此理想状态中，个体并不急切于追求他的目标。《老子》中一个主要谜题正在于，这种"无为"到底是什么，以及我们应该在多大程度上努力摆脱欲望的束缚？我们存在明确而审慎的理由去追求"无为"——这是实现预期目标的最有效方式——但同时，这种有预设目标的行为和"无为"理念又是背道而驰的。

圣人，他已经超越了常人共同的欲望目标——财富和名誉——倾向于过一种"遵道"的生活，似乎失去了"为"的动力。然而，作为统治者，他不能仅仅是简单地停止行动——"无为"不是什么都不做。作为统治者的圣人必须尝试着在"无为"的过程中遵道而行，但他不仅必须抵制自己欲望的牵引，他还必须防止他的人民欲望泛滥，防止其国家被那些妄图吞并别国的侵略者所颠覆。如果我们把"无为"仅仅视为一种具有"道"神秘功效的状态，我们就是将其视为人类领域之外的状态，且不能为人们的行动提供任何真正的指导。另一方面，如果我们把"无为"看作某

---

　　* 吴文文，（1976—）男，江西余江人，闽南师范大学文学院副教授，硕士生导师，文学博士，华夏老学研究会副会长。

　　原作者为苏珊·布莱克（Susan Blake），印第安纳大学哲学系访问学者。研究专长：中国早期哲学、认识论、心学。本文原刊于 *Journal of Chinese Philosophy* 2015 年第 3—4 期合刊第 284—299 页。

种状态下的行为，我们需要阐明一个人要如何能实现这一状态。为此我提出一些具体的论证材料，在此问题上，圣人虽然并不是要克制所有欲望，但也不会轻易被这些欲望左右。①

这样的描述需要评估欲望在激励圣人行动中的作用。《老子》似乎反复强调绝弃"欲"和"智"。讨论这些相关问题可以视为对任何阐释"无为"观点的一种检验。第64章指明了对待欲望的正确态度是"欲不欲"，意思是我们应该设法达到"不欲"——这是理想的状态。然而，个体可以完全没有欲望吗？"不欲"能以何种方式促进人们的幸福？第57章说为政者"无为""无欲"可以使人们自我治理得井井有条、使人们变得纯朴简单："我无为而民自化，我无欲而民自朴……"

这部5000字经典著作的警句性质赋予了它一种类似于暗示的神秘感觉，但它也缺乏如何理解那些神秘之处的细节描绘。因此，我转而从早期《道德经》注释那里寻求相关解释。

我将集中于四种文献，其中有三种是《老子》注，另一种深受《老子》思想的影响。这些文献的跨度为4到5个世纪。

最早是《韩非子》第20、21章的《解老》和《喻老》，提供了《老子》中20个章节的释读。这些章节的写作日期和作者是尚未确定的，但有共识认为它们是撰写于公元前3世纪。②我还讨论了《淮南子》，其写作时间可追溯到公元前2世纪，此书于公元前130年献给汉武帝。③作品有浓厚的道家色彩——第一章的宇宙论引用了大量《老子》的相关思想。第二章以《庄子》中的语录开始，并且该书引用《老子》和对《老子》进行评论的内容在全书中多处可见。④正如我们将看到的，它与其他文献有许多共同的关切点——强调自然、道、无为。

《河上公章句》是第三种。这一文献约在公元200年的东汉时期出现，很可能是

① 为了有助于读者对此问题的了解，这一比较可能会有所帮助：上述问题在某些方面类似于斯多葛学派对命运的理解和认同。然而，在斯多葛学派的世界观中，人的行为是自由的。我提供这个观察角度不是要将两者做一个深入的比较，而是作为一个出发点，也许是一个可以进一步思考的出发点。

② 参看桂思卓（Sarah A. Queen）：《韩非子和老子——〈韩非子〉20章〈解老〉与21章〈喻老〉的翻译及比较分析》一文，出自金鹏程（Paul R. Goldin）所编的 Dao Companion to the Philosophy of Han Fei，纽约：施普林格，2012年。该文中桂思卓对此问题展开了更为广泛的探讨。

③ 梅杰、桂思卓、梅耶、罗浩：《淮南子引论》，纽约：哥伦比亚大学出版社，2010年，第9页。译者按：张双棣先生《淮南子校释》（增订本）认为淮南王于建元二年（公元前139年）将《淮南子》献于汉武帝。北京大学出版社，2013年初版自序。

④ 在关于《老子》内容的论述中，一部分内容也可以在《韩非子》中见到，但这些内容和王弼《老子》注没有联系。在《淮南子》中就有这样的例子："耳目竭于声色，精神竭于外貌，故中无主。中无主则祸福虽如丘山，无从识之。"参看约翰·梅杰等：《淮南子引论》，纽约：哥伦比亚大学出版社，2010年，244页。在《韩非子》中发现了一篇几乎相同的文章。此外，《淮南子》中还说，生物"依靠（最尊贵的道）生存，但没有人了解它的效力；你因其而死，却无人能怨恨它。那些获得它和利益的人不能赞美它；那些使用它而失败的人不能责怪它"（同上，51页）。

葛玄 ① 所著。葛玄这个人也被认为曾经得到过《灵宝经》。因此《河上公章句》和《抱朴子》一书中冥想的、超验的、炼金术的实践等内容联系密切。《抱朴子》是由葛玄的侄子葛洪所著。

王弼的《老子》注影响深远,广为人知,后世对《老子》分章的规范来自王弼,王弼注为后世释读《道德经》奠定了基础。这一文献的撰写时间可以追溯到不幸早逝的王弼生卒年(公元226—249年)。

在《老子》理解的某些方面,这些思想家意见一致;在另一些方面又意见相左。②他们强调关于"道"的知识是"德(virtue)"的基础;强调"无为"是唯一值得奋斗的事情。在后者这一框架内,"致力于无为"——构成了《老子》文本的核心奥义。老子由此提出了一个似乎自相矛盾的悖论:一个人唯有通过摒弃欲望,才可以实现他所有的目标,无论这目标是关乎个人修身,还是关乎为政治国。

"无为"的内涵之一意味着不可干扰事物固有的循环(circles of things)——比如,不可在冬天种庄稼——在《老子》一书中,无为尤其和以下一些词、短语密切相关:比如"朴"(确切地说,本义是未切割或未雕琢的原木)"虚""无"以及"雌","雌"这一概念在《老子》中可用不同的汉字表示,其暗示的内涵是柔弱、黑色、服从,然而却能因此取得最终的荣耀。

我对《老子》中"无为"的理解是:"无为"的圣人或许有着和一般人相似的欲望和嗜好,但是他们不会因这些欲望而苦恼或被干扰。根据上述几种《老子》注释,存在以下几个原因可证明这一点。首先,他并不寻求去满足眼睛、耳朵等感官的过度欲求,并设法减少这种欲求。其次,他接受那些有助于维系生活的欲望的力量。我认为上述《老子》释读者把这些不同类型的欲望相应地与"人"和"天"相联系。然而,这种对立划分并非是把所有欲望进行分类,并且一些导向自我的欲望被认为是有益的。"无为"在根源上和欲望的和谐相联系,也因为此原因,无为也是"无我"的。在某种程度上,我们可以解释,无为之所以是有效的,是基于对"道"的理解。这种对"道"的理解使欲望被清除成为可能。也就是说,圣人的行为之所以是可控

---

① 陈金樑(Alan K. L. Chan),《关于道的两种视角:〈老子〉王弼注与河上公注研究》,奥尔巴尼:纽约州立大学出版社,1991年,第92页。

② 就为政治国主题而言,我所讨论的注释者和那个时代的思想家有许多共同的观点,包括统治者应该作为人民的典范;弭兵;限制或者消除刑罚;不要向人民征过重的税;在适当的季节征发徭役;根据个体的具体能力来安排任务。在个人修身方面也有明显的相似之处;我所列举的注释者主张减少过分的欲望;在追求世界上的事物时,不要干扰或耗尽自身的"气",这在早期中国经典中是一个共同的思想。但是,这些思想家也各有不同。有些人对儒家的敌意更大,有些人则更小。韩非子试图在始于《解老》篇第一章的评注中恢复儒士的美德,王弼在19章注释中缓和了老子对仁义的攻击。他的解读仅仅认为"仁义"是次于"无为"的境界;(陈金樑:《关于道的两种视角》,第84—85页);相对而言,《老子想尔注》和《河上公章句》(第19章)都对仁义抱有公开的敌视态度。

的，唯有通过他对"道"的理解，而"道"，又是在每一个个体的独特属性中得以显现。我将在后面的小节中讨论这些主题。

二、欲望对身体的负面影响

《老子》注释者普遍认为欲望——尤其是那些对美好事物——性、物质财富、权力的欲望，能通过扰乱一个人的"气"（精神、呼吸或元气）而使其分心或遭受伤害。因此，他们一致认为这些欲望应该被控制。

上述四个文本都有关于《老子》47章的评论。《老子》47章说：

> 不出户，知天下；不窥牖，见天道……其出弥远，其知弥少。

《韩非子》(《解老》《喻老》两篇)、《淮南子》、《河上公》在对这一章的评论中，都明确指出了欲望会损害人的"气"。[①] 河上公说："贪淫好色，则伤精失明也……好听五音，则和气去心。"[②] 此外，当老子建议我们要像婴儿，《河上公》注释说："能如婴儿内无思虑，外无政事，则精神不去也。"[③] 在对第47章的评论中，《淮南子》描述欲望在根本上是令人不安的事物，因为它导致"精神"[④] 的动荡："夫孔窍者，精神之户牖也……耳目淫于声色之乐，则五藏摇动而不定矣。"这反过来导致气血和生命力被打扰，"精神"通过眼睛和耳朵奔泻而出而得不到保存。[⑤]

韩非在更具哲学意味的《解老》《喻老》中甚至声称，若思虑是平静的，那么"德"就不会离开。当（感知）的孔窍是空的，那么和谐的气将保持进入："思虑静，则故德不去；孔窍虚，则和气日入。"[⑥] 韩非同意欲望对身体会造成干扰，但也有希望达到一种宁静的状态，在此状态下，"气"不但不会遭到削弱，反而会被增强。在《喻老》中，这一观点很明确："空窍者，神明之户牖也。耳目竭于声色，精神竭于外貌，故中无主。"[⑦]

这些《老子》注释中"户牖"的比喻，不仅仅只是用来表明一个人不离开房屋就能感知天道——尽管他们也做出如此的解释——同时也是把门窗譬喻为身体之"通

---

① 这对于更具有宗教色彩的《河上公章句》来说并不奇怪，但有启发意义的是，其他三种材料也认为这是真的。

② 陈金樑：《关于道的两种视角》，第141—142页。

③ 出处同上，第143页。

④ 一个人应该注意审慎地运用眼睛和耳朵，否则导致失去"精神"。而失去"精神"后，当福或祸来临时，虽然有丘山那么大，却无法辨认。

⑤ 摘自梅杰等：《淮南子引论》第7章第4节，第76—77页．

⑥ 《韩非子》第20章第3节，关于《老子》59章评论。

⑦ 《韩非子》第21章第9节，《老子》47章的评论。选自桂思卓：的《韩非子与老子》，第253页。

道"。另一方面，王弼通过贯彻在万物中的普遍原则来释读这段话。王弼认为，这一普遍原则，人们可以仅仅通过审视自身（不需要外求）就可以发现。

在上述文本中提到的这种身体欲望和需求往往被定性为"人（欲）"的属性，而非"天（自然）"的属性，"人"与"天"的这种对立，有时也表达为内在与外在的区别——它贯穿于整个文本中。《老子》劝诫我们，不但要摒弃欲望，任何属于"人"或"外在"的东西也要一并放弃，应遵循"天道"去生活。比起那些人造之物、堕落之物，比起"人为"事物和悖道事物，自然之物是更优的选择。[1]

《淮南子》认为人之所以堕落，或是因为世俗习气，或是因为感官欲望[2]：

> 所谓人者，偶睅智故，曲巧伪诈，所以俛仰于世人而于俗交者也。故牛歧蹏而戴角，马被髦而全足者，天也。络马之口，穿牛之鼻者，人也。循天者，与道游者也。随人者，与俗交者也。

无论如何，我们应该减少贪求和欲望，因为五色、五音和五味扰乱了感觉——这些都是被归类、定性为"人"的一部分。[3]"圣人不以人滑天，不以欲乱情。"意思是说，圣人不以人欲蒙蔽天理，不让欲望腐蚀了他们的本真性情。[4]

三、自然，道，以及自然的欲望

与"人"相对的是"天"和自然，这是属于内在的，是更值得推崇的。遵从自然：顺应内在能够给我们带来成功。"是故以中制外，百事不废；中能得之，则外能收之。"[5]"圣人有所于达，达则嗜欲之心外矣。"意思是说，圣人已经臻于道境了，在臻于道境之后，嗜欲之心（对他来说）就是外在的。[6]"内在"由于与"道"相通，有着特殊的重要性。道只存在于"虚"和"无"之中，所以它必须通过向内求才能被

---

① 请注意，自然和非自然的区别和对立由郭象（公元252—312）所提出：跟随他人或从自身出发，没有人不是"自我"的。参考任博克（Brook Ziporyn）：《郭象的新道家哲学》，纽约州立大学出版社，2003年，第125页。郭象的哲学似乎肯定了道在一切事物中的作用，无论是社会领域或者更狭窄的自然领域。

② 熊礼汇注译、侯乃慧校阅：《新译淮南子》，台北：三民书局股份有限公司，1997年；梅杰等编：《淮南子引论》，57-58页。

③ 梅杰等：《淮南子引论》，第77页。

④ 熊礼汇注译、侯乃慧校阅：《新译淮南子》，第18页；梅杰等：《淮南子引论》，第58页。

⑤ 熊礼汇注译、侯乃慧校阅：《新译淮南子》，第32页；梅杰等：《淮南子引论》，第67页。这段引文的开头是："故心不忧乐，德之至也；通而不变，静之至也；嗜欲不载，虚之至也；无所好憎，平之至也；不与物散，粹之至也。能此五者，则通于神明；通于神明者，得其内者也。"

⑥ 熊礼汇注译、侯乃慧校阅：《新译淮南子》，第80页；梅杰等：《淮南子引论》，第34页。

发现。"虚无者，道之所居也。是故或求之于外者，失之于内。"①

《淮南子》进一步指出，至少是在保持充分警醒的情况下，一个人的内在"精神"就像道一样，是恒定不变的。"神未尝化者……不化者，与天地俱生也。"②这与圣人应该"遵道"的训诫一致。③

有趣的是，《淮南子》似乎还表明，一旦一个人成为圣人并获得内心的宁静，虽然他的内在可能不同于一般人，但其外在却与常人无异。这方面的表述比如："无为……外从其风，内守其性，耳目不耀，思虑不营。"④又如："诚达于性命之情，而仁义固附矣，趋舍何足以滑心！"⑤这表明，圣人所作所为并没有什么不同，但是他的内心是不受干扰的。

那些能够保持内在宁静、遵道而行的人，能因此达到"无为"，他们是善于因应自己与他人自然天性的人。对于为政者，《淮南子》还给出了如何达到"无为"的具体建议。

"漠然无为而无不为也。淡然无治也而无不治也。所谓无为者，不先物为也；所谓无不为者，因物之所为。所谓无治者，不易自然也；所谓无不治者，因物之相然也。"⑥

并且，那些臻于道境的人具有柔软的意志："恬然不虑，动不失时，于万物回周旋转，不为先唱，感而应之……转化推移。"⑦

同样，《韩非子》释读《老子》时也认为"自然"要胜于"人为"。韩非强调人的自然状态是不受欲望干扰的，唯有在接触外在事物时才被侵扰和打乱秩序。《解老》《喻老》认为，人天生具有理解和评估的能力，但这些能力会因为欲望和嗜好的增长而被摧毁。这样一来，人们就从他们的自然天性中被牵引：

---

① 熊礼汇注译、侯乃慧校阅：《新译淮南子》，第 304 页；梅杰等《淮南子引论》，第 76 页。

② 熊礼汇注译、侯乃慧校阅：《新译淮南子》，第 321 页；梅杰等《淮南子引论》，第 251 页。

③ 梅杰等：《淮南子引论》，第 103 页。

④ 熊礼汇注译、侯乃慧校阅：《新译淮南子》，第 61 页；梅杰等：《淮南子引论》，第 92 页。

⑤ 熊礼汇注译、侯乃慧校阅：《新译淮南子》，第 80 页；梅杰等：《淮南子引论》，第 102 页。

⑥ 熊礼汇注译、侯乃慧校阅：《新译淮南子》，第 20—21 页；梅杰等：《淮南子引论》，第 59 页。

⑦ 道是静止的，寂静的，因此是"虚"，是"无"。并不是说它对事物起作用；事情是按自己的方式发展的。因此，当事情遵循于道的时候，不是他们的"道"造就了他们，而是这个"道"推动（impelled）了他们。梅杰等，《淮南子引论》，第 92 页。

引于外物，乱于玩好也……而今也玩好变之，外物引之，引之而往。①

和《淮南子》一样，《韩非子》也承认圣人能够面对欲望的对象而无动于衷。他们似乎一致认为，圣人保持宁静完全不必避开欲望，也不必远离诱惑。紧随上述引文的是：

至圣人不然，一建其趋舍，虽见所好之物不能引，不能引之谓"不拔。"一于其情，虽有可欲之类，神不为动，神不为动之谓"不脱"。②

在《韩非子》和王弼注中，"自然"与"人为"的对立也表现在"与人、物的本性相符合，而不可因欲望的侵入而使人有悖自然"的训诫上。

韩非认为，人从自身出发给万物以价值评估。在遵循事物的自然规律方面，圣人比大多数人做得更好，但这种对自然的理解适用于每一个个体。

而万物莫不有规矩，议言之士计会规矩也。圣人尽随于万物之规矩，故曰："不敢为天下先。"③

（在自然法则面前）圣人不做引导者，只做跟随者。④也就是说，他比那些只是偶尔追随道的人追随得更好。王弼将遵道行为等同于"自然"⑤，并说明圣人应该体现道，⑥从而根据自然和事物的本性行事。王弼也建议不要用自己的行为激起欲望。然而，除了通过恰当地展示欲望的对象来激起欲望之外，王弼还声称，任何一种刻意的行为都会导致事物的本然状态发生变化。干预，甚至是善意的干预，都是有害的，因为它会使事物偏离其本性。

在《老子》第 5 章的注释中他说"任自然"意味着"不仁"：

---

① 当他们清静时，他们就能确定拒绝和接受的重要性，他们懂得如何计算祸福。但是如果嗜欲改变他们，外部事物诱惑他们，他们跟随诱惑他们的东西。这就是所谓的"拔"。桂思卓：《韩非子与老子》第 245 页。

② 桂思卓：《韩非子与老子》，第 245 页。

③ 陈启天：《增订韩非子校释》，第 756 页；桂思卓：《韩非子与老子》，第 244 页。

④ 此外，万物有其本性。跟随、顺应本性，你将因此而运用本性的力量。如果你遵循本性，当进入清静境界时，你的潜能就会激发出来；在行动时，你将会顺应道而行。桂思卓：《韩非子与老子》，第 252 页。

⑤ 在第 25 章，王弼评论《老子》的"道法自然"时说："法谓法则也。……道不违自然，乃得其性，法自然也。法自然者，在方而法方，在圆而法圆，于自然无所违也。自然者，无称之言，穷极之辞也。"陈金樑：《关于道的两种视角》，第 61 页。

⑥ 遵道者体现道。陈金樑：《关于道的两种视角》，第 66 页。

天地任自然，无为无造，万物自相治理，故不仁也。仁者必造立施化，有恩有为。造立施化，则物失其真。有恩有为，则物不具存。物不具存，则不足以备载。天下不为兽生刍，而兽食刍；不为人生狗，而人食狗。无为于万物而万物各适其所用，则莫不赡矣。①

通过消除个体自身过多的欲望，让事物呈现自然的样子，避免使它们扭曲。② 在这一点上，这也意味着他无须为自己的目标而改变事物的自然秉性，而是根据事物的适当用途来使用它们。河上公关于行动和欲望的训诫要简单得多。关于第 5 章，河上公说："人能除情欲，节滋味，清五藏，则神明居之"。③ 圣人所渴望的，是他不得不渴望的；他想要的是所有人都想要的；他所害怕的是所有人都害怕的。④ "圣人无常心，以百姓心为心。"在《河上公章句》文本中，很明显意味着应满足人民的所思所想，当然也包括那种被认可的愿望。⑤⑥ 如 12 章所警示的那样，不为五色、五音所惑，⑦ 圣人只寻求满足最基本的欲望——填饱肚子即可，而不是图口舌之欲。这基本的欲望是生存所必需的。此外，他力求不激起那些非必需的欲望。（整个社会）对财富的欲求，并不是可以使统治者和人民保持和谐的一种价值观，它导致人与人互相争夺，因此河上公将其视之为应该被排斥的欲望。

这些注释者有不少人认为某些欲望或反应是不可避免的，可以说是自然的。而且，韩非认为有些欲望是有益的，他强调，有些欲望可以确保我们在这个世界运转良好，只有当它们失去约束时，这些欲望才成为麻烦。

人无羽毛，不衣则不犯寒。上不属天，而下不着地，以肠胃为根本，不食则不能活。是以不免于欲利之心。欲利之心不除，其身之忧也。故圣人衣足以犯寒，食足以充虚，则不忧矣。众人则不然，大，为诸侯，小，余千金之资，其欲得之忧不

---

① 大安出版社编辑委员会编：《老子四种》，台北：台湾出版社，1999 年，第 4—5 页。

② 圣人"消除欺骗，去除诱惑，因此心灵不迷茫，事物自然达到其本来面目。"陈金樑《关于道的两种视角》，第 76—77 页。

③ 同上，第 141 页。

④ 《老子》第 20 章。译者注：此句应是作者对"唯之与阿，相去几何。善之与恶，相去何若。人之所畏，不可不畏"的理解。

⑤ "圣人无常心，以百姓心为心。善者，吾善之；不善者，吾亦善之；德善。信者，吾信之；不信者，吾亦信之；德信。"《老子》第 49 章。

⑥ 我不清楚"欲"和"私"这两个字在汉语中是否被理解为"欲望"，就英语看来，这些都可以理解为"欲望"。

⑦ 《老子》第 12 章："五色令人目盲；五音令人耳聋；五味令人口爽；驰骋田猎，令人心发狂；难得之货，令人行妨。是以圣人为腹不为目，故去彼取此。"

除也。①

就其本身而言，并非所有欲望都是有害的，因为正是其中一些欲望驱使我们去追求我们所必需的事物。因此，如果一个人动力不足，圣人促使其产生足够的欲望；相反，如果一个人欲求过甚，这种状态也是有害的，圣人因而会使其不拥有过度的欲求。韩非子提醒我们"故欲利甚则忧……智慧衰，智慧衰则失度量，失度量则妄举动……"②欲望在生活中承担一个重要角色，但不应过度，以免使人丧失理解世界的能力。同样，《淮南子》说：

夫夏日之不被裘者，非爱之也，燠有余于身也。冬日不用翣者，非简之也，清有余于适也。夫圣人量腹而食，度形而衣，节于己而已，贪汙之心奚由生哉！③

在这里，欲望和符合自然的反应也有它们的位置，圣人明白它们的相对重要性，不会通过向欲望和反应提供超出其所必需。

《淮南子》直截了当地告诉我们要减少嗜欲，他在对"其出弥远，其知弥少"这句话的阐释说："精神不可使外淫也。"④可知它是倡导减少欲望的。这导致人被欲望牵引而偏离道的危险，欲望的这一效应似乎是我们应该将其消除的原因。所以《淮南子》与圣人有欲望但又不受其干扰的观点是一致的。⑤

四、"欲不欲"——有关私欲问题的一个悖论

为了完全理解《老子》的注释中关于欲望的问题，我们必须解决一个明显的矛盾，即"欲不欲"。⑥一个人的理想状态是他完全没有欲望，或至少不受欲望干扰，尤其是这一类的欲望：其满足和财富、权力、美色等表征相关，而人们往往受这些表征所诱惑。圣人一方面为他自己，另一方面也为他的百姓去除这类过度的

---

① 陈启天：《增订韩非子校释》746 页；桂思卓：《韩非子和老子》，第 239 页。.
② 此句多次出现。
③ 《新译淮南子》，第 80 页；梅杰等：《淮南子引论》，第 101—102 页。
④ 《新译淮南子》，第 310 页；梅杰等：《淮南子引论》，第 244 页。
⑤ "以道为紃，有待而然。抱其太清之本而无所容与，而物无能营，廓惝而虚，清靖而无思虑。大泽焚而不能热，河汉涸而不能寒也，……"（梅杰等，《淮南子引论》第 249 页）。更进一步说，那些得道自然拥有行动的力量，包括不受任何伤害（同上，第 6 页）。还有："那些透入道路的人……调节真正它们本性的反应……既然他们天性没有欲望，他们就会得到任何东西他们的愿望。既然他们的心不喜欢任何东西，他们就会得到他们想要的任何东西。因此，他们放松的身体和不受约束的意识，他们的标准和规则，他们可以成为帝国的榜样。"（同上，第 257 页）
⑥ 《老子》64 章。

欲望——考虑到圣人不会被这些东西所困扰，这也就是圣人之所以清静的体现。正如我们在上文中所知，过度的欲望和有益的欲望——在这些文本中它们分别对应于"人"和"天"（或"自然"）——与其说是按种类区分，不如说是按程度区分的。如果任由欲望过度滋长，就会影响一个人对"道"的体悟，这似乎就是《老子》文本反对欲望的原因。这一事实可用来解释为什么"欲不欲"不矛盾。需要消除的只有某些特定类型的欲望（而非全部欲望），只要"欲不欲"这个欲望并没有强烈到影响一个人对"道"的追求，它就是无害的。

尽管陈金樑（K.L.Chan）认为王弼提倡人应该"无私欲"（"no self-oriented desires,"）[①] 但是王弼确实明确地表示了人至少应该有一些与（成为）圣贤有关的"欲"。比如他说："欲还反无为"，[②] 并且他也赞同"欲不欲"。

无论圣人有什么欲望，他不会被它们困扰；他不会被外物所束缚。"抱朴无为，不以物累其真，不以欲害其神。"[③] 陈金樑将圣人描述为是"与人们一样，他也有情绪感受，并因之可以对外物做出反应，不同之处在于他不会被它们'束缚'……尽管人的情绪感受可能会成为恶的源泉，但情感也是遵道之所以成为可能的必要条件。"[④]

在古代汉语语法中，一个有趣的、可能性的解释是"欲"在作为动词使用时，是具有歧义的——"欲"作动词时，并非统一释读为"想要"，而是在某些地方将其释读为"可取的"或"认为是可取的"。这种字义释读上的两可，使我们能认可圣人之"欲"，而不是通过认为圣人具有更强有力的心念来解释其欲望是可取的。这种态度反映了圣人在涉及欲望这一问题上应有的清静。

关注《老子》第 38 章是重要的，这存在另一个原因——根据陈启天和艾文贺（Ivanhoe）对《老子》的解读，将"私欲"解释为"导向自我的欲望"这一观点就变得无效了。圣人，或者接近圣人的人明显有关于自我认同的欲望——即他们应该不受欲望左右，不应该渴望难得之货。这些是"自我导向"的欲望，但不是自私的欲望。因此，我倾向于将"私"翻译为 selfish。

或许圣人不应该完全回避"欲"，但是应该认识到它的有害影响，即使是致力于正确事物的"欲"。例如，我们应该提防为了美德而行动的"欲"。如果你为了美德而行动，就像为其他任何事而行动一样，你将不能达到你的目标。"为之欲之，则德无舍，则不全。"[⑤] 如果你为了某个目标或欲望而采取行动，"（potency）德"将无处可

---

① 陈金樑：《关于道的两种视角》，第 72 页。
② 老子四种版本，第 30 章。
③ 节选自陈金樑：《关于道的两种视角》第 81 页。
④ 陈金樑：《关于道的两种视角》，第 81 页。
⑤ 《韩非子》第 20 章第 1 节；陈启天：《增订韩非子校释》，第 722 页。

停留，从而无法臻于"德全"。①

韩非对我们为什么不该追求美德的解释有趣且有见地：

> 所以贵无为无思为虚者，谓其意无所制也。夫无术者，故以无为无思为虚也。夫故以无为无思为虚者，其意常不忘虚，是制于为虚也。虚者，谓其意无所制也。今制于为虚，是不虚也。虚者之无为也，不以无为为有常。不以无为为有常则虚，"虚则德盛，德盛之谓上德"。

大多数人不应该希冀通过无为而为，因为即使如此，也会使他们心事重重，阻碍他们实现目标。然而，就圣人而言，"无为"这种对世界的态度和反应的集合似乎包括了二阶的欲望——即对欲望采取一种评估的态度。

五、结论

《老子》全文都强调了"无为"在个人和政治领域重要的实践意义。在第 50 章及第 55 章，老子提到有的人能免于受野兽和战场上甲兵的伤害。有时这被解释为完善的人（perfected 译者注：即"善摄生者"）在世上有一种神秘的能力，能够控制或者至少影响人类和动物的行为。② 而从另一个角度，韩非子为这些文段提供了一种更加切合实际的注解。他并不否认犀牛和猛虎会伤害完善的人，而是提出了一种更加世俗的说法来解释为什么老子这么说："夫兕虎有域，动静有时；避其域，省其时，则免其兕虎之害矣。"③

不论他们怎么解释圣人的功用，这些思想者都不认为"无为"只是简单地符合自然和摈弃人为，因为他们都主张人在政治领域要有所作为。

圣人的效验部分地被解释为他专注于手头上行动的能力，因为他不会受欲望困扰，也不会在为了达到阶段性或最终目标而做出判断、有所行动时，计较结果而影响到他的平静。圣人的行动只由他对"道"的理解所控制，这"道"体现在每件事物的特殊性上。但是明智的行动需要的不仅仅是全神贯注于眼前的局势。为了达到这种平静和专注，圣人应该是一贯的。他已经完全认同他行动的理由，以至于他在

---

① 改自桂思卓：《韩非子和老子》，第 228 页。

② 《想尔注》把这句话发挥到极致，声称圣人确实没有做出行动，但是通过神秘的感应，那爱护圣人的道，会促使世界上的一切运转顺利。这是一种有趣的可能性，但似乎排除了统治者的行动——相反，统治者唯有纠正自己，然后道才会发生作用。因此，我之所以不讨论这一观点，是因为它没有解决我在这里提出的哲学问题。

③ 桂思卓：《韩非子和老子》，第 242 页；陈启天：《增订韩非子校释》，台北：台湾商务印书馆，1994 年。

行动中不会产生对这些理由的担忧。对于一个普通人来说，生活中最深层的欲望是不可让步甚至是天经地义的，而圣人在这一点上与普通人无异。圣人与他的所有欲望安然共处且感到自在；通过一个调节欲望的过程，他到达了一种舒适的状态，在这种状态中他并不想要摆脱欲望。

我的解释可使人注意到"无为"具有"忘我"的特点。看来"无为"意味着不要时刻关注个人希望实现什么，而是应关注什么是需要去做的。尽管欲望可能影响一个人对事情结果的选择，但它们并不是通常意义上的行动的一部分。圣人的欲望是显而易见的，正像大卫·刘易斯所说的感知是显而易见的——我们关注的不是我们自身的心理状况，而是世界，我们的行动正参与构成这个世界。

我对《老子》注释中"无为"的理解带着彻底的实用性，即只抵制那些有害的欲望。这意味着对作为"行为主体"的圣人来说，消减欲望并不困难。的确，他在某种意义上是一个处于克制状态的人——他行动的手段受一种旨在满足个人和他的人民的基本需求的基础价值观约束。然而，这种克制给作为行为主体的圣人带来的困难并不比康德所说的道德准则多——根据他所认定的基本价值观，圣人只是遵从了他自己的选择。

在《老子》中，清静的重要性——即调节个人的欲望以使其和他的理解相适应——提供了在任何情况下都能使我们取得最大效益的智慧，然而，关于怎样理解《老子》中的"圣人无为而无不为"，仍然存在矛盾。在提出这种主张时，文本似乎超越了圣人适应其处境这种观点，在此处还暗示了"无为"的某种宏大而神秘的功效。如果我们不只是将这些主张当作夸大其词而不予考虑，我们就必须承认，文本所表达的东西，已经超出了斯多葛学派理解命运进而接受命运的概念。尽管我在道家身上看到了和斯多葛学派的相似之处，即劝诫世人接受不可改变的事物，但他们似乎更进一步，强调了这种接受（acceptance）的外部效应。斯多葛学派劝诫的要点，准确地说，是顺应自然，掌控自己所能够掌控的事，而道家的见解中似乎包含了比这多得多的内容。

[附注：本文的早期版本在 2013 年 3 月在美国哲学学会太平洋分会年会宣读。感谢 ISCP（国际中国哲学学会）；我还要感谢 Timothy Connolly 的编辑工作以及他对我论文的评论；感谢我的小组成员 Manyul Im 和 Samuel Cocks 以及一位匿名评审所给出的深刻意见。非常感谢我们小组的主席成中英主编，感谢他的有益的意见。]

《道德经》的德性观析论

张 磊 甄晓英[*]

内容提要：《道德经》的德性观是基于大道生而不有、功成弗居而成立的胜义谛玄德，而非世俗道德。故而其书提议不尚贤，并激励民众超越世俗的"下德"，建构真正的德性，进而借由立功济世、功成不居、名遂身退等方式契合玄德返归大道。本文试图运用比较的方法，力图对《道德经》德性观的本质予以发微掘隐，希冀形成一定的理论启迪意义和现实交流价值。

关键词：《道德经》不尚贤 德性观 生而不有 功成弗居

《道德经》中的有些思想常被误以为在批判道德、鄙弃贤良和倡导愚民。比如"不尚贤"章就是一个典型："不尚贤，使民不争；不贵难得之货，使民不为盗；不见可欲，使民心不乱。"（《道德经·第三章》）孙以楷先生就曾指出，人们往往将"不尚贤"误解为反对"贤"，并认为此是鼓吹非道德主义者、弃智主义者，乃至是不重视知识和人才。[①] 其实，只要考虑到《道德经》"反者道之动"的思维方法和"正言若反"的表达方式，就不难知道其书并非在讲寡仁弃智、鼓励愚民的阴谋，而是在宣扬见识高远、仁民爱物的大智大德。总之，在看似绝仁弃义不尚贤的文本中，其实处处蕴含着希圣倡贤、尊道贵德的思想，尤其是关于德性的见解，不仅超越了世俗谛而且更直入胜义谛。

一、道法自然之玄与为而弗恃之德

由于德性观属于人生观、心性论的范畴，因而探究《道德经》的德性观，首先须明晰其更为基本的宇宙道体观或世界本体论。在《道德》看来，宇宙万物的本源

---

* 张磊（1988—），华东师范大学博士研究生，厦门大学哲学硕士，研究方向：中国哲学、宗教学。甄晓英（1982—），兰州大学博士，研究方向：马克思主义基本原理。

本文所引《道德经》为王弼注本。

① 孙以楷：《"不尚贤"说解》，《华夏文化》2002年第2期。

为"道"。正如大多数学者所言："道是老子哲学体系的最高范畴"①，'道'在老子中出现七十多次。"道生之，德畜之，物形之，势成之。"（《道德经·第五十一章》）可以说，因为道生成万物，德滋养万物，环境使万物生长发展，形势令万物有所成就，所以万物应通过"尊道贵德"等方法来促成生命质量的提升。

在道生德畜、气化万物的过程中，由于道无形无名、气无象无状，因而道生万物的过程显得非常隐秘。因为道是无形无象的，但道所化生的万物却有形象，所以道生万物展现出无中生有、玄妙莫测等特点。虽然它显得隐秘玄妙，但在道所化生的有形万物中，老子认为天、地、人、王这四种值得特别关注，因为他们充分彰显了生命之道和谐展开的元法则——循"道"法"自然"。

虽然"道"既是天地万物得以生成的始基或本根，又是范导阴阳之气促成万物生长发展的基本法则，但它不会居功自傲。在他看来："只有无为，只有无执，才会成就一切。"② 正因如此，才会有"大道泛兮，其可左右。万物恃之以生而不辞，功成而不有。衣养万物而不为主……以其终不自为大，故能成其大。"（《道德经·第三十四章》）正因为功成不居的道不自以为伟大，所以才能成就它的伟大，这说明化生万物的道，具有生而不有的玄德。对此玄德，曾予以多次强调：

> 养之覆之，生而不有，为而不恃，长而不宰，是谓玄德。（《道德经·第五十一章》）
> 明白四达，能无知乎？生之畜之，生而不有，为而不恃，长而不宰，是谓玄德。（《道德经·第十章》）

玄德，一方面意味着在无象之道化生有形万物的过程中，具有无中生有的神奇玄妙性；另一方面意味着，道生万物后其功成不居的高洁品德，远远超出了常人的理解能力。在老子看来，自然、道、天、地、人这五个元素，构成了宇宙图景的基本模型。中国古人曾以"胕豆"来描绘宇宙，因充气而虚空的"胕"犹如宇宙天地，豆粒在"胕"中滚动就如同人在天地间活动。将周易象数与老子思想予以横向比较后，可以对"玄德"的理解能更加直观。

二、德法天地之智与希圣成贤之慧

老子对道高度推崇，他认为道是宇宙本源、万物之母。由于道不仅化生出万物，而且还冲气以为和，因此这个过程展现出丰富的德性。考察道生德畜、气化万物的

---

① 管国兴：《老子道论对现代企业管理的启示》，《学海》2011年第3期。
② 孙以楷："不尚贤"说解》，《华夏文化》2002年第2期。

过程可知：道是万物得以生的本体性根源，德是万物有所成的具体性因缘，无形之道是具体之德的内在实质，各种德是大道的外在显现。《文子》认为："道是德的理论依据，德是道的表现形式……二者之间是一种源与流的关系。"① 由于德跟道关系密切，正如朱熹所言："德者，得也，行道而有得于心者也。"② 因此中国文化主张人们尊道贵德。至于如何做到尊道贵德？老子早已为世人提供了自己的诸多思考。

（一）法天象地明道悟德

由于在道所生的宇宙万物中，天、地、人、王是域中四大，因而天、地、人、王之德理应受到更多的关注。于是，民众在贵德活动中，尤其要观天之道、法天之德。关于天道的特点，老子曾有精辟的分析。"天之道，其犹张弓与？高者抑下，下者举之，有余者损之，不足者补之。天之道，损有余而补不足……孰能有余以奉天下，唯有道者。"（《道德经·第七十七章》）他认为天之道非常高明，善于"维护自然万物之间的均衡、稳定以及协调状态"③。按照老子的说法，化生万物的大道，拥有生而不有的玄德，由于擅长效法大道的天，与大道最为相近，因此天道也具备玄德，中国哲学对此曾有天玄地黄的明确说法。

在老子看来，与大道类似，天道也十分玄妙难知，其玄德也非常深奥莫测。他认为天之玄德属于上德，这种上德与道的玄德具有类似的特质，即无为而无不为。其具体表现是："不争而善胜，不言而善应，不召而自来，坦然而善谋。"（《老子·第七十三章》）这也正如孔子对天道的经典论述："天何言哉？四时行焉，百物生焉。"（《论语·阳货》）由于天虽然什么都未说未做，但四季可循序运行，万物能生长不息，因此老子赞曰："上德不德是以有德。"尽管这种上德如此玄妙深奥，但民众还是应努力悟天之道、效天之德。对此，周易的乾卦思想认为：天道运行周而复始，乾健之德永无止息，君子应师法天道，自立自强，进而效仿天德，生命不息，奋斗不止。

另外，老子主张民众在贵德活动中，也需效法地德。正如周易《系辞》所言："古者包牺氏之王天下也，仰则观象十大，俯则观法于地……以通神明之德，以类万物之情。"在易学看来，天、地、人三才里，人居于中间，上有天、下有地。而且由于在道所化生的天地万物中，人是万物之最灵，因此人类应积极致力于上观法于天，下取法于地。上观法于天的难点在于观天明道，领略其不言而善应、自强不息等玄德；下取法于地的重点是远取诸物近取诸身，体悟其上善若水、处下守柔、谦逊利

---

① 刘伟：《从竹简〈文子〉中道与德的关系看早期儒道关系》，《齐鲁学刊》2004 年第 6 期。

② 朱熹：《四书章句集注》，北京：中华书局，2018 年，第 28 页。

③ 黄小珍：《"尊道"在于"贵德"：老子的生态伦理意蕴》，《南京林业大学学报》（人文社会科学版）2018 年第 3 期。

物等恒常不变的美德。

天因法道而距道最近，所以天与道相似拥有玄德，天之德也称为上德；由于法天之地万古长存恒常不灭，因而地之德可称为常德。老子为了使人更直观地理解地德、常德，他曾以水这种大地之物为例，对地之常德予以睿智的剖析。"上善若水，水善利万物而不争。处众人所恶，故几于道。"（《道德经·第八章》）很明显，老子认为大地之水具备接近于道的优良品质，"善于施利给万物但却不与万物相争，这符合道的原则"①。可以说，《道德经》之所以经常结合现实生活运用风云水木举例，就是因为想引导世人在尊道贵德的同时，能够法天象地明道悟德，并期待民众形成德法天地的精妙智慧。

（二）修身成贤建德立功

老子除了希望世人外师造化效法天地以便增长智慧福德外，还建议世人希圣成贤从而修身建德立功。老子认为，在道生、德畜、物形、势成的过程中，不仅有天、地生成，而且还有人类不断降生。因为在人类群体中，有圣、贤、凡、愚之分，所以普通民众若要尊道贵德，在法天象地之外，还需向道德卓越之人积极学习。在老子看来，当时的社会礼崩乐坏、战乱频繁、百姓失所、秩序混乱。虽然人类都是由道所生，但众人所具之德差异很大，有的人对道德很珍视，德性很好，有的人则截然不同。对此，老子曾指出："上德不德，是以有德；下德不失德，是以无德。"（《道德经·第三十八章》）"上德"即真正崇尚"德"的人，"下德"即不崇尚"德"的人。②

细致分析老子的德性观可知：真正崇尚"德"的人，他崇尚的是以"道"为根基的本源之德，而不是世俗之德，例如某种具体的德目：仁、义、礼等。③如果说世俗之德作为具体的德目是"有"，可以表现出来……而本源之德则无固定的表现形式，更重要的是与"道"合一。④因为"上德"之人是善于法天象地，接近道法自然真谛的人，他为而不恃，不刻意去表现自己的美德，以致其内在德性几乎未曾通过外在形式显露出来，所以老子强调："失道而后德，失德而后仁，失仁而后义，失义而后礼。"（《道德经·第三十八章》）在老子看来，他所肯定的"上德"须契合大道为而不恃的根本宗旨，否则便沦为"失道"的"下德"。"下德"实际上不算是道德，其本质为世俗社会为了挽救日下的世风所设置的强制性伦理规范。

---

① 高长峰：《略议老子思想中的不争之德》，《南方论刊》2014 年第 5 期。
② 周耿：《老子·三十八章》"上""上德"探微》，《哲学研究》2017 年第 5 期。
③ 陈霞：《孔德之容，唯道是从——论道家道德哲学的根基及其特征》，《哲学研究》2016 年第 3 期。
④ 周耿：〈老子·三十八章〉"上""上德"探微》，《哲学研究》2017 年第 5 期。

可见，与道相合的"上德"体现为不固守世俗之德的表相，不以有德自居……下德则表现为固守、执着于德之表相与外在规范，以有德者自居。① 因为与"上德"契合大道、为而不恃的特质不同，"下德"是"求而得之""为而成之"的，属于"有为"——所以说"下德""是以无德"。② 正因目睹当时社会的这种颠倒乱象，老子才呼吁："不尚贤，使民不争……圣人之治……常使民无知无欲。"在此值得注意的妙义大体有两方面，其一，老子强调的是"不尚贤"，而非"尚不贤"。其二，纵深梳理《道德经》的思想可知，对于老子所说的"不尚贤"，世人须结合世俗谛、胜义谛这两大层面进行正确解悟。

从世俗谛来看，老子确实主张"不尚贤"，其缘由在于他发现倡导世俗贤德会引发大弊。"为了鼓励人们行德，提倡低层次的、交换式的世俗美德，而这一提倡带来的负面结果是：人们为了换取名利，纷纷表现为'有德'。"③ 只执着于"德"的形式，而不注重内涵……这种方式是对大道的远离。④ 正因如此，老子反对世俗的贤德。从胜义谛来看，老子其实从更高远的视角对"尚贤"予以了赞扬和倡导。他主张世人努力学习圣者、王者的贤德，而非世俗的贤德，因为在他看来，为而不争的内圣外王之士，为法天象地明道悟德的佼佼者，值得民众以之为楷模，所以他建议世人希圣成贤从而修身建德立功。

结合《周易》等经典的理论可知，老子反对人为的世俗贤德，他认为真正的盛大贤德不能刻意为之，而是自然而然的，应具备"百姓日用而不知……鼓万物而不与圣人同忧"的特质，正所谓"上德若谷……建德若偷"。在老子看来，世俗贤德是下德，亟须升华为上德、玄德，其具体做法为师法天地、效仿圣贤、明道悟德、修身建德。为了鼓励民众通过希贤希圣、修德建德实现丰功伟绩，老子曾留下教诫："善建者不拔，善抱者不脱，子孙以祭祀不辍。修之于身，其德乃真……修之于天下，其德乃普。"（《道德经·第五十四章》）它使民众深知，人生的最大意义，在于修身立德、学至圣贤以成己；人生的重要方向，在于化德为行、建功立业以利人。

三、功成弗居之秘与急流勇退之谛

深入解析《老子》的道体论、德性观可知，因为他深明道之玄德自然而无为、天之上德不言而善应，地之常德处下而不争，所以基于胜义谛层面，老子通过"不

① 白晋荣、杨翠英：《老子"德"论探微》，《河北学刊》2016年第1期。
② 黎荔：《论上德下德的历史地位》，《陕西广播电视大学学报》2015年第1期。
③ 周耿：《老子·三十八章"上""上德"探微》，《哲学研究》2017年第5期。
④ 王敏光：〈老子〉哲学"德"论探赜》，《理论月刊》2011年第9期。又见王敏光：《以身观身：老子群己观的一种释读视角探赜》，《东岳论丛》2016年第8期。

尚贤"等迥异世俗的口号，提倡民众摒弃世俗的下德，进而法天象地、仿圣效贤，以修身建德、立功济世等活动成就常德、上德乃至玄德。由于"上德不德是以有德""玄德深矣远矣，与物反矣"（《道德经·第六十五章》），因而老子在鼓励世人建德立功的同时，还着重强调功成弗居，主张急流勇退，并为世人留下无身有事的高明智慧。

老子提出"不尚贤"的根本缘由在于，他想引导世人谨记道法自然，将世俗强制性伦理规范之类的下德升华为上德、玄德，进而与道返合。在他看来，无形无象的道，养育着人类而不直接地支配人类，养护着人类而不直接地主宰人类，这就是道的至善本性的伟大显现，即玄德。① 仁义礼智等世俗的下德需要重新构建，人们在建德过程中，应该循序渐进，先学习圣贤之德，再迈向地德常德，再趋近天道上德，最后返合于大道玄德。

特别值得注意的是，在引导民众慕贤希圣时，由于圣人好静不言，因而老子还特意为民众剖析出圣人功成不居的奥秘。他指出："圣人处无为之事，行不言之教……功成而弗居。夫唯弗居，是以不去。"（《道德经·第二章》）在法天象地的过程中，圣人带领百姓创造所需之物但不据为己有，为民办事但不自恃有恩，功成名就但不居功自矜。作为领导者，圣人这样做会不会抹杀自己的功劳呢？老子认为不会，恰恰是不居功，领导者的功业才会永存。② 对此，他强调曰："不自见，故明……不自矜，故长。"（《道德经·第二十二章》）总之对于民众来说：秉持圣人之德，贵在以圣人的"超世间性"之心来发现并融合生命价值之德，进而构成每一个人思考人生并赋予生命意义的重要进路……在法天贵真、内圣外王的对象性活动中实现"与道合一"的心性之德。③

老子虽然鼓励世人法天象地、仿圣效贤、建德立功，但他更关注的是教人功成弗居、事遂身退，此中蕴含有非常丰富的智慧与妙谛，在当今时代极具传播价值和启迪意义。首先，功成弗居、事遂身退的本质是一种兼具慈悲和智慧的无我型贤德，它与老子所倡上善若水、利物不争的德性相当契合。所谓"不争"，意在使人不要争名夺利而悠然自得。效法自然，如流水一般顺势而为，做到为而不争。④ 在老子哲学中，圣人悟道明德、常人修身建德的过程，本质为积善成德返合于道的过程。向大

---

① 韩云忠：《尊道而贵德——老子德之思想论析》，《山东师范大学学报》（人文社会科学版）2017年第4期。

② 李涛：《老子"圣人不仁"思想及其对领导者成就下级的启示》，《领导科学》2018年第25期。

③ 刘占虎：《老庄生命哲学之和谐心灵生态生成论——以"道生之，德畜之，物形之，势成之"为中心》，《管子学刊》2018年第2期。

④ 刘占虎：《老庄生命哲学之和谐心灵生态生成论——以"道生之，德畜之，物形之，势成之"为中心》，《管子学刊》2018年第2期。

"道"的回归，需要的是"虚""静""柔弱""不争""寡欲"等方式来实现。①于是，老子呼吁人们少私寡欲，像水那样处下谦逊、利物不争。

其次，老子教人功成弗居、事遂身退的原因还在于，他深知大道运行永无止息，宇宙万物迁流不居，所以他主张任何时候都不能固守不变。正所谓"飘风不终朝，骤雨不终日。孰为此者？天地。天地尚不能久，而况于人乎？"(《道德经·第二十三章》)老子指出，由于不存在一成不变的事物，天地都不能长久不变，因此世人即使建德立功，也应做到功成弗居、事遂身退，否则，就会变为"物壮则老，是谓不道"。在警示固守不变的弊端后，老子更是对执着名利贪得无厌的现象予以批判。在老子看来，社会上的一切纷争，都源于"不知足"……只有"知足"才能"不辱"，只有"知止"才能"不殆"。世人唯有以天道为准则，谨记天道无亲和世事无常，才能真正地名垂青史。

再次，功成弗居的行为，是圣人为而不争的一大美德，事遂身退的做法，是圣人"后其身而身先，外其身而身存"的一种高明智慧。世俗民众在建功立业后大多会沉湎于名利，甚至会争名夺利，圣人却善于淡泊名利。对此，庄子曾说道："名也者，相轧者也；知也者，争之器。二者凶器，非所以尽行也。"(《庄子·人间世》)在庄子看来，名利和智巧，看似是好东西，但其本质是能伤害生命的"凶器"。诚然，争名夺利的行为，就如同刀口舔蜜的做法，那些为名利而奋不顾身者，往往成为"丧己于物，失性于俗"的"倒置之民"。②

正因发觉执着于功业名利必定使人反受其害，所以圣人为而不争，功成之后事遂身退，努力使自己保持处下谦逊的常德，趋近为而不恃的玄德。于是老子建议世人，虽深知雄强，却安于雌柔；虽深知光亮，却安于暗昧；虽深知荣耀，却安于卑辱。只有这样，永恒的德就不会离失。③结合佛学来看，道所生的万物皆是众缘和合，由于人的生命有时限，任何功业名利都不可能永远属于"我"，因此人生在世不能对名利过于执着，而应谨记无常、无我，将我所、我执适度消融，避免心态失衡而迷失人生的方向。

老子认为，不论做什么事都不可过度，而应该适可即止，富贵而骄，居功贪位，都是过度的表现，难免招致灾祸。就普通人而言，建立功名是相当困难的，但功成名就之后如何去对待它，那就更不容易了。老子劝人功成而不居，急流勇退，这更

① 王敏光：〈老子〉哲学"德"论探赜》，《理论月刊》2011年第9期。
② 刘占虎：《老庄生命哲学之和谐心灵生态生成论——以"道生之，德畜之，物形之，势成之"为中心》，《管子学刊》2018年第2期。
③ 尚久悦：《略论老子"圣人之德"的理想人格》，《学术交流》2006年第5期。

有利于保全天年，正如欧阳修所言："定册功成身退勇，辞荣辱，归来白首笙歌拥。"[1]

结语

法天象地、明道悟德的老子，是外师造化、中得心源的大智者和大圣人，为了引导世人修持建立起为而弗恃的"玄德"，返合复归于深微诡秘的"大道"，他经常借由否定经验概念超越经验现象，使人以楔去楔能所俱泯，进入物我两忘天人合一的玄妙境界。尤为典型的是，他反对世俗依据仁义礼智选贤任能的做法，提议不尚贤，以便激励民众超越世俗的下德，像圣人那样建构真正的德性，逐渐契入常德、上德、玄德。圣人不是生来就有的，而是向天地之道学习的结果，通过不断地学习自然的道德精神……百姓之中可以产生贤才，贤才进而可以成为圣人。

对于老子的"不尚贤"，詹石窗先生解释道："不要特别推重与标榜才干杰出的人，以免让人去争相谋取虚名与禄位。"[2]细致探究老子德性观的本质可知，他扬弃世俗谛关注胜义谛，看似经常绝仁弃义厌智恶贤，实则处处希圣倡贤、尊道贵德。"不尚贤"的深义为"不突出贤才"，"不标榜贤才"……让贤才顺其自然地发挥他的作用……可见老子并不反对"尚贤"，也绝非是"尚不贤"，而是提醒统治者，过分突出贤才及其名利会滋生人的利欲之心，导致世人不择手段去争贤，引发许多新的社会问题与矛盾，最终背离"尚贤"的初衷。可见，老子的"不尚贤"表现出了对人性恶的洞察与防范，更具哲学思维的深度与智慧。

---

① 欧阳修著，李逸安点校：《欧阳修全集》，北京：中华书局，2006年，第213页。

② 清宁子注解：《老子道德经通解》，厦门：鹭江出版社，1996年，第28页。

《老子》公理化诠释的意义及困境

李勤合*

内容提要:《〈老子〉的公理化诠释》采用公理化的方法把书中体现的老子思想整理成一个演绎系统,用基本假设、公理、命题的形式来表述老子的各种论断,用定义的形式来表述老子的关键概念,从而实现一种表述形式的转换。通过这种公理化的"解释"办法来达到"理解"《老子》的目标,同经典诠释学强调的双向理解、主客统一等原则仍有距离,而解决这一困境的办法就是经典诠释学强调的"应用"原则。读者只有能够随时随地应用《老子》于当下,才是真正地理解了《老子》。

关键词:《老子》 理解 解释 诠释 应用

基金项目:本文为江西省教育科学"十三五"规划2020年度课题成果,项目名称:现代书院制与地方高校基础学科拔尖学术的涵养——以九江学院濂溪书院为例。(项目批准号:20YB205)

从2008年开始,九江学院中华传统经典公理化诠释科研团队开展了先秦儒家经典公理化诠释研究,相继出版了《〈论语〉的公理化诠释》《〈孟子〉的公理化诠释》《〈荀子〉的公理化诠释》《〈老子〉的公理化诠释》等成果。至今,这个团队仍在开展有关经典的会读工作,并对有关研究方法进行积极反思,以更好地促进研究工作的展开。

九江学院中华传统经典公理化诠释科研团队对《老子》的会读在两个层面展开:一是研究团队内部的研究性会读,二是研究团队面向学生开设的教学性会读。研究性会读主要在准确把握文本和吸收学术界相关研究成果的基础上,用公理化的方法对《老子》的文本和义理进行重构;教学性会读则是由研究团队成员在九江学院濂溪书院开设面向全校学生的"《老子》会读"选修课,既带领学生熟悉《老子》,也

---

* 李勤合(1978—),九江学院庐山文化研究中心副主任,九江学院濂溪书院研究员、教授、历史学博士,研究方向:传统文化、宗教比较、佛教史。

将《老子》公理化诠释的成果在教学中进行介绍和检验。这些经典的公理化诠释和
会读成果面世后，既收获了一些肯定，也受到了一些质疑。这里，笔者想尝试用诠
释学的一些观点来考察《老子》公理化诠释的一些问题。

一、公理化诠释作为经典诠释方法的可行性

所谓公理化方法，就是在一些基本假设、定义和公理的基础上，运用演绎方法，
推导出各种有意义的命题（亦称为定理）。这些基本假设、定义和公理及其推导出的
命题会构成一个理论系统，即公理化系统。在这个系统中，基本假设是逻辑的起点，
定义的作用是把公理、命题中所包含的核心概念加以清晰的描述，以保证在理清不
同命题之间的逻辑关系、进行推理时不至于产生歧义。公理是不需要证明（可以给
予说明）而作为公认出发点的共识。命题是从公理或其他已被证明的真命题出发，
经过推导证明为正确的结论（从而成为另一个真命题）。定义保证系统中命题含义的
确切性，公理作为系统中命题推导证明的支撑。当一门学科积累了相当丰富的经验
知识，需要按照逻辑顺序加以综合整理，使之条理化、系统化的时候，公理化方法
便是一种有效的手段。公理化的目的是把一门学科整理成一个演绎系统。

一个严格完善的公理系统，对于公理的选取和设置，必须满足以下三个基本要求：

第一，兼容性：这一要求是指在一个公理系统中，不允许证明某一命题的同时
又能证明其否命题。如果能从该公理系统中同时导出命题 A 和否命题非 A，两者并
存，这就表明出现了矛盾，而归根到底，矛盾的出现是由于公理系统本身存在着矛
盾的认识，这是思维规律所不容许的。因此，公理系统的无矛盾性是一个基本要求，
任何学科及理论体系都必须满足这个要求。

第二，独立性：这一要求是指在一个公理系统中，每一条公理都独立存在，不
允许有的公理可以用其他公理把它推导出来。公理的数目应该减少到最低限度。

第三，完备性：这一要求是指能从公理系统中推出体现所有理论分支的全部命
题，而达到这一要求的前提是，必要的公理不能缺少，否则这个理论系统中的许多
真命题将得不到证明，或者一些命题的证明会缺乏充足的理由。

公理化方法最早由欧几里得成功运用于数学（几何）领域，后来牛顿将其运用
于物理学（力学）领域，斯宾诺莎则将其运用于伦理学领域。约公元前 300 年，古
希腊数学家欧几里得集前人之大成，总结了人们在生产、生活实践中获得的大量几
何知识，规定了少数几个原始假定为公理、公设，并定义了一些名词概念，在此基
础上进行逻辑推理，得到了一系列的几何命题，形成了欧几里得几何学，简称欧氏
几何。欧几里得著有《几何原本》，这部著作的价值不仅体现在它汇聚了当时所知道
的一切几何知识，而且体现在作者用逻辑推理的方法把那些分散的几何知识编成了

一个系统的几何学体系。欧几里得的《几何原本》共十三卷，其中第一卷基本上涵盖了后来通称为"初等几何"的内容。在这一卷中，共包含了 23 个定义，5 个公理，5 个公设和 48 个命题及其证明。作者力图把这些原始的定义、公理和公设作为几何学的基础，然后以此为依据推证出几何学体系里的一切命题（亦称为定理）。书中提出的绝大部分命题在欧几里得之前就已经为人知晓，使用的证明亦是如此。但这并不影响欧几里得的伟大贡献：他将零散的几何学知识整理成了一个知识系统，这包括他首次选择了适当的公理和公设，然后仔细地将命题进行排序，使每一个命题与前面的命题形成了逻辑上的一致性，因而使该书成为一个演绎推理的杰出典范。

自此以后，许多西方科学家都效仿欧几里得来阐述自己的理论，说明他们如何从最初的几个假设、定义和公理中逻辑地推导出自己的结论。欧几里得对牛顿的影响特别明显。牛顿的《数学的哲学原理》一书，就是仿照《几何原本》的几何学形式写成的。牛顿综合了天上力学和地上力学，创建了统一的力学体系——经典力学；而这一理论体系的构建，则很大程度上归功于公理化方法的运用。正是因为这个方法的运用，牛顿的力学体系显得明晰而完善，被后人称作科学美的典范。

斯宾诺莎采用公理化方法来表述他的伦理学思想，这在伦理学史上显得颇为奇特。在斯宾诺莎看来，几何学成功运用的公理化方法完全可以用来构建他的"伦理学"，于是他的《伦理学》便采用了从公理到命题的推演方法。

近代著名科学家爱因斯坦认为实验并不能完全决定性地解决物理学问题，还必须用公理化的方法来建设物理学的大厦。其狭义相对论的出发点是两个基本假设：相对性原理和光速不变原理。爱因斯坦以此为前提，演绎出尺缩效应、钟慢效应、品质增大效应等命题。爱因斯坦还高度评价了公理化方法的重要性。他指出：近代科学的发展依赖于两种研究方法，一是公理化思维，二是可重复性实验。总之，概念的清晰和逻辑的严谨，是公理化方法的长处，这一优势使之逐渐进入了数学、物理以外的各种学科。

公理化方法虽然产生于数学，但并不仅仅属于数学，而是一种可以普遍应用的基本的科学方法，特别适宜于将一系列命题整理成一个演绎系统，以发现命题之间的逻辑联系。利用公理化方法来诠释《老子》的优势在于，它可以将《老子》中相对隐性、模糊性（多义性）的义理（名题）建构成一个以基本假设、定义、公理、定理和相关推论构成的演绎体系，以便人们尤其是初学者更好地理解《老子》。

二、公理化诠释怎样达到理解和解释《老子》

"理解"和"解释"是经典诠释中最基本，也是最重要的两个方面。人们经过"解释"而达到"理解"，因而解释不是一种理解之外的附加的行为，正相反，理解总是解释，因而解释是理解的表现形式。《〈老子〉的公理化诠释》是通过建构一个公理化系统来完成解释《老子》，从而达到理解《老子》的目标。

对《老子》一书进行公理化诠释，就是要把书中体现的老子思想整理成一个演绎系统。展开这种演绎的方法简言之就是：转换表述形式、建立逻辑联系。《老子》包含了各种思想观点，它们由众多概念、众多论断组成，该书用基本假设、公理、命题的形式来表述老子的各种论断，用定义的形式来表述老子的关键概念，从而实现一种表述形式的转换。在《老子》一书中，表面上看起来孤立的各种概念和论断，实质上应该是有紧密的逻辑联系的。为此，该书从中先抽绎出一些论断作为基本假设，再形成由基本假设统摄的若干定义和公理，再用公理（基本假设可作为更大论域上的公理）把众多的命题推理出来，这样就在孤立的论断之间建立了紧密的逻辑联系，从而把老子思想整理成一个结构严密的演绎系统。如此一来，基本假设、定义、公理、命题以及推理的展开，就形成了《老子》公理化诠释的基本框架。

在《〈老子〉的公理化诠释》的《引论》一章中，按照"道经""德经"的分法，用八个部分阐述了《老子》思想的基本框架。首先，该书概述了老子、《老子》研究史及其对后世政治思想及其道教影响，接着从多方面展开了老子之"道"的解读，然后从老子的"自然"与"自然观"的诸种寓意，阐述了老子的天地自然观，万物生成与运动方式观；也由此奠定了人类社会的参照系。从"弃智入明"还是"由智入明"，到老子"天人观"的由来及旨归，展现了老子"破迷解惑"理论和方法，体现了"俯瞰人类"而不是"平视人类"的认识角度和高度；从老子之"德"与文明社会的理想形态，以及《老子》的水意象与为政之道，到老子的养生论，则建构了老子指导人类组织行为和个体行为的思想体系。该书还概述了道家与儒家的互补及道家对人类发展的启示。

《引论》全面介绍《老子》的内容是要为公理化体系的建构服务。对于老子的思想，该书的解读路径是："道"是一种"无限的无限性的综合"，"自然"是"道"的根本性质或"法则"，它支配着一切。在事物表现形态上，"自然"表现为"无为而无不为"。在人类社会中，同样要遵循"无为而无不为"（或"顺势而为"）的原则。以此观察人类社会，有限的功德就不是合乎"自然"的功德，而执着于因欲望驱动的"智"，就形成了不合乎"自然"的种种观念，产生了种种不合乎"自然"的作为。

通过上述系统阐述，该书完成了公理化研究所需要的必要铺垫。接下来，《〈老子〉的公理化诠释》第二章中首先论述了《老子》的"守中"思想，将它作为基本假设的理论铺垫。在《〈论语〉的公理化诠释》中，研究者将研究的逻辑主线定位在"矛盾的中庸状态"；但在诠释《老子》时，发现不能再从具有对等关系的矛盾双方引出逻辑主线，而是应当从具有包容与被包容关系的矛盾双方引出逻辑主线，前者就是指天地自然之"道",后者就是指人类社会。如此一来,"守中"便成为处理好整体与局部关系的抽象概括。《〈老子〉的公理化诠释》把研究的逻辑主线定位在人类认识世界、对待万事万物的"守中"状态,这就需要从世界生成论的层面阐述事物构成及其运动变化的规律,进而把人类世界放在这个系统的恰当位置,这样才能确定什么是"守中"状态,以及如何把握这种状态。

接下来该书提出了定义、基本假设、公理。在基本假设与公理中,该书主要从"道""自然""有无"这些展开天地自然之"道"的概念,阐述了《老子》的思想框架,从而过渡到人类社会,以及"自然观"对人类社会的指导作用等等。定义则负责描述公理化诠释所涉及的核心概念,故而置于前面。该书一共给出了13个定义、5个基本假设、4条公理,进行了界定和说明,并配上与之相应的《老子》原文,为后面的命题、推理提供依据。

基本公理化研究的需要,该书将对《老子》的解读与基本假设对接起来。"守中"的提出,就是由此及彼的桥梁,其核心就是明确矛盾的双方以及妥善处理矛盾的方法。该书认为,"道"的特性即"自然"与人类行为的"不自然"(偏离"道")构成矛盾。而矛盾的根源是人类能"智"不能"明",无法认识"道"的无限性,只凭借"智"去作为。如果不处理好这种矛盾,就会使人类社会乱上添乱。故而人类必须化"智"为"明",准确认识"道",继而依照"道"的"自然"法则去作为,做到"无为而无不为"。如此人类就需要探索什么是合乎"自然"的"德",如何按照"自然"法则去治国,去养生。这就形成了四大方面的论述,命题也就相应分为四大类,形成了《明道篇》《贵德篇》《治国篇》《摄生篇》,这四篇用成组的命题分别展开论述,并用例证和说明,进行更具体的描述。接下来的第三、四、五、六章是以公理化方法展开《老子》这四类思想的命题组。

《明道篇》共21个命题,主旨是说明老子关于"道"的基本观念,以及人如何才能认识或体悟"道"。首先阐述道自身以及道与万物的关系,其次说明人的两种认知或体悟状态"智"和"明"以及它们之间的相互关系,指出由"智"入"明"才能正确认知或体悟"道";再次说明体悟"道"的路径,方法和步骤。

《贵德篇》共23个命题,主旨是阐述顺应自然之德的方法,以及修德之方、修德之用。具体而言,顺应自然方为德,如何做到这种德,则应当从偏执于"有为"转变为把握"无为"。在这方面,应当认识到贪欲、智巧为修德之害,而淡化两者的方法为知足、处下、柔弱、不争,这也是圣人得以修成的方法,圣人的特点为智之澄明、心之虚静,具有这种"玄德",方能体现自然之道。

《治国篇》共28个命题,主旨在于论述遵循自然的治国之道,指出合乎自然的社会才是理想社会,而有道社会的特征是和谐自然,百姓安居乐业,无需繁苛的礼法；讨论良治的基本模式、表现及其实施；合乎自然的治国方式是循道、循古，不可过度崇尚智慧、贤能、仁义、礼法、功德、奇货等东西，而在用兵、外交、为君、行政、治民等方面，均要遵循"守柔"之道，如此对于君主的修养提出了要求，也就是刚柔并济、修德修信。

《摄生篇》共 22 个命题，主旨是如何关爱自我的生命，实现关爱自我生命与关爱他人生命的统一，而真正实现这一点必须以"自然"为原则。养生的根本原则是效法自然，其根本在于保持虚静、淡泊、淳厚的心境以及节制自我的嗜欲，以之作为效法自然的基础。由此展开，需建立基于自然原则的财富观，正确对待财富与生命的关系；建立基于自然原则的祸福荣辱观，以知足不辱、为而不恃为核心；建立基于自然原则的强弱论、巧拙论；等等。基于自然的原则，其实也就体现了个体与万物共生的原则。①

三、"应用"是解决《老子》公理化诠释困境的关键

我们首先是通过文本去理解《老子》（以及《老子》、老子所要表达的思想与真理），那我们的解释是为什么呢？一方面是为了解释者自己理解《老子》，另一方面是为了要让读者通过我们的"解释"去理解《老子》。那这种"解释"到底是架起了一条通往理解《老子》的桥梁，还是设置了一道障碍？

当然，我们进行公理化诠释的时候是这么认为的：直接阅读《老子》文本，尤其是《老子》丰富的内容和模糊难测的语言，会产生一些障碍。所以，我们开展公理化诠释应该是架起了一条通往理解《老子》的桥梁，消除了一些障碍，"天堑变通途"。但中间，也许可能会产生一些新的障碍。所以，我们在阅读《老子》或试图去理解《老子》时，必须注意，一是要回到《老子》文本自身，不能停留于那些解释；二是要建立自己的理解"桥梁"，而不能止步于别人提供的桥梁。新的解释，包括公理化诠释，只是为了帮助读者建立各自的通往理解的桥梁。这些解释则可能既是桥梁，又是障碍。这里，经典诠释学的一些观点会有助于我们更好地去理解这一点。

按照伽达默尔等经典诠释学家的意见，诠释学有三种基本技巧，即理解的技巧、解释的技巧、应用的技巧。这也是诠释学的三个基本要素。但这里的"理解"，是一种相互的理解，而不是一种读者对文本的单向理解。单向的理解，类似于我们知道了某个事物。就像我们常常提到某个名人，会开玩笑说："我认识他（她），他（她）不认识我。"这就是一种单向的理解，不是诠释学意义上的理解。

诠释学意义上的"解"，也是一样，注重主客之间的统一，注重对事物本身的

① 甘筱青：《〈老子〉的公理化诠释》，南昌：江西人民出版社，2016 年，第 3—7 页。

解释。而我们所熟悉的现代科学意义上的解释，多是一种还原论的解释。比如解释"红色"，是用波长来解释，这不是诠释学意义上的解释，不过是把"红"还原成另一个东西，通过另一个东西（波长）来解释"红色"。而诠释学意义上的解释是要让事物本身表现出来，让事物自己来说明它自己，就是事物本身要"立出来"。

从这里，我们就可以看出用公理化方法来诠释《老子》存在的一些困境。因为用公理化方法来诠释《老子》恰恰是要建立一个公理化系统，从而在《老子》和理解《老子》之间建构一个新的体系，把《老子》还原成一个公理化系统，也因此在读者与《老子》之间形成一个主客的分离。这个公理化系统既可能建构起通往理解《老子》的桥梁，也可能拉开了《老子》和读者之间的距离，成为一道新的障碍。

用公理化方法来诠释《老子》有其优点，它利用定义、公理、推论等建构了一个层次清晰的逻辑系统，在基本观点上已经"解释"清楚了《老子》，使人们有了"理解"《老子》的可能。但这种公理化诠释用力点在建构演绎体系，更多的是一种主客二分的"认识"，而不是主客统一的理解，和经典诠释学意义上的理解和解释是迥异其趣的。诠释学意义上的理解，是指这个作品（文本）和我们自己（读者）形成一个生命共同体，要达到这样一个生命共同体的解释的时候，那才是真正达到了理解。现代科学意义上的自然科学和许多社会科学，为了达到客观的理解和认识，常常要求读者（观察者）保持与对象的距离，保持所谓的"主客二分"，就是说主体跟认识的客体一定要区分出来，这样才能保证主体的认识具有客观性，或者中立性。但诠释学不这样认为，像伽达默尔就强调理解等于"经验"，这种经验恰恰就是一种"主客统一"。

《〈老子〉的公理化诠释》中在命题之后采用了"例证和说明"的方式加以补充阐释。"例证和说明"与命题的关系有四种：（1）命题是一般性、普遍性的论述，"例证"则是案例的论述。"例证"不能涵盖命题的全部内涵，但有助于了解命题的具体内涵。（2）"例证"可以是命题的延伸和扩展，从生活实践的不同侧面补充和丰富命题的含义，有的"例证"还有助于了解所阐释命题和其他命题的逻辑关系。（3）"说明"是以不同于命题推理的方式揭示命题的内涵和普遍性。（4）有些"说明"是为了揭示该命题与他人对《老子》某些解释的不同之处。由此可以看出，"例证"在某种意义上就是命题的应用案例，但这种例证只是"为了帮助读者理解命题"，离读者之应用仍有距离。

解决这个困境，就需要注意诠释学中的第三个技巧，即"应用的技巧"。早期诠释学中对"应用的技巧"并不重视，或者说，并没有单列出来。重视应用是西方诠释学的传统，但一直隐含其中，实际上，强调理解和解释的主客统一，其中就包含了应用。特别是早期的圣经诠释学、法学诠释学，其诠释的目的就在应用。如果没有应用，就很难有主客统一的理解与解释。①

    "《道德经》文化及应用博士学术论坛"中的"应用"关键词很好地呼应了诠释学中的"应用"主题，是解决公理化诠释困境的关键。诠释学必须把各自研讨的文本应用于当下的情况，并以对当前情况必要的方式去表现文本的意义。理解《老子》意味着在与当下的关系中去理解它，即只有我们能够（熟练地）应用《老子》思想于当下时，将《老子》历史文本与现实环境结合时，我们才是真正地理解了《老子》，否则我们就不能说已经理解了它。看起来是我们在应用《老子》，或者说是《老子》文本中的某些条文在当下的环境中得到了应用，其实那是我们内在地理解《老子》文本中所意指的那部分内容。《老子》如果要正确地被理解，一定要是在任何时候、任何具体环境下，它都能以不同的方式重新被理解。这样的理解，也就是应用，才是真正地实现了理解。

    古典的诠释学，更多注意"理解"和"解释"，把"应用"隐藏在了其中。实际上，诠释学的三种技巧，是一而三，三而一的。也可以比附地说，由解释而理解（一生二），由应用而理解（二生三），进而达成真正理解，能应用于万事万物万时而无碍（三生万物）。从这个意义上来说，我们对《老子》的公理化诠释远远没有达到完成的地步，而且可能永远不会完成，其趋向完成的一端永远在读者那里延续。

---

① 洪汉鼎：《〈真理与方法〉解读》，北京：商务印书馆，2018 年，第 207—211 页。

谈谈老子的"行不言之教"

王建中 [*]

内容提要：行不言之教，是指向大自然学习，以万物为师。拙文从弄清这一含义入手，阐述老子受恩师常枞"舌存齿亡"的不言之教后，为学日益而发扬光大于水川江海、车器房屋、飘风骤雨、刍狗风箱、婴孩母亲、千里之行、合抱之木、九层之台、静躁祸福等等，无不被赋予深刻的哲理，给人以启迪和教益。然而，老子并非仅仅为学日益而已。否则，《道德经》不过就是一本富含哲理的格言集、寓言集。老子至圣至伟，将形而下的为学日益与形而上的为道日损并作，损之又损以至于无为——宇宙演化之逻辑与历史相一致的起点——无与有的对立统一，形成一无一有之谓道。无为的实质即无与有的辩证统一。道为里，无为是其外在之表，亦即德。道与德、无为二者，总揽起为学日益下一个个不言之教，构建成包罗万象博大精深的天人合一思想体系。为学日益，为道日损，读无字之书，行不言之教，实乃《道德经》诞生的秘密所在。

关键词：不言之教　为学日益　为道日损　道　无为

"行不言之教"，出自老子《道德经》第二章："……是以圣人处无为之事，行不言之教……"[①]不言，是不说话吗？不说话如何教人？不言、不说话，又何须撰著出皇皇五千言《道德经》？不言是身教、以身相教吗？诸多的解老注老中，常做此解。而若以身相教，示范启迪而教化人，那撰著《道德经》又如何能进行身教？

笔者亦曾作上述理解，却总感觉未得要领。为求真解久矣，或一日试上百度网。百度网上"行不言之教"词条下赫然明示："是指人应该向自然学习，以万物为师。"真是醍醐灌顶、豁然开朗。自然万物即是无字之书、不言的教材。向自然学习，以

---

[*] 王建中（1947—），安徽广播电视大学滁州分校原校长，副教授，研究方向：老子思想形成、主旨和价值。

[①] 楼宇烈主编：《老子道德经注校释》，北京：中华书局，2008 年。文中凡注明第某章，均同此。

万物为师而自行参悟、无师自通，再将此大得大悟示人、启迪人。如此之行不言之教，老子堪称万世师表、绝世典范。

一、舌存齿亡：老子恩师的不言之教

行不言之教，并非自老子始，而是老子师从常枞所得之真传。相传老子曾探望老迈而病卧榻上的恩师常枞，恩师的一席不言之教，使老子受益终身。

老子面对恩师相问：衰弱至此还有何所教？常枞和蔼慈祥，不尚空谈不做阔论，而是向老子先后发问了三个为什么——"经过故乡你会下车吗？为什么？""遇见乔木你会停下吗？为什么？""我的舌头还在，牙齿却没有了，为什么？"老子分别以会停车以表不忘故土、不忘历史，乔木（苍老的大树）前停下以表敬老，而舌存齿亡则缘于舌柔齿刚，给出了让恩师满意的回答后，常枞接着说了句意味深长的话："天下的事都明白啦，我再没有什么传授你的了。"恩师的不言之教，平平淡淡却情真意切、言简意赅，足可启迪老子获得意在言外的教益，特别是从对立性事物的可比对的联系与变易中获得教益，形成化繁为简、取意形外、以反为正、以小见大的思维方法。恩重如山呐！

相传之事，虽没有明确史料记载，然而，舌存齿亡确已作为成语流传下来。舌存齿亡的道理和贵柔的思想，亦被老子继往开来，不止一次地在《老子》（即《道德经》）中，明明白白、实实在在地体现出来——

第三十六章："将欲歙之，必固张之；将欲弱之，必固强之；将欲废之，必固兴之；将欲夺之，必固与之，是谓微明。柔弱胜刚强。"

第四十章："反者，道之动；弱者，道之用。"

第四十三章："天下之至柔，驰骋天下之至坚，无有入无间，吾是以知无为之益。"

第七十六章："人之生也柔弱，其死也坚强。万物草木之生也柔脆，其死也枯槁。故坚强者死之徒，柔弱者生之徒……强大处下，柔弱处上。"

第七十八章："天下莫柔弱于水，而攻坚强者莫之能胜，其无以易之。弱之胜强，柔之胜刚，天下莫不知，莫能行。"

…………

二、为学日益：发扬光大不言之教

老子官至周王室守藏史和柱下史，可说是饱学藏书、洞晓天下，却绝不是腐儒书呆，受有字之书所限。老子绝顶聪慧，学习勤、悟性高，继往圣之绝学，博综钩稽，集其大成。尤其是受恩师一席不言之教，为学日益而通天察地，举一而反三，触类而旁通。《道德经》中的不言之教比比皆是，恩师的恩德和智慧被老子目炬苍穹、经天纬地而得以发扬光大——

第二章："天下皆知美之为美，斯恶已；皆知善之为善，斯不善已。故有无相生，难易相成，长短相较，高下相倾，声音相和，前后相随。"此受教于美丑、善恶的相比较而存在、相对立而依存关系，旁通于有无、难易、长短、高下、声音、前后等事物对立而统一的辩证性、普遍性。

第五章："天地不仁，以万物为刍狗；圣人不仁，以百姓为刍狗。天地之间，其犹橐籥乎？虚而不屈，动而愈出。"此受教于刍狗（民间祭祀时所用草扎的狗）祭祀后被自然而然地弃置，旁通于天地的公正无私、顺任自然。受教于橐籥（风箱）的功能，旁通于天地间广阔空间之"无"的大用——虚而不竭，生生不息。

第八章："上善若水。水善利万物而不争，处众人之所恶，故几于道。居善地，心善渊，与善仁，言善信，正善治，事善能，动善时。夫唯不争，故无尤。"此受教于水虽处人之所恶，却有七善，旁通于利而不争的辩证性和合于大道之德。

第十一章："三十辐共一毂，当其无，有车之用。埏埴以为器，当其无，有器之用。凿户牖以为室，当其无，有室之用。故有之以为利，无之以为用。"此受教于车辐、器皿、房屋的虚空与实物的结合而成，旁通于无与有相反相成而又相辅相成的对立统一，揭示无的价值在于用（与有结合），有的价值在于利（与无结合）——有之以为利、无之以为用，确立用无而为、用无利有的辩证理念。

第十二章："五色令人目盲，五音令人耳聋，五味令人口爽……是以圣人为腹不为目，故去彼取此。"此受教于五色、五音、五味的弊端，旁通于为腹不为目，须去彼取此务实务本的唯实思想。

第十五章："古之善为士者，微妙玄通，深不可识……豫兮若冬涉川，犹兮若畏四邻，俨兮其若容，涣兮若冰之将释，敦兮其若朴，旷兮其若谷，混兮其若浊。孰能浊以静之徐清？孰能安以久动之徐生？保此道者不欲盈，夫唯不盈，故能蔽不新成。"此受教于古之善为士者的谨慎、警觉、恭敬、从容洒脱、敦厚纯朴、虚怀若谷、大智若愚、动静有度，旁通于道之因应变化（或实或虚、或动或静、或有或无、或浊或清……）去故更新的轨迹和规律。亦可循此之道以修身。

第十六章："万物并作，吾以观复。夫物芸芸，各复归其根。归根曰静，是谓复命。复命曰常，知常曰明，不知常，妄作，凶……"此受教于芸芸万物并作而归根，旁通于认知和掌握万物曰逝曰远曰返之常态、规律之必然性、重要性，以及不认知和掌握运用规律而妄作、妄为的凶险和危害。

第二十三章："希言自然。故飘风不终朝，骤雨不终日。孰为此者？天地。天地尚不能久，而况于人乎？故从事于道者，道者同于道，德者同于德，失者同于失……信不足，焉有不信焉。"此受教于暴风骤雨不能持久，旁通于遵循道、修德行必以清静无为、顺其自然为上，少发号施令，慎之于许诺，言必信、信必果。靠欺瞒不会长久，信不足，终将招致不被信任而遭受背弃。

第二十四章："企者不立，跨者不行，自见者不明，自是者不彰，自伐者无功，自矜者不长。"此受教于踮脚不立（自我拔高立脚不稳）、跨步不行（急躁冒进难行久远），旁通于自见（自作主张）、自是（自以为是）、自伐（自我吹嘘）、自矜（自高自大）会适得其反，是不明智、难彰显、无以为功、不能统众等违逆顺其自然的不道行为、辩证道理。

第二十六章："重为轻根，静为躁君，是以圣人终日不离辎重。虽有荣观，燕处超然……轻则失本，躁则失君。"此受教于重与轻、静与躁的辩证关系，旁通于圣人不离持重之根本，不自轻、不浮躁，去华而处厚。

第三十九章："故贵以贱为本，高以下为基。是以侯王自谓孤寡不谷。此非以贱为本邪？非也？故致数舆无舆。不欲琭琭如玉，珞珞如石。"（舆通誉；致数舆无舆，是指数获高誉而不应称誉自傲自悔其誉；琭琭，美玉的样子；珞珞，石坚的样子）此受教于贵以贱为根本、高以下为基础的辩证关系，旁通于侯王自称谓孤寡不谷，以及数致舆无舆，不作宝玉、宁为坚石的辩证道理（后世孟子所云：民为贵，社稷次之，君为轻，似当源之于此）。

第五十二章："天下有始，以为天下母。既得其母，以知其子。既知其子，复守其母，没身不殆……见小曰明，守柔曰强。"此受教于母与子渊源关系，旁通于知其子而复守母，即悟道求道，当循万物而求其母（本原、本体），返本归初、返本开新的无神而唯实的唯物态度，以及见小（见微知著、以小见大，小处入手、着眼大处）曰明、守柔曰强（即所谓柔韧之强，此可克刚）的辩证道理。

第五十五章："含德之厚，比于赤子……骨弱筋柔而握固……精之至也。终日号而不嗄，和之至也。知和曰常，知常曰明……"此受教于婴幼儿骨弱筋柔而握固、终日号而不嗄，在于精气充沛、柔和敦厚，旁通于含德之厚如赤子，必知和知常，把握住守弱致柔之根本。

第五十八章："祸兮福之所倚，福兮祸之所伏。孰知其极？其无正？正复为奇，善复为妖……是以圣人方而不割，廉而不刿，直而不肆，光而不耀。"此受教于祸与福的依存关系，以及如同正复邪、善复恶一样的转化关系，旁通于明道之士（即懂得对立统一道理的人）应以辩证的心态立身处世，方而不割（方，方正，有原则、讲原则；割，棱角分明而伤人；意即方正而不孤傲，既讲原则又有灵活，虎气猴气兼具，外圆内方、外柔内刚）、廉而不刿（廉，清廉；刿，同割，硬伤人；意即清廉而宽厚，不因过分而伤人。所谓峣峣者易折，皎皎者易污；水至清无鱼，人至清无朋）、直而不肆（直率、耿直而不放肆、放纵）、光而不耀（光，风光、出彩；耀，炫耀；意即

有了成就但不炫耀)。

第六十章:"治大国若烹小鲜。"此受教于烹饪小鲜的技艺 (厨师的技艺为总揽,并贯串于全过程:从食材的区别与选用、佐料的调配与用量、烹制时或煎或炸或煸或蒸的程序,到掌控火候、用油用水适时适量、及时匀翻与制作时长等诸多方面,辩证把握精心料理,方能烹制出色香味俱佳的小鲜),旁通于治国理政总揽统筹、辩证施治、举重若轻之高超艺术。

第六十一章:"大国者下流。天下之交,天下之牝。牝常以静胜牡,以静为下。"此受教于江海处下而为百谷王,以及牝 (雌) 常以静胜牡 (雄) 的辩证性,旁通于大国与小国的邦交之策,在于大国善下守静而友邻。

第六十三章:"图难于其易,为大于其细。天下难事必作于易,天下大事必作于细,是以圣人终不为大,故能成其大。"此受教于难与易、大与细的相反相成辩证关系,旁通于圣人面对天下难事、大事,化难为易、化大为细的担当,不为大而成其大的辩证道理。

第六十四章:"为之于未有,治之于未乱。合抱之木,生于毫末;九层之台,起于累土;千里之行,始于足下……民之从事,常于几成而败之。慎终如始,则无败事。"此受教于毫末成材、累土成塔、积步致远的量变质变的玄妙,以及始与终的辩证关系,旁通于为之于未有、治之于未乱,以及慎终如始的智慧。

第六十六章:"江海所以能为百谷王者,以其善下之,故能为百谷王。是以欲上民,必以言下之;欲先民,必以身后之。是以圣人处上而民不重,处前而民不害,是以天下乐推而不厌。以其不争,故天下莫能与之争。"此受教于江海以其善下而为百谷王的辩证性,旁通于圣人造福于民,必处上 (领导) 而言下 (低调谦下)、先 (领头) 民而身后 (自身利益置后),使民不觉重 (压力)、不受害 (伤害),揭示不争 (名、利) 而无可争、无不胜的辩证道理。

第七十七章:"天之道,其犹张弓与!高者抑之,下者举之;有余者损之,不足者补之。天之道,损有余而补不足。人之道则不然,损不足以奉有余。孰能有余以奉天下?唯有道者。"此受教于张弓之技必抑上举下、损余补缺的辩证性,旁通于天之道损余补弱辩证的运行轨迹和规律,揭露"民不畏死,奈何以死惧之"(第七十四章) 的人世间现实之道 (实然性人之道),其损弱补余而违反天之道的剥削实质。期待明道高人替大行道,变损弱补余为损余补弱,使人之道与天之道合一。

…………

不难明白,以上枚举的诸多不言之教,已发扬光大于上至天文、下至地理、中及人文之中。只不过,天地万物普普通通却千差万别,然而,经由老子点化,直观形下而取意形外,直觉思辨其内在蕴含的哲理,却无不具有共同的基本特征:其一,辩证性。恩师常枞的教诲——化繁为简、取意形外，老子做到了；在对立性事物的可比对性联系与变易中思考，以反为正、意在言外、以小见大，老子也做到了。而且有过之而无不及——水的利而不争、弓的抑之举之，以及有与无、贵与贱、高与下、静与躁、难与易、大与细、祸与福、千里之行与足下、合抱之木与毫末、九层之台与累土——无不被全面而非片面、联系而非孤立、变易（发展）而非静止地加以思考和表达，显示出或相互联结相互制约（例如母与子），或相辅相成相反相成（例如车辐、器皿、房屋之有与无），或相互依存相互转化（例如祸与福）等辩证性。其二，唯实性。老子发扬光大不言之教，直面的是形下的真情实事。实事，是直观直觉而认知的对象、起点和基础。直面形下而抽象，虽取意形外、意在言外，仍不失知其子而复守母这一总的为道、求道之路。其唯实的立场，不证自明。

三、为道日损：不言之教总揽于无为

老子曾坦言："吾言甚易知，甚易行，天下莫能知，莫能行。"表达了"知我者希，则我者贵，是以圣人被褐怀玉"（第七十章）的感叹和豁达。这句话的意思是，我的话很容易理解，很容易施行。但天下竟没有多少人能理解、能施行。懂得我思想的人很少，能践行我思想的人更是十分金贵。所以明道的高人只好谦下恭谨，虽怀揣宝玉却身着粗衣。

老子为学日益，行不言之教，其来自自然与生活实际的形而下具体事物，应当说确实普通而平凡，得之于心、明乎其理，见之于《道德经》各章，均独立成篇，似乎本不难理解而易知易行。可是，若仅此而已，那么《道德经》莫过于仅是一本源于生活、高于生活而富含哲理的寓言集、格言集。老子终究是一代大师——中国乃至世界哲学的开山祖师。大师的炼成在于，并不止于向天地万物为学日益，同时还要"为道日损，损之又损，以至于无为，无为而无不为"（第四十八章）。结合下文的解读，便知此语一出，一个个不言之教的哲理，就被统摄起来、鲜活起来，成为老子构建博大精深、包罗万象天人合一思想体系中活的有机体。而如此从形而下一下跃升到形而上，若不懂得思维抽象之玄妙，不清楚道、无为的确切含义，那么，知者希、则者贵，也就不足为奇了。

何谓道？道，其含义多多。最初、最直观、最普通的意思当是指路。而在思想家眼里和笔下，道已被假借、转义，从形而下提炼和升华为形而上之道理、法则、轨迹，乃至规律等。"五行说"（金木水火土）中的行，即由道、路，引申为运行的轨迹。郑国大夫子产（？—公元前554年）主张"天道远，人道迩，非所及也"，即认为天体的运行轨迹与人事遵行的法则互不相干。子产是中国古代思想史上首创天道、人道概念的思想家。而老子，稍晚于子产并与之同时代，是百家争鸣前期独树一帜的伟大思想家。《道德经》实则是关于天道与人道关系的鸿篇巨制。道，在《道德经》中亦有多种用法、含义，但作为核心概念，则是在规律意义上使用的。如，"道可道，非常道"（第一章），"字之曰道……道法自然"（第二十五章）。

天道与人道的关系，本是老子所处的东周末年，礼崩乐坏、诸侯征伐致使天下大乱时代，思想家们所面临的"社会出路何在？"这一时代之问[①] 的重大课题。老子为学日益而受不言之教，的确不是漫无目的地写什么心得笔记、寓言、格言，而是纳入为道日损以至无为，以回答时代之问的问道之中。

为道日损，何谓损？损，减损、减少。而作为思想活动、思维活动之损，当是指从具体上升到抽象，进行概括、提炼与简化，或形成概念，或形成理念。因此，针对不言之教而为道日损，那就要进行反复的思考、抽象、概括、提炼，自然就会显得玄之又玄（抽象）。

上文枚举的诸多不言之教，既有出自《道德经》中的《道》经，又多出自《德》经。老子所言之德，不是人为规范人际关系的品格、品行，而是"孔德之容，惟道是从"（第十四章），即道为德之本、德为道之表，道与德表里合一的天然品格、品行。而无论不言之教出自《道》经还是《德》经，为道日损之下，似可抽象简化出简单明了的问题是——既然诸多的不言之教普遍显示出唯实、辩证哲理，而人世间现实之道是损不足补有余，违反了天之道其犹张弓、损余补弱的辩证之道，那么，寄望于损余补弱唯有道者的必然结论，不就理当是人之道应与天之道相一致、相统一？果然，《道德经》的终篇之章，老子画龙点睛，奉献出石破天惊的天道人道合一之高论——"天之道，利而不害；圣人之道，为而不争"（第八十一章），从形而上的哲学高度，回答了社会出路何在的时代之问。

有资料显示，帛书老子乙本的原文为"天之道，利而不害；人之道，为而弗争"。而河上公本、傅奕本与王弼本相一致，均在人之道前面多了个圣字[②]。笔者以为，帛书老子本所用人之道较为妥帖。圣人，即唯有道者的明道高人。使用圣人之道，无非是为了区别于损弱补余的世间现实的（实然性）人之道。但这样做却画蛇添足，局限了老子的视野，低了境界。老子曾深入于社会的经济根源中，揭露贵族统治者横征暴敛下的政治高压，发出"民不畏死，奈何以死惧之"的呐喊，其真实目的是期冀明道高人领头，以实现理想的（应然性）人之道，即变损弱补余的人世现实之道，为损余补弱而与为而不害的天之道相一致的、利而不争的人之道，而不仅是要追求什么圣人之道。

① 侯外庐，赵纪彬，杜国庠，中国思想通史（第一卷），北京：人民出版社，1957 年，第 47—48 页。
② 汪致正，汪注老子，北京：人民出版社，2016 年 3 月，第 265 页。

老子为道日损至此，虽有了天道人道合一的总结论，可以为生民而立命，但还得继续抽象和追问——为何诸多不言之教普遍能显示唯实性辩证性？人之道为何必然能与天之道合一，有何内在根据？弄清并回答这两问，显然还得反向溯源，按照知其子复守母而为道日损的思路，打破砂锅问到底——天道人道合一要能够成立，合乎逻辑的内在根据，首先得天与人合一。而天与人是否合一，就又得追问到天与人从何来、去何处？如何来、如何去？直至对宇宙的终极追问——是无还是有、存在还是非存在这一天地万物的逻辑和历史相统一的起点，以求为天地立心，从而为生民立命提供终极性哲理支撑。《道德经》正是从界说无与有这一宇宙演化的逻辑与历史相统一的起点开篇的。

道，在《道德经》中描述颇多。诸如"道冲"（第四章）、"视之不见名曰夷，听之不闻名曰希，搏之不得名曰微"（第十四章）、"道常无名"（第三十二章）、"道之出口，淡乎其无味，视之不足见，听之不足闻，用之不足既"（第三十五章）……笔者以为，这都不过是对于道的外在表象性描述，而对于道做实质性描述的，则在于以下两点：

其一，"无名"与"有名"。

"道可道，非常道；名可名，非常名。无名天地之始，有名万物之母。故常无欲，以观其妙；常有欲，以观其徼。此两者同出而异名，同谓之玄，玄之又玄，众妙之门。"（第一章）其意思是：我所主张的，作为运行轨迹、规律性的道，是可以言说的，但它是不同于前人的"五行说""阴阳二气说""水本原说"之外的非常之道、特殊之道。名字、名称也是可以命名指称的，但它是非常之名、特殊之名。它既叫无也叫有。叫作无的，是天地混沌未分、萌生之初的隐性、隐形状态；叫作有的，是天地已分、万物化生于混沌之母的显性、显形状态。常常面对于无，要观察其化生过程细微之妙；常常面对于有，要分辨隐转显、无到有的边界。无与有，是对同出于混沌而又不同状态所做抽象的不同名称。明白（思维）抽象之妙，是理解《道德经》各章的入门。这段文字中，无是隐，有是显，二者泾渭分明。但二者又密切关联依存，无中有有、有中有无，若无若有、若有若无。同出而异名，表明无与有实乃是包含有差异的同一——惚兮恍兮、恍兮惚兮是为无，其中有物、有象、有精是为有，无即是有，有即是无，二者既对立又统一。以此，道既叫作无而又叫作有，但却不等同于无或有，而是一无一有的相互联结、相互依存，乃至相互转化（第二章：有无相生；第四十章：有生于无），即：一无一有之谓道。这就是老子所言之道——与众不同的非常之道。

老子奉献此道，其价值无与伦比：一是提出无与有概念，标志着真正的哲学诞生了，中国哲学乃至世界哲学起始了，意义非凡；二是老子在《道德经》开篇，便揭示了宇宙演化、万物生成的根本规律——无与有对立统一规律，为天地而立心。

其二，"字之曰道"。

"有物混成，先天地生，寂兮寥兮，独立不改，周行而不殆，可以为天下母。吾不知其名，字之曰道，强为之名曰大。大曰逝，逝曰远，远曰反。故道大，天大，地大，王亦大。域中有四大，而王居其一焉。人法地，地法天，天法道，道法自然。"这段文字的意思是，有某物先于天地就已生存，可经由混沌（类似胚胎）化生天地万物，无声无形，不靠任何外力而独立长存、不改其常，循环运行而永不停息、永不衰竭，可以视为天地万物的本原、根本。我不知该以何名称呼它，姑且表字为道，勉强命其名为大 (大读音为太，是指混沌未开、天地未分时的元气，古称太极，简称为太)[①]。元气具有消散、远逝、往复的禀性和轨迹，遍于环宇。宇域之中，道、天、地、人 (王，应是指圣人，即八十一章中"圣人之道"。其实"王"应为"人"，方与下文"人法地"相一致) 共四个方面，都与元气密切相关、密不可分。人以地、地以天、天以道为法则、准绳，而道则以自在自为、自然而然为法则和准绳。明白大的读音为太，所指为元气，则宇宙天地万物的本原不应是道，而是元气。另外，我国早在春秋时期就已形成习俗，子女出生即由父亲为其取名，待到男二十及冠、女十六及笄行成人礼，由亲朋长辈为其取字。而字[②]，乃表义于名、从属于名，多按其名之义及其人之心性而确定。显然，字之曰道，表明道从属于太，实为表达元气轨迹、规律之属性或本质。以道表字元气，道在气中，一无一有之谓道，乃极为准确、妥帖地表达了元气一无一有，曰逝曰远曰反的对立统一辩证本性、本质。以此，老子揭示的宇宙对立统一根本规律，方才有了物性根基，从而确立起整体性唯物辩证的宇宙观。

庄子曾说过："自其异者视之，肝胆楚越也。自其同者视之，万物皆一也。"(庄子，《德充符》) 既然天地人皆同源于元气这一本原，又同法于道即对立统一规律，天与人齐一、合一，自是理所当然、顺理成章。天人合一，则人之道与天之道亦当必然合一。而诸多不言之教普遍显示唯实性辩证性，自然就有了终极性根源和至当不移的根基。《道德经》中的章、句看似紊乱，实则极具逻辑性，首尾呼应、浑然天成，是一个天人合一、道德合一、人之道与天之道合一、时代之问与终极之问内在联系而形成逻辑严密、唯物辩证的天人合一思想体系，包罗万象、博大精深。

那么，为道日损直至于无与有，至于宇宙演化的逻辑与历史相一致的起点，是否即至于无为？如何读懂老子的无为？应当说，读懂老子的无为确实不易。对无为

---

① 《辞源》，上海：商务印书馆，1915 年，第一部丑集大部，第 195 页；1979 年，第 650 页；《辞海》，1979 年，第 1422 页。

② 同上，第一部寅集子部，第 7 页；1979 年版《辞源》《辞海》，查"字"。

的释义历来很杂。将其释义成不妄为、不乱为的，可说是学界解老者之基本共识。至于释义成合规律行事的，顺其自然而为的，不自为（不自以为是、自作主张）的等等，当然亦都不为错，似乎又皆未说到位、说到点子上。依笔者所悟之拙见，为道日损以至于无为，就是至于无与有，至于宇宙的逻辑与历史相统一的起点——无与有的对立统一。一无一有的对立统一，即是道，即无为（有）。无为即辩证而为；无为而治，即认知和把握无与有对立统一法则辩证而治之（恕愚直言，对立统一是西方理性思维的哲学语术，而道、无为则是中国理智思维的哲学术语，西方哲人重逻辑，中国哲人重智慧。然他山之石可以攻玉，当代人既已熟知对立统一概念与含义，不妨借以帮助理解老子的道。尽管对立统一思想原本源自老子——《道德经》十六世纪末传入欧洲而被理性化地解读）。道与无为，二者既是一回事，但又有区别——道为里，无为是其表。无为是道的外在显现、表现，也即是德。

道在气中，更在器中。"有之以为利，无之以为用"，这句不言之教的名言，正是对无形虚空之无，与有形实物（车辐车毂、埴之瓷泥、建筑用材）之有，相反相成而又相辅相成、对立统一而成器的精辟概括。有之为利固然有赖于无之为用，但是若撇离开而不有赖于有之为利，则无也就无以显示其可用的价值，就什么也不是、什么也不成。有之为利、无之为用，用无而为，用无利有而为，讲全了二者结合方可成器成事。二者结合即合于道，无为（有）而成，不可偏废。

据《和生论》所述，老子的嫡传弟子文子，曾对老子的无为做了精彩而珍贵的记述："老子曰：所谓无为者……谓其私志不入公道……循理而举事……事成而身不伐（不自高自大），功立而不言有。""老子曰：无为者非谓其不动也，言其莫从己出也。"[1] 据此所记，无为的含义可概括为三：一是私志不入公道，循道（理）举事；二是事成而身不伐（不自高自大），功立而不言有；三是非谓其不动，言莫从己出。其中的第二点，明显表现出一无一有、有无结合之用无而为：事成、功立，可抽象为有，不伐、不有即是指无。

笔者曾撰写《刍议老子知无用无大智慧》一文，概括《道德经》核心概念的"无"有三个含义，一为隐、隐性隐形；二为虚、空；三为不、没有，即否定。按此三个含义，结合文子的记载和《道德经》文本，共归纳出用无、无为的九个方面内容：1. 无私而为——私志不入公道，循道举事，圣人无常心，以百姓心为心（第四十九章）；爱民治国（第十章）；事成而身不伐、功立而不言有，功成弗居，功遂身退，利而不争，生而不有、为而不害（恃）、长而不宰（第十章）；2. 无亲而为——天地不仁（平等相待），天道无亲（不分亲疏）；3. 不自为——言莫从己出，不自以为是、不

---

①　罗尚贤：《和生论》，广州：广东人民出版社，2012年，第123页。

主观自作主张，而要从实际出发，符合客观实际而为；4.知常而为，不妄作——知常而为即认识和运用客观规律而为，不应违反客观规律而妄作、妄为、乱为、瞎折腾、瞎指挥；5.顺其自然、顺势而为——道法自然；以无事取天下；我无为而民自化，我好静而民自正，我无事而民自富，我无欲而民自朴（第五十七章）；道生之，德畜之，物形之，势成之（第五十一章）；6.知反用反而为——反者道之动。反，无论理解为向对立面的转化，还是循环往复地运动，都包含有否定。知反用反而为，即在否定意义上用无而为，如：将欲歙之，必固张之；将欲弱之，必固强之；将欲废之，必固兴之；将欲夺之，必固与之（第三十六章）；治国以正，用兵以奇（第五十七章）；正言若反（第七十八章）；天之道，其犹张弓与？高者抑之，下者举之（第七十七章）；7.贵柔守雌知静而为——知其柔，守其雌（第二十八章）；以天下之至柔驰骋天下之至坚。雌柔而为，外圆内方、绵里藏针、终能克刚。静可胜躁，可致远，可知常。清静而为，可为天下正（第四十五章）；8.善下不争而为——江海所以能为百谷王者，以其善下之；不争不是不要斗争，而是若水一样善地、善渊、善仁、善信、善正、善能、善时。恭己善下，不争名、利、位，不争强恃强，而要若水之七个善，利而不争、不争而善胜（第七十三章）；9.寂兮寥兮而为——寂兮寥兮，出自《道德经》第二十五章，所言有物混成之道无声无形。即所谓处无为之事，行不言之教，万物并作而不辞，生而不有，为而不恃，功成而弗居　　（第二章）。即是说要不动声色、不为作秀、不事张扬地作为。即使作为了也应视为职责所系、应尽义务，是出于人道合于天道之德性的本心所为、自觉而为，不应也不值得刻意宣扬。如此则自会清零、归零——不有、不恃、弗居。如此之为，恰如"春风不语千山绿，冬雪无言遍地白"，亦正如老子所愿：太上，不知有之……功成事遂，百姓皆谓我自然（第十七章，意思是，高明的领导，很少发号施令，百姓意识不到他的存在，事情办成了，老百姓会说这是我们自己这样干的）。

　　无须再做更多概括，仅此已足可明白，老子为学日益所悟得的一个个体现唯物辩证哲理的不言之教，在道、无为的总揽之下，有了依归，有了根基，有了灵魂，犹如涓涓细流，汇聚在包罗万象博大精深的天人合一思想体系中，"终入大海作波涛"。

　　一无一有，反者道动；天人合一，道法自然；用无利有，无为之德……大道至简，易知而易行；转识成智，经世以致用。为学日益、为道日损，实乃《道德经》诞生的秘密所在。千古雄文，万经之王，经由老子为学日益、为道日损，从无字之书、不言之教的"无"中，横空出世而独树一帜，为天地立心，为生民立命，为万世而开太平。

　　"仰望星空"斯言豪，

"不言之教"试比高。

活水源头润经史，

"天人合一"哺正道！

　　面向自然，面向社会，读无字之书，行不言之教，诚也，成也。黑格尔曾经说：一个民族有一群仰望星空的人，他们才有希望。而今东方人则要说：一个民族有一些行不言之教的人，他们才有前途！

论家庭同"道与德"的契合

——基于《道德经》、《周易》、儒家思想应用

佟海山*

内容提要： 将《易经》与《道德经》应用到中国人的家庭，这也算是多姿多彩应用当中的一个小例吧。我的小题目中既阐述了儒道两家的德行与智慧，又阐发了新时代的治家之道及其家人的大德修养。理性思维是学懂当代理论与实践发展的必经之路，学懂《易经》与《道德经》也不能只靠自我直觉，更需要长期认真的用功，还要向文化继承者学习。家庭始于男女的夫妇关系，从伦理上说是"亲子之情"，继而从家庭成员扩展为亲戚关系，这是一种自然的亲缘关系，从而构成社会关系，正如老子所说："以身观身，以家观家，以乡观乡（家族），以邦观邦（国家），以天下观天下。"这一句话，既阐述了修身立德的人生过程，又对《周易》中以儒家为代表的传统伦理"身修家齐治国天下"的广泛发挥和深刻提升。实质上，对儒家归结的"格物"，即"仁义礼智"四德的充分发挥和深刻提升，老子反对孔子的"仁义，礼乐"，提倡"无为，任自然"。老子的学说传播于战国后期，家族化也普及于战国时期。《道德经》从天地万物只有一个本源（道）出发，对《周易》中形成的"天地，社会，人类"三才之道，给予了系统的阐述和深刻的提升。因此，老子的"道"应成为《周易》及其后来所附溢内容的一条红线。

关键词： 家庭 亲缘 伦理 道德

---

* 佟海山（1934—），研究生学历，数学和计算机专业，中国科学院计算所，曾任研究室主任、人事处干事等职务。

一、家庭同"道与德"的契合

（一）《道德经》对《周易》的发挥和提升

早在上古时代，人文始祖伏羲氏，仰观俯察天地人生，因河图而始作八卦符号系统。河图是黄河上游发现的一个象征天体的古代天文星象，又名龙图。由此，引发了宇宙万物各有其象是源于气化（天地之能量）的认识。由于这种气化的作用，宇宙万物，动则生阳，静则生阴，从而形成了阴阳二气，又称两仪。仪者为容，一双之意，如阳仪为奇数、刚、男、动等时，则阴仪为偶数、柔、女、静等。所以，阴阳两种气化，其属性相反，但其作用相生相成。这种气化的性能变动不居，两种气化自然而然地相复合，且形成象征四时（四季）的四象，四象变化而产生天地水火风雷山泽的八种卦象，代表天地万物之本体。简而言之，"天之用有阴阳"，"地之用有刚柔"。两仪者，即阴阳二气上升下降形成了天地。以乾为天，以坤为地，天下万物的地位就此排定了。通俗而言，伏羲"仰观俯察"，长期观测四时循环变化的实践，从古人向日为阳，背日为阴的感性经验出发，总结了"四时"和阴阳方位变化的规律，划出了八卦的符号系统。因此，八卦来自两仪。由于宇宙万物成因于气化之前，先天境界无以名，故名为"太极"。孔子称"太者乃最大之称，极为终极之义"，并说：没有天地和阴阳之前就有了"太极"，故"太极生两仪，两仪生四象，四象生八卦"。也就是说，八卦由太极演化而成，即经过两仪、四象的复合，衍生出乾一、兑二、离三、震四、巽五、坎六、艮七、坤八的八种卦象，象征天、地、雷、风、水、火、山、泽八种自然现象，意涵"阴阳相互作用，产生万物；刚柔相推变在其中的思想"。其中，乾坤两卦上下定位，象征天体，乾为天为阳，坤为地为阴；坎为水，离为火，两卦左右对应；其他卦象也两两对应，形成了八卦图。孔子说："天地间万物变化的道理，从八卦中显现出来，八卦定吉凶，吉凶定大业。"总之，这八个字象征八种自然现象，每一个卦象均有一定的内容，方位和组合不同，就有不同的解说。如对应于古代理想的家庭而言，乾为父、坤为母、风为长女、火为中女、泽为少女；雷为长男，水为中男，山为少男。兄弟姐妹各三个，编户之人八个为宜，这是基于儒家内圣外王的理想。伏羲八卦的每一卦由三个爻位构成，又称经卦，即依乾一至坤八的八个经卦。卦者，阴阳之物；爻者，阴阳之动。孔子说："观察天地的阴阳变化而确立了卦象，发挥事物中的刚健、柔顺之不同性质而产生了爻。"伏羲八卦以乾坤为主体，乾坤为阴阳，一刚一柔，一动一静，天地之道也，即一阴一阳相生相灭的变化谓之道。伏羲八卦的三个爻位中，上爻为天，下爻为地，居中一爻为人。这里的天表示气，故曰："立天之道，曰阴曰阳"；地表示有形之体，故曰："立地之道，曰柔曰刚"；人有能有体，难免有智愚贤之差，故曰："立人之道，曰仁曰义",所以示人以修身立命之重要。伏羲八卦是无文字时代的产物,但内存"道神德行"的丰富内涵。

殷周之际,周文王钻研伏羲八卦,调整卦位,为八卦作辞,阐明卦象的意义,其子周公又做爻辞,从而成为文王八卦,因在周代,故称《周易》或后天八卦。宋儒在先天三画之八卦的基础上,又增加三画成为六画之八卦,两两组合又成为八八六十四复卦,如家人一卦,由风和火两个三画之卦组成六画之八卦,每卦为六爻,六十四卦为三百八十四爻。后人为解释《周易》之经卦,增加了很多道德与政治的内容,更是附溢了宇宙和人生的哲理,讲的是一阴一阳谓之道,追求的是中国人和谐理念的渊源,从而成了指导古代中国人的思想与行为的《群经之首》。总之,《周易》中对生老病死、伦理道德、思想方法、夫妻关系、家庭教育等,均从哲学的高度阐明了运动变化的规律。阴阳观念源于伏羲的"仰观俯察",向日为阳、背日为阴的感性经验,逐步引申为无所不包无所不容的一对哲学概念,阴阳更是成为中国传统文化天人合一观的渊源,如乾卦的卦辞中说:"君子法天而行(天人合一)。"八卦对应的八种成分,是构成世界的基本物质,通过其相互间的矛盾作用,从而产生宇宙万物。《周易》以此为结构,用卦、爻两类符号,通过阴阳两个方面的分析,说明宇宙间的一切现象。

老子虽然没有像神农氏、黄帝、文王、孔子等人那样,直接阐扬过八卦及其《周易》。但在《道德经》一书中阐述的思想内容,完全是八卦内涵及其《周易》思想的广泛发挥和深刻提升。如老子说:"万物都是阴阳同时出现,男女本身就是阴阳属性。"老子的这一句话,既阐扬了八卦中的阴阳哲学,又阐述了《周易》乾卦"元亨利贞"四德内涵的天人合一观。老子又说:"万物负阴而抱阳,冲气以为和。"这里的"负"含有倚仗、凭借等含义,引申为担负、能刚能柔之意。也就是说,万物倚仗其阴阳属性,既对立、又统一,既相互依存,又相互转化,从而使万物又处在不断变化之中,如日月交替,男女结合而衍生后代一样。因此,老子的这一句话与《周易》中的天地、社会、人类都是"阴阳成对,刚柔相对"的思想内核转化而融合,就是中华文化和谐思想的源头,当然也是家庭和谐的思想基础。《周易》以乾坤为天地,万物随天时而得以生长。所以,天代表规律,万物都要合乎这个规律而存在,不合这个规律必然产生问题。家庭作为天下万物之一,如不合这个规律也必然产生问题,甚至破裂或消亡。家庭如合乎老子的"道法自然",就犹如时间的流逝,渐行渐远,周而复始,就能发展壮大,成为有利于社会的祥和安定的大家族。从家庭到家族也是人类的阴阳属性相互依存,又相互转化的一个过程。老子说:"道生一,一生二,二生三,三生万物。"这是说,天地万物的形成都要符合这样一个过程。汉唐学者认为宇宙起源于"元气"未分的混沌状态,宋代学者把"元气"解说为"太极者为一气也，即天地未分之前，元气混而为一"。所以，"太极者为一气也"。这个"一气"的一，就是道生一的"一"，意味着万物的"初始"状态，"源生"的抽象化，是万物生成的源头，即天地万物只有一个本原，那就是"道"。老子所说的"万物负阴而抱阳，冲气以为和"，也是说天地万物形成的过程，都不能脱离"道"，因天下万物只有一个本原（道）。万物又是阴阳同时出现，都需要道的无穷能量来充满（冲气）全身，万物的生命才能和谐运行。因此，阴阳相合，男女结合，不就是一生二嘛，即符合道生一，一生二的过程。结婚生儿育女，男女结合而衍生后代，才能构成三角结构的家庭，这就是二生三。因此，家庭的人伦，包括父子、兄弟、夫妻关系，即古人所说的"三亲"关系，这是最基本的血缘关系。家庭在人类学中界定为"是个亲子构成的生育社群"。亲子指家庭的结构，生育指家庭的功能，没有生育家庭只是一个亲缘合作的暂时性结构。家庭是感情关系的基础，它的构成始于男女的夫妇关系，从伦理上说是"亲子之情"，继而从家庭成员扩展为亲戚关系，包括各代家庭的儿子娶媳和女儿出嫁所构成的亲戚关系，这是一种自然的亲缘关系，从而构成了社会关系。因此，从家庭到家族再到社会关系，所涉及的人数可想而知了，这就是"三生万物"。老子还指出"侯王若能守之，万物将自化"。这个万物也指万民。

家庭作为社会的基本细胞和国家的基本单位，必须是延续的，不因个人的成长而分裂，不因个人的死亡而结束，于是家的性质就变成了族。正如老子所说："以身观身，以家观家，以乡观乡（家族），以邦观邦（国家），以天下观天下。"这句话，既指出了"以清净之心，以身为家，以家为国，以国为天下的修身之德的人生过程"，又对《周易》中以儒家为代表的传统伦理"身修家齐治国平天下"的广泛发挥和深刻提升。实质上，对儒家归结的"格物"，即"仁义礼智"四德的发挥和提升。老子反对孔子的"仁义、礼乐"，提倡"无为，任自然"，老子的学说传播于战国后期，以父权家长为中心的家族化也普及于战国时期。家族是沿着家庭结构指示的方向，外推扩大而包罗高祖、曾祖、祖父、父、子、孙、曾孙等数代人在内的一个血亲集团。家族主要是完成绵延不断的事业。所以，家族又是一个事业社群，与家庭的生育社群有性质上的区别。老子说："道大，天大，地大，人亦大。"四大中，人居其一，但人能"返璞归真"，所以高于物。老子把人作为天地万物中的一员，与天地和谐并生，从而高度肯定了人的生命价值。中国早期的先哲们，为了说明人的地位，都追溯到了天地。儒家肯定人在宇宙中的地位，是后来的一套人伦关系论和三纲五常论为逻辑起点的。但这个逻辑起点与人的尊严和自由并无联系。孔子说："天地之性，人为贵。"但贵在那里，当然贵在人有道德讲伦理，而不是贵在人有不容侵犯的自由和尊严。五四时期新文化运动指出传统文化缺乏独立的个性价值观和人权意识。我们认为老子的自然就蕴含着自由的思想。所谓自由应内含不被外力所主宰的自我发展状态，自然也应涵盖权利的一种自由，自由就是老子的"无为而治"的一种体现和表达。总之，老子的"天地人"就是八卦中的"天地人"。八卦不仅象征八种自然现象，还和其他很多事物挂钩，这不仅使《周易》有了更广泛而丰富的卦象，而且使中国古代形成了宇宙、社会、人类共出一源，互相感应，彼此相关的观念。《道德经》从"天地万物只有一个本原（道）"出发，对《周易》中的"天地、社会、人类"三才之道，做出了系统阐述和深刻提升。所以，老子的"道"更是成为《周易》及其后来所附溢内容的一条红线。

（二）让家人成为得"道"而有"德"之人

"道"与"德"又是贯穿《道德经》一书中的一条主线。老子认为"道"是万物生成的生命源头，也是天地万物产生的总根源和总依据。老子说："万物恃之而生"，即"道"是万物生成的依据，万物都是依据道而自然生成的。所以，"道"又是万事万物遵循的总规律。"道"精神内核的实现及其具体的凝聚和展现，构成万物的生命之"德"，即"德"是"道"在万事万物中的体现和存在的状态。总括而言，"道"就是宇宙的本体，又是"吾心之本体"。老子说："道生之，德蓄之。"也就是说，"道生万物，德养万物"。这里的万物就是万民，天下万物因道而生，天下万民因德而存。自然既是天地万物存在的本然，又是"道"在天地万物中的显现，而"德"就是道在人世间的显现。所以，老子的"道"与"德"是合二为一的关系。老子认为道是万事万物的本质，也是人的本性。道的特性是朴素，人的本性也是天然的朴素。人的行为如出于这样的本性，便与大道自然相合，即便是不知道何为道德，也是真有道德的人。在老子看来，人的本性是淳朴无邪的，而仁义礼智是外在的规范，控制和压抑人的淳朴的本性，失其常然。所以，老子在道德修养上，倡导培育人的纯净、无邪、天然朴素的本性，既符合"道法自然"，这是老子的最高价值理念。因此，修养家庭道德，应同老子的道与德的内涵相契合，即按照"道"的特性（朴）和"德"的内生内育之路径，回归家人的本真，从而让这种质朴的道德情感主宰家人的外在行为，成为个体行为的动因和源泉。

简而言之，"道"是"德"的来源，"德"是"道"的体现和落实。但落实的关键还是人，因为人有认知和思想，只要坚持做到"常自然"，顺应道之自然，人的思想和行为符合德性，也是自然而然的体现。老子强调的"德"是人的内在品格，是人之本真。老子认为道之特性是朴，是一种最高的善性，保持这种真朴的人性，是人生的一种理想境界。所以，老子主张返璞归真，在道德修养上，倡导道德内生、内育、内养、内化，强调回归人的本真。也就是说，老子强调回归道德的本真，复归于朴，使精神和物质同归于朴，即合自然之道。由上可知，老子的思想是"复归于朴，道法自然，天人合一。"老子的"天人合一"是得道的状态，即人善性的最高境界。作为"道生之，德畜之"的人，应努力其行为"合道"，如人的品性接近"水"的"涵容"之性和"居下"之性，就是得道而有德之人。家庭作为社会的一个价值主体，为体现老子哲学的中心价值（自然），应遵从"道"之和谐准则，同老子的"道"与"德"的概念相契合，加深对老子道德文化的认识，拓宽家庭伦理道德的内涵，成为家人的认知和评价实践活动的价值取向，从而让新时代的家人，"因道而生，因德而存"。"道"者即合自然规律，大德就是社会主义核心价值观。

二、家庭的演变与道德的发展

（一）家庭演变与"道"演化万物

人类生活在部落联盟阶段，每个群体都有很多男人和女人聚居在一起，共同吃住和抚养新生儿女，如母系氏族社会，是一个以母系血缘关系为基点的母系大家族，随着原始农业的发展，进入了父系氏族社会。这个时期的家，是个父系大家族，即"各亲其亲、各子其子，财产私有，子孙继位的天下为家（变公有为私有）"，从而成为中国人自古就有"天下一家、大一统"思想的渊源。"天下为家"始于炎黄文化初期，这一时期，人们对家庭的概念和结构是模糊的，家庭只是围绕一个男人组织起来的一个整体，男子是父亲，是仆人的主人，又是丈夫。传说，大禹治水时，三次路过自己的家门，都没有进家。据此，可以认为，以个体为核心的家庭始于夏。中国进入发达奴隶制时期，如夏商两朝奴隶才有家室，但包含在父系大家族之内，古代家室即指夫妇。所以，古时夫妇互称为家。家作为天下万物之一，都是依"道"而自然生成的。家的演变是"道"演化万有和养育万物的一种社会过程。商代夏而起，商代子孙开始分封，形成了宗族制。万民是商已久的老奴隶，他们既有家室，又过着小私有经济的生活，但仍包含在宗族共同体中，宗族成为社会的基本单位。夏商两朝连贯起来九百多年，到了西周庶民（一般劳动者）都已经有自己的家了，但只有臣仆一家人都归主人所有的才称为家，"夫"与"家"的概念仍不太分。后来土地由宗族占有制，向个人私有的家族制转化，从而形成了家长制的家庭。春秋时期，个体家庭从父系大家族脱离出来，逐步确立为一家一户为单位的小农经济家庭，即成为社会的基本单位。不仅拥有了财产的所有权，还有亲子的继承权。战国时期，农业生产成为生产和生活的基本方式。因此，建立一个稳定而繁衍后代的家庭成为必然的要求，人们更加注重婚配制度和有严格伦常秩序的家庭关系，从而形成了以父权家长为中心，以子为法定继承人的东方个体家庭，父权家长制又推动了家族化的普及。家庭到家族，意味着"生育社群"变成了"事业社群"，生育功能退居到次要位置，赋有了更加复杂的功能。人类的血缘关系一旦到了家族之时，就自动带上极强的统治色彩（父权又带上了治权的色彩），亲缘联系的概念就让位于统治的概念。如汉朝的父权、神权、皇权的三权一体化。从鸦片战争以来，家族制度迅速崩溃。但不断的家族化在中国历史上从没有停止过，每种新形式出现都立即被家族化，并纳入礼治秩序。儒家对中国社会的影响最大，不仅有一种理论和一套伦理，还成就了一种礼治秩序（一种制度）。儒家的人生价值更多地体现在为社会设定的制度框架之中。《道德经》是老子个人对人生苦想而得出的结论，他提倡的人生方式比儒家更具有普遍性和可行性，从而在中国思想史上独自开辟了一个文化源头。礼治秩序是血缘和权力的叠加，父权在家族生活中无所不在，在社会生活中体现为对高贵者依附。因此，礼治秩序为把父权扩展为治权，把人伦关系强化为人身依附，就必须对家族的人伦秩序不断地识别和调整，才能达到礼所要求的"亲亲，尊尊，长长，男女有别"的基本要求。只有这样家族才能作为"事业社群"，实现它的政治、经济、宗教等复杂的功能，从而有效保证家族关系与政治统治的叠加。

总之，随着私有制的出现，由族权到父权，由家族到家庭的不断变化，以个体为核心的家庭，始于夏，发展于殷商，完备于西周，确立于春秋战国时期。从此，以个体为核心的家庭，既是孕育生命的起点，又是人类延续的基点，成为人类社会的基本细胞和国家的基本单位，对人类社会的发展具有不可忽视的作用。家庭是以婚姻和血缘关系为基础的一种社会生活的组织形式，在原始社会中自然产生，私有制出现后才形成了一夫一妻制的个体家庭。一夫一妻制不是依自然条件为基础的，而是以经济条件为基础的。家庭的职能、性质、形式、结构，以及和家庭相联系的道德观念，都是随着生产方式的变革而变化的。

（二）家庭道德与老子的"尊道贵德"

人类在氏族社会，靠部落老者给孩子们讲战争的故事，让孩子们明白勇敢和善良的行为，当时的社会也非常重视这些道德品质。从炎黄二帝及其尧、舜、禹的时代起，农业生产的早熟和繁盛，为人们的生活提供了稳定的保障和养老爱幼的劳动产品。上古时期的农业社会中，后辈们敬重和爱戴具有丰富农业生产经验的前辈长者，是一种敬老爱老的亲亲之情，是对祖先的一种崇拜，也是对劳动生产经验的崇拜，这是一种孝意识的萌芽。这种崇拜祖先及孝意识早在母系氏族社会就有苗头。因此，从氏族群体的尊老衍生为父权制下的尊老养老，又内化为心理情感和道德准则就是孝。可见，孝与祖先崇拜有直接的关系。孝是古人以家族和家庭的祖先为对象的一种特殊的道德范畴，而规范这种亲亲关系的伦理观点即为孝观念，是由血缘关系而存在的家族和因婚姻制度而形成的家庭之产物。一言以蔽之，道德作为人类的一种意识，既是人伦关系的一种规定和体现，又是一定社会政治经济关系的一种反映。原始社会的道德，源于人们对祖辈生产经验的一种尊敬和崇拜，从而萌生了孝的意识，正如老子所说：万事万物"尊道贵德"是自然而然的事。对此，古人说："感恩以孝为先，孝以爱为先。"原始社会的人们，缺乏农业生产的经验，必须尊重生产经验，遵循自然规律，才能有收获，才能提高生产能力。所以老子又说："人类要效法自然，顺应自然。"人类只有认识自然和遵循自然才能生存和发展。

夏王朝始，即"禅让制被世袭制"代替，此称"大人世及以为礼"，也就是说子孙继位，"礼"所当然，这是私有制的发展在政治上的一种表现，礼最原始的字义是祭仪。因此，礼起源于祭祀活动和帝位世袭的政治制度，礼既含人伦之礼，又含政治经济制度。夏商两朝均已形成了政治制度，既有了夏礼和殷礼，并成为周礼的起点。西周初期，把对祖先的祭祀表述为孝，后来更多的孝与友连用，即善父母为孝，善兄弟为友，孝友便成了调整人伦关系的道德规范。西周时期，家族制的主要内容是"子弟服从父兄（孝悌之渊源），妇女服从男人（未嫁从父，既嫁从夫，夫死从子）"的三从关系。春秋时期，孔子继承和发挥西周孝友观念的基础上，把孝由纵向层面，把悌从横向层面，向外推衍，扩展为孝为孝亲，悌为敬兄，从而把家庭关系扩展为社会关系，把规范家庭关系的伦理道德（孝友），升华为调整人际关系和社会关系的道德规范（孝悌）。由于宗族制的逐渐解体，个体家庭的完善和社会意识的理性化，以奉养父母为基本内涵的孝观念得到了社会的普遍认同，"父慈子孝"成了孝的突出特点，使孝观念完全具备了伦理道德上的意义。战国末期的孟子，在孔子"孝悌为仁之本"的思想基础上，从他人性论的"四心"出发，经过扩充形成了"仁义礼智"四德，从而使"三从四德"成了封建社会的道德标准。从此，孝越出血亲家庭的范围，成为约束所有人的普遍社会的道德规范。因此，孝内涵的变化与生产力的发展和个体家庭的历史轨迹相一致。到了汉代，儒家把规范五伦的"仁义礼智信"改造为人只对自己的位分，尽单方面义务的五种常德（简称五常）。五常的核心是三纲，它要求"臣、子、妇"的一言一行都要以"君、父、夫"为准则。显然，把以忠的形式出现的孝，成为家族认同和社会接纳的重要条件，成了个人成就功业、实现人生价值的重要工具，孝子孝女频频出现，孝道价值普及于民间，成为习俗。但是，非理性化的成分，受统治者的过度提升，使孝行开始向愚忠愚孝的变态方向滑落。但三纲立足于封建社会的生产方式和社会结构，使家族制度逐步向政权组织形式渗透，所以"父为子纲"还处于中心地位，从而适应了历史潮流，儒家也圆满完成了家庭伦常的父权、宗教神权、皇权三权一体化的理论任务，为中国封建社会提供了一个具有一般意义上的社会秩序模式。这种秩序模式与老子的内育内化的道德路径完全不同。从此，儒学的独尊也走向了顽固保守的学说。尤其唐宋时期，把忠的伦理又进一步经典化，从下至普通人家的"行孝悌于家"，上至"圣君事于宗庙"，都归为忠的表现，忠已成社会的最高品德和中心义务。为人臣者尽忠以顺职，为人子者尽孝以承业。可见，忠孝成了人生价值的两个方面，在充满家庭意识的传统社会，人生价值的表现，不在于忠，便在于孝。总之，孝由亲及疏，由近及远，从家庭到社会，几乎涵盖了传统伦理的所有道德规范。唐宋以后，几乎大户人家都有了自己的家规、家范、族谱等，且均以儒家之德与家族伦理相结合而成。由此而言，家庭道德成了社会道德的生长点。如孔子为把孝深入到仁的本质，他多处"入孝出弟"并称。因"宗族称孝"，所以"入则孝"，是在家庭、家族范围内，就处理父子、兄弟关系而言的；因"乡党称弟"，所以"出则弟"是在社会范围，就处理人我关系、长幼关系而言的。因此，父母之睦邻友好也就成了行孝的一个重要方面了，即家庭道德延伸到了社会道德。孟子又说："入孝出弟"是修身之要，齐家之本，修身齐家可以治国平天下。

（三）儒道两家的修齐治平体系

如何修身齐家？按儒家立身处世的观念，抱着"合道""合理"的态度，处理天下通行的五种基本的人际关系，包括彼此间要尽的责任和义务，从而体现"智、仁、勇"三个方面的德行。德性是个人行以"五伦为核心的"道应具备的内在品质。如何形成这三个方面的德性？孔子说：用心学习就会变得聪明有智慧（好学近乎知），身体力行做些实事，就能达到仁的要求（力行近乎仁），见符合道义的事就去做（知耻近乎勇）。但知（智）、仁、勇都要做得恰当（中正），否则就变成愚蠢、放荡、狂乱。儒家言之，知斯三者，则知修身；知所以修身，则知所以治人；知所以知人，则知所以治天下。这就是儒家修身齐家与治国平天下的关系。至此，再借老子如下的五句话，展开来说明家庭道德是社会的生长点，从中深入体会以"道"治身治家的重要内涵。《道德经》的思想核心是治身治国论，均强调"道"的核心作用，故修身就是修道。老子的"道"既是社会运转的内在本质，义是个人的一种德行。老子说："修道于身"，爱气养神，延年益寿，积德崇善，"其德乃真（朴）"；"修道于家"，父慈子孝，上和下睦，夫信妻贞（正），"其德乃余"；"修道于乡"，敬老爱幼，睦邻友好，积德为本，"其德乃长"；"修道于国"，君圣臣忠，政平无私，仁义自生，"其德乃丰"；"修道于天下"，不言而化，不教而治，下之应上，"其德乃普"。

这就是说，人生顺道而修身，才能形成好的品德，才能成为人生的根基。只有通过修炼，拥有道德的人，才能在家可以齐家，在天下可以治理天下。

按儒家之道，孝是人们最基本的行为规范，孝是人们安身立命的行为准则。因此，儒家主张按"仁、义、礼、智、信"的标准修身，从而形成"智、仁、勇"三个方面的德行（个人的内在品质）。老子的"道"是"德"的来源，"德"是"道"的体现和落实。因此，道儒之德，均指人的内在品质，人的本质属性。但老子的德是道之性（朴）的体现，道与德都同归于朴，即"合道"，合自然之道。显然，老子的德高于儒家之仁，在老子看来，失去道而后德，失去德而后仁。老子以道、德、仁、义、礼为序；儒家以五伦为序。老子认为："德者道之用，道不立则德无以生。"儒家重视以仁为基础的礼，孔子说："不知礼，无立也。"总之，两者对人品层次分法不同，道儒两家各有侧重，老子立足于天道，孔子立足于人道。道家之自然，儒家之仁义，都是为了确立人类的"共生法则"。修齐治平是两者的共同出发点，"修齐"是伦理道德，治平是社会政治。道儒两家的伦理思维模式有所不同，但反映的文化内涵却是一致的，都是中华文化博大精深大一统文化的源头。所谓儒道互补，是汉末魏晋时代，玄学大胜，礼治秩序，已牢牢扎根基础上实现的。

（四）人生养生与道儒的知足

中国的养生文化，源远流长，早在老子和孔子为主体的传统文化形成的春秋之际，就有了长足的发展。例如，"寡欲""崇俭"是儒道两家共同倡导的一种品德。儒家说"养心莫善于寡欲"，道家说"祸莫大于不知足"，二者所说的"寡欲"和"不知足"，其实质是"知足"，道家更强调把长寿视为人生自我知足的结果。"俭者"实为节俭，是老子作为人生座右铭的"三宝之一"，"崇俭"是道家崇尚的一种俭朴的德行。"俭欲"实则节制欲望，被道家视为修身合道的"节俭欲望之道"，把握欲望是常态生活的必然要求。儒家主张把外来约束转化为"自我"约束，从道德修养上入手，孔子也指出："仁者寿"的关系。道家主张以人心契合道之心，使人生不离道，道也不离人生，从而走向"与道为一"的自知常态。"道"即是"自知者"体认的对象，又是"俭欲者"行为的准则。老子提出"见素抱朴，少私寡欲"的原则，目的是复归于人之质朴、纯真的自然状态。自然蕴含节欲俭行，素朴、质朴都是道的特性，故唯"寡欲"方能让生命不失素朴本根（知足之足）。但人是感情的动物，会有过分的思虑和情感的波动，从而影响身心健康。道家重视道德与健康的关系，强调身心两全，以心养身。所以，老子的少私寡欲，不光是从形体上养生，还必须从精神和情欲上修养。道家遵循"道法自然"的养生原则，把少私寡欲的道德要求与健康长寿的愿望结合起来了，把做人之道与养生之道结合起来了。老子说："少私寡欲，就要保持知足常乐，知足才能保全生命。"老子养生之道，是对生命的保全，也是对自身的养护。养生是家庭文化的重要组成部分，是家族最核心的价值之一，也是我们每一个人文化自信的重要源泉。家庭作为文化的一个基本单位，具有亲缘关系的人类特定群体，不仅需要儒家文化奋发有为的进取精神，也需要道家文化清虚自守的守中精神，从而充分体现中华民族传统文化的家国情怀。

三、传统家庭与伦理道德

古时夫妇互称为家，孟子说："女子生而愿为之有家。"战国时期的学者杜预注："家，谓子围妇怀嬴。"围者念语，有牢狱之意。围妇为所嫁妻子，怀者为怀胎，子者为儿子，嬴者为满意。因此，杜预所注的家，是指父母子三角结构的家。古代家族制度中称："家庭的基本结构，是父母子三角。"新中国成立前，中国的农民中，父母子结合成的三角，成为基本的家庭形式，最为普遍，依传统文化的这个逻辑起点，我们把三角结构的家称为"传统家庭"。

当代社会的变化，使家庭的重点，由父子关系向夫妻关系转移。但只要家庭还作为社会的基本细胞，只要亲子、长幼关系作为一种基本的社会关系，处理代际关系的伦理就存在，孝道蕴涵的伦理精神就有存在的价值。现代家庭仍以三代同堂为主，即使父母与子女分居，不同代际仍有广泛的联系，重亲情是普遍的社会心理，孝敬父母仍是家庭伦理的重要内容。因此，孝道中的养老、敬老的基本内容，应成为构建新的代际关系的重要内容，从而成为新时代家庭伦理的组成部分。

自古以来，中国的发展都打上了家庭的烙印，家庭成员的地位与角色都得以确定，个人也都自愿承担家庭的责任和义务，同时寻求家族的保护和支持。因此，家庭内部代际关系的和谐，关系到每个成员的幸福，关系到社会的安定团结。《道德经》中的"上善若水""天人合一"的思想，都是中华优秀传统文化。"上善若水"是伦理道德，"人与社会关系的和合"，人的品行正与水性相接近的德行，《道德经》中推崇的"水德"，也是老子对理想人格的一种期望，新时代也提倡这种理想人格。"天人合一"是社会政治，"人与自然关系的和合"。绿水青山就是金山银山，已成新时代的一种社会政治理念。所谓"和合"观，是从上古文化起，华夏先民适应自然、改造"人与社会关系（人文）"、改造"人与自然关系（天文）"所遵循的道德行为法则和所运用的方法论。总之，老子认为人应该效法水、效法天（自然）。党的十九大报告中指出："加强家庭道德修养，激励家人，向上向善，孝老爱亲，忠于人民，忠于祖国"。这就为新时代家庭伦理及其构建社会伦理指明了方向。

何为家人？

唐代学者颜师古注："家人，犹言编户之人也。"《易经·家人》一卦称："天为父，地为母，雷水山为兄弟，风火泽为姊妹，家人上六变为齐。"可见，古代理想的家人，兄弟姐妹各为三个，编户之人八个为宜，这是基于儒家内圣外王的理想人格。《礼记》载："诚意正心，即德；格物致知，即智。"从德智两个方面发挥人格的理想，还是体现了古人蓬勃向上的进取精神。所以，德智双修，达到内圣的功夫，然后去修身齐家，治国平天下，完成外王的事业，就成为古代家人的理想人格。又因乾卦为龙，所以古人"望子成龙"，也成为家人的一种理想，逐渐成为现代家庭对子女的一种期望，这也许是传统家庭的一种继承吧！

如何当好家人？

《易经·家人》一卦中说：女守着正道，处理家内的事务，男守着正道，处理家以外的事业，男女各各坚守正道，各自尽到各自的责任，则家庭之道就端正了，各家都守着正道，则天下就安定了。所谓坚守正道，就是男女在家庭内外，各自摆正自己的正当位置，为保持家庭的和谐稳定，更不能搞歪门邪道。

何为治家之道？

《易经·家人》一卦中又说：首先乾父要有修身齐家之德，尚须贤内助，以及家中成员的配合，都要利于守著正道，利于女子操持家道。所以，家人要有严君，不仅指父母，更要有家规。至于"严君"，并称父母，可见二人必须同心协力。从严君以至于家人，都必须坚守正道，以防邪恶不正的事情发生。对于子女教育："自童蒙（儿童）始，方能有齐家治国之志。"老子说："以身观身，以家观家。"也就是说，用清净之心，了解自己家的需要，还要了解左邻右舍的需要，并放眼全社会之家。孔子也重视社会邻里关系，认为在居住的地方，要有仁德才好。孝敬父母、和睦兄弟、善待乡邻是孔子的三字（孝悌仁）治家之道。《礼记·大学》曰："君子不出家而成教于国。孝者，事君也；弟者，事长也；慈者，使众也。"这是说，作为一家之长首先要以孝、悌、慈为道德准则修养自身，才能教育家人笃行孝、悌、慈为规范的治家之道，即家齐于上，成教于下，方能齐家以治国。换言之，作为家长，首先修养自身，才能上至治好家，下至教育好子女，方能齐家以治国。家人一卦的《卦辞》为"利女贞"，大意为"家人和睦，得益于女人的贞正品行"。所以，古人对相夫教子的"贤内助"（家庭主妇），在家庭道德文化建设中的地位，给予充分肯定。古人认为，治家最重要者为家庭妇女，妇女以正，则齐家成功一半。《易经·家人》一卦中也说："娶妻告知以家道，古人床头教妻，夫正则妻正。"蒙卦中说："父为大夫，教子能胜任家业，是教育的最重要者。所以，首先要修身，然后能为师，方能齐家以治国。为娶妻教子，欲教子成才，治好大夫之家，须刚柔之和谐。"两卦中的这两段话，都体现了家风。因家风的好坏，主要体现在对家庭的治理上。家风是家族先人，从一代又一代的家庭生活中总结出来的家族风气（精神），或口头相传或形成文字或铭记于心。作为后代人都有责任，恪守家风，用家风正己，按家风处世，让"诚信、仁爱、慈孝、自律"等优良传统在后代人身上闪光，从中感悟家风不仅是对一个人的言行举止的制约，更重要的是提高每个人的内在素质。因此，"家风是一种无言的教育，是社会道德力量的核心"。中国自古"男管外，女管内"。女人操持家务，要讲一个"俭"，男人在外办事业，必须讲一个"勤"。这"勤俭"二字，是古人延续下来的一种传统，必须珍惜，这就是男女正，是天地之间的大道理，对于如何治家，确有很大的意义。老子三宝中有一宝为俭，不仅含有节俭资源，朴实生活，利于天下苍生的美德，更内涵培育"人之本心，人的本真"等极高的伦理价值。老子说："常善救人，心怀天下苍生；惜福爱物，不奢侈浪费。"这既从人的思想本质方面，又从家庭的经济状况方面，如何治家做出了高度概括，这就是老子以天道为立足点的治家之道。

总括而言，家庭是一个"亲子构成的生育社群"。社群是社会中的一个人类特定的群体。亲子指家庭的结构，主要指父慈子孝的父子关系，兼指夫妇双方的父母，如"四一二""四二二"结构的家庭。古人认为父子关系为"天合"，具有继承关系。但女人隶属于父权之下，也就是说女儿一旦出嫁，应成为"相夫教子"的贤内助，才能成为符合"三从四德"的家族成员。家庭的主要功能是生育，只有结婚生儿育女，如古人所说的"人合"，才能成为三角结构的家庭。在三角结构的家庭中，就一代亲子关系而言，父母对上孝对下养的关系。从横向关系而言，兄弟姐妹之间爱护与恭敬的关系，从而体现某种社会关系。所以，孝悌是家庭伦常关系的基本准则，符合这个道德准则的家庭结构与家族结构如下：

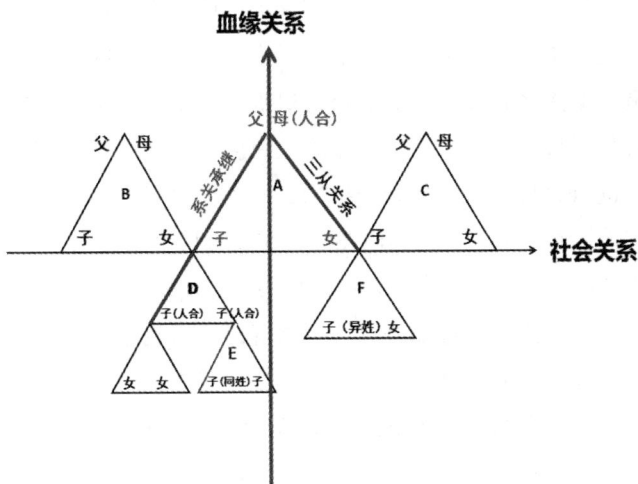

图注：

一、从横向看，A家子结婚后，亲子关系包括B家的父母；A家女结婚后，亲子关系包括C家父母；所有三角形，如同三角形A的三个顶点，均表示"人合"；

二、对一代亲子关系而言，如D家与F家的父母，对上是孝对下是养的关系；

三、从A家、D家与E家往下推是家族关系，家族除三亲关系之外，还要加上叔嫂、婆媳、公媳、堂兄弟、堂姐妹等关系。所以，家族的人伦关系比家庭复杂得多，需要明亲疏、识远近、知上下的功夫，才能保持家族关系。

四、新时代家庭与核心价值观

中国的发展事实充分说明，中国特色社会主义以客体的优越性，满足人民（主体）根本需要的效用关系日渐突出，随着社会物质文明的快速发展，当今的家庭分离为更小的趋势仍在发展，这必然影响家庭关系的疏远和孝悌观念的淡化，从而影响"人与社会关系的和合"，也影响"人与自然关系的和合"。因此，必须按照十九大报告中关于"培育和践行社会主义核心价值观"的要求，围绕治家之道和家风建设，从社会主义核心价值观形成的源泉入手，深入挖掘中华优秀传统文化蕴含的思想观念、人文精神、道德规范，从整体上把握社会主义核心价值观的源泉、前提、新添内容三者的有机联系，按照社会主义核心价值观各层次的特点和要求，传承中华优秀的传统文化，传续和恪守家族的优秀家风，笃行"爱国、敬业、诚信、友善"为规范的治家之道。家风不只是体现一个家庭的文化，更是一个家族最核心的价值。新时代的家庭，既然成为当代社会的基本细胞和国家的基本单位，就必须符合国家和社会的基本要求。家风必须与社会风气相一致，家庭道德必须符合我国公民道德的基本要求，从而成为社会主义核心价值观的生长点。为此，新时代的家人，必须内育内化"爱国、敬业、诚信、友善"八个字。这八个字展示了我国公民的品德，集中体现了公民的基本价值追求和道德准则的要求。社会主义核心价值观，既继承了儒家修身为本的理想人格，又借鉴了道家重内育、内养、内化的道德培育路径，从而强调每个人必须内化于心的自觉追求，达到外化于行的自觉践行。为了集中精力，治理新时代的家庭，新时代家庭规模应既符合国家当前的政策，又便于对子女的教育；既符合现代家庭的亲子结构，又利于对双方父母的养老。新时代的家人，都要以担当民族复兴的大任为出发点，在新时代中国特色社会主义思想指引下，围绕社会主义核心价值观这个大德，从德智两个方面树立思想文化上的自信和担当，从而在重实干、讲奉献、求进取等方面，体现出新风貌、新姿态、新作为，成为一名合格的道德个体。在此基础上，既要实现德智双修，又要成就齐家建国之业，从这两个方面发挥新时代家人的理想人格，在为祖国为人民的立德立言中成就自我，实现新时代的人生价值。

新时代的家族也要明亲疏、识远近、知上下的功夫，使之长幼有序，按照社会主义新型人际关系，形成人格上的平等独立的亲缘关系，才能有效地保证亲缘关系与新时代中国特色社会主义国家的政治生活相叠加，从而引导家族成员向往美好的生活和自身利益的实现上来，并把家风建设作为抓手，推动社会主义核心价值观在家庭中生根，从而不断提升家族最核心的价值，坚持和弘扬当代中国价值，在家族内部形成向上向善、诚信友善的氛围，从而在新时代发展着的理论指引下，创新时代的家族文化。